# 区域资源-经济-环境可持续发展与能源互联网研究

## ——以京津冀为例

申晓留 等 著

科学出版社

北京

## 内 容 简 介

本书从区域可持续发展的角度分析京津冀区域资源–经济–环境系统，在对该领域的现状进行深入分析基础上，从资源供应和消费能力、人口和经济发展结构，以及典型的环境问题等方面，构建区域可持续发展系统指标体系，分析京津冀区域资源–经济–环境系统的现状及发展趋势。重点建立区域资源–经济–环境系统模型群，对京津冀区域的诸多焦点和热点问题——产业结构演变、区域能源安全、区域承载力、节能减排、三元协调度和大气环境进行分析、预测及优化研究，并围绕可持续发展和能源互联网的关系，对区域能源互联网、储能、微电网进行了深入研究和实证分析。最后从科研平台和决策支持两个角度，介绍了京津冀区域资源–经济–环境可持续发展大数据决策支持共享平台，以及基于该平台的相关专题研究系统。

本书适合从事资源、经济、环境，以及能源互联网等相关领域的科研人员、企业管理人员、政府工作人员及相关的工作者阅读，也可供高等院校师生阅读。

**图书在版编目（CIP）数据**

区域资源–经济–环境可持续发展与能源互联网研究——以京津冀为例/申晓留等著. —北京：科学出版社，2018.6
　ISBN 978-7-03-057411-4

　Ⅰ.①区… Ⅱ.①申… Ⅲ. ①能源经济–可持续性发展–研究–华北地区 ②互联网络–应用–能源发展–研究–华北地区 Ⅳ. ①F426.2-39

中国版本图书馆 CIP 数据核字(2018)第 095820 号

责任编辑：朱海燕　丁传标 / 责任校对：何艳萍
责任印制：肖　兴 / 封面设计：图阅社

科 学 出 版 社 出版
北京东黄城根北街 16 号
邮政编码：100717
http://www.sciencep.com

**中国科学院印刷厂** 印刷
科学出版社发行　　各地新华书店经销
\*

2018 年 6 月第 一 版　　开本：787×1092　1/16
2018 年 6 月第一次印刷　　印张：26 1/2
字数：605 000

**定价：199.00 元**
(如有印装质量问题，我社负责调换)

# 序

可持续发展是关于自然、科学技术、经济、社会协调发展的理论和战略，自 20 世纪 80 年代在国际社会上被提出以来，逐步成为科学家们的研究热点和重点。可持续发展的思想是人类社会发展的产物，它体现着人类对自身进步与自然环境的关系的反思。中国政府在治理国家的进程中，把可持续发展确定为"现代化建设中必须实施"的战略，2002 年更是把"可持续发展能力不断增强"作为全面建设小康社会的目标之一，近年来国家的"创新、协调、绿色、开放、共享"的五大发展理念更是将绿色发展提升到国家全局发展的高度，这表明我国无论在宏观发展战略及规划上，还是在经济增长方式、生产与消费等领域可持续发展理念的不断深入。

资源、经济和环境是可持续发展系统中的关键要素，资源是基础，经济是核心，环境是保障，三者之间相互交织，相互影响，共同制约着不同尺度下的可持续发展进程。随着我国经济体量的不断增加，能源消耗越来越大，环境承载力受到了严峻挑战。京津冀区域作为包围首都的环渤海经济圈核心，是国家可持续发展战略的重点覆盖区域，其在国家"十三五"规划实施进程中战略意义重大，因此从理论和实践意义上来说，研究京津冀区域资源–经济–环境的可持续发展，是十分重要且迫切的。

该书是一部系统讨论区域资源–经济–环境可持续发展内容的著作。近十多年来，在北京市政府的支持下，华北电力大学能源环境、经济管理、控制计算机等学科的研究团队对可持续发展领域进行了深入的研究，申晓留教授及其团队针对区域资源–经济–环境可持续发展过程中面临的热点问题，以京津冀区域为例，通过构建指标体系，剖析内在的变化发展规律，结合可持续发展和相关数学理论，构建了系统分析模型群、预测模型群和优化模型群。同时在据有翔实数据的基础上，对京津冀区域的资源、经济和环境发展现状和趋势进行了分析，得到一系列决策支持性的结论，为政府相关部门提供了很好的发展建议。该书作者提出了解决资源–经济–环境协调发展的概念模型、几何模型和物理模型，为区域 3E（Energy-Economy-Environment）系统可持续发展提供了新的思路。通过研究能源互联网、微网和区域可持续发展的联动机制，探讨了清洁能源并网时的更好解决办法。最后，介绍了该团队研究的京津冀区域资源–经济–环境可持续发展决策支持平台以及相关研究专题，并对可持续发展进行了前沿性思考和展望。

　　基于以上几点，以及几十年来对能源环境可持续发展的认识，我认为申晓留教授及其团队的研究结论是可靠可信的，其成果对 3E 可持续发展及能源互联网的研究具有深远意义，希望读者能从该书中受益，希望更多的从事资源–经济–环境与能源互联网等相关领域工作的管理人员，以及高等院校相关专业的师生对该书给予更多的关注。

中国工程院院士

2018 年 1 月

# 前　言

当今世界，人类社会正面临着人口、资源、环境与经济、社会发展失调的严峻挑战，资源、经济和环境的可持续发展已成为全球共同关心的焦点问题之一。人口爆炸、粮食短缺、能源危机、资源破坏、环境污染、生态失衡等对全球可持续发展的影响，世界各国都已经取得了广泛的共识。随着"十三五"期间中国区域协调发展进程的推进，未来资源、经济和环境的可持续发展问题将成为区域间协调发展进程中亟须应对的重大挑战。

资源是人类赖以生存和发展的战略性基础，是国家战略性公共产品，是国民经济发展的命脉。经济是人类社会的物质基础，是构建人类社会并维系其运行的必要条件。环境是各种生物存在和发展的空间，是资源的载体。资源–经济–环境可持续发展是对可持续发展概念的承续，强调资源效率的提升，并以此为途径提高整体经济效益，并降低与资源相关的环境成本，使经济发展不致危害环境。资源可持续是基础，环境可持续是条件，经济可持续是最终目的。由于经济发展与资源、环境之间的矛盾日益突出，可持续发展越来越受到社会各界的关注，解决资源、经济、环境的可持续发展问题具有重要战略意义。

区域可持续发展系统中各要素关系错综复杂，当前中国区域可持续发展进程中面临的挑战提示我们，中国难以重复发达国家曾经经历过的从不可持续到逐步持续的区域发展模式，中国必须探索适合我国国情的区域资源–经济–环境可持续发展的特色道路。由于资源子系统中能源要素对经济发展和环境承载力具有直接传导影响性，许多研究人员一般将能源–经济–环境（Energy-Economy-Environment，3E）可持续发展作为一个整体，剖析三者之间的内在影响和联系。

为了实现能源的可持续利用，我国加大了对清洁能源的开发，相较于传统化石能源，清洁能源优势明显，有助于降低我国对传统化石能源的过度依赖，调整现有能源产业结构，有助于实现经济的可持续发展，保护生态环境。然而，随着我国可再生能源的快速发展，局部地区出现了严重弃风、弃水、弃光现象，风电、水电、光伏发电等可再生能源面临的并网消纳问题日益严重，成为了可再生清洁能源发展的瓶颈。能源互联网、微电网和泛能网等新理念的提出为多能源系统交互和区域可持续发展途径提供了更多选择，不断革新着人类社会的生产生活方式，"互联网+"概念在资源–经济–环境可持续发展领域的快速应用也在不断刷新着人们对传统领域的认知。

京津冀区域作为环渤海经济圈的核心，区域一体化发展理念早已提出，与长江三角洲、珠江三角洲一起称为中国区域化发展进程中的"新三极"。北京作为我国的首都和政治文化中心，对能源供应需求和安全保障要求较高，但京津冀区域能源资源要素有限，对外高度依赖，因此，如何结合北京在新时期的功能定位、能源供应需求、环境质量和经济发展要求，以首都为核心，打造世界级城市群，促进京津冀区域资源–经济–环境协调发展，是我们面临的一个重大战略问题。

京津冀区域资源–经济–环境可持续发展的研究主要是指，为实现京津冀区域资源、经济、环境三个子系统之间综合平衡与协调发展，对各子系统之间的交互作用程度、测算方法和模型研究。资源、经济、环境三者之间的协调发展因其中任何一个因素的变化而受到影响，只研究其中一元或两元体系都很难做到全面、深入、系统的研究，必须全面考虑。从构建指标体系到综合考虑能源、经济和环境之间的约束条件，再到构建系统耦合模型，京津冀区域资源–经济–环境可持续发展的研究对实现京津冀区域协同发展乃至实现我国全面可持续发展具有显著的指导意义。

本书立足于区域尺度，以资源–经济–环境系统分析为基础，以三元协调研究为目标，对京津冀区域资源–经济–环境体系间矛盾关系及其发展变化的内在规律，做出定性与定量结合的科学分析，重点关注资源、经济与环境之间的协调发展，建立系统模型群研究资源、经济、环境系统内的若干焦点和热点问题，对区域能源互联网、储能、微电网进行了深入的探讨和实证分析。从政策环境和决策支持两个角度，搭建了京津冀区域资源–经济–环境可持续发展大数据决策支持共享平台。

本书的主要研究内容包括：

第一篇资源–经济–环境可持续发展研究，分析全球、全国以及京津冀区域资源–经济–环境可持续发展研究现状，构建可持续发展指标体系，并基于粗糙集和信息论中熵的概念等理论，构建指标体系优化决策模型。

第二篇现状及趋势分析，从可持续发展的角度分析区域资源–经济–环境系统，对京津冀区域资源供应能力与消费水平、人口与经济发展趋势、产业结构演变规律和区域承载力等进行现状分析及情景预测。

第三篇理论与模型研究，提出模型群的概念，从认识论和方法论两个角度构建资源–经济–环境系统分析、预测、优化模型群，以京津冀区域为例展开了全面细致的实证分析。区域 3E 系统分析模型群包括解决资源–经济–环境三元协调问题的"$\delta$"模型、"$\theta$"模型、"$\beta$"模型，模型结合几何学、可视化等技术方法，使得三元问题由抽象变为直观。其中，"$\delta$"模型和"$\theta$"模型构建了协调度模型研究的几何图形；"$\beta$"模型是在"$\theta$"模型基础上利用层析成像研究 3E 系统协调度的物理模型，提高了"$\theta$"模型精确度，进而更清晰的反映 3E 协调度关系。3E 系统预测模型群研究在 3E 系统分析模型群的基础上开展，除传统预测模型外，还应用大数据和机器学习相关技术对京津冀区域一元、二元、三元问题进行预测。在对 3E 问题优化的过程中逐步建立了 3E 系统优化模型群。模型群的建立可以为决策者提供科学的决策依据，并为实现区域可持续发展战略目标提出相应的发展方案。

第四篇区域能源互联网。研究了资源–经济–环境可持续发展与区域能源互联网的关系，指出区域能源互联网是资源–经济–环境可持续发展的重要组成部分。构建了京津冀区域能源互联网架构图，并在国家电网公司提出的"两个替代"的基础上，重点研究了储能技术和微电网技术。

第五篇"3E+"平台，从科研平台和决策支持两个角度出发，构建京津冀区域能源–

经济–环境可持续发展决策支持系统软件平台（Energy-Economy-Environment Decision Support System，3E-DSS 平台）和 3E-DSS 平台的专题应用。该平台以基础指标体系为支撑，将资源、经济、环境研究领域的相关数据资料、政策法规、科研成果等作为研究基础，集成对比分析、OLAP 分析、GIS 技术、场景分析法等常用计算分析工具，同时应用可视化技术多方位展示研究分析结果，为科研人员提供一个开放的研究平台，并具体应用于基于大数据的京津冀大气环境决策支持系统、能源行业全面风险决策支持系统、节能减排决策支持系统、京津冀资源–经济–环境可持续发展系统、北京市能源强度演变机理及规划模拟系统。

本书是作者及其研究团队近年来在资源–经济–环境可持续发展决策支持研究领域的成果汇总，同时也反映了该领域的最新研究方向，是一本关于区域资源–经济–环境可持续发展研究、区域能源互联网研究及决策支持共享平台研究的专著，对于资源、经济、环境，以及能源互联网的研究具有一定的参考价值。希望本书的出版在能为决策者提供思路和建议的同时，也能与从事资源、经济、环境及能源互联网等研究的同行们相互交流。

本书主要由申晓留撰写和统稿，各篇主要执笔如下。

第一篇：申晓留、马新科、王默玉、张秋艳、闫丽娜、周雅爽。

第二篇：申晓留、马新科、王默玉、郭军红、吴学辉、乔鑫、迟俊琳、闫丽娜、白盛楠、翟清云。

第三篇：申晓留、马新科、王默玉、由丽孪、白静洁、吕美敬、莫莉娟、白冰洁、王艳艳、刘婧、党天刚、乔鑫、张秋艳、闫丽娜、曹柳青、孙华琛、武书舟、赵明乾。

第四篇：申晓留、王默玉、马新科、刘瑞雪、曹柳青、迟俊琳、翟清云、庆亚敏、孙华琛。

第五篇：申晓留、马新科、王默玉、王秀全、周长进、张秋艳、闫丽娜、曹柳青、熊智林、胡梓民、孙华琛。

数据搜集与整理：张秋艳、闫丽娜、周雅爽、白盛楠、翟清云、庆亚敏、孙华琛、武书舟、陈莎、陈颖璇、梁如霞。

图表制作：胡梓民、熊智林、吴领航。

承蒙各专家对全书进行了认真审阅，并提出宝贵的意见，在此深表感谢。

作　者<br>2017 年 8 月

# 目　　录

序
前言

## 第一篇　资源–经济–环境可持续发展研究

第1章　导论 ···································································· 3
1.1　研究背景及意义 ···················································· 3
1.2　研究对象 ···························································· 4
1.3　研究路线 ···························································· 5
　　1.3.1　3E系统协调发展演变历程 ································· 5
　　1.3.2　研究流程 ···················································· 7
1.4　可持续发展的共识、发展与创新 ································· 9
　　1.4.1　可持续发展的共识 ········································· 9
　　1.4.2　发展与创新 ················································· 10
1.5　本章小结 ··························································· 11
参考文献 ·································································· 11
第2章　3E可持续发展研究 ··········································· 12
2.1　全球3E可持续发展研究 ········································· 12
　　2.1.1　全球3E可持续发展研究 ··································· 12
　　2.1.2　全球3E可持续发展的研究进展 ·························· 19
2.2　中国3E可持续发展研究 ········································· 24
　　2.2.1　中国3E可持续发展研究历程 ···························· 24
　　2.2.2　中国3E可持续发展面临挑战 ···························· 28
2.3　区域3E可持续发展研究 ········································· 31
　　2.3.1　区域3E可持续发展研究现状 ···························· 31
　　2.3.2　区域3E可持续发展研究进展 ···························· 32
　　2.3.3　京津冀区域3E可持续发展现状 ························· 34
2.4　本章小结 ··························································· 37
参考文献 ·································································· 37
第3章　区域资源–经济–环境可持续发展指标体系研究 ········· 40
3.1　国内外可持续发展指标体系研究 ································ 40
　　3.1.1　国外可持续发展指标体系研究 ·························· 40

3.1.2　国内可持续发展指标体系研究 ················································ 42

3.2　区域可持续发展系统组成 ······························································· 43

3.2.1　资源子系统——可持续发展的物质基础 ·································· 44

3.2.2　经济子系统——可持续发展的核心 ········································· 44

3.2.3　社会子系统——可持续发展的保障 ········································· 44

3.2.4　环境子系统——可持续发展的空间支持 ·································· 45

3.3　区域可持续发展指标体系构建方法 ················································· 45

3.3.1　区域可持续发展指标体系的构建思路 ····································· 45

3.3.2　区域可持续发展指标体系的功能描述 ····································· 46

3.3.3　区域可持续发展指标体系的构建原则 ····································· 46

3.3.4　区域可持续发展指标的筛选方法 ············································ 47

3.4　区域可持续发展指标体系 ······························································· 48

3.4.1　一元指标体系 ········································································· 49

3.4.2　二元指标体系 ········································································· 83

3.4.3　三元指标体系 ········································································· 86

3.4.4　区域各子系统间因果关系分析 ················································ 88

3.5　本章小结 ······················································································· 90

参考文献 ······························································································· 90

# 第二篇　现状及趋势分析

第4章　区域资源供应能力与消费现状分析 ················································ 95

4.1　资源与能源 ··················································································· 95

4.1.1　常规能源 ··············································································· 96

4.1.2　新能源 ·················································································· 101

4.2　水资源 ························································································· 104

4.2.1　水资源概况 ············································································ 105

4.2.2　供水分析 ··············································································· 108

4.2.3　用水分析 ··············································································· 110

4.3　资源利用分析 ··············································································· 114

4.3.1　能源利用效率 ········································································· 115

4.3.2　水资源利用效率 ····································································· 118

4.4　本章小结 ······················································································ 119

参考文献 ······························································································ 119

第5章　区域人口与经济发展现状分析 ······················································ 120

5.1　人口规模与结构 ············································································ 120

5.1.1　区域总体情况 ········································································· 120

5.1.2　分地区情况 ············································································ 122

5.2　经济规模与结构 ………………………………………………… 129
　　5.2.1　经济规模 ………………………………………………… 129
　　5.2.2　经济结构 ………………………………………………… 134
5.3　本章小结 ………………………………………………………… 144
参考文献 ……………………………………………………………… 144

**第6章　区域环境现状分析** ……………………………………………… 145
6.1　大气环境 ………………………………………………………… 145
　　6.1.1　大气污染物排放浓度 …………………………………… 146
　　6.1.2　大气污染物排放总量 …………………………………… 151
6.2　水环境 …………………………………………………………… 156
　　6.2.1　地下水环境 ……………………………………………… 157
　　6.2.2　地表水环境 ……………………………………………… 160
6.3　土壤环境 ………………………………………………………… 162
　　6.3.1　重金属及工业三废 ……………………………………… 162
　　6.3.2　化肥农药的过量使用 …………………………………… 163
6.4　碳排放分析 ……………………………………………………… 164
　　6.4.1　$CO_2$ 排放量分析 ………………………………………… 164
　　6.4.2　碳足迹分析 ……………………………………………… 166
6.5　本章小结 ………………………………………………………… 170
参考文献 ……………………………………………………………… 170

**第7章　区域承载力分析** ………………………………………………… 171
7.1　承载力的提出与发展 …………………………………………… 171
7.2　区域承载力的基本现状 ………………………………………… 173
　　7.2.1　人口承载力 ……………………………………………… 173
　　7.2.2　水资源承载力 …………………………………………… 174
　　7.2.3　土地资源承载力 ………………………………………… 176
　　7.2.4　环境承载力 ……………………………………………… 178
　　7.2.5　交通承载力 ……………………………………………… 179
7.3　提高区域承载力的路径与对策 ………………………………… 180
　　7.3.1　增强承载力 ……………………………………………… 180
　　7.3.2　疏解承载力 ……………………………………………… 181
7.4　本章小结 ………………………………………………………… 182
参考文献 ……………………………………………………………… 182

**第三篇　理论与模型研究**

**第8章　区域资源–经济–环境系统与可持续发展** …………………… 185
8.1　区域可持续发展理论 …………………………………………… 185

8.1.1 区域可持续发展概念 ···································· 185

8.1.2 区域可持续发展特征 ···································· 186

8.1.3 区域可持续发展原则 ···································· 188

8.1.4 区域可持续发展影响因素 ································ 189

8.2 区域资源–经济–环境系统概述 ······························ 191

8.2.1 资源系统定义及构成 ···································· 191

8.2.2 经济系统定义及构成 ···································· 192

8.2.3 环境系统定义及构成 ···································· 193

8.3 区域资源–经济–环境系统与可持续发展的关系 ················ 193

8.3.1 区域资源–经济–环境系统对可持续发展的影响 ·········· 193

8.3.2 区域可持续发展中的资源、经济、环境要素制约 ········ 195

8.4 区域 3E 系统模型群 ········································ 196

8.4.1 基于认识论的 3E 系统模型群 ························· 196

8.4.2 基于方法论的 3E 系统模型群 ························· 199

8.5 本章小结 ·················································· 202

参考文献 ······················································ 202

第 9 章 区域 3E 系统分析模型群 ································ 203

9.1 能源系统分析模型 ·········································· 203

9.1.1 基于模糊聚类的光伏发电规划模型 ···················· 203

9.1.2 基于层次分析法的能源安全评价模型 ·················· 206

9.1.3 基于脱钩指数的经济发展与能源消耗关系模型 ·········· 211

9.2 经济系统分析模型 ·········································· 214

9.2.1 基于实物期权法的风力发电投资规划模型 ·············· 214

9.2.2 基于柯布–道格拉斯型的经济发展与能源生产关系模型 ···· 218

9.2.3 基于灰色关联分析的产业结构与 3E 系统关系模型 ······ 220

9.3 环境系统分析模型 ·········································· 225

9.3.1 节能减排分析模型 ······································ 225

9.3.2 空气质量短期分析模型 ·································· 228

9.4 3E 系统耦合模型 ·········································· 231

9.4.1 基于主成分分析法的 3E 系统综合发展水平模型 ········ 232

9.4.2 基于回归分析法的 3E 系统耦合模型 ·················· 235

9.4.3 3E 系统协调度概念模型——"$\delta$" 模型 ················ 237

9.4.4 3E 系统协调度几何模型——"$\theta$" 模型 ················ 239

9.4.5 3E 系统协调度物理模型——"$\beta$" 模型 ················ 244

9.4.6 基于 OLAP 技术和数学统计方法的能源与经济指标定量影响关系模型 ···································· 249

9.5　本章小结 ································································································254

参考文献 ····································································································255

**第 10 章　区域 3E 系统预测模型群** ·······················································256

10.1　基于系统动力学的 3E 系统预测研究 ·············································256

10.1.1　模型概述 ·····················································································256

10.1.2　模型原理 ·····················································································256

10.1.3　算例研究 ·····················································································260

10.2　京津冀区域能源安全预测研究 ·······················································261

10.2.1　模型概述 ·····················································································261

10.2.2　模型原理 ·····················································································261

10.2.3　算例研究 ·····················································································262

10.3　基于 ARMR 模型的经济增长与能源消耗的脱钩预测研究 ·········264

10.3.1　模型概述 ·····················································································264

10.3.2　模型原理 ·····················································································265

10.3.3　算例研究 ·····················································································265

10.4　基于回归分析和最小二乘法的碳排放演化研究 ·····························269

10.4.1　模型概述 ·····················································································269

10.4.2　模型原理 ·····················································································269

10.4.3　算例研究 ·····················································································271

10.5　基于灰色预测法的大气环境长短期预测研究 ·································273

10.5.1　模型概述 ·····················································································273

10.5.2　模型原理 ·····················································································273

10.5.3　算例研究 ·····················································································273

10.6　基于大数据的机器学习在 3E 领域的研究 ·····································276

10.6.1　大数据环境下的机器学习理论 ·····················································276

10.6.2　基于大数据的机器学习算法在 3E 领域的应用 ······························278

10.7　本章小结 ································································································292

参考文献 ····································································································293

**第 11 章　区域 3E 系统优化模型群** ·······················································294

11.1　基于粗糙集和信息熵的指标体系优化模型 ·····································294

11.1.1　模型概述 ·····················································································294

11.1.2　模型原理 ·····················································································294

11.1.3　算例研究 ·····················································································295

11.2　基于灰色动态规划的产业结构优化模型 ·········································296

11.2.1　模型概述 ·····················································································296

11.2.2　模型原理 ·····················································································297

　　　11.2.3　算例研究 ································································· 298

　11.3　基于多目标规划模型的 3E 系统规划研究 ······················· 299

　　　11.3.1　模型概述 ································································· 300

　　　11.3.2　模型原理 ································································· 300

　　　11.3.3　算例研究 ································································· 301

　11.4　基于不确定性区间优化的 3E 系统规划研究 ···················· 303

　　　11.4.1　模型概述 ································································· 303

　　　11.4.2　模型原理 ································································· 306

　　　11.4.3　算例研究 ································································· 307

　11.5　本章小结 ··········································································· 310

　参考文献 ·················································································· 310

# 第四篇　区域能源互联网

第 12 章　可持续发展与能源互联网 ············································· 315

　12.1　能源互联网概述 ································································ 315

　12.2　能源互联网研究 ································································ 317

　12.3　可持续发展与能源互联网的联系 ········································· 319

　12.4　本章小结 ··········································································· 323

　参考文献 ·················································································· 323

第 13 章　区域能源互联网 ························································· 324

　13.1　区域能源互联网概述 ························································· 324

　13.2　京津冀区域能源互联网 ····················································· 325

　　　13.2.1　清洁能源分布及利用 ················································· 327

　　　13.2.2　区域能源互联网构成 ················································· 333

　13.3　本章小结 ··········································································· 335

　参考文献 ·················································································· 336

第 14 章　储能 ······································································· 337

　14.1　储能概述 ··········································································· 337

　　　14.1.1　储能基础理论 ·························································· 337

　　　14.1.2　抽水储能 ································································· 339

　　　14.1.3　压缩空气 ································································· 350

　　　14.1.4　电池储能 ································································· 351

　　　14.1.5　石墨烯 ····································································· 355

　14.2　电池储能应用 ···································································· 356

　　　14.2.1　电动汽车 ································································· 357

　　　14.2.2　风光储输 ································································· 359

14.3　本章小结 ·····················································································361

参考文献 ·································································································361

**第15章　微电网** ·····················································································363

15.1　微电网概述 ·····················································································363

15.2　微电网研究 ·····················································································365

15.3　微电网政策 ·····················································································368

15.4　微电网案例 ·····················································································369

15.4.1　光伏发电 ················································································369

15.4.2　案例研究 ················································································370

15.5　本章小结 ·····················································································376

参考文献 ·································································································376

# 第五篇　"3E+"平台

**第16章　3E-DSS平台** ··········································································381

16.1　3E-DSS平台设计 ·········································································381

16.2　3E-DSS平台架构 ·········································································382

16.3　3E-DSS平台功能 ·········································································383

16.3.1　3E大数据和指标体系 ·························································383

16.3.2　模型研究 ················································································385

16.3.3　GIS应用 ················································································387

16.3.4　科研成果 ················································································387

16.4　本章小结 ·····················································································387

参考文献 ·································································································388

**第17章　3E-DSS平台的专题研究** ·····················································389

17.1　基于大数据的京津冀大气环境决策支持系统 ·····························389

17.1.1　AE-DSS系统功能 ·······························································389

17.1.2　AE-DSS系统实现 ·······························································391

17.2　能源行业全面风险决策支持系统 ·············································393

17.2.1　ER-DSS系统功能 ·································································393

17.2.2　ER-DSS系统实现 ·································································394

17.3　节能减排决策支持系统 ···························································395

17.3.1　ESER-DSS系统功能 ···························································395

17.3.2　ESER-DSS系统实现 ···························································395

17.4　京津冀资源–经济–环境可持续发展决策支持系统 ·····················396

17.4.1　系统功能 ················································································397

17.4.2　系统实现 ················································································397

17.5 北京市能源强度演变机理及规划模拟系统 ·································· 398
    17.5.1 系统功能 ·································· 399
    17.5.2 系统实现 ·································· 399
17.6 本章小结 ·································· 400
参考文献 ·································· 400

第18章 启示、思考与展望 ·································· 401
18.1 可持续发展研究的启示 ·································· 401
18.2 可持续发展研究的思考 ·································· 403
18.3 可持续发展研究的展望 ·································· 404

附录一 单位对照表 ·································· 406
附录二 英文缩略词对照表 ·································· 407

# 第一篇 资源-经济-环境可持续发展研究

本篇是全书的导引篇。首先从整体上介绍了本书的研究背景、意义以及研究框架，并凝练出主要观点和创新点；其次剖析了目前世界范围内对资源-经济-环境可持续发展问题的研究现状，并结合京津冀区域实际，探讨了可持续发展研究在促进京津冀区域一体化发展进程中作用；最后依据专业的指标构建原则和方法，建立了符合可持续发展研究实际的一元、二元和三元指标体系，为后续篇章提供了研究基础。

由于资源、经济、环境系统三者之间错综交互，资源子系统中能源要素与经济和环境系统关联度较大，许多研究人员一般将能源-经济-环境（Energy-Economy-Environment，3E）系统可持续发展作为一个整体，挖掘三者之间的内在传导机制和发展关系。

# 第 1 章 导 论

如今我国局部区域环境不断恶化、资源逐渐短缺，积极走可持续发展道路将是我国的必然选择，而实现全面可持续发展的前提，就是实现区域内的资源–经济–环境可持续发展。本章分析了京津冀区域资源–经济–环境系统可持续发展的研究路线，指出资源–经济–环境系统是一个动态运行过程，系统中各个子系统会相互影响、相互作用。此外，本章还阐明了作者对可持续发展的认识并提出了创新的观点。

## 1.1 研究背景及意义

工业革命以来，社会生产力不断解放，劳动效率大幅度提高，物质文明飞速发展。在其后相当长时期，经济发展主要依靠资本、劳动等要素的投入，以及能源（特别是化石能源）的消耗，人们把物质财富作为追求目标，不断开发和征服自然，能源开发利用随之产生的问题并未引起人们的重视。20 世纪 70 年代石油危机爆发后，《增长的极限》（德内拉·梅多斯等，1972）一书使人们认识到能源不是取之不尽用之不竭的，随着人类发展对能源需求的不断提高，能源使用过程中排放的废气、污水、固体废物、噪声等，将会进一步加剧环境恶化、土地污染和水土流失，对人类赖以生存的环境造成很大程度的威胁。

世界气象组织（WMO）公布 2016 年为 1880 年以来全球平均温度最高年，平均地表温度上升 2.0℃。$CO_2$ 和其他人为排放物是地表温度上升的主要原因。目前全球 90% 以上的人为 $CO_2$ 排放是在化石能源消费过程中产生的。化石能源的开采及使用会增加温室气体浓度、增强温室效应，导致全球气候变暖造成生态环境的破坏。我国能源结构以消费化石能源为主，具有明显的不可持续性，严重制约了我国的经济发展；能源消耗造成的环境污染也将阻碍经济发展。另外，随着化石能源的不断消耗，其开发成本及难度将会大大增加。同时，经过持续多年的科技创新，中国清洁能源的开发利用技术已经居世界前列。因此，我们以可持续发展为目标，未必要依赖以化石能源为主的能源结构，使用新型的清洁能源取代传统的化石能源才是大势所趋。

在今后相当长一段时间内，我国将继续坚持以经济建设为中心，从"忽视技术和管理，依靠大量低效率地消耗各种资源来实现经济增长"转向"依靠提高资源配置效率和利用效率来实现经济的增长"（刘会亚，2017）。正确认识现阶段我国 3E 系统协调状况及其影响因素，需深入贯彻节约资源和保护环境的基本国策，走出一条经济社会发展与人口、能源资源、生态环境相协调的可持续发展之路（张耀军，2014）。

3E 系统协调发展，体现了人类发展的现代理念，是未来社会可持续发展的重要保证。随着对 3E 系统的深入研究，可持续发展研究领域也不断外延，由原来的 3E 系统扩展为资源–经济–环境系统，因为在可持续发展过程中，对能源的研究范围远远超越了其自身界定范围而是延伸到资源层面。鉴于我国地域广袤，3E 系统发展存在差异性，要实现我国可持续发展道路，需以"区域"为基本单位，实现区域资源–经济–环境系统可持续发展，进而推进全国可持续发展进程。"十三五"规划将京津冀协同发展定为中国三大国家战略之一（其他两个是"一带一路"倡议和"长江经济带"发展），因此研究京津冀区域协调发展问题成为学术界研究热点（王晓，2017）。本书研究团队借助大数据技术和机器学习方法，建立分析、预测和优化模型群对资源、经济、环境各子系统之间的交互作用程度进行测算，以实现区域内资源、经济、环境的平衡和协调发展为目标，提出可持续发展决策建议。根据我国基本国情，研究京津冀区域资源–经济–环境可持续发展对实现京津冀区域协同发展，以及实现我国全面可持续发展具有现实指导意义。

## 1.2　研　究　对　象

京津冀经济圈由京津唐工业基地概念发展而来，传统意义上京津冀区域主要包含以北京为中心的周边发展城市，没有严格区域界定。随着我国长三角、珠三角区域一体化发展，国家对京津冀区域的界定逐渐明确。2011 年 3 月，国家发布"十二五"规划纲要，提出"打造首都经济圈"。京津冀区域包括北京市、天津市以及河北省的 8 个地级市（秦皇岛、唐山、廊坊、保定、石家庄、沧州、张家口、承德）。京津冀区域如图 1.1 所示。

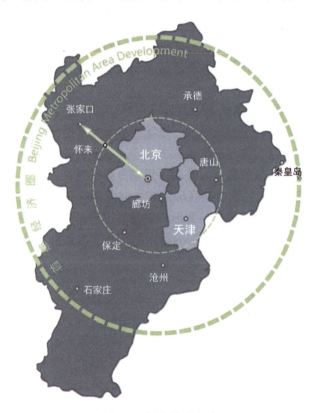

图 1.1　京津冀区域图

京津冀区域经济一体化虽已提出多年，但与长江三角洲、珠江三角洲相比发展缓慢，各区域经济、社会发展仍处于不平衡阶段，产业结构、能源利用水平、城市规划特点、工业发展需求等存在较大差异。因其独特的地理特点，京津冀区域已成为全国生态安全保证程度最低的地区之一，经济的快速增长和城市的急剧扩张对区域的自然环境产生了干扰和破坏（周玉梅，2005）。

针对以上情况，2015 年国家对京津冀区域重新定位，即"以首都为核心的世界级城市群、区域整体协同发展改革引领区、全国创新驱动经济增长新引擎、生态修复环境改善示范区"，着力解决人地关系、生态与环境、产业格局、城镇体系发育失衡等问题。相对落后的河北、天津两地在未来发展中有巨大的发展空间，京津冀协同发展进入实质发展期，河北省将承接北京外迁产业。《"十三五"时期京津冀国民经济和社会发展规划》（国家发展和改革委员会，2016）明确京津冀区域未来五年的发展目标，到 2020 年，京津冀区域的整体实力将进一步提升，经济保持中高速增长，结构调整取得重要进展，协同发展取得阶段性成效。2017 年中央提出建设以新发展理念引领的现代新型城区——雄安新区，成为北京非首都功能疏解集中承载地，此次"千年大计、国家大事"将使首都"大城市病"问题得到缓解，生态环境质量、生产方式和绿色生活方式得到改善，低碳水平上升，人民生活水平和质量普遍提高，城乡居民收入较快增长，基本公共服务均等化水平稳步提高（刘茜和毛寿龙，2017）。

因此，坚持走可持续发展道路是加快推进京津冀区域一体化发展的必然选择。在接下来乃至更长时间内，可持续发展将成为京津冀区域资源、经济和环境系统协调发展的最终目标。

## 1.3　研　究　路　线

在区域可持续发展视角下以京津冀区域资源–经济–环境系统协调发展为研究对象，由于资源子系统中能源要素对经济发展和环境承载力具有直接传导影响性，因此走可持续发展道路重点研究 3E 系统中存在的二元和三元问题，同时针对该区域能源问题提出能源互联网、微电网和泛能网等概念，为可持续发展提供多样选择性。

### 1.3.1　3E 系统协调发展演变历程

**1. 3E 系统运行机制**

3E 系统是一个各系统间作用形式及反馈形式多样的复杂系统。人的全面发展是可持续发展的最终目标，因此社会因素中人助推 3E 系统运行。人类社会的进步通过社会财富不断积累表现出来，科技发展过程带动社会产业增值，主要体现在国内生产总值（GDP）。经济在发展过程中加快能源开发和消费，能源在消费过程中产生的污染物以不同的形式排放到人类生存环境中，当环境承载力达到极限时，生态环境便会遭到破坏。为达到人与环境协调发展，人们又会对不同程度的环境污染状况进行污染治理投资，环保投资比例进一步影响 GDP 增长速度，最终又反馈到经济系统中。因此 3E 系统是一个动态运行过程，人口推动 3E 系统发展的同时，系统中各个子系统又会相互影响、相互作用，最终又以某种形式影响人的全面发展。3E 系统运行机制如图 1.2 所示。

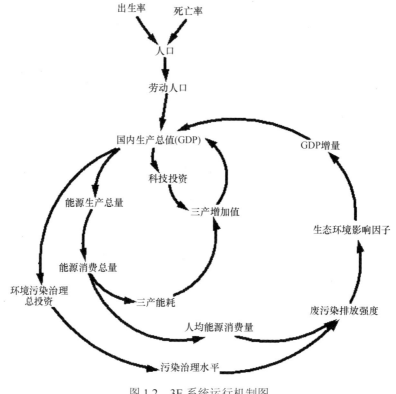

图 1.2　3E 系统运行机制图

**2. 3E 系统动态演化过程**

可持续发展在理论和实践中有机地将 3E 系统联系在一起，并在 3E 动态开放复杂系统中达到三大系统及其各子系统内部之间协调发展。全面评判 3E 系统耦合发展程度成为考量可持续发展阶段的标准出发点。

研究表明，3E 系统的耦合动态演化路径满足"螺旋上升"变动机制，可将 3E 耦合发展过程分为 4 个跃迁过程，如图 1.3 所示。

第 I 阶段：起初 3E 系统间内在相互约束和限制不明显，主要开发能源并呈指数增长。

第 II 阶段：在环境可承载的条件下，能源带动经济增长，两者呈现正相关关系。

第 III 阶段：在环境承载力达到极限时，经济增长给能源环境带来胁迫，能源过度开发和利用导致环境不断恶化，同时制约经济发展，对经济发展产生副作用，各子系统形成负反馈关系。能源与环境、能源与经济呈现负相关作用。

第 IV 阶段：当 3E 系统达到极限时，依靠资金、技术积累及政策引导，推动环保、资源开采与利用的技术创新，促使能源消费向清洁高效方向转变，使得三系统由相互制衡转为相互促进，最终演化路径向近似更协调状态跃迁。

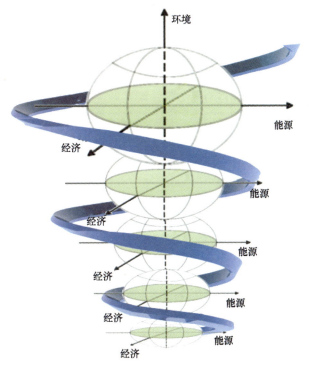

图 1.3　3E 系统耦合跃迁图

## 1.3.2　研　究　流　程

首先，通过文献追踪手段分析国内外 3E 可持续发展现状，其次依据我国可持续发展研究现状提出以京津冀区域为研究对象，最终构建区域可持续发展特色指标体系，为进一步研究京津冀区域可持续发展奠定基础。

在研究 3E 系统发展过程中发现：工业革命后，经济成为主要发展目标，能源和环境系统矛盾不突出，因此 3E 系统中一元问题成为研究重点。"石油危机"爆发后，生态环境遭到破坏，甚至对人类生存构成严重威胁，因此经济学家们利用经济学理论方法分别研究能源、环境问题，逐渐形成了能源–经济、能源–环境、经济–环境二元系统理论体系。自可持续发展观提出后，人类对能源、经济、环境系统认识程度逐渐加深，开始把三个系统纳入到一个整体中去研究，能源、经济和环境三元问题成为各国科学家研究重点和难点。

受 3E 系统研究发展历程启发，要促进可持续发展务必从整体上认识 3E 系统发展过程中存在的问题，利用从局部到整体的思维方式来认识系统间发展过程中存在的矛盾。首先对系统中存在的二元问题构建区域二元模型群，然后对系统中存在的三元问题构建分析、预测及优化模型群；为实现可持续发展目标，从能源角度提出区域能源互联网概念，微电网成为实现这一目标的重要手段，它在一定程度上解决了区域能源短缺和环境承载压力问题，同时以相关案例进行说明，最后，将京津冀区域可持续发展研究过程以可视化方式在系统平台上进行展示，同时为推进区域可持续发展进程提供决策支持。

在可持续发展问题研究过程中，综合运用实证分析与规范分析结合、比较分析与逻辑归纳结合、调查研究与案例分析结合的方法。具体方法说明如下。

**1. 实证分析与规范分析结合**

从实证分析和规范分析的角度分析 3E 系统发展过程中存在的问题，分别对京津冀三地能源、经济和环境系统中存在的一元、二元及三元问题进行客观分析，同时结合规范分析的判断标准，在实现京津冀区域可持续发展问题上提出具有针对性的解决方法和决策支持方案。

**2. 比较分析与逻辑归纳结合**

通过应用对比分析和逻辑分析相结合的方法，将北京市、天津市和河北省 3E 系统存在的问题进行对比研究，并初步判断京津冀区域 3E 可持续发展现状，同时应用一系列预测方法归纳出京津冀区域在"十三五"规划期间可持续发展的未来趋势。

**3. 调查研究与案例分析结合**

从京津冀三地区域的实际发展情况出发，力求结论具有科学性、可靠性及适用性，注重应用科学的研究方法，并结合相关研究案例进行验证分析，为促进京津冀区域可持续发展提供决策性建议。

结合本书的内容体系及研究方法，描绘出本书的研究框架，如图 1.4 所示。

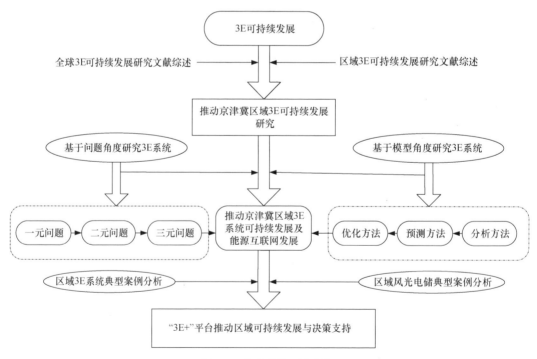

图 1.4　本书整体研究框架

## 1.4　可持续发展的共识、发展与创新

《2030 年可持续发展议程》尽管只是一个政治共识，不具备法律约束意义，但是其导向是明确的，不可逆的。各国的国情有所不同，面临的挑战也迥然有异，但是可持续发展的目标是不可更改的，并且可持续发展的目标在未来实施进程中还会不断聚焦。书中为实现京津冀区域可持续发展，创新的从认识论和方法论两个角度进行研究，并结合计算机技术推动资源–经济–环境系统的协调发展。

### 1.4.1　可持续发展的共识

**1. 全球共同实现可持续发展目标**

当今世界面临着全球气候变暖、人口爆炸、能源需求过大、生态环境破坏、社会问题等多重压力，地球承载力受到挑战，我们面临的根本性挑战不是要不要"发展"，而是发展必须是"可持续"的。在《我们共同的未来》报告中提出的"可持续发展"概念，阐述了环境、资源（能源）和经济社会发展之间的相互依赖与制约关系。2002 年联合国在南非召开了第一次可持续发展世界首脑会议，明确主张可持续发展朝着可持续经济、可持续社会和可持续生态三个向度发展。针对全球气候变化，《京都议定书》明确规定从 2005 年开始承担减少碳排放量的义务，它是世界各国首次共同制定的削减温室气体排放的强制性法律文件。在未来可持续发展过程中，我们仍有很长的路要走，世界各国需要坚持在合作中谋求共赢，坚持"共同但有区别的责任"原则，坚持发展中共促繁荣，共同实现可持续发展目标。

**2. 中国国情决定可持续发展道路**

我国在经济快速增长的发展过程中，面临着提高社会生产力、增强综合国力和提高人民生活水平的历史任务，同时面临人口压力、能源挑战、资源短缺、环境污染、生态失衡等严峻的问题和困难，直接影响经济社会进一步发展，发展不可持续性日趋严重。在《中国 21 世纪议程》中明确提出中国可持续发展目标："建立可持续发展的经济体系、社会体系和保持与之相适应的可持续利用的资源和环境基础。" 根据我国基本国情可以看出，人口、资源、经济、环境是我国可持续发展的 4 个最基本方面，需要协调好人口、资源、经济和环境之间关系，转变传统非持续性发展模型过程中，寻求一条"人口、经济、环境和资源相互协调的、既能满足当代人的需要而又不对满足后代人需求的能力构成危害的可持续发展道路"，并积极推行可持续发展道路战略。

**3. 京津冀区域明确可持续发展方向**

京津冀协同发展是我国在新阶段与"一带一路"倡议和"长江经济带"推出的三大国家战略之一。如今京津冀面临着资源环境超载、生态环境质量差、人口密集度高、重化工业比重大、产业结构调整升级任务艰巨、首都"大城市病"严重等一系列突出问题。

2015 年中共中央政治局审议并通过了《京津冀协同发展规划纲要》，标志着京津冀协同发展的顶层设计已经完成。推动京津冀可持续发展，需要探索人口、资源、环境与经济社会协调发展的新模式。按照创新发展理念，加快转型升级；按照绿色发展理念，提升环境承载能力；按照开放、协调、共享理念，促进城乡、城际、城域协同。在落实京津冀协同发展规划纲要过程中，需要从疏解非首都功能、转移产业、共建生态环境、优化空间布局等 4 个方面共同努力，以实现区域健康可持续发展，提高人民群众福祉和生活质量。

**4. 能源互联网促进可持续发展**

当前，化石能源大规模开发利用，导致资源紧缺、环境污染、气候变化等诸多全球性问题，人类社会发展日益面临严峻的化石能源困局。要实现 2030 年可持续发展议程目标，即："确保人人获得负担得起、可靠和可持续的现代能源"，需要将传统能源消费模式转向一种更清洁、可再生的、低碳的能源消费模式，提出构建全球能源互联网。实施"两个替代"，即清洁替代和电能替代，它保障了清洁能源高效开发和利用，为人类提供"充足""清洁""高效""便捷"的可再生能源，从根本上解决制约人类社会可持续发展的能源环境和气候变化等问题。"人人享有可持续的能源供应"，天更蓝、地更绿的和谐美好地球村将近在眼前。

**5. 信息技术引领可持续发展潮流**

信息技术渗透力较强，渗透面最广，可以应用到资源、经济和环境的各个环节和领域中。应用信息技术，不仅可以开发化石资源替代品，来减少一次能源的使用，而且有利于解决各种资源在地域上的限制，进一步节约人力和物力，提高经济效益。通过科技创新改良技术，提高生产力效率来带动经济增长方式转变，扩大利润边际和调整产业结构，推动经济的不断增长和繁荣。同时利用计算机技术来模拟环境真实情况，检测出一系列环境问题，比如全球变暖、生态环境破坏等。当今大数据和 GIS 等技术为保护自然环境和生态环境提供新的方向。信息技术在资源有效利用、经济增长和环保生态环境中起到不可估量的作用，为可持续发展开辟新天地。

## 1.4.2  发展与创新

历年来我们团队不断对可持续发展研究，从认识论和方法论对可持续发展有了深刻认知，加之运用计算机技术进而推动可持续发展从理论走向实践。以京津冀区域为可持续发展研究对象，在数据采集、预处理、存储、数据分析、模型研究及数据可视化等方面都取得较大进步。

（1）在国家统计年鉴、地方统计年鉴、政府网站及电子期刊杂志上，搜集整理了京津冀区域自 20 世纪 50 年代以来资源（能源）、经济和环境高质量的指标数据，其中包含半结构化和非结构化数据。建立京津冀区域资源–经济–环境数据库，存储数据达 1TB以上。

（2）分析大量国内外可持续发展文献资料，研究联合国指标构建方法，并结合资源–经济–环境发展特点，应用粗糙集和信息熵等方法建立可持续发展一元、二元和三元指标体系。其中一元指标 414 个，二元指标 39 个，三元指标 3 个。

（3）建立分析模型群，对 3E 可持续发展进行实例研究。分别建立 3E 系统协调度概念模型——"$\delta$"模型、3E 系统协调度几何模型——"$\theta$"模型和 3E 系统协调度物理模型——"$\beta$"模型，以可视化展现方式进行辅助决策。

（4）使用信息化技术，应用大数据、数据挖掘和深度学习等方法，对历年来《北京日报》《北京晚报》等进行文本挖掘，研究了京津冀区域极端气候诸如雾霾、沙尘暴、"桑拿天"等区域环境变化。

（5）区域能源互联网是实现可持续发展的一个重要组成部分，在一定程度缓解目前全球所面临的气候和能源问题，可以实现清洁能源替代、电能替代的战略性目标。重点研究了各种储能方式，并对京津冀区域抽水蓄能和光伏发电进行场景分析和可视化展示。

（6）"3E+"是一个研究可持续发展和辅助决策支持的科研平台。科研人员根据平台提供的基础指标数据、相关研究方法和最新科研文献资料，进行相关研究，平台根据不同研究结果提供决策支持。此外科研平台对京津冀大气环境、节能减排、能源行业风险、能源强度演变机理及资源–经济–环境可持续发展等进行专题研究。

## 1.5　本章小结

本章主要阐述了可持续发展课题研究背景及意义，确定本书的研究对象——京津冀区域为例，明确提出本书的整体研究路线、作者主要观点以及创新点，主要为接下来各篇章的资源–经济–环境现状分析、理论概述、模型研究及平台搭建提供明确完整思路。

## 参 考 文 献

北京市规划和国土资源管理委员会. 2017. 北京城市总体规划(2016—2030 年). http://www.bjghw.gov.cn/web/ztgh/ztgh000.html.2017-05-26

德内拉·梅多斯, 乔根·兰德斯, 丹尼斯·梅多斯. 1972. 增长的极限. 北京: 机械工业出版社

国家发展和改革委员会. 2016. "十三五"时期京津冀国民经济和社会发展规划. http://politics.people.com.cn/n1/2016/0216/c1001-28125995.html.2017-09-30

刘会亚. 2017. 多措并举提高国有企业资源配置效率. 中国党政干部论坛, (08): 66-68

刘茜, 毛寿龙. 2017. 雄安新区发展的秩序维度. 学术界, (06): 13-23+320

张婷. 2015. 河北省在京津冀一体化发展中的对策研究. 长春: 吉林大学硕士学位论文

张耀军. 2014. 论京津冀一体化协调发展的路径选择. 当代经济管理, (10): 50-53

周玉梅. 2005. 中国经济可持续发展研究. 长春: 吉林大学博士学位论文

# 第 2 章　3E 可持续发展研究

　　能源是国民经济发展的命脉，在人类生产和生活中发挥着重要作用。20 世纪 50 年代以后，随着世界经济全球化和工业化进程不断加快，人类社会对各种能源的需求量逐年增加，经济发展对能源的依赖性也随之加强。同时，受地区能源资源条件以及开发利用水平的限制，人类社会能源供给能力的发展速度远落后于能源需求增长的速度，全球性的能源供需矛盾愈加显现。此外，能源在开采、运输、加工、转化、分配直到最终使用的全过程中会造成气体污染、水污染、固体废物污染、噪声污染等各种环境污染，不但影响社会经济的持续发展，甚至威胁到人类的生存条件。

　　由此，人们越来越意识到实现可持续发展不能单纯考虑发展，同时要关注能源、经济和环境，"3E" 概念就是在此基础上产生的。能源、经济、环境三者之间的协调发展会因为其中任何一个因素的变化而受到影响，只研究其中一元或者两元体系都很难做到全面、深入、系统的研究，对 3E 可持续发展的研究不仅不会制约能源、经济、环境的发展，而且会使这三个领域以一种更加合理的模式长久发展下去。实现 3E 协调发展已成为应对三重危机的唯一道路，世界各国已经开始了 3E 模式的相关研究。

## 2.1　全球 3E 可持续发展研究

　　近年来，能源短缺和环境污染问题成为全世界关注的焦点，实现 3E 可持续发展是各国经济发展的共同选择。随着各国对 3E 系统研究的不断深入，一些国家和地区在 3E 可持续发展研究方面取得了一定成效，这对我国进一步开展 3E 研究具有很重要的参考价值。

### 2.1.1　全球 3E 可持续发展研究

#### 1. 全球 3E 可持续发展面临挑战

　　能源、经济和环境三者构成一个相互作用、相互制约的循环系统。经济增长的前提是大规模开发能源，能源作为经济发展重要因素的同时，又造成了生态环境问题，阻碍了经济发展，环境系统反作用于能源、经济子系统。因此，能源、经济和环境是一个相互作用的矛盾体。

　　经济的发展、生产力的进步往往伴随着人口数量的迅速提高。工业革命之后，粮食生产等技术不断进步，全球许多地区出生率上升，再加上医学技术发达使得死亡率降低，世界人口出现大幅度增长，科学家称人口自然增长率大幅度增加现象为"人口爆炸"。图 2.1 展示的是世界人口增长趋势图。这种现象主要体现在中国、印度等南亚发展中国家和某些非洲国家, 图 2.2 展示的是 2017 年全球十大人口国家, 中国人口在世界人口居首位, 其次为印度。

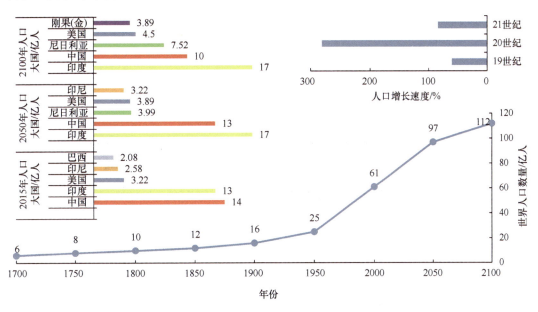

图 2.1　世界人口增长趋势图

注: 到 2050 年实际人口将由现在 73 亿人增长到 97 亿, 到 2100 年, 实际人口总数上涨到 112 亿

数据来源: 世界人口预测 2015 版 (World Population Prospects, the 2015 Revision), 联合国经济和社会事务部人口司

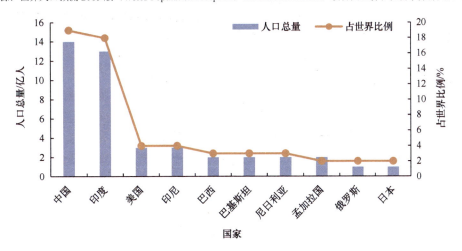

图 2.2　2017 年全球十大人口国家

注: 2017 年中国总人口 14.05 亿, 在世界人口中占比 18.82%, 居世界首位, 其次为印度。十大人口国家中, 有半数都是南亚发展中国家

数据来源: 世界人口网

　　世界人口的过快增长使得人类不得不加大对各种资源的开发利用来满足人口的需求, 人类通过大量开发能源不断创造经济财富, 使得能源成为世界经济增长的助推力。图 2.3 展示了 2010~2016 年世界各国经济增长率, 图 2.4 展示的是 1990~2040 年世界能源消耗变化趋势。

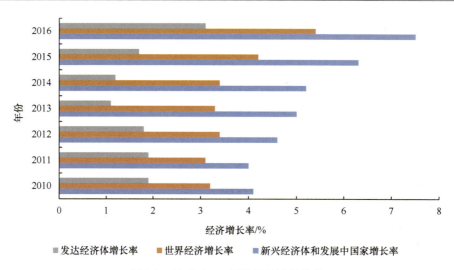

图 2.3　2010~2016 年世界经济增长率

注：为了解决人口引发的一系列问题，新兴经济体和发展中国家的经济快速发展，经济增长率每年会比世界经济增长率高 1%~2%，比发达国家经济增长率高 2%~4%，在促进世界经济增长率上占有较大比例

数据来源：国际货币基金组织（2015 年 1 月 19 日发布的《世界经济展望》）

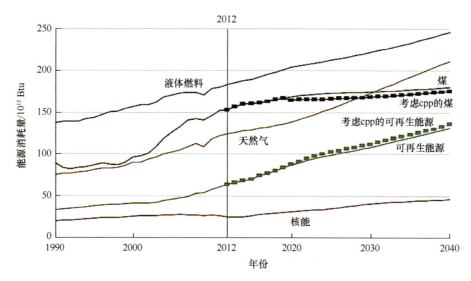

图 2.4　1990~2040 年世界能源消耗变化趋势

注：①煤、石油、天然气等化石能源的能源消耗量迅速增大，但在世界能源消耗中所占比重由 2012 年的 84% 减小到 2040 年的 78%。可再生能源增长速度最快，增加了 4%，目前及今后 20 年内，世界能源消耗还是以化石能源为主，但是可再生能源占比会不断加大；②1Btu=1.05506×10³J

数据来源：EIA，International Energy Outlook 2016 and EIA

　　大气中温室气体浓度的持续提升是由人类在追求经济增长时对化石能源的过度开发和利用引起的。温室气体的排放会导致全球气温提高，海平面上升，给人类社会带来很多隐患。由美国国家海洋和大气管理局 2016 年公布的 1990~2010 年全球温室气体排放量可知，在过去 20 年，二氧化碳排放量增长了 42%，占到总温室气体排放的 3/4。同时，氮氧化合物增长了 9%，甲烷气体增长了 15%，氟化物增长率翻倍。随着二氧化碳

排放量增多,全球气温呈上升趋势,全球平均气温从 1901 年开始,以平均十年增长 0.15°F 的速度增长。

能源在使用过程中除排放二氧化碳等温室气体外,还会排放其他污染物。污染物会造成水体污染、大气污染及土壤污染,甚至会导致自然生态退化,这些都是人类生活目前所面临的重大环境问题,图 2.5 和图 2.6 展示的是 2016 年中美十大空气污染城市。

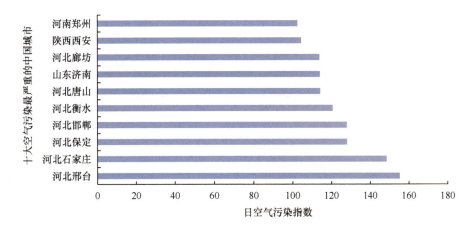

图 2.5 中国十大空气污染最严重城市

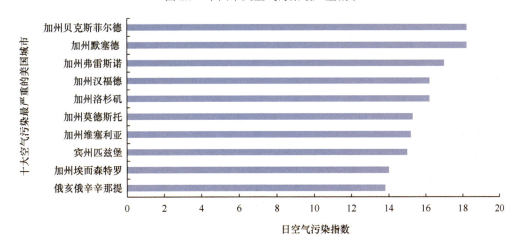

图 2.6 美国十大空气污染最严重城市

注:中国空气污染指数明显高于美国地区,其中大多空气污染城市主要分布在河北省地区。河北是中国第一钢铁大省,产业结构以重工业为主,为了追求经济利益而忽视了对环境的保护。加利福尼亚州贝克斯菲尔德被认为是美国空气污染最严重的城市,空气污染水平为 18.2,这个数字远远低于邢台的 155.2,而世界卫生组织(WHO)的准则值是 10.6

数据来源:《华盛顿邮报》,中国环境保护部,美国胸科协会,世界卫生组织

能源、经济和环境的发展表现为不协调状态,为促进人类可持续发展,世界各国针对本国环境破坏程度加大了生态投入比例。图 2.7 展示了美国 1975~2000 年每年环保投资额及环保投资比例。可以看出,1975~2000 年美国在减少污染、保护环境过程中所投入的资金量相当可观,而且增长势头显著,这是由美国的经济实力以及公众的环境意识决定的。同时我国也在努力改善不断恶化的生态环境,图 2.8 展示了 2000~2012 年我国环保投资额及环保投资在 GDP、财政支出、财政收入、全社会固定资产投资比例。

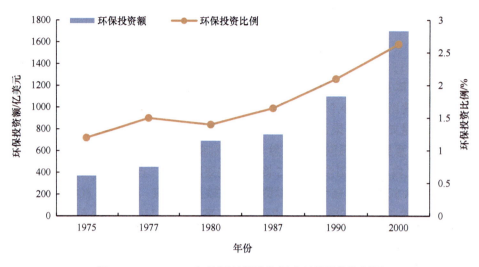

图 2.7　1975~2000 年美国环保投资额及环保投资比例图

注：美国的环保投资额不断上升，2000 年的环保投资额是 1972 年的 5.7 倍，环保投资比例（环保投资占 GDP 的比例）也随之增加到 2.6%的水平

数据来源：北极星环保网

图 2.8　2000~2012 年我国环保投资额及环保投资比例图

注：我国 2012 年环保投资额是 2000 年的 8 倍，说明我国在加大投资力度治理环境污染问题

数据来源：中华人民共和国国家统计局

图 2.9 展示了联合国开发计划署在北京发布的《2016 年中国城市可持续发展报告：衡量生态投入与人类发展》，该报告对中国 35 个大中型城市可持续发展状态进行定量分析，并用雷达图对中国 35 个城市的生态投入得分顺序排名进行显示。

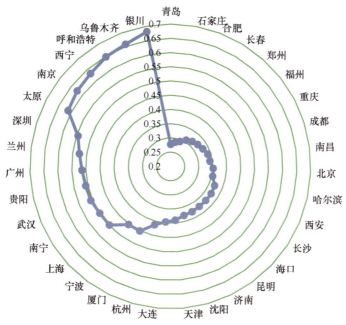

图 2.9　中国 35 个城市生态投入得分图

注：中国主要城市在联合国开发计划署的人类发展指数上取得良好成绩，而某些城市得分不高，需要加大这部分城市的生态投入

数据来源：中国生态文明发展报告

　　能源、经济和环境三个系统的发展既相互独立又相互影响。现如今，世界能源、经济和环境之间的矛盾越发突出，如 3E 系统面临经济增长、能源利用、生态环境破坏等多个问题。在研究 3E 可持续发展过程中需要综合考虑社会人口、能源、经济和环境之间的关系，将它们看成一个处于运动和变化中的复杂系统。图 2.10 展示了人口与 3E 系统的相互作用关系。

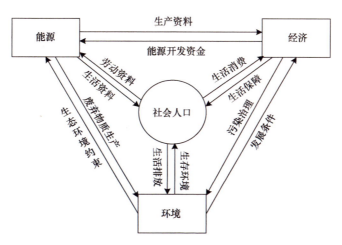

图 2.10　人口与 3E 系统相互作用关系图

## 2. 全球 3E 可持续发展研究历程

能源、经济和环境三者相互影响、相互制约，因此深入研究三个系统间发展模式、动力机制、演化趋势等相关理论是推动全球可持续发展进程的必然选择，分析和探讨能源的有效利用、生态环境保护和经济发展之间的关系，即 3E 系统的协调程度，是实现整个经济社会可持续发展的必要条件。

1983 年联合国提出可持续发展研究，为"可持续发展科学"凝练出三项共识：①坚持创新驱动克服增长停滞和边际效益递减（提供动力）；②坚持经济发展不牺牲生态（维系质量）；③保持代际与区际的共建共享（实现公平），我们在可持续发展内涵中提取出"动力、质量、公平"三大元素（彭斯震和孙新章，2014）。只有上述三大元素及其组合在可持续发展进程不同阶段获得最佳映射，可持续发展科学的内涵才具有统一可比性，才能制定可观控和可测度的共同标准。

如何有效地生产和使用能源，保证经济的可持续发展和人类生存环境的不断改善，是目前世界各国决策者和研究者共同关心的热门话题。最初，各国研究人员利用经济学理论方法分别研究能源、经济、环境系统中单个独立问题，随着深入研究逐渐形成了以能源–经济、经济–环境二元系统为对象的研究体系，在二元系统的研究过程中，人们发现在进一步深入探讨相关问题时，如果不把环境引入能源和经济二元体系研究，或者不把能源引入经济和环境二元体系研究，都很难开展更加全面、深入、系统的研究工作。尤其是当大气污染逐渐成为首要的环境问题时，这种要求就更加迫切。于是 20 世纪 80 年代后，国际上许多能源机构和环保机构开始展开合作构建三元系统的研究框架，并开始对其综合平衡和协调发展的问题进行研究，三元问题研究逐渐成为世界各国走可持续发展的新方向（彭斯震和孙新章，2014）。图 2.11 为世界范围 3E 可持续发展研究历程的示意图。

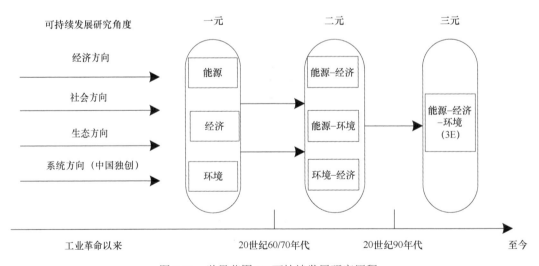

图 2.11　世界范围 3E 可持续发展研究历程

世界各国关于三元系统之间的关系探究主要是从以下三个层面进展的。

（1）经济层面。经济学模型从经济层面研究能源环境问题，主要是用经济学模型分析能源对环境的影响，以及研究能源环境之间的关系，能源经济层面主要通过能源结构、能源强度等指标来反映能源、经济和环境三者之间的关系。

（2）技术层面。许多发达国家认识到技术进步跟能源和环境政策存在相互约束与激励关系，重点研究能源–环境问题，尤其是像研究大尺度的全球气候问题。有的国家通过能源技术反映能源环境领域的重要指数即应用能源效率研究能源环境问题，甚至设计了系统发展水平指标体系来分析 3E 系统间的关系，对系统间发展协调状态进行测度与评价。

（3）政策层面。从全球范围来看，能源政策实质上已演变为能源环境政策，同时温室气体减排也包含在内。政府部门认为污染物排放、大气环境与能源消费活动密切相关，能源结构和机动车污染是造成城市大气污染的主要原因，针对此种现象，采取相应举措，宏观调控能源消费，减少机动车辆出行，进而减少污染物排放量，控制大气污染程度。

经过各国近 20 多年来的研究，全球发展形势也发生了深刻变化。一方面，世界各国在实现千年发展目标方面取得了一定进展；另一方面，人口快速增长、贫困问题远未解决、气候变暖凸显、区域环境污染严重、战略性资源和能源供需矛盾加剧等，环境保护与发展面临新困境，这些问题给实现全球 3E 可持续发展带来严峻考验。为了应对能源危机，各国积极研究新能源技术。可再生能源具有取之不竭、清洁环保等特点，代表了未来能源的发展方向，受到全球的高度重视。但可再生能源存在地理上分散、生产不连续、随机性、波动性和不可控等特点，传统电力网络集中统一的管理方式，难以适应可再生能源大规模利用的要求，能源互联网为解决可再生能源的有效利用问题提供了可行的技术方案。

## 2.1.2  全球 3E 可持续发展的研究进展

### 1. 全球 3E 可持续发展的相关政策

联合国人类环境会议于 1972 年 6 月在斯德哥尔摩举行，旨在取得共同看法和制定共同原则来鼓舞和指导世界各国人民改善人类环境。1992 年 6 月在巴西里约热内卢召开的联合国环境与发展会议是继联合国人类环境会议之后，环境与发展领域中规模最大、级别最高的一次国际会议，会议围绕环境与发展这一主题，通过了《关于环境与发展的里约热内卢宣言》、《21 世纪议程》和《关于森林问题的原则声明》3 项文件。

由于国际环境发展领域中的矛盾错综复杂，利益相互交错，以全球可持续发展为目标的《21 世纪议程》等重要文件执行效果不佳，全球环境危机没有得到扭转。全球贫困现象仍普遍存在，南北差距不断增大，大多数国家认为召开新的国际会议，总结回顾里约会议的精神，讨论里约会议建立的全球伙伴关系所面临的新问题有着极大的必要性，因此 2002 年召开了首脑会议。会议涉及政治、经济、环境与社会等广泛问题，全面审议 1992 年以来环境发展大会所通过的《关于环境与发展的里约热内卢宣言》、《21 世纪议程》等重要文件和其他一些主要环境公约的执行情况，并在此基础上就今后的工作形成行动战略与措施，积极推进全球的可持续发展。

2005 年 2 月 16 日，《京都议定书》正式生效，这是人类历史上首次以法规的形式限制温室气体排放。为了促进各国完成温室气体减排目标，议定书允许采取四种减排方式：第一，难以完成削减任务的国家，可以花钱从超额完成任务的国家买进超出的额度；第二，从本国实际排放量中扣除森林所吸收的二氧化碳的数量；第三，采用绿色开发机制，促使发达国家和发展中国家共同减排温室气体；第四，采用"集团方式"，即欧盟内部的许多国家可视为一个整体，有的国家削减、有的国家增加的方法，在总体上完成减排任务。

2005 年 10 月中旬，在爱丁堡召开的可再生能源和能效议会联盟大会上，欧盟执行委员会随即宣布成立一个新的高层次顾问组织，旨在解决竞争力、能源和环境的问题，这也是欧洲新工业政策的一部分内容。欧盟对经济发展、能源和环境问题的重视与日俱增（孔令锋和黄乾，2007）。欧盟把构建可持续发展的经济能源系统重点放在了新能源的开发和环境污染气体控制技术开发上，提出了有关环境和气候变化的"绿色新政"，如减排、再生能源、能源效率提高、二氧化碳捕捉及存储、绿化等，通过一揽子计划促进和推动绿色环保技术发展。

2012 年在里约热内卢召开的联合国可持续发展大会，为推进全球可持续发展合作提供了一个重要契机。大会致力于推动各国强化政治意愿，承诺全面落实 1992 年里约热内卢联合国环境与发展大会和 2002 年世界首脑会议达成的共识，全面评估国际社会在可持续发展领域的进展情况，查找差距和不足，结合既定的目标和新问题、新挑战，特别是发展中国家面临的实际困难和新挑战，推动可持续发展国际合作取得积极成果。

2015 年称为可持续发展年，9 月在纽约世界首脑特别峰会上批准《2015 后发展议程》，同时发布首份《2015 世界可持续发展年度报告》，在该报告中首次计算了世界各国达到高人类发展水平（即人类发展指数为 0.8）的时间及主要国家实现可持续发展目标的时间，世界各国人类发展指数达到 0.8 以上是社会问题减少、人类发展水平较高的阶段。图 2.12 和图 2.13 分别展示了典型国家发展指数达到 0.8 目标的实现年份和世界代表性国家实现可持续发展年份。

为摆脱区域能源短缺、环境恶化的威胁，能源互联和清洁能源接入成为一种新型的解决方案。2015 年 11 月 12 日，全球能源互联网中美技术装备研讨会在芝加哥召开。本会重点围绕特高压、智能电网、清洁能源、储能电池等最新前沿技术交流和研讨，为全球能源互联网技术和装备创新建言献策，取得了重要成果。2015 年 12 月 10 日，全球能源互联网中欧技术装备研讨会在柏林召开，各方面的专家学者重点围绕全球电网互联、输变电技术与装备、智能电网与新能源等领域进行了深入交流和研讨。此次会议受到中欧双方高度关注，对于共同推动构建全球能源互联网，促进清洁发展和可持续发展具有重要的意义。

2015 年 6 月 5 日联合国（UN）发布了题为《新的征程和行动——面向 2030》的报告，此次报告是在 2015 年联合国首脑会议的成果文件基础上提出的，是对 2015 年后全球发展的一次展望和规划。2015 年 9 月 25~27 日，全球 193 个联合国会员国在纽约庆祝联合国成立 70 周年，一致认为在面临新的世界形势和发展阶段，各个国际组织和国家应进一步深化可持续发展，落实可持续发展目标。

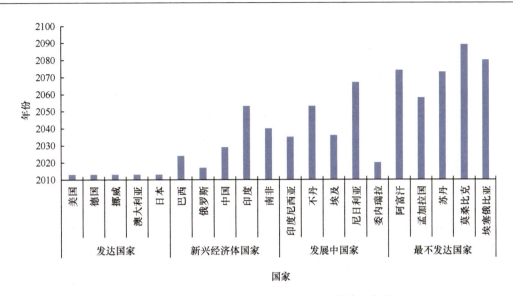

图 2.12　典型国家发展指数达到 0.8 目标的实现年份

注：发达国家在近几年便可实现高人类发展水平，作为新兴经济体的中国在 2030 年可能达到发展指数 0.8 的目标，而最不发达国家中莫桑比克要在 2090 年才能达到目标

数据来源：2015 世界可持续发展年度报告

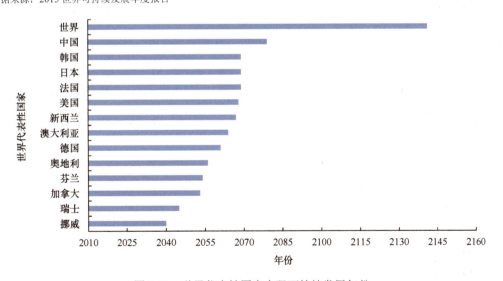

图 2.13　世界代表性国家实现可持续发展年份

注：全世界在 2140 年可达到全面可持续，在 21 世纪末达到 0.95，中国要在 2080 年才会实现可持续发展

数据来源：2015 世界可持续发展年度报告

2016 年 3 月 30 日，中国、日本、韩国、俄罗斯电网公司共同签署了《东北亚电力联网合作备忘录》。东北亚联网将把蒙古、中国东北和华北，以及俄罗斯远东地区的可再生能源基地与中国华北、日韩等负荷中心连接起来，实现地区可再生能源的大规模开发利用（孙宏斌等，2015）。同时，为加强国际合作，全球能源互联网发展合作组织同日成立，首批会员 80 家，来自亚洲、欧洲、非洲、美洲和大洋洲等五大洲国家，标志着全球能源互联网进入全面发展的新阶段。

## 2. 全球 3E 可持续发展的学术研究

近十年来，国内外越来越重视对 3E 可持续发展问题的研究，表 2.1 和表 2.2 分别为 2007~2016 年国外和国内相关学者对 3E 系统研究文献数量。从图 2.14 中可以看出文献数量逐年增长，2016 年达到了近十年的高峰，由此可见当今 3E 领域研究已成为全球的研究热点。根据我国能源、经济和环境现状，3E 发展不协调是我国亟待解决的一大难题，加快对国内区域 3E 系统研究是推进可持续发展的重要手段。

表 2.1　国外 3E 可持续发展研究文献数量

| 研究内容 | 年份 | | | | | | | | | |
| --- | --- | --- | --- | --- | --- | --- | --- | --- | --- | --- |
| | 2007 | 2008 | 2009 | 2010 | 2011 | 2012 | 2013 | 2014 | 2015 | 2016 |
| 3E | 27 | 24 | 36 | 51 | 48 | 51 | 49 | 62 | 61 | 74 |
| 能源–经济 | 84 | 101 | 234 | 146 | 165 | 161 | 157 | 209 | 229 | 264 |
| 能源–环境 | 149 | 167 | 232 | 260 | 293 | 344 | 389 | 402 | 438 | 469 |
| 经济–环境 | 93 | 98 | 147 | 153 | 178 | 213 | 179 | 229 | 244 | 254 |

表 2.2　国内 3E 可持续发展研究文献数量

| 研究内容 | 年份 | | | | | | | | | |
| --- | --- | --- | --- | --- | --- | --- | --- | --- | --- | --- |
| | 2007 | 2008 | 2009 | 2010 | 2011 | 2012 | 2013 | 2014 | 2015 | 2016 |
| 3E | 12 | 21 | 35 | 36 | 38 | 48 | 40 | 37 | 42 | 52 |
| 能源–经济 | 21 | 36 | 101 | 85 | 96 | 113 | 92 | 98 | 90 | 125 |
| 能源–环境 | 38 | 44 | 95 | 101 | 116 | 131 | 157 | 127 | 138 | 159 |
| 经济–环境 | 68 | 95 | 122 | 135 | 138 | 126 | 127 | 102 | 127 | 141 |

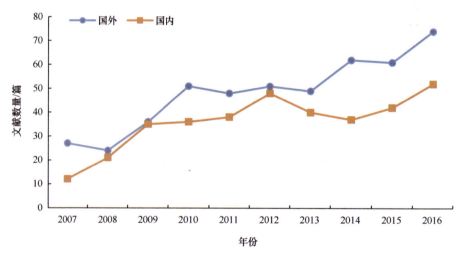

图 2.14　研究 3E 问题文献数量

国内外学者对 3E 系统的研究重点集中在 3E 模型上，目前国际上公认比较成熟的 3E 研究模型包括：MARKAL 模型、多目标规划模型、CGE 模型、SEA 模型、投入产出模型、系统动力学模型、INET 模型、对数回归模型、Visual Economics 模型等。

在对 3E 可持续发展的研究中，由于不同的国家政治形态及其关注的重点不同，形成了各具特色的国家尺度上的 3E 可持续发展体系，各国分别发展和制定了各自支持可持续发展的技术及规范，这些技术和规范将大大提高国家的可持续发展程度，同时也对人们的日常生活产生重大的影响。

1）德国 3E 可持续发展研究

德国为实现 3E 可持续发展，制定和引用了一系列标准。在经济可持续发展方面，德国采用了 IEC 62264 "企业管理系统一体化" 标准，该标准规定了企业管理体系的术语、模型、功能等。在能源可持续发展方面，德国早在 1980 年就制定了 "DIN 2425-3 公共设施规划，水资源和长途线路，长途管道的设计计划"，除此之外，德国在水资源、土地资源、废弃物管理等方面也制定了相应的标准，以求对资源能源的最有效利用。在环境可持续发展上，德国引用和制定了环境管理、环境规划、环境影响评估、环境污染和保护、空气质量 5 个方面的标准（刘春青等，2016）。近年来，德国更加注重利用新能源，同时将最新的科技引用到新能源领域。德国有六大能源互联网示范地区，每个地区都有不同的能源互联网试验主题，德国 2050 年《能源方案》明确提出了能源转型 "行动路线"，成为世界能源转型的先锋。

2）瑞典 3E 可持续发展研究

瑞典 3E 可持续发展的行动大致朝两个方向运作：第一个方向是按行业运作，如林业、交通业、能源业、农业、制造业等，但很多行业实施可持续发展有相当的局限性，有的甚至尚无法操作；第二个方向上是 "生态循环城"，经过几年的试点，瑞典在这方面取得了成熟的经验，另外公众环保意识的普遍形成，具备良好的社会基础，便于实施。

从 20 世纪 70 年代开始，瑞典有害气体的排放下降了 40%，而 GDP 增长了 105%。自《京都议定书》制定以来到 2005 年，瑞典的有害气体排放量下降了 7%，而同一时期经济增长了 36%。作为很早就开始重视 3E 问题的欧洲国家，瑞典 1969 年就通过了环境保护法案，实施了对空气、水资源、土壤、环境控制等方面的系列环境保护措施。瑞典所采取的有效措施主要包括：征收二氧化碳税，所有的人在消耗化石能源时都必须缴纳二氧化碳税，不管用于汽车还是其他方面，引入了绿色能源认证机制，促进可再生能源的生产，如电力的生产商、输电商，他们必须证明自己的电力供应的一部分是来自可再生能源。在交通、供暖等行业鼓励使用生物能源来做动力。

3）日本 3E 可持续发展研究

日本为实现 3E 可持续发展战略，从本国的实际出发，致力于解决本国的环境问题，并取得了一定的成效。首先，建立了较完善的法律体系，从法制上保障污染指数的降低。其次，增强国民的环境保护意识，促进公民积极参与环境保护活动。另外，在环境问题方面，日本一直主张举行全球对话，共同研究地球变暖、臭氧层破坏、酸雨等问题，并且希望通过国际合作的形式治理地球环境（顾杨妹，2005）。

节能减排技术的研发普及是促进 3E 可持续发展的重要内容。日本大阪燃气开发了各种节能技术产品，如研发了燃气空调设备、液化天然气冷能利用技术、热电联产发电系统等，且实现了新技术在工业和商务领域的普及。日本将家庭能源管理系统作为构成能源互联网的基本单元，日本计划在 2030 年累计实现销售 530 万台。燃料电池在东日本地震之后，迅速得到推崇，广泛应用在家用储能系统和燃料电池汽车中。

### 4）韩国 3E 可持续发展研究

韩国十分重视研究本国经济增长、能源发展、环境保护（3E）之间的关联状况，并以此提出了一些措施。从本国的经济状况、环境制约条件等因素出发，综合制定了能源长期发展政策。在较为完善的能源政策体系的指引下，不仅保持经济持续稳步增长，能源利用效率也达到较高水平，大大减少了能源废弃物对环境带来的破坏（赵芳，2008）。

韩国政府通过许多措施来保障本国的经济与能源、环境的协调发展：重整能源比价体系，通过能源价格水平合理化来促进节能和向低能耗产业转变，积极完善能源领域相关制度保障，制定健全的法律法规等；建立环保型能源系统。除考虑经济因素外，越来越多地考虑环境因素。为满足未来电力需求和环保考虑，韩国将积极发展风电、太阳能发电等可再生能源，这些分布式能源的出现对韩国电力系统的运行和控制提出了较高要求。

## 2.2　中国 3E 可持续发展研究

1987 年世界环境与发展委员会在《我们共同的未来》报告中提出了"可持续发展"的观点。中国政府也积极响应国际上的号召，区域可持续发展的相关研究逐渐兴起。区域可持续发展是将区域作为一个开放、动态变化的系统，探讨其对经济全球化和全球气候变化的响应状态及应对能力，研究区域之间的相互作用和相互依赖，以及区域内部不断增长的发展需求与资源环境约束之间的协调程度（崔海伟，2013）。区域可持续发展在助推中国全面实施可持续发展战略中发挥重要作用。探索区域可持续发展模式，寻求调控区域可持续发展的空间管制途径，必须从"资源–经济–环境"三维空间考虑，规划出 3E 空间结构有序化发展路线图，预测区域内资源环境承载能力及优化空间发展结构并进行相应评估，这将有利于促进科学决策水平和可持续性科学综合研究水平跨入国际前沿，有助于解决全球可持续发展研究和实践面临的问题（李暅煜，2009）。

### 2.2.1　中国 3E 可持续发展研究历程

中国对 3E 系统问题研究最早是从能源一元系统开始的，而能源供应需要保证经济的高速发展，因此不得不开始研究能源–经济二元系统。随着经济快速发展，能源大量消耗，造成的污染也越来越严重，于是在研究能源–经济二元系统的基础上，引入环境这一因素，逐渐形成研究能源、经济和环境三元（3E）系统综合协调问题。经过 20 多年的发展，中国区域可持续发展研究具有一定成效和规模。主要是围绕着人地关系地域系统理论进行研究，初步建立起从资源环境科学出发、解决中国经济社会合理发展的交叉性、应用基础性学科和资源环境科学解决国家可持续发展问题（程恩富和王新建，2009）。区域可持续发展主要目标是实现区域内资源–经济–环境系统协调发展，最终达到区域整体可持续发展战略目标。

### 1. 一元问题研究

一元问题研究主要从能源、经济、环境三个角度进行的，其中环境问题主要侧重从水资源、湿地和大气环境三个方面进行深入研究，相关研究见表 2.3~表 2.7。

表 2.3　能源问题研究

| 年份 | 研究者 | 研究内容 |
| --- | --- | --- |
| 2006 | 张瑞和丁日佳 | 利用协整分析法研究了我国煤炭、石油、天然气和水电消费比例对能源效率的影响，实验证明，除水电外，煤炭、石油和天然气消费比重都与能源效率存在长期的协整关系。其中，煤炭消费比重与能源效率反向协整，石油和天然气消费比重与能源效率正向协整 |
| 2008 | 刘畅和崔艳红 | 研究发现很多低、中能源强度行业的煤炭增长消费表现为负增长，石油消费反而呈增长现象，改变能源消费结构可以提高行业间能效水平 |
| 2008 | 董利 | 主要应用我国 30 个省份 1998~2004 年组成的面板数据分析能源效率变化 |
| 2008 | 江泽民 | 提出走中国特色新型能源发展道路，提出节约优先的长期战略、一次能源有效开发利用，提出实施好能源发展战略，需要进一步完善能源政策、健全体制机制、加强宏观管理，更好地发挥市场配置资源的基础性作用，为经济社会发展提供有力的能源保障 |
| 2008 | 邱灵等 | 研究了能源消费结构与区域能源效率之间关系，实验表明：以煤炭为主的能源消费结构给区域能源效率带来很大的负面影响 |

表 2.4　经济问题研究

| 年份 | 研究者 | 研究内容 |
| --- | --- | --- |
| 1996 | 钟学义 | 主要提出生产率是研究经济增长质量的主要方法 |
| 1998 | 李京文 | 根据我国经济不断扩大缺乏效率性，同时造成一定的污染问题，环境承载力和能源阻碍我国经济扩张现状，提出要实现我国可持续发展，务必关注经济增长数的同时还要关注经济增长的质量和效率 |
| 2006 | 沈利生和王恒 | 研究过程中将增加率设置为经济增长的代理变量，实验表明：我国增加值处于下降趋势，经济增长质量也处于下降趋势 |
| 2014 | 何强 | 主要研究在能源环境、经济结构约束下的经济增长效率来间接研究我国经济增长质量，实验表明：我国东、中、西部地区经济增长质量逐次下降，其提升模式存在较大差异 |

表 2.5　水资源问题研究

| 年份 | 研究者 | 研究内容 |
| --- | --- | --- |
| 1998 | 方子云 | 从可持续发展角度论述水资源安全保障问题 |
| 2001 | 汪恕诚 | 主要提出水环境承载力，认为水环境承载力是在一定水域下水体能够被继续利用并仍然保持良好生态系统所能容纳污水及污染物的最大能力 |
| 2004 | 汪达 | 重点提出水资源不是只与水有关的水体，而是一个与水、水生物和污染物有关的综合体，是水生生物生存与繁衍的空间和各种污染物的最终归宿 |

表 2.6 湿地问题研究

| 年份 | 研究者 | 研究内容 |
| --- | --- | --- |
| 2006 | 韩美等 | 主要分析近十年来黄河三角洲湿地的研究现状和特点，并对未来湿地研究趋势和热点进行展望，认为黄河三角洲湿地研究重点应在湿地演化机制和恢复、湿地动态保护技术等方面 |
| 2012 | 牛振国等 | 重点对 1978~2008 年中国湿地类型变化进行研究，实验表明气候变化和农业活动是中国湿地变化的主要驱动因素；湿地变化在中国将分为三种不同特征区域，即青藏高原湿地变化的驱动因子为气候增温，新疆湿地变化由气候增温和农业活动共同作用，北部湿地变化主要由农业活动引起的 |
| 2016 | 张敏等 | 实验以华北最大湿地白洋淀为例，利用 1984~2013 年遥感湿地信息对其面积变化特征进行分析，结果表明：引起白洋淀湿地面积变化最主要因素为社会经济发展；为遏制湿地面积减少应控制上游水量使用，提高水资源利用率，减少人类活动对白洋淀湿地的压力 |

表 2.7 大气环境问题研究

| 年份 | 研究者 | 研究内容 |
| --- | --- | --- |
| 2004 | 苏福庆等 | 从气象学角度研究了华北地区大气污染物质输送系统与输送形式，实验表明：华北地区大风较多，污染物排放及混合层拔高度较高，有利于形成向自由大气输送的通道 |
| 2008 | 马雁军等 | 根据 1987~2000 年辽宁中部城市的主要污染物数值，分析辽宁中部城市群大气污染物状况及污染程度，实验表明：辽宁中部城市群主要污染物为 TSP 和 $SO_2$，冬季大气污染较严重，夏季大气污染较轻。谷德军等研究者应用一个改进的高斯烟团模型模拟华南地区 $SO_2$、NO、TSP 的湿地浓度，同时根据模拟污染物浓度预测珠三角地区城市的综合污染指数 |
| 2012 | 吴兑 | 在《近十年中国灰霾天气研究综述》中，讲述雾霾天气的形成、发展过程，以及未来对雾霾天气研究方向 |

## 2. 二元问题研究

二元问题研究主要从能源–经济、能源–环境和经济–环境三个角度进行研究，相关研究见表 2.8~表 2.10。

表 2.8 能源–经济问题研究

| 年份 | 研究者 | 研究内容 |
| --- | --- | --- |
| 2004 | 韩智勇等 | 重点采用 E-G 两步法和英兰杰因果关系检验方法，研究中国 1978~2000 年实际国内生产总值与能源消费量，从而得出两者存在双向因果关系 |
| 2009 | 原艳梅 | 分析我国经济增长与能源消费之间的关系，利用经验模态分解（EMD）方法分析了我国 1954~2007 年的能源消费与生产总值增长速度的关系，其实验结果表明：短期内 GDP 增长具有滞后性，中期能源消费增长具有滞后性，长期内 GDP 与能源消费具有强一致性 |
| 2010 | 林伯强等 | 主要研究我国 1956~1994 年经济与能源之间的关系，研究发现我国经济增长与能源消耗存在长期协整关系 |
| 2011 | 刘海莺和赵莹 | 主要采用英格兰杰关系检验及协整分析对 1990~2009 年中国经济增长与能源消费之间存在的动态关系进行实例验证分析，实验结果表明：国内生产总值是引起能源消费变化的 Granger 主要原因，而能源消费对经济增长的 Granger 因果关系显著性较差 |

表 2.9 能源–环境问题研究

| 年份 | 研究者 | 研究内容 |
| --- | --- | --- |
| 2010 | 王姗姗等 | 以 1985~2007 年的年度数据为样本，采用边限检验的方法研究了我国能源消费和环境污染之间的长期关系，运用自回归分布滞后—误差修正模型分析了能源消费总量、能源消费结构对 $SO_2$、工业烟尘排放量的影响 |
| 2013 | 邱立成等 | 环境政策、二氧化碳排放、教育投入、人均 GDP 增长四个因素对新能源产业集聚效应影响显著。在四个相关性显著的影响因素中，环境政策对新能源产业集聚效应的影响比其他对比解释变量显著性更强 |
| 2016 | 周肖肖 | 基于 2000~2012 年中国省级面板数据，根据不同计量模型的实证检验，得出中国环境规制与化石能源耗竭路径关系稳健的结论 |

表 2.10　经济–环境问题研究

| 年份 | 研究者 | 研究内容 |
|---|---|---|
| 2006 | 包群和彭水军 | 主要采用省际面板数据对我国经济增长与大气污染、水污染等环境污染指标之间的关系进行研究，实验结果表明：经济增长与环境污染之间呈 U 形、倒 U 形和 N 形等多种形式，其中环境库兹涅茨 U 形曲线主要取决于选取的污染指标及相应的评估方法 |
| 2008 | 王彦彭 | 建立面板数据模型分析我国中部六个省份 1990~2006 年的人均生产总值与人均工业"三废"排放关系，实验结果表明：六个省份经济增长对环境质量带来一定的负面影响，目前正处于环境库兹涅茨曲线的左侧 |
| 2011 | 李庆华等 | 采用主成分分析等相关方法动态分析了我国 1989~2009 年的环境污染与经济增长的关系，实验结果显示：环境恶化相对于经济增长有一定的滞后性，经济增长是影响我国环境质量的重要原因，环境污染带来的经济增长是短期的，环境的不断恶化会逐渐阻碍经济发展 |

### 3. 三元问题研究

三元问题主要从能源、经济和环境整体角度进行研究，相关研究见表 2.11。

表 2.11　3E 问题研究

| 年份 | 研究者 | 研究内容 |
|---|---|---|
| 2013 | 李强谊 | 主要利用均方差决策法研究了人口、资源环境与经济两两之间的协调发展情况，然后将两者的协调发展的模型扩展为三者相互协调发展模型，并对新疆人口、经济与资源环境的协调发展状况进行评价 |
| 2013 | 徐思泉 | 利用 1999~2012 年中国经济、能源消耗和环境数据，使用 VAR 模型，研究中国经济增长，能源消耗与环境污染之间的动态关系。实验表明：中国的能源消耗与二氧化硫排放量之间存在长期的均衡关系，中国能源消费与经济增长之间存在双向因果关系 |
| 2014 | 黎彬和崔铁宁 | 利用主成分分析法和 BCC 模型，定性和定量相结合的分析方法，对首都经济圈经济、能源、环境等 3E 系统的发展水平和彼此间的发展协调度进行研究。结合首都经济圈发展的实际情况，设计了首都经济圈 3E 系统协调发展评价指标体系，对首都经济圈内城市的 3E 系统协调度进行测定，定量地分析其 3E 系统的协调性发展，发现首都经济圈经济发展过程中给 3E 系统所带来的影响 |
| 2015 | 杨娜 | 从环保节能角度出发，通过系统分析，探讨低碳经济将对京津冀区域未来发展起到的作用，并从可再生能源、绿色建筑等低碳城市规划等诸多方面为京津冀区域提供建议 |
| 2016 | 郭炜煜 | 以协同治理理论为基础和原点，通过 3E 系统动力学模型、利益相关者博弈模型、环境协同治理结构模型的构建和分析，对京津冀一体化发展中环境协同治理机制和实现路径进行探讨和分析 |

### 4. 3E 热点研究问题存在的局限性

我国对资源–经济–环境研究主要集中在 3E 系统内在的关联研究，在跨学科研究问题上与 3E 结合的研究实例较少。随着人类对 3E 问题不断深入理解和认识，3E 系统与其他领域相结合研究成为一种新的研究趋势，未来 3E 交叉学科相关研究将会成为可持续发展新型研究思路。通过对国际 3E 相关研究发现，我国目前对生物、物理、化学和医学等领域相关研究较多，对 3E 相关前沿研究欠缺，甚至存在很多未涉及的领域。表 2.12 展示了美国在生态与环境科学领域发表的核心论文数量，而我国在生态与环境学领域前沿的相关研究甚少。因此我国需要从多学科多角度研究 3E 可持续发展，扩大研究领域，多学科交叉研究共同加快我国 3E 可持续发展进程。

表 2.12 美国在生态与环境科学领域研究文献数量

| 研究热点 | 美国核心论文数量 | 美国排名 |
|---|---|---|
| 海洋环境中的塑料微粒污染 | 14 | 2 |
| 福岛核事故对环境的影响 | 6 | 2 |
| 生态服务系统 | 15 | 1 |
| 内陆水域和海洋的碳循环 | 11 | 1 |

数据来源：国家自然科学基金委员会。

## 2.2.2 中国 3E 可持续发展面临挑战

### 1. 经济社会发展与资源环境不协调

图 2.15 展示了国内生产总值及其增长率,我国工业化和城镇化是经济发展区域化和社会变革的内在动力。然而各个地区在发展的同时却忽略了当地资源、环境的承载能力及社会经济发展的客观需求,不断提高 GDP 及扩大城市规模,导致区域不可持续发展问题越来越严重。人们的生存环境状况并未随工业化及城镇化发展得到相应的改善,反而在不断在恶化。通过图 2.5 与图 2.6 对比发现中国十大污染城市的污染指数为美国污染城市的 10 倍。按照环境保护部 2012 年最新发布的《环境空气质量标准》,我国空气质量达标率城市仅为 4.1%,华北不少城市常年被雾霾笼罩。2013 年,京津冀和珠三角所有城市均未达标。2013 年全国平均雾霾日数为 35.9 天,比上年增加 18.3 天。

图 2.15 国内生产总值及其增长率

注：2000~2007 年国家 GDP 增长率持续提高, 2007 年达到 14.2%, 2008 年经过金融危机的影响, GDP 增长率降到 9.6%, 之后我国政府和社会致力于经济的健康平稳发展, GDP 增长率缓慢降低
数据来源：中国经济与社会发展统计数据库, 国家统计局

我国水资源具有地区分布不均和时空变化的两大特点,降水量从东南沿海向西北内陆递减,简单概括为"五多五少",即总量多、人均少;南方多、北方少;东部多,西

部少；夏秋多，冬春少；山区多，平原少。这也造成了全国水土资源不平衡现象，全国水资源总量的 81%集中分布在长江流域以南，而耕地占全国的 36%，北方水资源总量仅占 19%，耕地面积占到 64%，因此我国水土资源相差悬殊，表 2.13 为我国各区域缺水情况。在 2013 年环境保护部发布的《2012 中国环境状况公报》中显示，全国 198 个地市级地下水水质监测过程中，较差、极差水质的监测点比例占到 57.3%，也发现个别监测点存在重（类）金属超标现象。表 2.14 展示了重要海区海湾的水质情况，9 个海湾中7 个属差或极差程度，四大海域中渤海东海海域水质情况较差。

　　除此之外，我国土地环境形势依然严峻，耕地土壤环境质量堪忧，区域性退化问题较为严重。联合国经济社会事务部和中国国家林业局在联合举办的"治荒漠化国际会议"中指出中国是世界上荒漠化面积大、分布广、受荒漠化危害最严重的国家之一。全国荒漠化土地总面积达 263.62 万 $km^2$，占国土面积的 1/3；沙化土地 173.97 万 $km^2$，占国土面积的 1/5。一些地区沙化土地面积仍在扩增，因土地沙化每年造成的直接经济损失高达 500 多亿元人民币，全国有近 4 亿人受荒漠化沙化的威胁，一半贫困人口生活在这些荒漠化土地上，土地荒漠化已成为中华民族的心腹大患之一。

**表 2.13　区域缺水情况**

| 区域 | 人均水资源占有量/（$m^3$/人） | 缺水程度 |
| --- | --- | --- |
| 全国 | 2230 | 接近中度缺水 |
| 北方地区 | 903 | 严重缺水 |
| 南方地区 | 3302 | 不缺水 |
| 松花江区 | 2333 | 轻度缺水 |
| 辽河区 | 909 | 严重缺水 |
| 海河区 | 293 | 极度缺水 |
| 黄河区 | 647 | 严重缺水 |
| 淮河区 | 497 | 极度缺水 |
| 长江区 | 2246 | 轻度缺水 |
| 东南诸河区 | 2899 | 轻度缺水 |
| 珠江区 | 3193 | 不缺水 |
| 西北诸河区 | 4663 | 不缺水 |

数据来源：水利部发展研究中心。

**表 2.14　重要海区海湾的水质情况**

| 区域 | 黄海近岸海域南海近岸海域北部湾、黄河口 | 渤海近岸海域 | 辽东湾、渤海湾、胶州湾 | 东海近岸海域、长江口、珠江口、杭州湾、闽江口 |
| --- | --- | --- | --- | --- |
| 状况 | 水质良好 | 水质一般 | 水质差 | 水质极差 |

数据来源：《2012 中国环境状况公报》。

### 2. 区域发展差距加大

　　改革开放以来，在市场机制的作用下我国区域经济社会发展差异不断增强。我国东部沿海地区，尤其是地理位置优越的城市群在经济发展过程中已经达到较发达、较富裕的阶段；而中西部边远地区，特别是自然生态环境相对脆弱的地区，同时还要承担重要生态和粮食保障功能，贫穷成为要解决的首要问题（陆大道和樊杰，2012）。在自然条件、地理位置等传统因素及全球化、区域科技创新能力和区域文化等因素共同作用下，城乡差距成为区域差距的核心问题，然而城乡发展差异问题最容易引发社会问题、生态问题等，影响我国区域可持续发展整体的稳定性和安全性，图2.16展示了我国2010~2016年城乡居民收入情况。

图 2.16　2010~2016 年我国城乡居民收入情况

注：2016 年，城镇居民人均可支配收入为 33616 元，农村居民人均可支配收入为 12363 元，城乡收入比为 2.72∶1，比 2010 年的 3.23∶1 稍有减少。但城乡收入差距的绝对值呈赤字化发展

数据来源：国民经济和社会发展统计公报、社保查询网

### 1）问题地区的形成

问题地区是区域可持续发展能力受到威胁的地区，当前我国主要存在着 3 种类型的问题地区。第一类为问题城市，主要是那些资源枯竭的城市。这些城市在发展过程中主要发展资源生产单一的产业，从而忽视了城市自身发展规律。第二类是问题乡村，主要表现为经济不发达的特殊困难地区。经济欠发达地区主要是由于该地区自然条件差、经济产出能力低、经济发展长期滞后。第三类是城市区域，特指密集的都市和城市群，城市在发展过程中所滋生的城市病不断演化为区域病，环境污染也从点逐渐扩散到面，城市居民生活的生态区域不断退化（贾若祥和刘毅，2003）。

### 2）时空压缩加剧区域矛盾

时空压缩主要表现为两个方面：时间的压缩和空间的压缩。时间的压缩具体体现在我国自改革开放以来，国民经济在短短 30 多年的过程中不断上涨，完成了发达国家一个世纪乃至更长时间才能够完成的任务。然而时间的压缩也带来各种问题及挑战，包含经济全球化中的竞争力及全球气候变化的减排压力、建立国家科技创新体系促进新能源的开发、踏上全球能源互联网道路来缓解气候变化及环境污染问题等；我国面临粮食安全、生态安全和资源安全等一系列挑战，仍然需要把文化建设和社会稳定发展提到议程上来（任保平，2003）。空间的压缩具体体现在区域在随着信息技术不断创新及交通飞速发展，区域空间距离缩短，增强了不同区域的关联性、互动性，在单个地区出现的问题时，可能会在较短的时间内影响空间上相邻和不相邻的地区。

## 2.3　区域 3E 可持续发展研究

针对我国目前在 3E 领域存在的一系列问题，相关部门出台了一系列新政策。"十五"期间提出在保障能源安全的前提下，把优化能源结构作为能源工作的重中之重，努力提高能源效率、保护生态环境，加快西部开发。"十一五"期间提出节能降耗和污染减排的目标，提出单位 GDP 能耗降低 20% 的约束性指标。结合我国实际，政府提出将发展低碳经济作为主要的发展途径，并将其纳入到"十二五"规划中（程恩富和王新建，2009）。"十三五"期间必须牢固树立并切实贯彻创新、协调、绿色、开放、共享的发展理念，并把落实 2030 年可持续发展纳入"十三五"规划中。这一系列举措表明我国十分重视能源、环境与经济的可持续发展。由于我国各省在能源生产消费、经济发展、环境治理等方面的情况不同，因此全国各省在制定 3E 可持续发展策略时需因地制宜。

### 2.3.1　区域 3E 可持续发展研究现状

#### 1. 环渤海 3E 可持续发展现状

环渤海经济圈自 1986 年首次提出之后，其经济发展程度和速度远远低于"长三角"和"珠三角"经济圈。而该经济圈成为我国经济区布局中的一个重要地区，保护生态环境，促进该地区可持续发展，对我国走可持续发展道路具有重要意义。在近 20 年的发展过程中，环渤海地区面临着人口负担越来越重、长期粗放经营，资源浪费严重、生态环境脆弱，自然灾害频繁、环境污染逐渐加重，治理难度越来越大等难题。因此为促进该地区 3E 可持续发展，需要从问题的根源入手。务必改变"资源–产品–消费–污染排放"的模式。2015 年国家发改委制定并印发《2015 年循环经济推进计划》，提出要加快构建循环经济体系、大力推进园区域循环发展、推动绿色生活方式等。其中要以资源高效循环利用为核心，以循环经济为手段从根源上解决环渤海经济圈环境问题，更好的体现统筹人与自然和谐发展的理念，更好的解决环渤海地区在发展过程中遇到的经济增长与资源之间的尖锐矛盾，加快了该地区可持续发展进程。

#### 2. 珠三角 3E 可持续发展现状

国家发改委于 2008 年 12 月发布《珠三角地区改革发展规划纲要（2008~2020 年）》，珠三角改革发展规划纲要提出，要在当前和今后一段时间，把保持经济平稳较快发展作为首要任务，抓紧落实中央关于扩大内需的各项部署。根据珠三角地区实际情况，大力改善民生和启动最终消费需求，大力拉动民间投资，大力促进外贸出口，形成促进经济增长的合力。

努力缓解资源不足的矛盾，不断改善生态环境，实现可持续发展，已经成为珠三角地区发展首要任务。只有高度重视和大力发展绿色经济来构建资源节约型区域，才能使珠三角地区从单纯追求经济增长转向人口、资源、环境、经济的协调发展；从向自然索取转向保护自然，不断改善人的生存环境，真正走出一条生产发展、生活富裕、生态良好的 3E 可持续发展道路（叶萍和林红菱，2010）。

2015 年 11 月 27 日，广东省委十一届五次全会新闻发布会在广州举行，就《中共广东省委关于制定国民经济和社会发展第十三个五年规划的建议》（以下简称《建议》）的起草情况、主要框架内容、若干重点举措和广东特色作通报。《建议》提出，"十三五"时期广东要率先全面建成小康社会，将 2018 年定为目标年。经济保持中高速增长，地区生产总值年均增长 7%；到 2020 年地区生产总值约 11 万亿元，人均地区生产总值约 10 万元。《建议》还提出"十三五"时期，广东经济社会发展的基本理念是坚持创新发展、协调发展、绿色发展、开放发展、共享发展，这将成为广东省经济发展新常态下的根本遵循。

广东主要依靠能源大量消耗来促进经济增长，在能源供应日趋紧张的情况下，所面临的形势仍然十分严峻，这就要求广东省工业化加速实现生态系统的良性循环，同时不断调整能源结构，加大优势能源使用比例，提高能源利用效率，减少各个环节的能源浪费，从而减轻能源使用引起的环境问题。

**3. 长三角 3E 可持续发展现状**

2008 年 9 月 7 日，国务院发布关于进一步推进长三角地区改革开放和经济社会发展的指导意见，意见明确指出，到 2020 年，形成以服务业为主的产业结构，三次产业协调发展；在重要领域科技创新接近或达到世界先进水平，对经济发展的引领和支撑作用明显增强；区域内部发展更加协调，形成分工合理、各具特色的空间格局；主要污染物排放总量得到有效控制，单位地区生产总值能耗接近或达到世界先进水平，形成人与自然和谐相处的生态环境；再用更长一段时间，率先基本实现现代化。

资源能源不足是长三角最基本的特点，但长三角人口众多、产业发达对能源资源有着极大的需求（熊德，2006）。长三角的发展应该要对其各城市进行合理的功能定位，加速推进长三角区域一体化进程；制定和落实长三角生态环境保护规划，切实把长三角这个易受污染的制造业基地的生态环境规划好、保护好、修复好，使生态环境保护成为各市重要的战略性任务；完善区域基础设施建设，以改进技术和加强管理为契机，提高能源的利用率。

## 2.3.2　区域 3E 可持续发展研究进展

目前，我国社会经济系统和生态系统的需求与能源供应系统之间存在较大的矛盾，能源环境问题已经纳入到 3E 综合系统研究过程中，根据 3E 系统可持续发展相关研究文献可以看出，未来区域 3E 系统可持续发展研究趋势主要从以下两个方面开展。

**1. 区域 3E 可持续发展的学术研究**

1）模型研究

相关学者构建的模型多数针对能源环境领域，然而国外相关分析方法及评价体系是在特定国家及地区背景下进行的，其参数的设定及各种假设通常与中国实际情况有所差异，实用性比较差。所以在研究问题过程中，需要不断对参数进行修正和检验，不断对比分析，构造适合区域自身发展的特色模型方法。

2）数据处理分析

研究 3E 系统需要大量的时间序列数据，生态环保相关工作在我国开展工作起步比较晚，资源、经济和环境的长期时间序列数据统计不完善，难度较大，并且不同区域存在差异性，因此以后使用模型之前需要对数据本身差异性进行处理，减少国家及地区差异性带来的限制。

3）区域间差异性研究

中国区域差异性导致经济发展不平衡，各个地区对能源消费的需求、生态环境的污染治理投入也各不相同。根据全国数据很难反映出 3E 系统间的相互关系，当对资源、经济、环境协调性进行分析时，需要对各个地区经济发展水平因地制宜，分别展开研究，这样才能更好地解释中国能源、经济、环境各个子系统之间的实际发展情况（吴鸣然和赵敏，2016）。

4）研究出能够反映可持续发展综合指标

由于构建的指标与模型具有较多的层次，多数情况下采取单一指标或者较为具体的指标来衡量资源、经济和环境整体的发展水平，因而避免指标选取的不合理性，需要加强指标体系构建的确定性、系统性（刘果，2014）。随着全球能源互联网战略的提出，国家应加强在新能源、可再生能源及生态环境评价等方面的研究，这对促进区域 3E 系统可持续发展战略具有重大指导意义，因此可持续发展指标需要保持与时俱进。

5）重点研究环境成本核算相关的问题

目前，对于环境成本核算多数是将社会效益与生态效益直接转化为经济效益，但是在研究过程中会出现数据难获取、信息不确定等难题，导致最终生态环境效益价值不精确。随着环境保护资金占国内生产总值比例不断上涨，外部资源要素投入效益评估的缺失将最终导致资源配置不合理。客观衡量环境成本价值成为 3E 可持续发展研究中一个亟待解决的课题。

**2. 区域 3E 可持续发展的相关政策**

1）坚持政府引导，注重市场调节

我国政府务必加强统筹规划计划、组织机构、制度安排、政策措施、项目实施等方面的力度。可以自上而下设立节能减排、低碳生活、生态环境监管机构及相关管理体系，通过实行节能减排工作责任制、环境保护一票否决制等相关措施来不断强化政策执行。在不断完善经济体制过程中，也要充分发挥市场在资源配置中的基础作用，不断激发产业界发展循环经济、拓展新能源及清洁能源新道路。

2）完善政策法规，强化能力建设

我国政府按照可持续发展战略要求，相继颁布实施和修订相关的政策、法律法规。在环境立法中，以预防为主要原则，以减少源头、控制过程、治理末端为整体思路。坚持以科技支撑可持续发展原则，不断加大相关领域的科技投入及人才培养，同时要健全新闻媒体监督机制，保障可持续发展取得更好成果（马晓河，2014）。

3）坚持试点示范，探索可持续新模式

我国政府开展《中国 21 世纪议程》（国务院环委会，1994）地方试点、国家可持续发展实验区建设、循环经济试点、资源节约型和环境友好型社会建设试点、生态示范区建设及国内区域能源互联网等一系列相关工作，逐渐形成一系列创新型、符合区域特点的新型可持续发展模式。

4）坚持务实合作，共享发展经验

我国政府在推进可持续发展道路的同时，要不断加强同外国政府机构、国际组织、企业等深层次、宽领域、多方式的交流与合作，共享多方的可持续发展经验与教训，提高可持续发展的国际合作水平。

## 2.3.3　京津冀区域 3E 可持续发展现状

### 1. 京津冀区域 3E 可持续发展面临挑战

1）京津冀区域协调发展水平不高

自"十一五"提出"把城市群作为推进城镇化的主体形态"以来，城市群的发展已上升至国家战略层次，其中京津冀逐渐成为我国三大城市群之一。

城市群区域协调发展是城市群健康、可持续发展的重要内容，京津冀区域同其他两个城市群相比，整体竞争力较小，区域协调发展水平较低。在中国三大城市群协调发展研究蓝皮书中采用 2005 年、2010 年和 2014 年三个年份各城市群指标数据计算指标差异度，并对三大城市群的协调发展水平进行分析。表 2.15 展示了三大城市群各指标差异度。

在区域综合协调发展水平上，长三角城市群最好，珠三角城市群趋势向好，京津冀区域综合发展指数的差异度 2014 年较 2005 年有所提高；在经济发展协调性上，长三角城市群较好，京津冀和珠三角地区经济发展差异度都较高，但都有下降趋势；在社会发展协调性上，长三角地区差异度最低，珠三角地区社会发展指数差异度最高；三大城市群环境治理能力差异度上，京津冀区域最高，珠三角次之，长三角最低，不同城市群之间环境治理能力的差异，远低于经济、社会发展的差距。

2）经济持续快速发展，总体竞争力不强

改革开放以来，京津冀区域经济飞速发展，但与长三角地区相比，京津冀区域的竞争力明显较弱。从经济总量和单位土地面积产出来看，京津冀的经济总量和平均产出大约是长三角地区的 1/2；从人均 GDP 看，京津冀的人均 GDP 相当于长三角的 77%，经济效益有明显的差距。总体而言，京津冀区域处于较低的工业化阶段，调整产业结构，加快经济发展是提升京津冀区域在国内乃至国际竞争力的前提。三大城市群产值结构和就业结构见表 2.16。

**表 2.15　三大城市群各指标差异度**

| 区域 | 年份 | 综合发展指数 | 经济指数 | 社会指数 | 环境指数 |
|---|---|---|---|---|---|
| 京津冀 | 2005 | 0.34 | 0.61 | 0.34 | 0.30 |
|  | 2010 | 0.29 | 0.58 | 0.27 | 0.27 |
|  | 2014 | 0.38 | 0.48 | 0.48 | 0.29 |
|  | 均值 | 0.34 | 0.56 | 0.36 | 0.29 |
| 长三角 | 2005 | 0.14 | 0.44 | 0.16 | 0.08 |
|  | 2010 | 0.16 | 0.34 | 0.25 | 0.09 |
|  | 2014 | 0.20 | 0.38 | 0.28 | 0.12 |
|  | 均值 | 0.17 | 0.39 | 0.23 | 0.10 |
| 珠三角 | 2005 | 0.49 | 0.94 | 0.54 | 0.20 |
|  | 2010 | 0.35 | 0.58 | 0.46 | 0.14 |
|  | 2014 | 0.37 | 0.52 | 0.51 | 0.19 |
|  | 均值 | 0.41 | 0.68 | 0.50 | 0.17 |

数据来源：中国三大城市群协调发展研究。

**表 2.16　三大城市群产值结构和就业结构**　（单位：%）

| 产业 | 珠三角 | | 长三角 | | 京津冀 | |
|---|---|---|---|---|---|---|
|  | 产值结构 | 就业结构 | 产值结构 | 就业结构 | 产值结构 | 就业结构 |
| 第一产业 | 3.30 | 16.22 | 4.10 | 20.16 | 7.00 | 35.87 |
| 第二产业 | 50.60 | 49.43 | 55.30 | 45.07 | 45.30 | 30.22 |
| 第三产业 | 46.20 | 34.35 | 40.60 | 34.78 | 47.60 | 33.91 |

数据来源：中国三大城市群协调发展研究。

3）部分产能过剩，环境破坏严重

京津冀区域尤其是河北省作为典型的传统工业主导型地区，该省 GDP 份额中第二产业增加值占到了一半以上，其中约 90% 来自传统工业。以煤炭为代表的资源型产业比例也过大，成为京津冀区域产能过剩产业，高耗能产业导致能源消费加大，环境污染严重，进而影响到周边许多城市环境质量。

据 2013 年国家环保部统计局数据显示，京津冀区域整体空气质量较差，平均达标天数比例才 37.5%，$PM_{2.5}$ 和 $PM_{10}$ 年均浓度均超标，部分城市重度空气污染天数占总年的 40%。自 2014 年以来，雾霾天气成为京津冀区域的一种普遍现象。虽然京津冀区域不断加强环境治理力度，但依然存在产业格局不够精良、能源结构不合理问题，大气环境污染问题依然未得到很好改善。

4）非均衡发展态势：发达的中心，落后的腹地

根据世界银行标准，京津两市均已达到富裕国家水平。京津两市经济总量占整个地

区的 53%，是整个地区的经济中心。而河北省在人均地区生产总值、人均可支配收入和进出口总额等方面的指标都远低于京津两市。总体上看，京津经济密度大大高于周边地区，环绕京津的河北省经济明显落后，形成了以京津两市为中心、外围城市明显落后的圈层式的经济分布现状。

5）城市病问题突出，制约社会发展

随着经济社会的快速发展，区域人口密集、城市规模扩大，城市病问题逐渐显现。尤其是北京，房价居高不下，交通拥堵，通勤成本加大，外来人口子女受教育难等，民生问题凸显，严重影响了经济社会和谐发展。从 2000~2016 年北京市和天津市常住人口中可以发现（图 2.17），两市常住人口都呈上升趋势发展，北京市常住人口远远大于天津市。北京市人口过度密集造成了用地紧张、污染严重等问题，三地社会公共服务不均是造成过度聚集的主要原因。

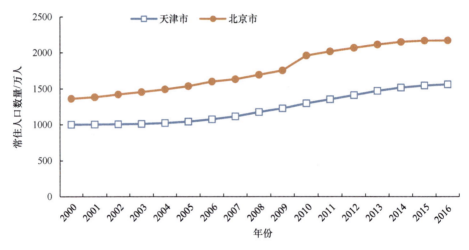

图 2.17　北京市和天津市常住人口

注：2016 年年末北京市常住人口 2172.9 万人，比上年末增加 2.4 万人，增长速度有所减缓。2016 年，天津市常住人口数较上年增加 15.17 万人，增加数较上年减少 14.97 万人。2012 年来，北京和天津常住人口增加数均逐年减少

数据来源：中国经济与社会发展统计数据库、中商产业研究院

## 2. 京津冀区域 3E 可持续发展的相关政策

1986 年，环渤海地区经济联合市长联席会成立，这一组织最早包括天津、青岛、大连、秦皇岛、唐山等 14 个城市，被认为是京津冀区域最正式的区域合作机制。这时的"合作"只能停留在观念和宣传上，到了实际操作中，就显得阻力重重。

20 世纪 90 年代，京津冀合作进入一段低谷期。1990 年，成立 9 年的华北地区经济技术协作会由于合作区域范围过大、地区间经济关联度较低，以及没有日常工作机构等问题失去凝聚力，在举行了第七次会议后销声匿迹（马晓河，2014）。

2000 年以后，京津冀面临的资源、环境、交通等压力越来越大，更多人开始思考三地的关系和协作。由著名建筑学家、清华大学教授吴良镛牵头完成的《京津冀地区城乡空间发展规划研究》一书中提出"大北京"为其核心思想，以北京、天津"双核"为主

轴,实施双核心–多中心都市圈战略(张丽恒等,2014)。然而,这项研究并没有获得政府层面的重视。

2004 年 2 月,国家发改委地区经济司和北京、天津,以及河北各地市发改委部门的负责人召开京津冀区域经济发展战略研讨会,在 10 个有关区域经济发展的问题上达成了一致意见,形成“廊坊共识”。两年后,我国提出在“十一五”期间推动区域规划编制。京津冀区域、长三角城市群、成渝经济区,以及东北地区成为当时选定的 4 个试点。

2011 年国家“十二五”规划纲要提出推进京津冀区域经济一体化发展战略目标,在 2014 年该战略真正驶入快车道,国家主要领导亲自部署,使得该战略不再止于呼吁层面。京津冀区域协同发展必须结合能源、经济和环境三个系统,促进该区域可持续发展。

## 2.4　本 章 小 结

本章从全球、国内和区域三个维度研究了 3E 研究发展历程及其现状,并分析国内外一些国家及其省份在可持续发展道路上的成功经验。在我国 3E 可持续发展研究过程中,重点说明我国在一元、二元和三元问题的研究,并提出我国京津冀区域在可持续发展过程中存在的问题,进而为接下来构建京津冀区域特色可持续发展指标做铺垫。

## 参 考 文 献

包群, 彭水军. 2006. 经济增长与环境污染: 基于面板数据的联立方程估计. 世界经济, (11): 48-58

程恩富, 王新建. 2009. 中国可持续发展: 回顾与展望. 中州学刊, (05): 1-7

崔海伟. 2013. 中国可持续发展战略的形成与初步实施研究(1992~2002 年). 北京: 中共中央党校博士学位论文

德国联邦政府. 2010. 能源方案. https://wenku.baidu.com/view/4b802e69561252d380eb6e68.html.2016-10- 22

董利. 2008. 我国能源效率变化趋势的影响因素分析. 产业经济研究, (01): 8-18

方子云. 1998. 保护水环境促进长江经济带的可持续发展. 人民长江, (01): 38-40

顾杨妹. 2005. 日本人口与资源、环境的可持续发展研究. 人口学刊, (06): 43-46

郭炜煜. 2016. 京津冀一体化发展环境协同治理模型与机制研究. 北京: 华北电力大学(北京)博士学位论文

国家发展和改革委员会. 2004. “廊坊共识”. http://xuewen.cnki.net/CJFD-TIAN200404000.html.2016-10- 22

国务院环境保护委员会. 1994. 中国 21 世纪议程. 北京: 中国环境科学出版社

韩美, 张晓惠, 刘丽云. 2006. 黄河三角洲湿地研究进展. 生态环境, (04): 872-875

韩智勇, 魏一鸣, 焦建玲, 等. 2004. 中国能源消费与经济增长的协整性与因果关系分析. 系统工程, (12): 17-21

何强. 2014. 要素禀赋、内在约束与中国经济增长质量. 统计研究, (01): 70-77

贾若祥, 刘毅. 2003. 中国区域可持续发展状态及类型划分. 地理研究, (05): 609-617

江泽民. 2008. 对中国能源问题的思考. 上海交通大学学报, (03): 345-359

孔令锋, 黄乾. 2007. 全球可持续发展面临的挑战与治理机制的构建. 理论导刊, (01): 96-98

黎彬, 崔铁宁. 2014. 首都经济圈 3E 系统协调性分析研究. 中国环境科学学会. 中国环境科学学会学术年会(第三章). 2016-12-11

李京文. 1998. 中国产业结构的变化与发展趋势. 当代财经, (05): 12-21

李强谊. 2013. 新疆人口、资源环境与经济协调测度分析. 乌鲁木齐: 新疆大学硕士学位论文

李庆华, 邓萍萍, 宋琴. 2011. 中国环境污染与经济增长关系的实证分析. 资源开发与市场, (02): 131-134

李晅煜. 2009. 我国能源、经济、环境(3E)系统发展相关性分析与研究. 天津: 天津大学博士学位论文

联合国(UN). 2015. 新的征程和行动——面向 2030. https://sustainabledevelopment.un.org/post2015/transformingourworld. 2016-10-25

联合国环境与发展大会. 1992. 21 世纪议程. http://www.un.org/chinese/events/wssd/agenda21.htm. 2016-10-10

联合国环境与发展大会. 1992. 关于环境与发展的里约热内卢宣言. https://wenku.baidu.com/view/98d13d35f111f18583d05a6f.html. 2016-11-12

联合国环境与发展大会. 1992. 关于森林问题的原则声明. http://www.cnki.com.cn/Article/CJFDTotal-SJHJ199303022.htm. 2016-11-30

联合国环境与发展大会. 1997. 京都议定书. http://3y.uu456.com/bp_4spf301eyq0a6ri16ztj_1.html. 2017-01-10

联合国开发计划署. 2016. 2016 年中国城市可持续发展报告: 衡量生态投入与人类发展. http://www.199it.com/archives/544099.html. 2017-01-15

林伯强, 姚昕, 刘希颖. 2010. 节能和碳排放约束下的中国能源结构战略调整(英文). Social Sciences in China, (02): 91-110

刘畅, 崔艳红. 2008. 中国能源消耗强度区域差异的动态关系比较研究——基于省(市)面板数据模型的实证分析. 中国工业经济, (04): 34-43

刘春青, 杨锋, 杨洁, 等. 2016. 德国城市可持续发展与标准化. 标准科学, (08): 88-94

刘果. 2014. 区域可持续发展指标体系研究. 重庆: 重庆大学硕士学位论文

刘海莺, 赵莹. 2011. 能源消费与中国经济增长关系的实证分析. 统计与决策, (03): 128-129

陆大道, 樊杰. 2012. 区域可持续发展研究的兴起与作用. 中国科学院院刊, (03): 290-300

马晓河. 2014. 从国家战略层面推进京津冀一体化发展. 国家行政学院学报, (04): 28-31

马雁军, 王江山, 王扬锋, 等. 2008. 辽宁中部城市群可吸入颗粒物$PM_{10}$和$PM_{2.5}$的污染特征研究. 气象与环境学报, (05): 11-15

牛振国, 张海英, 王显威, 等. 2014. 全球可持续发展报告: 背景、进展与有关建议. 中国人口·资源与环境, (12): 1-5

邱立成, 曹知修, 王自锋. 2013. 欧盟环境政策与新能源产业集聚: 理论分析与实证检验. 经济经纬, (05): 62-71

邱灵, 申玉铭, 任旺兵, 等. 2008. 中国能源利用效率的区域分异与影响因素分析. 自然资源学报, (05): 920-928

全球能源互联网大会. 2016. 东北亚电力联网合作备忘录. http://www.cec.org.cn/zdlhuiyuandongtai/dianwang/2016-04-01/150950.html. 2017-01-12

任保平. 2003. 中国可持续发展 10 年研究的述评. 西北大学学报(哲学社会科学版), (03): 31-37

沈利生, 王恒. 2006. 增加值率下降意味着什么. 经济研究, (03): 59-66

世界环境与发展委员会. 1987. 我们共同的未来. 长春: 吉林人民出版社

苏福庆, 任阵海, 高庆先, 等. 2004. 北京及华北平原边界层大气中污染物的汇聚系统——边界层输送汇. 环境科学研究, (01): 21-25

孙宏斌, 郭庆来, 潘昭光, 等. 2015. 能源互联网: 驱动力、评述与展望. 电网技术, (11): 3005-3013

汪达. 2004. 长江入河排污口状况及对策研究. 长江科学院院报, (01): 47-49

汪恕诚. 2001. 水环境承载能力分析与调控. 中国水利, (11): 9-12

王姗姗, 徐吉辉, 邱长溶. 2010. 能源消费与环境污染的边限协整分析. 中国人口·资源与环境, 20(04): 69-73

王彦彭. 2008. 中部六省环境污染与经济增长关系实证分析. 企业经济, (08): 84-88

吴良镛. 2002. 京津冀地区城乡空间发展规划研究. 北京: 清华大学出版社

吴兑. 2012. 近十年中国灰霾天气研究综述. 环境科学学报, (02): 257-269

吴鸣然, 赵敏. 2016. 中国不同区域可持续发展能力评价及空间分异. 上海经济研究, (10): 84-92

熊德. 2006. 长三角区域可持续发展对策研究. 武汉: 武汉理工大学硕士学位论文

徐雷. 2014. 基于经济-能源–环境 3E 系统协调的西部地区产业结构低碳优化. 西部经济管理论坛, (04): 33-38

徐思泉. 2013. 海南省 FDI 与对外贸易关系的实证分析. 安徽农业大学学报(社会科学版), (05): 60-64

杨娜. 2015. 京津冀区域低碳经济协同发展研究. 天津: 天津师范大学硕士学位论文

叶萍, 林红菱. 2010. 珠三角地区可持续发展的现实反思. 特区经济, (01): 21-23

原艳梅, 林振山, 陈玲玲. 2009. 基于 EMD 的中国经济增长与能源消费的关系. 长江流域资源与环境, (02): 1098-1102

张丽恒, 王黎明, 虞冬青, 等. 2014. 京津冀一体化的综述与借鉴. 天津经济, (04): 22-29

张敏, 宫兆宁, 赵文吉. 2016. 近 30 年来白洋淀湿地演变驱动因子分析. 生态学杂志, (02): 499-507

张敏, 宫兆宁, 赵文吉, 等. 2016. 近 30 年来白洋淀湿地景观格局变化及其驱动机制. 生态学报, (15): 4780-4791

张瑞, 丁日佳. 2006. 我国能源效率与能源消费结构的协整分析. 煤炭经济研究, (12): 8-10

赵芳. 2008. 日本、韩国能源发展政策及借鉴意义. 经济纵横, (03): 94-96

中国共产党广东省第十一届委员会第五次会议. 2015. 中共广东省委关于制定国民经济和社会发展第十三个五年规划的建议. http://www.ce.cn/culture/gd/201512/02/t20151202_7265091.shtml.2017-02-14

中国环境保护部. 2012. 环境空气质量标准. 北京: 中国环境科学出版社

中国环境保护部. 2013. 2012 中国环境状况公报. http://www.zhb.gov.cn/hjzl/zghjzkgb/lssj/2012nzghjzkgb/. 2017-02-02

钟学义. 1996. 生产率分析的新概念. 数量经济技术经济研究, (12): 7-17

周肖肖. 2016. 中国环境规制对化石能源耗竭路径的影响研究. 徐州: 中国矿业大学博士学位论文

# 第3章 区域资源–经济–环境可持续发展指标体系研究

可持续发展是人类社会发展的必由之路。可持续发展指标体系的构建源于 1992 年的世界与环境发展大会,这是人类实施可持续发展战略的关键步骤,也是人类社会对可持续发展研究的前沿性课题。自 20 世纪 90 年代以来,世界各国对可持续发展的指标体系研究从理论探索逐渐向实际应用的方向发展。

由于可持续发展指标体系具有国家及地区的尺度差异性、协调性、动态性等特点,因此要研究国内外相关指标构建的经验及其成功的实践成果,构建出适合京津冀区域特色可持续发展的指标体系,这不仅能正确引导可持续发展方向,而且还能够突出区域指标体系的三大特征:①反映系统本质和行为规矩的"量化特征组合";②衡量系统变化和质量优劣的"比较尺度标准";③调控系统结构和优化功能的"实际操作手柄"(牛文元等,2015)。

## 3.1 国内外可持续发展指标体系研究

可持续发展指标的筛选与指标体系的构建,是人类全面实施可持续发展战略的重要组成部分。20 世纪 90 年代以来国内外建立了很多有代表性的可持续发展指标体系,并取得了丰硕的成果,为人类实施可持续发展战略打下了坚实的基础。

### 3.1.1 国外可持续发展指标体系研究

在可持续发展体系构建过程中,不同国家区域关注重点不同,因此形成各具特色的不同国家尺度上的可持续发展指标体系。例如,德国、芬兰等国家将可持续发展重心放到相关项目上,英国将精力放到社会发展领域,瑞典等国家从效率和公平,以及对后代发展等方面构建指标体系。

**1. 联合国可持续发展指标体系研究**

1996 年,联合国可持续发展委员会(CSD)等机构提出可持续发展指标体系。该体系共计 134 个指标,它结合了《21 世纪议程》各章节内容,以《21 世纪议程》中"经济、社会、环境、体制"四大系统框架为基础,并应用"驱动力—状态—响应"概念模型提出了一个初步的核心指标框架。驱动力指标代表人类活动对可持续发展产生的影响;状态指标代表可持续发展过程中各系统的状态;响应指标代表人类根据可持续发展的状态所做的种种反应措施。例如《21 世纪议程》第 18 章是淡水资源的质量和供给的保证，其对应的驱动力、状态、响应指标可以分别为：国内人均耗水量、地下水储量、废水处理率。

### 2. 德国可持续发展指标体系研究

德国从 2001 年开始实施国家可持续发展战略，明确未来发展领域并有针对性地提出具体目标和措施，指出可持续发展战略的核心是一个透明且有序的监测系统。因此，德国构建出本国可持续发展指标体系，强调指出可持续发展指标必须要同具体目标和任务结合，目标一旦实行，确立的指标就必须是切实可行的。

德国主要通过 1996~2000 年的 CSD 实验项目、2000 年联邦环境局和环境部启动的 UFOPLAN 研究项目和之后的 NAPSIR 因果链项目研究，全面推动而且也进一步深化了德国可持续发展指标体系的研究。将可持续发展指标同相关项目密切联系，有的放矢的筛选、构建指标体系（李天星，2013）。

### 3. 芬兰可持续发展指标体系研究

自联合国有关可持续发展指标的项目建立后，芬兰于 1996 年承担了指标测试的工作。从此芬兰就开始了可持续发展指标体系的研究。1998 年，芬兰建立了国家可持续发展指标，同时把可持续发展项目作为"国家促进生态可持续性评估原则"。

2003 年，芬兰对可持续发展指标体系进行修订，主要从生态、经济和社会文化三大横向问题对可持续发展指标体系进行划分。指标的选取以政府可持续发展项目、单个部分或者国家研究所等类似项目做指导，每一个指标的描述要用图表进行现状分析，找出现实趋势与目标和其他指标的联系。应用此种方法，芬兰从本国国情出发构建出适合该国的可持续发展指标体系。

### 4. 英国可持续发展指标体系研究

2005 年英国政府正式发布国家可持续发展战略主题为"保障未来"，针对新的国家可持续发展战略，形成了由 68 个指标构成的可持续发展指标体系，这些指标可量化的评测出英国的可持续发展状况。要走可持续发展道路就要达到社会进步、环境保护、资源分类利用、经济持续发展 4 个战略目标，基于此英国构建了"生活质量评估"的可持续发展指标体系。

英国依据可持续发展战略目标设置相应的指标体系，有助于确定关键热点问题并刻画总体趋势。该指标体系只能度量环境和经济的变化，还未解决经济发展和经济成本之间的协调问题。

### 5. 瑞典可持续发展指标体系研究

2001 年瑞典统计局环境保护机构汇编了第一套可持续发展指标体系,该指标体系包含效率、公平和参与、适应性、价值和后代资源 4 个主题，共构建了 30 个主要指标。指标选取的原则首先要强调每一个指标具有相应的信息，并与某种形式的可持续性相关；其次数据容易从官方统计数据库中得到；最后各个指标要在社会、经济和环境之间有个合理的平衡度，数量控制在 30 个左右。

## 3.1.2 国内可持续发展指标体系研究

可持续发展指标体系在中国研究比较活跃，大量研究工作从不同尺度和角度进行展开，并出现了影响力较强的可持续发展指标体系。鉴于我国的自然条件及区域差异性，其可持续发展指标体系的研究主要集中在区域、国家和城市尺度上，而针对企业及产品尺度上的指标体系研究相对较少（曹斌等，2010）。在区域或国家尺度上，主要采用系统分解方式构建指标体系，将区域或者国家系统划分为资源、经济、环境和社会4个子系统；在城市尺度上，我国是世界上较早研究城市可持续发展指标体系的国家，并取得了一定成果。接下来主要从国家、区域和城市尺度上介绍我国开展可持续发展指标体系的研究。

**1. 国家尺度的可持续发展指标体系研究**

科技部与中国21世纪议程管理中心、中国科学院地理科学与资源研究所、国家统计局统计科学研究所联合组成课题组对中国可持续发展指标体系进行初步研究，其主要根据《中国21世纪议程》中各个方案领域的行动目标，并借鉴国外的经验，提出了中国可持续发展指标体系的初步设想。该体系基于国家统计资料，将指标体系分为目标层、基准层1、基准层2和指标层。在指标层上分别设置了描述性指标体系和评价性指标体系。描述性指标共计196个，评价性指标有100个。这一指标体系突出了可持续整体优化的发展思想，指标之间存在互相影响、互为条件的关系。

中国科学院可持续发展研究组制定的指标体系依据中国可持续发展战略的理论内涵、结构内涵和统计内涵，建立了由五大体系组成的指标。这个指标体系分为总体层、系统层、状态层、变量层和要素层5个等级。该体系由208个指标构成，在模型数量、指标选取等方面均有自己的特色（王伟等，1999）。

**2. 区域尺度的可持续发展指标体系研究**

我国在研究国家尺度上的可持续发展指标体系的同时，也在积极探索区域尺度上的可持续发展指标体系。中国科学院、国家计委地理研究所的毛汉英（1996）提出了山东省可持续发展指标体系。该指标体系具有明确的层次结构，第一层次为经济增长、社会进步、资源环境支持和可持续发展能力4类；第二层次包含15个方面，其指标以指数形式展示；第三层次为89个基础指标，包含85个量化指标，4个描述性指标。此外，刘求实和沈红（1997）探讨了区域可持续发展指标体系在建立过程中的指导原则和方法，文中对黑龙江省哈尔滨区域可持续发展的能力和发展水平进行综合评价，该区域可持续发展指标体系由4个层次、4个质保要素和27个具体指标组成，并强调可持续发展指标体系反映的是社会–经济–资源–环境复合系统内四大子系统的发展水平和现状及各个子系统之间的协调发展，该指标体系能客观地反映出区域发展阶段性和系统各组成分间的协调性。赵多等（2003）相关学者根据浙江省的可持续发展情况建立了由40个指标组成的浙江省区域可持续发展指标体系；乔家君等（2002）根据可持续发展指标体系建立原则及河南省实况，并利用主成分分析和独立性分析方法，筛选出29个有效的可持续发展指标，并采用改进的层次分析法评估了河南省的可持续发展能力。

**3. 城市尺度的可持续发展指标体系研究**

城市可持续发展指标是反映城市经济、社会和环境持续健康发展的根本要素和可持续发展的标尺。卢武强等（1998）研究了城市可持续发展系统及组成要素，并分析了建立城市可持续发展指标体系的可行性和必要性，以武汉城市为例确立了城市可持续发展的评价方法和所要达到的目标。曹凤中和国冬梅（1998）对可持续发展城市指标进行探讨并分析了真实储蓄可作为衡量国家和城市环境可持续发展程度的系统化指标。

除此之外，北京市、南京市等城市根据自身发展特点构建了城市特色可持续发展指标体系。北京市人口、资源、环境与经济协调发展评价指标体系主要是从系统论思想出发建立 3 层指标：①内部指标层及各个子系统内部模型相结合，评价各个子系统发展状态；②关联指标层和各子系统之间的关联模型结合反映出各子系统之间的协调状态；③进而形成一套集评估、预测、优化与调控于一体的完整评价体系。南京市可持续发展指标体系采用自上而下、逐层分解的方法，将城市生态系统分为 4 个层次，即目标层、准则层、领域层、要素层，其中每个层次分别选择反映其主要特征的要素作为评价指标（曹慧等，2002）。

# 3.2　区域可持续发展系统组成

京津冀区域濒临渤海，背靠太岳，携揽"三北"，处于环渤海经济圈及东北亚的核心地带，土地总面积为 2167.6 万 hm²，区域之间在地理在空间上相互连接，是国家经济发展的重要引擎和参与国家竞争合作的先导区域。在 2015 年 4 月 30 日中央政治局审议通过的《京津冀协同发展规划纲要》意味着京津冀协同发展完成了顶层设计，无论是从经济、社会还是环境方面，都对三地协同发展提出迫切需求。

区域可持续发展系统的构成较为复杂，它包括人类本身，以及与人类社会有关的各种基本要素、关系和行为。书中研究区域的可持续发展过程中将区域指标体系划分为资源、经济、社会和环境 4 个子系统。这种划分具有合理性和科学性，资源、经济、社会和环境是推动区域发展的主要系统因素，各自独立又相互影响。社会中的人口是可持续发展系统的主体和核心；资源和环境是可持续发展的必备条件；经济则是系统可持续发展动力。由此可见四者存在着密切的互动关系，其发展过程存在着方向性问题。若系统之间相互促进、协调，区域失调因素被控制在最小限度内，系统将呈现出良性循环和可持续发展（李志强和周丽琴，2006）；若各系统间失调，甚至破坏整个系统和常态，区域便会出现恶性循环和不可持续发展（王俊峰，2000）。四者之间既是一个矛盾又是一个整体，从系统论的角度来看，资源、经济、社会和环境组成的大系统的平衡是相对的，不平衡是绝对的。

要促进区域 3E 系统可持续发展就要保证区域各个子系统间协调发展，其主要体现在四个方面：①结构性协调，系统内在的联系要有严密的多层次性；②功能与特征性协调，系统内部各要素之间要互相配合与相互促进；③区域间的合作与协调，各个区域之间要协调发展、互利互惠走一条良性循环道路；④近期和远期目标协调，系统发展具有时期性，应当设定不同的发展阶段目标，实现最终系统可持续发展。

### 3.2.1　资源子系统——可持续发展的物质基础

资源是人类生存和发展的物质基础。人类在不断开发资源的过程中获得经济效益，而经济的发展实际是人类将掌握的自然资源作用于社会经济资源的过程。资源指的是人类生产和生活所必需的自然资源，包括水、大气、太阳能、风能、潮汐能、生物能等可再生资源，以及煤炭、石油等不可再生资源。

人类在不断发展经济社会的过程中，环境系统也随之不断被利用和改造，资源和环境之间的界限随人类活动经常性变动，经济发展与资源利用存在着冲突与协调的关系：科学技术的进步与外界投资促使资源利用效率提高，开发可再生资源和寻找非再生资源，提高区域资源存量，然而社会和经济子系统的发展以消耗资源为前提，加速了资源的开采和利用，促使资源的存量不断减少（关华，2012）。因此，资源、经济、社会和环境4个子系统之间的协调发展是相互制约的，要保证资源子系统的持续和协调发展，必须考虑区域内资源的承载能力。

总之，资源是3E系统中不可缺少的物质要素，人类对资源不同的开发利用方式决定了社会–经济–环境系统的运行状况和运行质量。在今后可持续发展过程中，应以可再生资源利用为主，尽量不利用或减少利用不可再生资源，同时对不可再生资源的利用必须遵循节约、高效和清洁的原则。

### 3.2.2　经济子系统——可持续发展的核心

经济子系统以物质再生产功能为其他子系统的完善提供物质和资金支持（曾嵘等，2000）。当社会经济发展到一定水平时，资金逐渐转向资源开发和环境保护，并发展相应的教育文化事业，提高人们生活条件，改善人们生活条件，促进社会整体进步，实现党的十八大报告中提出的"两个一百年"奋斗目标的伟大中国梦。

经济子系统在发展过程中与环境存在着协调和矛盾关系，主要表现为：环境子系统为经济子系统提供空间和场所，是区域经济运行的基础条件，同时经济子系统运行受到环境子系统的约束，所以经济的发展要以不破坏环境子系统为前提。各种非生产投入（如环保、教育等）会减少生产性投资，从而抑制经济发展，因此经济子系统与其子系统之间存在利益冲突（徐胜等，2011）。

区域经济可持续发展是人类意志的具体体现，它为人类提供所需物质和劳务的各种投入。在经济子系统中发展经济的同时要协同其他子系统，以生态保护优先理念协调推进经济社会发展，加快形成适应经济发展新常态的体制机制和发展方式，统筹推进经济、政治、文化、社会、生态文明等建设。

### 3.2.3　社会子系统——可持续发展的保障

社会子系统（包括人口、政策、法规、管理等）是资源、环境和经济子系统实现可持续发展的关键。合理的政策、法规、社会伦理道德和历史文化沉淀，以及稳定的社会环境等因素，是实现区域可持续发展的保证。其中人口是社会子系统的核心，是可持续发展的内在动力。

社会子系统与能源、经济子系统存在着协调和冲突关系。社会生产的动力源于人类对各物质的消费，人类科技进步及发明创造也是各个子系统不断前进的内在因素，一定数量和质量的人口是经济发展不可或缺的条件，人类所掌握的科学技术有利于提高经济质量和资源利用效率，并改变产生污染的生产方式，是可持续发展的根本动力（曾嵘等，2000）；但是，人口的快速增长会占用大量的资金，给经济子系统带来消费压力，制约着经济发展，并且在当资源获取量减少时，增加的生活及工业废物会给资源和环境带来巨大压力（关华，2012）。

当前在社会子系统中最迫切的问题控制区域内人口数，因为适度数量的人口是可持续发展的必要条件，高素质的人口不仅是经济质量和社会质量提高的基础，同时也是消除区域内贫困差距、保护生态环境、实现资源永续利用的重要保障。

## 3.2.4　环境子系统——可持续发展的空间支持

环境是各种生物存在和发展的空间，是资源的载体，是人类不可或缺的生命支持系统，为可持续发展提供生活和生产资源，提供废弃物的消耗场所。环境质量水平直接关系到人类的生活条件和身体健康，影响到自然资源的存量水平。

经济发展与环境承载力存在着协调和冲突两种关系。一方面，环境承载力的上升取决于环保投资和环境改造技术水平，经济在发展过程中需要为环境保护和治理提供必要的资金和技术；另一方面，经济发展过程中以资源消费为物质基础，在经济增长和消费水平提高过程中会增加污染的排放量，降低环境承载力。环境与资源子系统也存在着密切关系，资源的不合理开发及利用会导致环境质量下降，甚至生态系统失调，而合理的利用与保护资源会使环境、生态得到改善（王俊峰，2000）。

环境子系统协调发展的关键是要使经济发展与环境承载力相适应。

## 3.3　区域可持续发展指标体系构建方法

可持续发展指标体系具有空间上的差异性，因此要在借鉴国外相关指标体系研究的基础上，依据本国国情构建出适合京津冀区域特色可持续发展的指标体系。京津冀区域资源–经济–环境系统结构复杂、层次多变，指标的筛选需遵循既要综合考虑又要区别看待的构建原则，并且要在众多的指标中选择出最便于度量的主导性指标作为评价指标。

## 3.3.1　区域可持续发展指标体系的构建思路

基于对可持续发展的认识，从我国的基本国情出发，并借鉴国内外指标体系建立的基本思想，需在中国原有的"菜单式"多指标型可持续发展体系的基础上，构建出由若干相互联系、相互补充，具有层次性和结构性的指标组成的、符合京津冀区域自身可持续发展的指标体系。

区域可持续发展的原则是要以联系的观点看待资源、经济、人口、环境的协调发展。构建的指标体系在一定程度上既有直接从原始数据而来的基础指标，又能用来反映系统特征；又有对基本指标的抽象和总结，用来说明子系统之间的联系及区域复合系统作为一个整体所具有性质的综合指标，如各种"率"、"比"和"指数"等（朱启贵，2000）。

本书构建的区域可持续发展指标体系分为一元（资源、经济、环境）指标体系，二元（资源–环境、资源–经济、经济–环境）指标体系和三元（资源–经济–环境）指标体系。其中，一元指标体系中的资源指标，比能源指标涵盖范围更加广泛，包括能源、水资源、土地资源以及社会人力资源等指标。从一元、二元、三元 3 个维度构建区域可持续发展指标体系，更加有利于监测和评价区域可持续发展情况，反映区域可持续发展的各个领域、各个层次的发展变化，从整体上把握区域可持续发展的状况。

## 3.3.2　区域可持续发展指标体系的功能描述

衡量不同国家及地区之间可持续发展水平需要构建科学、适用的可持续发展指标体系。书中根据京津冀区域在人口、资源、环境和经济协调发展的基础上构建了可持续发展指标体系，该指标体系具有以下功能。

（1）描述功能：所选取的指标能够客观的反映区域人口、资源、环境及经济发展状况。

（2）解释功能：能对区域可持续发展的状况、协调程度、失调原因、变化原因做出科学合理的解释。

（3）诊断功能：为确保区域走可持续发展道路，依据可持续发展指标体系，对区域各个子系统健康发展状况进行诊断，及时发现不良发展现象，并采取安全措施，避免区域社会经济遭受重大损害威胁。

（4）评价功能：根据研究问题领域选用恰当的模型方法，对区域可持续发展系统的实际发展状况作出客观评价。

（5）预测功能：对区域内各个系统未来发展状况进行预测，为更好实施区域可持续发展战略提供可行的决策方案。

（6）优化功能：根据区域各个子系统的发展状况及未来发展趋势，提出更合理的区域可持续发展规划。

## 3.3.3　区域可持续发展指标体系的构建原则

京津冀区域复合系统结构复杂、层次多变，子系统之间既有相互作用，又有相互间的输入和输出。某些层次、某些元素及某些子系统的改变可能导致整个系统的变化。因此，必须在众多的指标中筛选出最灵敏、便于度量且内涵丰富的主导性指标作为评价指标（曹执令，2012）。要从整体上描述区域系统现状及发展趋势，因为少数的指标不能全面的描述区域内各个系统的状态及变化，所以必须构建适合区域发展的特色指标体系，用发展的眼光分析系统动态变化及状态。在设置区域可持续发展评价指标体系时，除了要符合统计学的基本规范外，还要遵循以下原则。

（1）科学性原则。指标体系一定要建立在公认的科学理论和对区域系统充分认识基础上，要能真实反映各子系统和指标间的相互联系，指标概念必须明确，并且有一定的科学内涵，能够科学、客观、真实地度量和反映区域复合系统结构和功能的现状，以及发展的趋势、发展潜力和目标的实现程度（赵玉川和胡富梅，1997）。

（2）系统性原则。区域可持续发展指标体系必须要强调系统性，要全面地反映区域资源、环境、经济及社会各个方面的基本特征。可持续发展涉及资源、经济、环境及社会的和谐统一，是一个"多维符合系统"（陈迎，1997）。

（3）层次性原则。区域可持续发展系统是一个庞大的复合系统，该系统可以分解为若干个子系统，子系统又分为更小的子系统。在较高层次上应用相应的指标筛选方法选择出具有概括性的指标，按照阶梯型依次往下对指标具体细化。

（4）特殊性原则。不同区域在可持续发展过程中的发展模式存在着区别，同一区域不同发展阶段的发展重点也不同。根据京津冀区域协同发展原则、各城市所扮演角色差异性，要有侧重点地、因地制宜地构建出符合京津冀区域特色可持续指标体系。

（5）稳定性原则。可持续发展是一个长期发展过程，且区域可持续发展具有阶段性，在构建区域可持续发展指标时要综合考虑指标体系的稳定性原则。构建的指标要具有一定的前瞻性，能够客观描述、评价区域可持续发展，在区域发展中某个阶段的发展重点、结构及评价内容也应具有相对稳定性。

（6）动态导向原则。可持续发展既是目标又是一个动态过程，在选择指标过程中，必须能够反映区域资源、经济、社会发展的历史现状、潜力及演变趋势，揭示内在发展规律（曹斌等，2010）。因此，应尽可能选择能够量化又能描述系统运行的动态变化值的指标。这就要求可持续发展保持动态平衡，所建立的指标不仅能够反映现在发展领域，而且也要涉及过去和将来的状况，这样有利于帮助政府及相关部门制定、调整和实施可持续发展相关政策。

（7）简明性原则。理论上，指标划分的越多越细，对客观现实描述越准确。但是指标划分的过细，难免造成指标间重叠、对立现象，并且在数据收集和处理过程中带来巨大的工作量，这样影响了最终的评价结果。

## 3.3.4　区域可持续发展指标的筛选方法

3E 系统是一个复杂且相互关联的系统，各个子系统中包含的指标不尽相同，指标筛选遵循既要综合考虑又要区别看待的构建原则，辩证看待问题，合理筛选指标。在构建区域可持续发展指标体系过程中，一方面要综合考虑评价指标的科学性、完备性、主成分性、独立性，不能由某一原则决定指标的取舍；另一方面结合相应的指标筛选数学方法对所研究问题定量研究，最终确定出适合区域可持续发展的指标体系。

首先采用频度统计法、理论分析法、专家咨询法来设置和筛选各子系统及系统间指标，满足指标选取的科学性和完备性原则。频度统计法主要是对当前国内外可持续发展研究的相关报告、论文进行频度统计，初步选择出使用频度高的指标；理论分析法是结合当代国家提及的可持续发展内涵、表现特征综合分析，选择出重要性、代表性的发展特征指标；专家咨询法主要是在初步建立的区域可持续发展指标体系的基础上，咨询相关专家的意见，并对指标体系进行相应调整（于震，2012）。

上述方法得到的指标体系为一般指标体系，为使得指标体系具有更高的可操作性，要结合区域资源、经济及环境发展状况，采用相应的指标筛选方法，选择出内涵丰富又相对独立的区域可持续发展指标体系。常见的指标筛选方法有变异系数法、相关分析法、指标聚类法等客观统计方法和德尔菲法等非主观方法。本书采用多种方法组合形式构建指标体系，以构建资源指标体系为例，在其过程中也应用多种方法组合的形式进行指标筛选，首先从中选出若干个候选指标，利用聚类分析方法将指标群分为子类，再利用相关分析方法从子类中选择出具有代表性的指标。其中采用最多的方法为主成分分析法和独立性分析方法，在进行指标筛选过程中，并未完全照搬数理统计的方法而是根据实际情况融入个人的主观判断，采用主观判断相结合的方法进行筛选。图 3.1 展示了详细的区域可持续发展指标体系建立流程图。

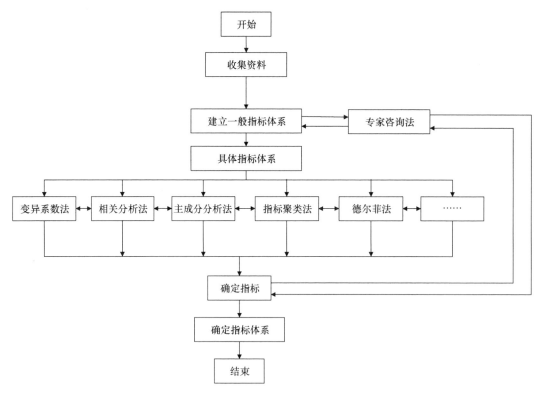

图 3.1　区域可持续发展指标体系建立流程图

## 3.4　区域可持续发展指标体系

区域可持续发展指标体系主要分为一元、二元、三元指标体系。其中，一元指标体系包括资源、经济、社会、生态环境及新能源方面，共计 414 个指标；二元指标体系包括资源–经济、资源–生态环境、经济–社会方面，共计 39 个指标；资源–经济–环境三元综合指标体系包含 3 个指标。系统内各指标要素相互作用、相互协调，才能实现京津冀区域资源–经济–环境系统的协调发展。

## 3.4.1　一元指标体系

### 1. 资源指标体系

资源一般指人们发现有用途和有价值的物质，是社会生产的基础性物质。利用区域内的资源可以使资源在区域空间上得到有效的配置。本书中将资源从能源、水资源、土地资源和社会人力资源四个方面阐述。

1）能源

能源指人类取得能量的来源，包括已开采出来可供使用的自然能源与经过加工或转换的能量的来源。一次能源从能源开发、运输、加工、转化、分配直到最终使用，这一系列环节组成了能源系统。能源系统作为国民经济系统的一个子系统，与社会经济运行、自然环境、科技水平等有着极为密切的联系，它既是国民经济系统运行的产物，又是国民经济系统发展的动力，以满足经济社会发展需要为目标。

能源指标体系从能源储备及生产、能源分配、能源供应、能源消费、能源平衡五个方面对能源进行衡量。能源指标体系如图 3.2 所示。

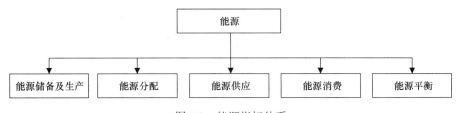

图 3.2　能源指标体系

A. 能源储备及生产

a. 总体树状图（图 3.3）

b. 主要指标解释

能源生产总量：指一定时期内全国（地区）一次能源生产量的总和，是观察全国（地区）能源生产水平、规模、过程构成和发展速度的总量指标。按能源的成因分为一次能源（亦称天然能源）生产量和二次能源（亦称人工能源）生产量。

能源生产效率：能源生产效率是指在考察期内，以能源生产企业总体能耗为基数，计算其在维持自身消耗之后，为外界提供的可供消耗的能源量占基数的百分比。指标在正常范围内越大越好。当能源生产效率大于 1，表明能源生产企业对外提供的能源数量超过自身消耗的能源数量，生产企业达到了向外供能的目标，能源生产效率较好；当能源生产效率小于等于 1，表明能源生产效率不理想。

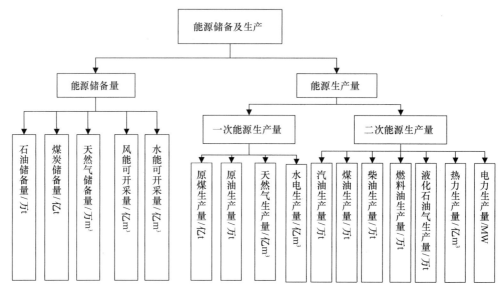

图 3.3 能源储备及生产指标体系

一次能源生产量：指生产一次能源的企业（单位）在报告期内将自然界现存的能源经过开采而产出的合格产品，包括原煤、原油、天然气、水电、核电及其他动力能（如风能、地热能等）。不包括低热值燃料生产量、生物质能、太阳能等的利用和由一次能源加工转换而成的二次能源产量。

二次能源产量：二次能源产量是指报告期内将一次能源经过各种加工转换设备（如发电设备、洗煤装置、炼焦炉、工业锅炉、炼油设备、煤气发生炉、煤制气、油制气、焦制气装置）所产出的另外一种形式的各种合格能源产品，如电力、热力、洗煤、焦炭、各种石油制品、焦炉煤气、城市煤气等。

热力产量：热力是可提供热源的蒸汽与热水的统称。其产量是指工业锅炉、电厂在生产或发电的同时对外供出的热水、过热或饱和蒸汽的实际供热量。

石油储备量：所谓石油储备，即为保障国家、社会与企业的石油供应安全而储存的石油。根据国际能源机构的定义，石油储备是指：其成员国政府、民间机构和石油企业拥有的全部原油和主要石油制品的库存总和，包括管线和中转站中的存量（计算中扣除10%的实际不可动用量）。石油储备是稳定供求关系、平抑油价、应对突发事件的最直接、最有效的手段，是保障国家能源安全的核心措施。具体地讲，适度的石油储备是一种提高工业生产效益的方法，是一种保障社会稳定的措施和一种经济调控的手段及战略。

B. 能源分配

a. 总体树状图（图 3.4）

b. 主要指标解释

能源加工转换效率：能源加工转换效率，指一定时期内，能源经过加工、转换后，产出的各种能源产的数量与同期内投入加工转换的各种能源数量的比率。

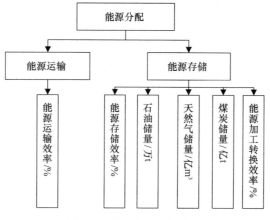

图 3.4　能源分配指标体系

C. 能源供应

a. 总体树状图（图 3.5）

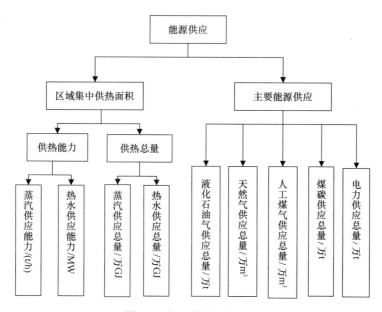

图 3.5　能源供应指标体系

b. 主要指标解释

人工煤气生产能力：指报告期末人工煤气生产厂制气、净化、输送等环节的综合生产能力，不包括备用设备能力。一般按设计能力计算，如果实际生产能力大于设计能力时，应按实际测定的生产能力计算。测定时应以制气、净化、输送三个环节中最薄弱的环节为主。

D. 能源消费

a. 总体树状图（图 3.6）

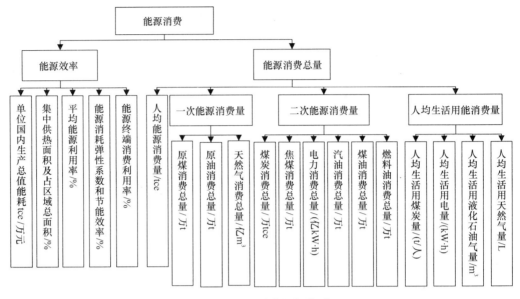

图 3.6　能源消费指标体系

b. 主要指标解释

能源消费总量：指一定时期内全国（地区）各行业和居民生活消费的各种能源的核算能源消费总量指标。能源消费总量包括原煤、原油及其制品、天然气、电力。不包括低热值燃料、生物质能和太阳能等的利用。能源消费总量分为三部分，即能源终端消费量、能源加工转换损失量和损失量。

万元工业增加值能耗：该指标的统计范围是年主营业务收入 2000 万元及以上的工业法人企业。

人均能源消费量：能源消费量的定义是初级能源在被转化为其他最终用途燃料之后，被最终使用者消费掉的使用量，人均能源消费量，则是能源消费总量除以某一地区总人口的值。

E. 能源平衡

a. 总体树状图（图 3.7）

b. 各项具体指标（表 3.1）

c. 主要指标解释

能源加工转换投入产出量：能源具有由一种能量形式转换为另一种能量形式及耗用过程中可用一种能源替代另一种能源的特征。为提高能源的利用价值和效率，对能源进行加工、转换，产出适合生产和生活需要的更高级的能源产品。

损失量：指能源在经营管理和生产、输送、分配、储存等过程中发生的损失，以及由于自然因素等原因造成的损失数量。不包括加工转换损失量。

终端能源消费量：指一定时期内全国（地区）各行业和居民生活消费的各种能源在扣除了用于加工转换二次能源消费量和损失量后的数量。

能源加工转换损失量：指一定时期内全国（地区）投入加工转换的各种能源数量之和与产出各种能源产品之和的差额。它是观察能源在加工转换过程中损失量变化的指标。

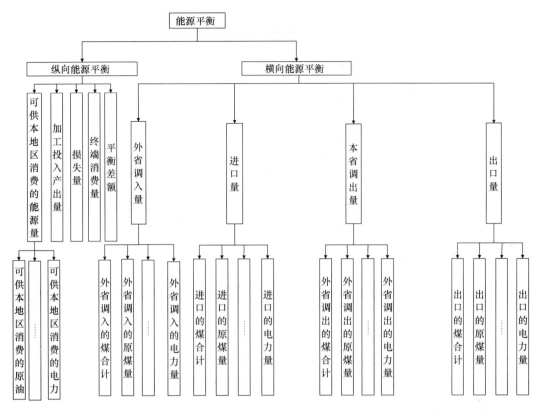

图 3.7　能源平衡指标体系

表 3.1　能源平衡指标

| 能源平衡 | 纵向能源平衡 | 可供本地区消费的能源量 | 可供本地区消费的煤合计/万 t |
| --- | --- | --- | --- |
| | | | 可供本地区消费的原煤/万 t |
| | | | 可供本地区消费的原油/万 t |
| | | | 可供本地区消费的汽油/万 t |
| | | | 可供本地区消费的液化石油气/万 t |
| | | | 可供本地区消费的天然气/万 t |
| | | | 可供本地区消费的热力/百亿 kJ |
| | | | 可供本地区消费的电力/（亿 kW·h） |
| | | 加工转换投入（−）产出（+）量/万 tce | |
| | | 损失量/万 tce | |
| | | 终端消费量/万 tce | |
| | | 平衡差额/万 tce | |
| | | 能源布局 | 能源运输和输配损失量/万 tce |
| | 横向能源平衡 | 外省（区、市）调入量 | 外省调入的煤合计/万 t |
| | | | 外省调入的原煤量/万 t |
| | | | 外省调入的原油量/万 t |
| | | | 外省调入的汽油量/万 t |
| | | | 外省调入的液化石油气量/万 t |
| | | | 外省调入的天然气量/万 t |
| | | | 外省调入的热力量/百亿 kJ |
| | | | 外省调入的电力量/（亿 kW·h） |

续表

| 能源平衡 | 横向能源平衡 | 进口量 | 进口的煤合计/万 t |
|---|---|---|---|
| | | | 进口的原煤量/万 t |
| | | | 进口的原油量/万 t |
| | | | 进口的汽油量/万 t |
| | | | 进口的液化石油气量/万 t |
| | | | 进口的天然气量/万 t |
| | | | 进口的热力量/百亿 kJ |
| | | | 进口的电力量/（亿 kW·h） |
| | | 本省（区、市）调出量（−） | 本省调出的煤合计/万 t |
| | | | 本省调出的原煤量/万 t |
| | | | 本省调出的原油量/万 t |
| | | | 本省调出的汽油量/万 t |
| | | | 本省调出的液化石油气量/万 t |
| | | | 本省调出的天然气量/万 t |
| | | | 本省调出的热力量/百亿 kJ |
| | | | 本省调出的电力量/（亿 kW·h） |
| | | 出口量（−） | 出口的煤合计/万 t |
| | | | 出口的原煤量/万 t |
| | | | 出口的原油量/万 t |
| | | | 出口的汽油量/万 t |
| | | | 出口的液化石油气量/万 t |
| | | | 出口的天然气量/万 t |
| | | | 出口的热力量/百亿 kJ |
| | | | 出口的电力量/（亿 kW·h） |

2）水资源

水资源作为稀缺的自然资源，其价值越来越受到人类的重视，同时水资源作为维持人类生命系统的核心单元，在目前来讲却面临总量大而人均占有量少、地表水过度开采的困境，因而对水资源实现可持续利用是维系社会、经济可持续发展之关键。

水资源指标体系将从用水总量、用水效率、水功能区限制纳污三个方面进行衡量。水资源指标体系如图 3.8 所示。

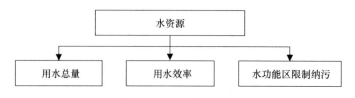

图 3.8　水资源指标体系

A. 用水总量

a. 总体树状图（图 3.9）

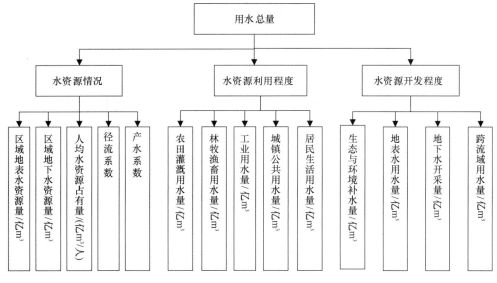

图 3.9 用水总量指标体系

b. 主要指标解释

区域地表水资源量：指河流、湖泊以及冰川等地表水体中可以逐年更新的动态水量，即天然河川径流量。

区域地下水资源量：指地下饱和含水层逐年更新的动态水量，即降水和地表水入渗对地下水的补给量。

人均水资源占有量：指可以利用的水资源平均到每个人的占有量，是衡量国家可利用水资源的程度指标之一。

径流系数：是指地表水多年平均年径流量与对年平均年降水量之比，综合反映了流域内自然地理要素对径流的影响。

产水系数：是指区域内水资源总量与当地多年平均降水量之比，反映气候变化引起的水资源变化大小。

工业用水量：指工矿企业在生产过程中用于制造、加工、冷却、空调、净化、洗涤等方面的用水，按新水取用量计，不包括企业内部的重复利用水量。

城镇公共用水量：指为城市社会公共生活服务的用水，包括行政事业单位、部队营区和公共设施服务、社会服务业、批发零售贸易业、旅馆饮食业及其他公共服务业等单位用水。

居民生活用水量：居民家庭用水指城市范围内所有居民家庭的日常生活用水，包括城市居民、农民家庭、公共供水站用水。

地下水开采量：指储存在地表以下的未被开采或者还未被探测的水资源的数量。

B. 用水效率

a. 总体树状图（图 3.10）

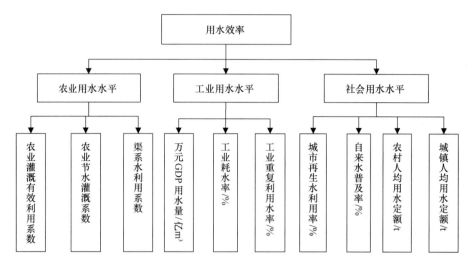

图 3.10　用水效率指标体系

b. 主要指标解释

农业灌溉有效利用系数：是指灌入田间可被农作物利用的水量与灌溉系统取用的灌溉总水量的比值，其与灌溉区自然条件、工程状况、用水管理、灌溉技术等相关，是评价灌溉用水效率和衡量灌溉区用水管理水平等因素的一个综合性指标。

渠系水利用系数：反映从渠道到农渠的各级输配水渠道的输水损失，表示了整个渠系水的利用率，其值等于同时工作的各级渠道的渠道水利用溪水的乘积，计算公式为

$$\eta_{渠系}=\eta_{干渠}\times\eta_{支渠}\times\eta_{斗系}\times\eta_{农系} \tag{3.1}$$

万元 GDP 取水量：是指生产 1 万元的工业产值所需水量。

自来水普及率：自来水普及率分城市自来水普及率和农村（乡镇）自来水普及率，其最大值为 100%，本书采用区域平均自来水普及率。

C. 水功能区限制纳污

a. 总体树状图（图 3.11）

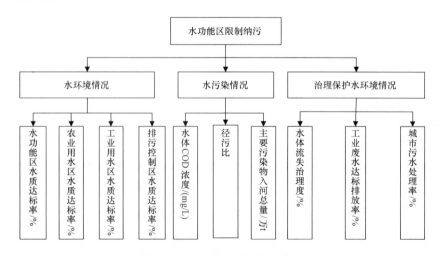

图 3.11　水功能区纳污指标体系

b. 主要指标解释

水功能区水质达标率：是指流域（区域）水功能区水质达标评价中的水功能区达标比例，是对水功能区达标情况的总体概述。

标率水体 COD 浓度：是指在水体中采用一定的强氧化剂处理水样时所消耗的氧化剂量，是表示水中还原性物质多少的一个指标，也会被作为衡量水中有机物质含量多少的指标，COD 越高，说明水体受有机物的污染越严重。

径污比：指河流径流量与排入河流的污水量之比，径污比越高，水体的自净能力越强，当径污比大于 1∶20 时就会发生水体严重污染。

城市污水处理率：指经管网进入污水处理厂处理的城市污水量占污水排放总量的百分比。

3）土地资源

土地是指某一地段包括地质、地貌、气候、水文、土壤、植被等多种自然要素在内的自然综合体，是人类赖以生存和发展的物质基础，是社会生产的劳动资料，是农业生产的基本生产资料，是一切生产和一切存在的源泉。

土地资源指标体系从土地资源情况、土地经济效益、土地污染情况三个方面对土地资源进行衡量。土地资源指标体系如图 3.12 所示。

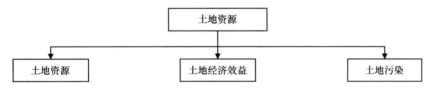

图 3.12　土地资源指标体系

A. 土地资源

a. 各项具体指标（表 3.2）

表 3.2　土地资源指标

| 土地资源 | 用地面积 | 人均居住面积/（m³/人） |
| --- | --- | --- |
| | | 人均道路面积/（m³/人） |
| | | 人均公共设施面积/（m³/人） |
| | | 人均绿地面积/（m³/人） |
| | | 人均工业用地面积/（m³/人） |
| | | 人均商业用地面积/（m³/人） |
| | | 人均农用地面积/（m³/人） |
| | | 平均容积率/% |
| | 用地结构 | 居住用地比例/% |
| | | 道路设施比例/% |
| | | 公共设施比例/% |
| | | 绿地比例/% |
| | | 工业用地比例/% |
| | | 商业用地比例/% |
| | | 农业用地比例/% |

b. 主要指标解释

平均容积率：是指区域总建筑面积与区域建设用地面积之比。

B. 土地经济效益

a. 各项具体指标（表 3.3）

表 3.3　土地经济效益指标　　　　　　　　（单位：万元/m³）

| 土地经济效益 | 单位面积的区域生产总值 |
| --- | --- |
| | 单位工业用地面积的工业总产值 |
| | 单位商业用地面积的商业总产值 |
| | 单位农业用地面积的农业总产值 |

b. 主要指标解释

单位面积的区域生产总值：是指该区域生产总值与区域面积之比，其中区域生产总值是指本地区域所有常住单位在一定时期内生产活动的最终成果，区域生产总值等于各产业增加值之和。

C. 土地污染

a. 各项具体指标（表 3.4）

表 3.4　土地污染指标　　　　　　　　　　（单位：kg/m³）

| 土地污染 | 单位面积工业和生活废水排放量 |
| --- | --- |
| | 单位面积工业废气排放量 |
| | 单位面积固体废弃物排放量 |

b. 主要指标解释

土地污染：可持续发展的核心在于对已有资源环境的合理开发和治理，因此分析该区域现有土地环境资源情况和开发治理情况是必需的。

4）社会人力资源

人力资源是指在一个国家或地区中具有劳动能力的人口之和，随着知识经济时代的来临，人力资源已被看作是推动经济增长的第一资源。人力资源学科领域划分为两个层次系统，包括社会人力资源系统和组织人力资源系统。社会人力资源系统侧重研究一定时空范围的社会人力资源状况、开发，以及配置等宏观问题。研究社会人力资源指标体系是谋求社会经济可持续发展的需要。

社会人力资源指标体系从人口资源、劳动力资源、人才资源三个方面对能源进行衡量。社会人力资源指标体系如图 3.13 所示。

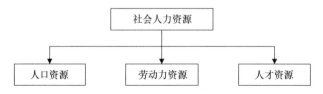

图 3.13　社会人力资源指标体系

A. 人口资源

a. 总体树状图（图 3.14）

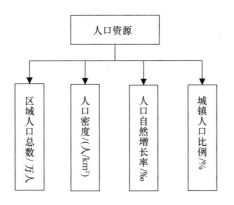

图 3.14  人口资源指标体系

b. 主要指标解释

人口密度：人口密度是单位面积土地上居住的人口数。它是表示世界各地人口的密集程度的指标。通常以每平方千米或每公顷内的常住人口为计算单位。

人口自然增长率：指在一定时期内（通常为一年）人口自然增加数（出生人数减死亡人数）与该时期内平均人数（或期中人数）之比，一般用千分率表示。另外，人口自然增长率还可以用人口出生率与死亡率之差表示。当全年出生人数超过死亡人数时，人口自然增长率为正值，当全年死亡人数超过出生人数时，则为负值。因此，人口自然增长水平取决于出生率和死亡率两者之间的相对水平，它是反映人口再生产活动的综合性指标。

B. 劳动力资源

a. 总体树状图（图 3.15）

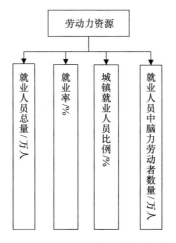

图 3.15  劳动力资源指标体系

b. 主要指标解释

就业率：指就业人口与劳动力人口的百分比。凡在指定时期内届满一定下限年龄，有工作并取得报酬或收益的人，或有职位而暂时没有工作（如生病、工伤、劳资纠纷、假期等）的人，以及家庭企业或农场的无酬工作者，均计算为就业人口。

C. 人才资源

a. 总体树状图（图3.16）

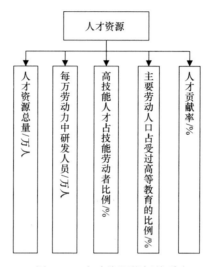

图3.16　人才资源指标体系

b. 主要指标解释

人才贡献率：是指人才对经济发展所做的共吸纳，即每年的 GDP 中人才的贡献占多大份额，该指标可以反映人才资源的使用状况及作用发挥的程度，可以衡量区域使用人才的效果，同时间接衡量区域人才政策、环境对人才的不同影响，计算公式为

$$人才贡献率 = 人才贡献率(产出量, 所得量)人才/投入量(消耗量, 占用量) \times 100\% \quad (3.2)$$

**2. 经济指标体系**

经济基础指标从区域经济发展指数、国民经济核算、全社会固定资产投资、价格指数、第一产业总产值、第二产业经济指标、第三产业经济指标，以及财政情况8个方面进行描述。以下按照经济基础指标下的各个方面分块进行介绍。

1）经济发展指数

A. 总体树状图（图3.17）

B. 主要指标解释

经济规模和效益：城市经济发展是城市发展的经济动力，为社会进步和环境保护提供条件和支持。城市经济实力强大，将会占据竞争的主动地位，按照国际惯例以 GDP 衡量城市经济发展的规模、以人均 GDP 衡量城市经济发展的效益水平。

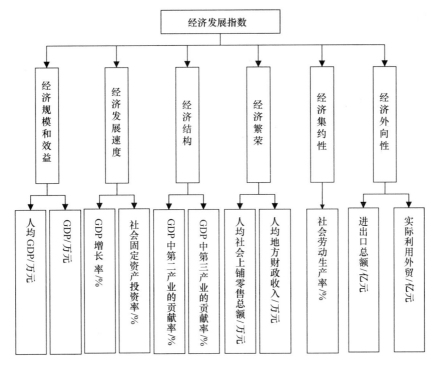

图 3.17　经济发展指数指标体系

经济发展速度：经济发展速度是衡量城市经济增长的有效指标，城市经济增长需要持续的投入作为支持。这里以 GDP 增长率、社会固定资产投资率衡量城市经济发展的速度。

经济结构：这里经济结构是指产业结构，一般包括三次产业的 GDP 贡献率和产业从业人数。按照现代产业结构发展趋势，城市三次产业的发展基本上沿着第一产业迅速萎缩，第二产业逐步减弱，第三产业逐渐增强的规律演变。这里以 GDP 中第二产业的贡献率和第三产业的贡献率衡量城市三次产业的结构发展变化。

经济繁荣：城市经济繁荣，给城市带来生机和活力。城市繁荣体现在城市购买和消费能力上，其主要表现为居民的消费购买力和政府的财政能力。这里以人均社会商品零售总额代表居民的消费能力、以人均地方财政收入代表政府的资金支付能力衡量城市经济繁荣状况。

经济集约性：集约性是现代化生产的表现，集约性越强，劳动生产率就越高。这里以社会劳动生产率衡量城市经济的集约性。

经济外向性：随着经济全球化，世界经济发展日益紧密相连，发展外向型经济逐渐成为时代潮流，城市经济发展越来越与世界经济密切相连。这里以进出口总额、实际利用外资衡量经济外向性。

国内生产总值（GDP）：一个国家（或地区）的常住单位在一定时期内（通常为一年或一个季度）所生产和提供的最终使用的产品和服务（劳务）的价值。简单地说，就是一个国家或地区在一定时期内新创造的价值的总和，作为一个国家，叫作国内生产总值，作为一个地区，就叫地区生产总值。

人均 GDP：衡量一个国家或地区经济发展水平的最普遍的一个标准，一般地说，人均 GDP 高，社会福利水平也就高。但也有一定的局限性。

社会劳动生产率：社会劳动生产率即生产某一种商品时，在该行业所必需的平均劳动生产时间。

进出口总额：进出口总额指实际进出我国国境的货物总金额。进出口总额用以观察一个国家在对外贸易方面的总规模。

2）国民经济核算

A. 各项具体指标（表 3.5）

表 3.5　国民经济核算指标

| | | |
|---|---|---|
| 国民经济核算 | 地区生产总值 | 第一产业增加值/亿元 |
| | | 第二产业增加值/亿元 |
| | | 工业地区生产总值/亿元 |
| | | 建筑业地区生产总值/亿元 |
| | | 第三产业增加值/亿元 |
| | | 人均地区生产总值/（元/人） |
| | 地区生产总值指数（上年=100） | 第一产业地区生产总值指数（上年=100） |
| | | 第二产业地区生产总值指数（上年=100） |
| | | 工业地区生产总值指数（上年=100） |
| | | 建筑业地区生产总值指数（上年=100） |
| | | 第三产业地区生产总值指数（上年=100） |
| | 地区生产总值构成（地区生产总值=100） | 第一产业占 GDP 比例/% |
| | | 第二产业占 GDP 比例/% |
| | | 第三产业占 GDP 比例/% |
| | 社会劳动生产率（当年价格） | 第一产业劳动生产率/（元/人） |
| | | 第二产业劳动生产率/（元/人） |
| | | 第三产业劳动生产率/（元/人） |
| | 三次产业贡献率 | 第一产业贡献率/% |
| | | 第二产业贡献率/% |
| | | 第三产业贡献率/% |
| | 居民消费水平 | 全市居民消费水平/（元/人） |
| | | 城镇居民消费水平/（元/人） |
| | | 农村居民消费水平/（元/人） |
| | | 城市居民人均可支配收入/（元/人） |
| | | 农村人均纯收入/（元/人） |

B. 主要指标解释

地区生产总值：指本地区所有常住单位在一定时期内生产活动的最终成果。地区生产总值等于各产业增加值之和。

社会劳动生产率：生产某一种商品时，在该行业所必需的平均劳动生产时间。

居民消费水平：指居民在物质产品和劳务的消费过程中，对满足人们生存、发展和享受需要方面所达到的程度。通过消费的物质产品和劳务的数量和质量反映出来。

3）全社会固定资产投资

A. 总体树状图（图 3.18）

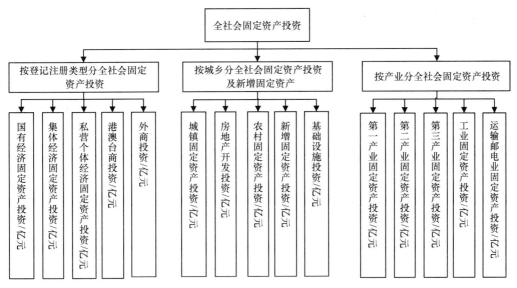

图 3.18 全社会固定资产投资指标体系

B. 主要指标解释

全社会固定资产投资：包括城镇固定资产投资（含房地产开发投资）和农村固定资产投资。

外商投资：外商投资，是指外国的公司、企业、其他经济组织或者个人依照中华人民共和国法律的规定，在中华人民共和国境内进行私人直接投资。

城镇固定资产投资：指城镇各种登记注册类型的企业、事业、行政单位及个体户进行的计划总投资在 50 万元及以上的建设项目投资。镇及镇以上各级政府及主管部门直接领导、管理的建设项目和企事业单位的投资均为城镇固定资产投资。

房地产开发投资：指房地产开发公司、商品房建设公司及其他房地产开发法人单位和附属于其他法人单位实际从事房地产开发或经营的活动单位统一开发的包括统筹待建、拆迁还建的住宅、厂房、仓库、饭店、宾馆、度假村、写字楼、办公楼等房屋建筑物和配套的服务设施。

基础设施投资：基础设施投资是指能够为企业提供作为中间投入用于生产的基本需求，能够为消费者提供所需要的基本消费服务，能够为社区提供用于改善不利外部环境的服务等基本设施建设的投资。

房屋施工面积：是指报告期内施工的全部房屋建筑面积。包括本期新开工的面积和上年开工跨入本期继续施工房屋面积，以及上期已停建在本期恢复施工的房屋面积。本期竣工和本期施工后又停建、缓建的房屋面积仍包括在施工面积中，多层建筑应填各层建筑面积之和。

房屋竣工面积：是指报告期内房屋建筑按照设计要求已全部完工，达到住人和使用条件，经验收鉴定合格（或达到竣工验收标准），可正式移交使用的各栋房屋建筑面积的总和。

4）价格指数

A. 总体树状图（图3.19）

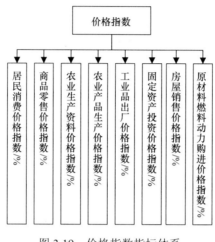

图3.19　价格指数指标体系

B. 主要指标解释

居民消费价格指数：是反映一定时期内城乡居民所购买的生活消费品价格和服务项目价格变动趋势和程度的相对数，是对城市居民消费价格指数和农村居民消费价格指数进行综合汇总计算的结果。该指数可以观察和分析消费品的零售价格和服务项目价格变动对城乡居民实际生活费支出的影响程度。

商品零售价格指数：是反映一定时期内城乡商品零售价格变动趋势和程度的相对数。商品零售价格的变动直接影响到城乡居民的生活支出和国家的财政收入，影响居民购买力和市场供需的平衡，影响到消费与积累的比例关系。因此，该指数可以从一个侧面对上述经济活动进行观察和分析。

农业生产资料价格指数：指反映一定时期内农业生产资料价格变动趋势和程度的相对数。

工业品出厂价格指数：是一个用来衡量制造商出厂价的平均变化的指数，它是统计部门收集和整理的若干个物价指数中的一个，市场敏感度非常高。如果生产者物价指数比预期数值高时，表明有通货膨胀的风险。如果生产者物价指数比预期数值低时，则表明有通货紧缩的风险。

固定资产投资价格指数：是反映固定资产投资额价格变动趋势和程度的相对数。固定资产投资额是由建筑安装工程投资完成额、设备工器具购置投资完成额和其他费用投资完成额三部分组成的。因此，编制固定资产投资价格指数应首先分别编制上述三部分投资的价格指数，然后采用加权算术平均法求出固定资产投资价格总指数。

房屋销售价格指数：房屋销售价格指数是反映一定时期房屋销售价格变动程度和趋势的相对数，它是通过百分数的形式来反映房价在不同时期的涨跌幅度。包括商品房、公有房屋和私有房屋各大类房屋的销售价格的变动情况。

原材料、燃料和动力购进价格指数：是反映工业企业作为生产投入，而从物资交易市场和能源、原材料生产企业购买原材料、燃料和动力产品时，所支付的价格水平变动趋势和程度的统计指标，是扣除工业企业物质消耗成本中的价格变动影响的重要依据。

5）第一产业总产值

A. 总体树状图（图 3.20）

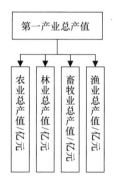

图 3.20　第一产业总产值指标体系

B. 主要指标解释

农林牧渔业总产值：是以货币表现的农林牧渔业的全部产品总量和对农林牧渔业生产活动进行的各种支持性服务活动的价值。

6）第二产业总产值

A. 总体树状图（图 3.21）

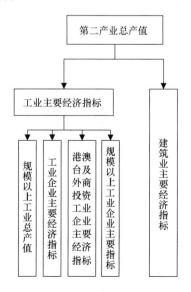

图 3.21　第二产业总产值指标体系

B. 各项具体指标（表 3.6）

表 3.6　第二产业总产值指标

| 第二产业总产值 | 工业 | 规模以上工业总产值 | 轻工业总产值/亿元 |
| | | | 重工业总产值/亿元 |
| | | | 大中型工业总产值/亿元 |
| | | 工业企业 | 亏损企业单位个数/个 |
| | | | 工业总产值（当年价格）/万元 |
| | | | 工业增加值/万元 |
| | | | 工业企业劳动生产率/% |
| | | | 工业企业资产总计/万元 |
| | | | 工业企业利润总额/万元 |
| | | | 本年应交增值税/万元 |
| | | 港澳台及外商投资工业企业 | 亏损企业单位个数/个 |
| | | | 工业总产值（当年价格）/万元 |
| | | | 工业增加值/万元 |
| | | | 工业企业资产总计/万元 |
| | | | 工业企业利润总额/万元 |
| | | | 本年应交增值税/万元 |
| | | 规模以上工业企业 | 工业企业资产总计/万元 |
| | | | 工业企业利润总额/万元 |
| | | | 工业企业总产值/万元 |
| | 建筑业 | | 建筑业总产值/万元 |
| | | | 建筑业增加值/万元 |
| | | | 建筑业企业利税总额/万元 |
| | | | 建筑业劳动生产率/% |
| | | | 建筑业企业资产/万元 |

C. 主要指标解释

工业总产值：工业总产值是以货币表现的工业企业在报告期内生产的工业产品总量。根据计算工业总产值的价格不同，工业总产值又分为现价工业总产值和不变价工业总产值，不变价工业总产值是指在计算不同时期工业总产值时，对同一产品采用同一时期或同一时点的工业产品出厂价格作为不变价，又称 w 定价格。采用不变价计算工业总产值，主要是用以消除价格变动的影响。

工业增加值：是指工业行业在报告期内以货币表现的工业生产活动的最终成果。

利润总额：指企业实现的全部利润。反映企业最终的财务成果。

本年应交增值税：指当期销项税额抵扣当期进项税额后的余额。

工业全员劳动生产率：指根据产品的价值量指标计算的平均每一个职工在单位时间内创造的工业生产最终成果。是考核企业经济活动的重要指标，是企业生产技术水平、经济管理水平、职工技术熟练程度和劳动积极性的综合表现。目前我国的全员劳动生产率是将工业企业的工业增加值除以同一时期全部职工的平均人数来计算的，其计

算公式为

$$工业全员劳动率 = 工业增加值（现价）/ 全部职员平均人数 \tag{3.3}$$

建筑业总产值：指建筑业企业自行完成的以工程预（概）算为依据，按工程进度计算的建筑安装总价值。它包括建筑工程产值、设备安装工程产值、其他产值三部分内容。

7）第三产业总产值

A. 总体树状图（图3.22）

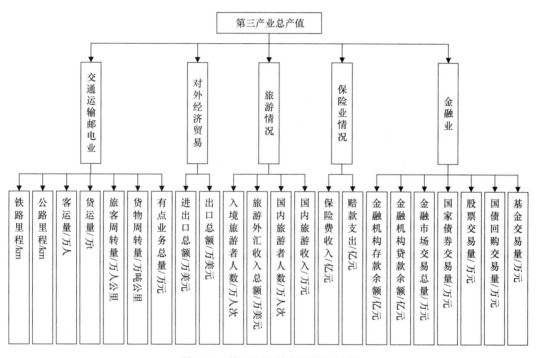

图3.22　第三产业总产值指标体系

B. 主要指标解释

货（客）运量：指在一定时期内，各种运输工具实际运送的货物（旅客）数量。是反映运输业为国民经济和人民生活服务的数量指标，也是制订和检查运输生产计划，研究运输发展规模和速度的重要指标。货运按吨计算，客运按人计算。货物不论运输距离长短，货物类别，均按实际质量统计；旅客不论行程远近或票价多少，均按一人一次作为客运量统计。半价票、小孩票也按一人统计。

货物（旅客）周转量：指在一定时期内，由各种运输工具运送的货物（旅客）数量与其相应运输距离的乘积之总和，是反映运输业生产总成果的重要指标，也是编制和检查运输生产计划、计算运输效率、劳动生产率，以及核算运输单位的主要基础资料。计算货物周转量通常按发出站与到达站之间的最短距离，也就是计费距离计算。

进出口总额：海关进出口总额指实际进、出我国海关并能引起我国境内物质资源增加或减少的进出口货物总金额。包括我国境内法人和其他组织以一般贸易、易货贸易、加工贸易、补偿贸易、寄售代销贸易等方式进出口的货物、租赁期一年及以上的租赁进出口货物、边境小额贸易货物、国际援助物资或捐赠品、保税区和保税仓库进出口货物等的金额合计。进出口总额用以观察一个国家在对外贸易方面的总规模。我国规定出口货物按离岸价格统计，进口货物按到岸价格统计。

公路里程：指报告期末公路的实际长度。统计范围：包括城间、城乡间、乡（村）间能行驶汽车的公共道路，公路通过城镇街道的里程，公路桥梁长度、隧道长度、渡口宽度。不包括城市街道里程，断头路里程，农（林）业生产用道路里程，工（矿）企业等内部道路里程。统计原则：按已竣工验收或交付使用的实际里程计算；两条或多条公路共同经由同一路段的重复里程，只计算一次。

邮电业务总量：指以货币形式表现的邮电企业为社会提供各类邮电通信服务的总数量。该指标是用于观察邮电业务发展变化总趋势的综合性总量指标，分别按邮政业务总量和电信业务总量统计。邮电业务总量是以各类业务的实物量分别乘以相应的不变单价，求出各类业务的货币量加总求得。不变单价是一定时期内计算业务总量的同度量因素，是根据基年各类邮电业务量与相对应的邮电业务收入测算的平均单价。

原保险保费收入：又叫保险费。是投保人根据保险合同的有关规定，为被保险人取得因约定危险事故发生所造成的经济损失补偿（或给付）权利，付给保险人的代价。包括财产险和人身险收入。

8）财政情况

财政分为财政收入和财政支出两个部分。在中国，对财政这一范畴有不同的认识：一种观点认为，财政是由国家分配价值所产生的分配关系，这种价值分配，在国家产生前属于生产领域的财务分配，在国家产生后属于国家财政分配；第二种观点认为，财政是为了满足社会共同需要而对剩余产品进行分配而产生的分配关系，它不是随国家的产生而产生的，而是随着剩余产品的产生而产生的；第三种观点认为，财政是为满足社会共同需要而形成的社会集中化的分配关系。

A．总体树状图（图 3.23）

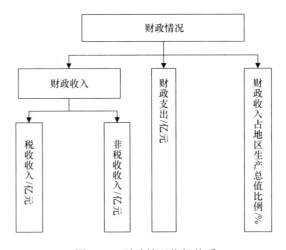

图 3.23　财政情况指标体系

B. 主要指标解释

税收收入：国家凭借其政治权力，依据法定标准，从单位和个人无偿取得的一种财政收入。税收历来是国家财政收入的主要来源。税收具有强制性、无偿性和固定性三大特征。除组织收入的职能外，税收对经济社会运行和资源配置都具有重要的调节作用。

非税收收入：非税收收入是指除税收以外，由各级政府及其所属部门、事业单位、代行政府职能的社会团体及其他组织依法提供特定的公共服务，取得并用于满足一定社会公共需要的财政资金。

财政收入：是指政府为履行其职能、实施公共政策和提供公共物品与服务需要而筹集的一切资金的总和。财政收入表现为政府部门在一定时期内（一般为一个财政年度）所取得的货币收入。财政收入是衡量一国政府财力的重要指标，政府在社会经济活动中提供公共物品和服务的范围和数量，在很大程度上决定于财政收入的充裕状况。财政就是为了满足社会公共需要，弥补市场失灵，以国家为主体参与的社会产品分配活动。它既是政府的集中性分配活动，又是国家进行宏观调控的重要工具。财政收入包括各项税收、专项收入、国有企业计划亏损补贴和其他收入。

财政收入占地区生产总值比例：地区生产总值是反映一个国家或地区在一定时期内生产活动（包括产品和劳务）的最终成果，用于衡量一个国家或地区的经济发展规模、产业结构和增长速度；财政收入是地区生产总值初次分配和再分配的结果，是一切政府活动的经济基础和保证，是衡量区域经济运行质量和经济结构的重要参数，两者相辅相成，互相影响。财政收入占地区生产总值比例是衡量政府对国民经济控制能力非常重要的一个指标。

**3. 社会指标体系**

本书分别归类为人口因素、教育科技文化、就业情况和社会进步指数四个方面对资源–经济–环境指标体系中社会基础指标体系进行描述。

1）人口因素

A. 总体树状图（图 3.24）

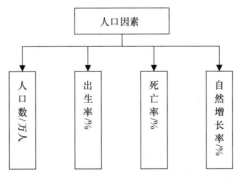

图 3.24　人口因素指标体系

B. 主要指标解释

人口数：指一定时间、一定地区范围内有生命的个人总和。

出生率（又称粗出生率）：指在一定时期内（通常为一年）一定地区的出生人数与同期内平均人数（或期中人数）之比，用千分率表示。本资料中的出生率指年出生率，计算公式为

$$人口出生率=(年内出生人口/年内平均人口数)\times1000‰ \qquad (3.4)$$

式中，出生人口指活产婴儿，即胎儿脱离母体时（不管怀孕月数），有过呼吸或其他生命现象。年平均人数指年初、年底人口数的平均数，也可用年中人口数代替。

死亡率（又称粗死亡率）：指在一定时期内（通常为一年）一定地区的死亡人数与同期内平均人数（或期中人数）之比，用千分率表示。本资料中的死亡率指年死亡率，计算公式为

$$人口死亡率=（年内死亡人数/年内平均人口数）\times1000‰ \qquad (3.5)$$

人口自然增长率：指在一定时期内（通常为一年）人口自然增加数（出生人数减死亡人数）与该时期内平均人数（或期中人数）之比，用千分率表示，计算公式为

$$人口自然增长率=（自然增长人数/年内平均人口数）\times1000‰ \qquad (3.6)$$

2）教育科技文化

A. 总体树状图（图 3.25）

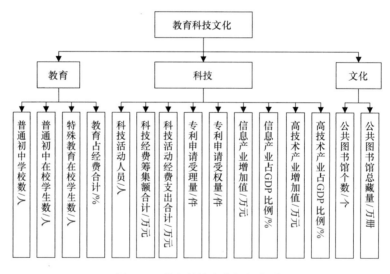

图 3.25　教育科技文化指标体系

B. 主要指标解释

科技活动人员：指调查单位在报告年度直接从事科技活动，以及专门从事科技活动管理和为科技活动提供直接服务的人员。

科技经费筹集额合计：指调查单位在报告期从各种渠道筹集到的计划用于科技活动的经费，包括政府资金、企业资金、事业单位资金、金融机构贷款、国外资金和其他资

金等。

信息产业：信息相关产业主要是指与电子信息相关联的各种活动的集合。

高技术产业：高技术产业主要是指与高技术产品相关联的各种活动的集合。

3）就业情况

A. 总体框架（图 3.26）

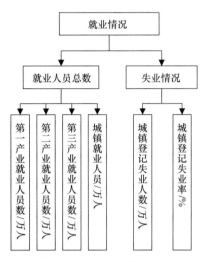

图 3.26　就业情况指标体系

B. 主要指标解释

就业人员：指在 16 周岁及以上，从事一定社会劳动并取得劳动报酬或经营收入的人员。这一指标反映了一定时期内全部劳动力资源的实际利用情况，是研究我国基本国情国力的重要指标。

城镇登记失业人员：指有非农业户口，在一定的劳动年龄内（16 周岁至退休年龄），有劳动能力，无业而要求就业，并在当地就业服务机构进行求职登记的人员。

城镇登记失业率：城镇登记失业人员与城镇单位就业人员（扣除使用的农村劳动力、聘用的离退休人员、港澳台及外方人员）、城镇单位中的不在岗职工、城镇私营业主、个体户主、城镇私营企业和个体就业人员、城镇登记失业人员之和的比。

4）社会进步指数

A. 总体框架（图 3.27）

B. 主要指标解释

城镇人口：城镇人口是指居住于城市、集镇的人口。主要依据人群的居住地和所从事的产业进行归类。"城镇人口"的特点所从事的产业为非农业生产性产业（自然经济）为主的人群及其家庭；一般认为城镇人口占有率的高低反映出一个地区的工业化，城镇化或城市化水平。在中国大陆，"城镇人口"自 1990 年代前后在统计学领域渐渐使用较多的用语，以代替之前非农业户口。

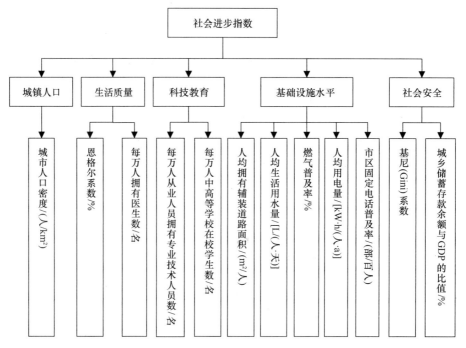

图 3.27　社会进步指数指标体系

生活质量：城市作为人类聚集地区，首先应满足所有人的居住要求，以城市居民人均住房使用面积来衡量城市居民的居住水平。随着经济的发展，人们的生活水平得到了大幅提高，物质文化生活的需要日益得到满足，从可持续发展的角度出发，居民生活水平的不断提高，是城市发展的重要目标之一，这里用国际通用的恩格尔系数衡量居民的生活水平。生活水平与医疗卫生状况紧密相关，人们在生活水平提高后也日益关注自身的健康状况，对医疗卫生服务提出更高的要求，采用每万人拥有医生数衡量医疗卫生条件的变化发展。

科技教育：科学技术作为第一生产力，其发展在可持续发展中处于核心地位，随着城市经济、社会和环境的各种矛盾的日益尖锐，只有科学技术进步才能从根本上解决这些矛盾。城市的可持续发展是基于科学进步的发展，是基于人才的发展，这里用每万从业人员拥有专业技术人员数衡量科学技术的进步状况。

现代社会的竞争是人才的竞争，而人才的培育与教育水平密切相连，一个城市若想保持竞争的优势，必须努力提高教育水平，多出人才，出好人才。这里以地方财政中教育事业费支出与 GDP 比值衡量在教育方面的投入；以每万人中高等学校在校学生数衡量教育水平的状况。

基础设施水平：基础设施水平一方面直接影响人们日常生活的水平；另一方面也为城市发展提供基础支持。在我国，由于长期存在的认识和体制问题，导致城市基础设施建设远远落后于城市的发展速度，成为制约城市发展的瓶颈，城市基础设施建设成为许多城市发展的重要内容。这里以人均拥有铺装道路面积衡量道路交通设施水平；以人均日生活用水量衡量供水设施水平；用人均用电量衡量供电设施水平；用燃气普及率衡量供气设施水平；以市区固定电话普及率衡量通信设施水平。

社会安全：社会的安定是城市发展的重要组成部分和保障，是城市可持续发展的基础，社会安定与社会公正和人们的心理预期紧密相连。根据资料的可得性，这里以基尼（Gini）系数衡量社会财富分配公平程度；以城乡储蓄存款余额与 GDP 的比值衡量社会稳定程度。

恩格尔系数：指食品支出在个人消费支出中所占的比例，计算公式为

$$恩格尔系数 = \frac{食品支出}{个人消费支出} \times 100\% \tag{3.7}$$

基尼系数：是根据劳伦茨曲线所定义的判断收入分配公平程度的指标。基尼系数是比例数值，在 0 和 1 之间，是国际上用来综合考察居民内部收入分配差异状况的一个重要分析指标。

### 4. 生态环境指标体系

土地、水、森林、燃料储量等自然资源是增进城市可持续发展的首要物质条件，如果任意无度开发而不加以保护，就会使该地区的可持续发展失去宝贵的自然资源基础。

生态环境指标是人类对周围环境的影响，即环境污染对人类的潜在威胁，以及人类在治理和资源保护方面的努力。自然地理、气候条件、污染源位置等都是重要的环境影响因素。本篇主要反映我国人类居住环境和自然资源状况及环境污染情况的指标。从资源环境支持指数、环境质量、环境污染和环境治理四个方面进行描述。

1）资源环境支持指数

A. 总体树状图（图 3.28）

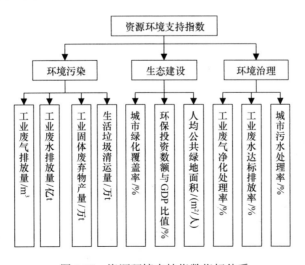

图 3.28　资源环境支持指数指标体系

B. 主要指标解释

生态建设：在城市中，绿地系统作为城市人文和自然景观，调节居民日常生活和生态环境，以城市绿化覆盖率和人均公共绿地面积衡量城市环境建设水平。同时，生态建

设离不开资金，城市的生态建设更是一项耗资巨大的系统工程，以环保投资数额与GDP比值衡量城市的环保投入。

环境污染：城市的快速发展得益于工业革命，时至今日现代城市经济发展仍然离不开工业的强力支持，但工业发展同时产生的"三废"给城市环境带来诸多不利影响。尽管技术进步能够解决其中的大部分问题，但暂时不能完全克服。以工业废气排放量、工业废水排放量和工业固体废弃物产量衡量工业对城市环境水平的影响。

生活污染：随着城市人口的增长，生活垃圾问题也日益严重，生活垃圾成为困扰城市发展的难题。以生活垃圾清运量衡量市民生活对城市环境水平的影响。

环境治理：政府部门和相关企业针对工业环境污染情况采取了一定的措施来控制其无节制发展。考虑资料的可得性，以工业废水达标排放率、工业废气净化处理率衡量城市对工业污染的环境治理效果。

水污染：在工业污染逐渐得到控制的背景下，生活污水对环境的破坏作用日益明显。这里以城市污水处理率衡量城市对市民环境污染的治理效果。

工业废气排放量：企业厂区内燃料燃烧和生产工艺过程中产生的各种排入空气含有污染物的气体总量。

工业废水排放量：报告期内经过企业厂区所有排放口排到企业外部的工业废水量。

生活垃圾清运量：在生活垃圾产量中能够被清运至垃圾消纳场所或转运场所的量，受生活垃圾产生量、垃圾回收比率、清运率等影响。

城市绿化覆盖率：城市各类型绿地绿化垂直投影面积占城市总面积的比率。其高低是衡量城市环境质量及居民生活福利水平的重要指标之一。

城市污水处理率：经管网进入污水处理厂处理的城市污水量占污水排放总量的百分比。

2）环境质量

A. 总体树状图（图3.29）

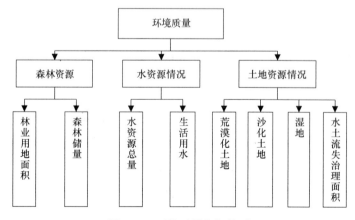

图3.29　环境质量指标体系

B. 各项具体指标（表 3.7）

表 3.7 环境质量指标

| | | | |
|---|---|---|---|
| 环境质量 | 森林资源 | 林业用地面积 | 森林面积/万 hm² |
| | | | 人工林面积/万 hm² |
| | | | 森林覆盖率/% |
| | | 森林储量 | 活立木总蓄积量/万 m³ |
| | | | 森林蓄积量/万 m³ |
| | 水资源 | 水资源总量 | 地表水资源量/亿 m³ |
| | | | 地下水资源量/亿 m³ |
| | | | 地表水与地下水资源重复量/亿 m³ |
| | | | 城市降水量/mm |
| | | | 人均水资源占有量/（m³/人） |
| | | 生活用水 | 供水总量/亿 m³ |
| | | | 用水总量/亿 m³ |
| | | | 人均用水量/（m³/人） |
| | | | 用水消耗量/亿 m³ |
| | | | 城市节约水量/万 m³ |
| | 土地资源 | 荒漠化土地 | 荒漠化土地面积/万 hm² |
| | | | 荒漠化土地占全国比例/% |
| | | 沙化土地 | 沙化土地面积/万 hm² |
| | | | 沙化土地占全国比例/% |
| | | 湿地 | 湿地面积/万 hm² |
| | | | 湿地占全国比例/% |
| | | 水土流失治理面积/万 hm² | |

C. 主要指标解释

林业用地面积：指生长乔木、竹类、灌木、沿海红树林等林木的土地面积，包括有林地、灌木林、疏林地、未成林造林地、迹地、苗圃等。

森林面积：指由乔木树种构成，郁闭度 0.2 以上（含 0.2）的林地或冠幅宽度 10m 以上的林带的面积，即有林地面积。森林面积包括天然起源和人工起源的针叶林面积、阔叶林面积、针阔混交林面积和竹林面积，不包括灌木林地面积和疏林地面积。

森林覆盖率：指一个国家或地区森林面积占土地总面积的百分比。森林覆盖率是反映森林资源的丰富程度和生态平衡状况的重要指标。在计算森林覆盖率时，森林面积包括郁闭度 0.2 以上的乔木林地面积和竹林地面积，国家特别规定的灌木林地面积、农田林网，以及四旁（村旁、路旁、水旁、宅旁）林木的覆盖面积，计算公式为

$$森林覆盖率=森林覆盖率/土地总面积 \qquad (3.8)$$

活立木总蓄积量：指一定范围内土地上全部树木蓄积的总量，包括森林蓄积、疏林蓄积、散生木蓄积和四旁树蓄积。

森林蓄积量：指一定森林面积上存在着的林木树干部分的总材积。它是反映一个国家或地区森林资源总规模和水平的基本指标之一，也是反映森林资源的丰富程度、衡量

森林生态环境优劣的重要依据。

水资源总量：指评价区内降水形成的地表和地下产水总量，即地表产流量与降水入渗补给地下水量之和，不包括过境水量。

地表水资源量：指评价区内河流、湖泊、冰川等地表水体中可以逐年更新的动态水量，即当地天然河川径流量。

地下水资源量：指评价区内降水和地表水对饱水岩土层的补给量，包括降水入渗补给量和河道、湖库、渠系、渠灌田间等地表水体的入渗补给量。

地表水与地下水资源重复量：指地表水和地下水相互转化的部分，即天然河川径流量中的地下水排泄量和地下水补给量中来源于地表水的入渗补给量。

降水量：指从天空降落到地面的液态或固态（经融化后）水，未经蒸发、渗透、流失而在地面上积聚的深度。其统计计算方法为：月降水量是将全月各日的降水量累加而得。年降水量是将 12 个月的月降水量累加而得。

供水总量：指各种水源工程为用户提供的包括输水损失在内的毛供水量之和，不包括海水直接利用量。

水土流失治理面积：指在山丘地区水土流失面积上，按照综合治理的原则，采取各种治理措施，如水平梯田、淤地坝、谷坊、造林种草、封山育林育草（指有造林、种草补植任务的）等，以及按小流域综合治理措施所治理的水土流失面积总和。

3）环境污染

随着经济的发展，能源的消耗，环境污染日益严重本书对环境污染情况的描述分为废水排放、废气排放、固体废物排放、噪声情况四个方面共 18 个具体指标。

A. 总体树状图（图 3.30）

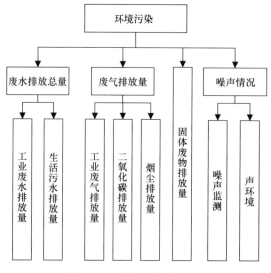

图 3.30　环境污染指标体系

B. 各项具体指标（表 3.8）

表 3.8　环境污染指标

| | | |
|---|---|---|
| 环境污染 | **废水排放总量** | |
| | 工业废水排放量 | 直接排入海的工业废水排放量/万 t |
| | | 工业废水中化学需氧量排放量/万 t |
| | 生活污水排放量 | 生活污水中化学需氧量排放量/万 t |
| | | 生活污水中氨氮排放量/万 t |
| | **废气排放量** | |
| | 工业废气排放量 | 工业粉尘排放量/万 t |
| | 二氧化硫排放量 | 工业二氧化硫排放量/万 t |
| | | 生活二氧化硫排放量/万 t |
| | 烟尘排放量 | 工业烟尘排放量/万 t |
| | | 生活烟尘排放量/万 t |
| | **固体废物排放量** | |
| | — | 工业固体废物产生量/万 t |
| | | 工业固体废物产生危险废物量/万 t |
| | **噪声情况** | |
| | 噪声监测 | 等效声级/dB（A） |
| | 声环境 | 区域环境噪声平均值/dB |
| | | 交通干线噪声平均值/dB |

C. 主要指标解释

**工业废水排放量**：指经过企业厂区所有排放口排到企业外部的工业废水量。包括生产废水、外排的直接冷却水、超标排放的矿井地下水和与工业废水混排的厂区生活污水，不包括外排的间接冷却水（清污不分流的间接冷却水应计算在内）。

**直接排入海的工业废水**：指经企业位于海边的排放口，直接排入海的废水量。直接排放指废水经过工厂的排污口直接排入海，而未经过城市下水道或其他中间体，也不受其他水体的影响。

**生活污水排放量**：指城镇居民每年排放的生活污水。用人均系数法测算，测算公式为

$$生活污水排放量=城市生活污水排放系数×市镇非农业人口×365 \qquad (3.9)$$

**生活污水中化学需氧量（COD）排放量**：指城镇居民每年排放的生活污水中的 COD的量。用人均系数法测算，测算公式为

$$生活污水中COD排放量=城市生活污水中COD排放系数×市镇非农业人口×365 \quad (3.10)$$

**工业废气排放量**：指报告期内企业厂区内燃料燃烧和生产工艺过程中产生的各种排入大气的含有污染物的气体的总量，以标准状态（273K，101325Pa）进行计算，计算公式为

$$工业废气排放量=燃料燃烧过程中废气排放量+生产工艺过程中废气排放量 \qquad (3.11)$$

**工业 $SO_2$ 排放量**：指报告期内企业在燃料燃烧和生产工艺过程中排入大气的 $SO_2$总量，计算公式为

$$工业SO_2排放量=燃料燃烧过程中SO_2排放量+生产工艺过程中SO_2排放量 \qquad (3.12)$$

**工业烟尘排放量**：指企业厂区内燃料燃烧过程中产生的烟气中夹带的颗粒物排放量。

工业粉尘排放量：指企业在生产工艺过程中排放的能在空气中悬浮一定时间的固体颗粒物排放量，如钢铁企业的耐火材料粉尘、焦化企业的筛焦系统粉尘、烧结机的粉尘、石灰窑的粉尘、建材企业的水泥粉尘等，不包括电厂排入大气的烟尘。

工业固体废物产生量：指报告期内企业在生产过程中产生的固体状、半固体状和高浓度液体状废弃物的总量，包括危险废物、冶炼废渣、粉煤灰、炉渣、煤矸石、尾矿、放射性废物和其他废物等；不包括矿山开采的剥离废石和掘进废石（煤矸石和呈酸性或碱性的废石除外）。酸性或碱性废石指采掘的废石其流经水、雨淋水的 pH 小于 4 或 pH 大于 10.5。

工业固体废物产生危险废物量：指列入国家危险废物名录或根据国家规定的危险废物鉴别标准和鉴别方法认定的，具有爆炸性、易燃性、易氧化性、毒性、腐蚀性、易传染疾病等危险特性之一的废物。

等效声级 dB（A）：等效声级指某一段时间内的 A 声级按能量的平均值，也称 A 计权声级或平均声级。如果噪声是稳态的，等效声级就是该噪声的 A 计权声级。等效声级是衡量人的噪声暴露量的一个重要物理量。

4）环境治理

环境污染日趋严重，人们开始重视减少对环境的污染，不断开展环境治理工作。对环境的治理分为污水处理、废气处理、固体废物处理利用、生活垃圾处理及城市绿化五个方面，共 19 项具体指标。

A. 各项具体指标（表 3.9）

表 3.9　环境治理指标

| | | |
|---|---|---|
| 环境治理 | 污水处理 | 城市污水日处理能力/（万 $m^3$/日） |
| | | 污水年处理量/万 $m^3$ |
| | | 污水处理率/% |
| | | 工业废水排放达标量/万 $m^3$ |
| | | 污水再生利用量/万 $m^3$ |
| | 废气处理 | 工业二氧化硫去除量/万 t |
| | | 工业烟尘去除量/万 t |
| | | 工业粉尘去除量/万 t |
| | 固体废物处理利用 | 工业固体废物储存量/万 t |
| | | 工业固体废物处置量/万 t |
| | | 工业固体废物综合利用量/万 t |
| | | 工业固体废物综合利用率/% |
| | 生活垃圾处理 | 生活垃圾清运量/万 t |
| | | 生活垃圾无害化处理能力/（t/日） |
| | | 生活垃圾无害化处理量/万 t |
| | | 生活垃圾无害化处理率/% |
| | 城市绿化 | 城市园林绿地面积/$hm^2$ |
| | | 建成区绿化覆盖率/% |
| | | 人均公共绿地面积/（$m^2$/人） |

B. 主要指标解释

污水处理率：污水处理率指经过处理的生活污水、工业废水量占污水排放总量的比例。

工业废水排放达标量：指报告期内废水中各项污染物指标都达到国家或地方排放标准的外排工业废水量，包括未经处理外排达标的，经废水处理设施处理后达标排放的，以及经污水处理厂处理后达标排放的。

工业固体废物综合利用量：指报告期内企业通过回收、加工、循环、交换等方式，从固体废物中提取或者使其转化为可以利用的资源、能源和其他原材料的固体废物量（包括当年利用往年的工业固体废物储存量），如用作农业肥料、生产建筑材料、筑路等。综合利用量由原产生固体废物的单位统计。

生活垃圾清运量：指报告期内收集和运送到各生活垃圾处理厂（场）和生活垃圾最终消纳点的生活垃圾数量。生活垃圾指城市日常生活或为城市日常生活提供服务的活动中产生的固体废物，以及法律行政规定的视为城市生活垃圾的固体废物。包括：居民生活垃圾、商业垃圾、集市贸易市场垃圾、街道清扫垃圾、公共场所垃圾和机关、学校、厂矿等单位的生活垃圾。

生活垃圾无害化处理率：指报告期内生活垃圾无害化处理量与生活垃圾产生量比率。在统计上，由于生活垃圾产生量不易取得，可用清运量代替，计算公式为

$$生活垃圾无害化处理率 = 生活垃圾无害化处理量 / 生活垃圾产生量 \qquad (3.13)$$

城市园林绿地面积：城市园林绿地面积指用作园林和绿化的各种绿地面积。包括公共绿地、居住区绿地、单位附属绿地、防护绿地、生产绿地、道路绿地和风景林地面积。

建成区绿化覆盖率：建成区绿化覆盖率指在城市建成区的绿化覆盖面积占建成区的百分比。绿化覆盖面积是指城市中乔木、灌木、草坪等所有植被的垂直投影面积。

**5. 新能源指标体系**

新能源指非常规能源，指传统能源之外的各种能源形式，刚开始开发利用或正在积极研究、有待推广的能源。主要从太阳能、风能、水能、生物质能、地热能和新能源利用综合评价指标六个方面介绍，如图 3.31 所示。

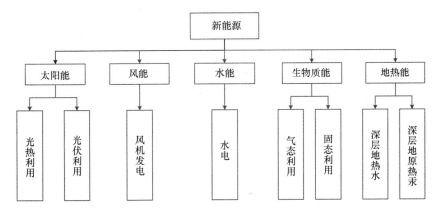

图 3.31　新能源分类及利用方式

1）太阳能

太阳能指标体系，如图 3.32 所示。根据太阳能的利用方式，可将太阳能分为光热利用与光伏利用。太阳能光热利用包括使用非聚焦型集热装置和聚焦型集热装置两大类。前者将太阳能转化为热力供终端使用，如市场应用广泛的太阳能热水器；后者则通过聚焦集热能获得很高的温度，主要用于热发电。

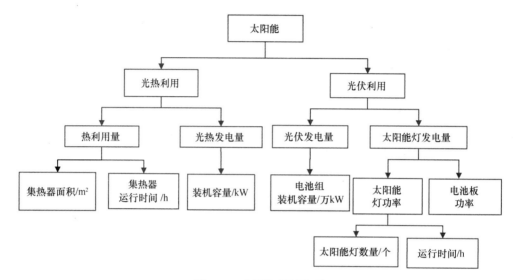

图 3.32　太阳能指标体系

选择热利用量和光热发电量作为衡量太阳能光热利用水平的核心指标。非聚焦型集热装置分为全玻璃真空管式、热管真空管式和平板式集热器。三种类型集热器的热量基本相当，可合并处理，影响热利用水平的因素主要是集热器面积与运行时间。选择集热器面积与运行时间作为二级指标。对于太阳能热发电工程，可选择机组的装机容量为二级指标。

光伏是指利用太阳能电池的光生伏打效应获得电力，按其是否并网可分为并网和离网两种类型。并网光伏利用包括与建筑结合的光伏屋顶及光伏电站项目，产生持续的交流电供建筑内部使用或上网送电；离网型光伏利用主要为太阳能灯的使用。由于电力无法储存，并网光伏项目的发电量和负载的用电量可认为是相等的，故选取光伏发电量和装机容量分别作为一、二级指标。太阳能灯的发电量，由于其无法实现对于发电量的直接计量。在二级指标选取时拟从灯具和电池组两个角度考察，即可以以灯具消耗电量作为光伏发电量，也可近似以电池组的理论发电量作为实际发电量。故所选择的二级指标为灯具功率和太阳能电池板功率，三级指标为灯的数量和运行时间，通过上述指标推算太阳能灯的发电量。

2）生物质能

生物质能的利用方式包括气态利用与固态利用两种，如图 3.33 所示。生物质能的气态利用包括两种形式：气态终端利用和发电（供热），气态终端利用是指农村地区沼气集中供气和秸秆气化集中供气工程，两气工程通常由村负责管理运营，向周围村民供应生活用燃气。两气工程选择产气量指标作为一级指标。多数气站在生产端没有安装产气量计量装置，而是在供气端给用户安装了户用计量表，并且有专门的管理系统或台账进行记录，所以可以选择装置规格，供气量和供气户数分别作为二、三级指标。对于沼气发电项目，可直接选取沼气发电量和装机容量分别作为一、二级指标，将热力产出和沼气投入量作为三级指标纳入体系。

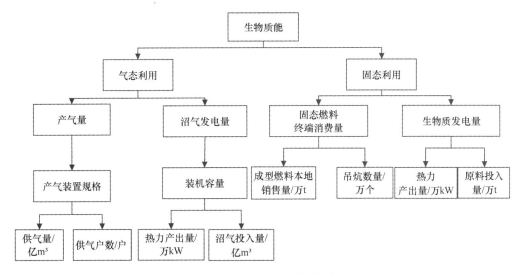

图 3.33　生物质能指标体系

生物质固态利用也包括作为终端燃料使用和直接燃烧发电（供热）两个方面。其中固态终端燃料的利用方式有两种，成型燃料和节能吊炕燃料；直燃发电包括垃圾发电和农林生物质直燃发电。分别选取固态燃料终端消费量和生物质发电量作为衡量生物质固态利用的一级指标。进一步分析，对于固态成型燃料，因为应用很少目前还难以从终端用户统计成型燃料的消费量，所以拟以相关生产企业在本地销售量作为相应的三级指标，而吊炕使用的生物质资源作为非商品直接统计也存在较大的难度，故选择吊炕的实际安装利用数量作为三级指标，进行推算。对于生物质直燃发电，属于火力发电的范畴，故将装机容量、热力产出量和原料（垃圾、农林生物质）投入量作为二、二级指标纳入指标体系。

3）地热能

地热能指标体系，如图 3.34 所示。按照地热利用类型的划分原理，目前地热利用主要分为两大类，即深层地热水直接利用和采用热泵利用方式。深层地热水利用的温度较高，出水温度恒定，相关部门通常要按照地热水的用量征收费用，即可从地热的生产端统计深层地热水的热利用量，设计地热水质量指标、出水温度和回水平均温度。

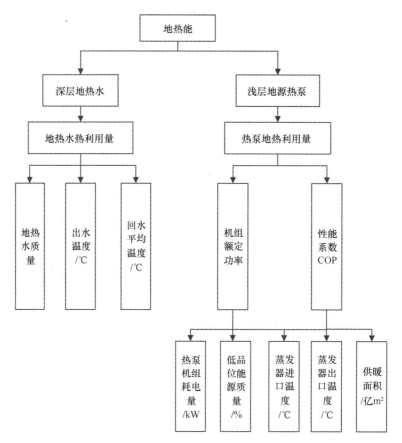

图 3.34　地热能指标体系

热泵通过消耗部分电力，可以从浅层地缘、城市污水再生水、地表水，以及空气等低品位能源中提取热量用于建筑物采暖。目前业内对于热泵地热利用量的计算方法处于空白，我们依据地热领域专家提供的两种相对比较可行的方法，来选择相应的指标，推算热泵热利用量。

流量温差法是通过计量低品位能源物质（地下水、城市污水、地表水等）通过热泵机组的流体质量、测量其在热泵机组蒸发器出、入口的温度，来计算低品位能源的利用量。因水源热泵系统属于开放式循环系统，大多数系统都装有计量表，即使没有表，流量数据也可以通过简单的测试获取，温度的测量也比较容易实现，进而推算经过机组的流体质量。所以在此种计算方法下可选择的指标为低品位能源介质（一般为水）流体质量、热泵蒸发器出、入口温度。制热系数 COP 的含义就是热泵在正常工况下转换的全部热能与自身耗电量的比值，如果能够获得热泵机组的用电量，就可以推算出从低品位能源获得的热量。电量测算法以热泵机组自身的相关参数为基础，选择热泵机组的额定功率和性能系数 COP 作为二级指标，机组耗电量作为三级指标。综上，考虑到不同地源热泵项目之间存在的差异，将两种方法所涉及的全部指标都纳入地源热泵指标体系中。

4）风能

风能主要应用于风力发电，对于风力发电项目，可直接选取沼气发电量和装机容量分别作为一、二级指标（图 3.35）。

5）水能

水能主要应用于水力发电，对于水力发电项目，可选取水电发电量和装机容量分别作为一、二级指标（图 3.36）。

图 3.35　风能指标体系

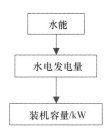

图 3.36　水能指标体系

6）新能源利用综合评价（表 3.10）

表 3.10　新能源利用综合评价指标

| 总量指标 | 相对量指标 |
| --- | --- |
| 新能源利用总量/tce | 占能源消费总量比例/% |
| 新能源各利用方式的利用量/tce | 各方式利用量比例/% |
| 新能源发电量/（亿 kW·h） | 占全市电力消费的比例/% |
| 新能源供热量/tce | 占全市热力消费的比例/% |
| 农户新能源利用量/tce | 占农村居民能源消费的总量的比例/% |

## 3.4.2　二元指标体系

### 1. 资源–经济二元指标体系

资源问题的实质在于人类对资源的索取速度超过了资源的再生速度，从某种意义来说，我国经济高速增长是以高消耗高投入取得的，这使得我国资源压力越来越大，严重制约着经济的可持续发展。

1）总体树状图（图 3.37）

2）主要指标解释

万元地区生产总值能耗：是指总能耗与地区生产总值之比，也就是每产生万元国内生产总值所消耗的能源量，是衡量能源利用水平和效率最常用的综合性指标。比值越小，说明能源的使用效率越高。计算公式为

$$地区生产总值能耗=总能耗/地区生产总值 \tag{3.14}$$

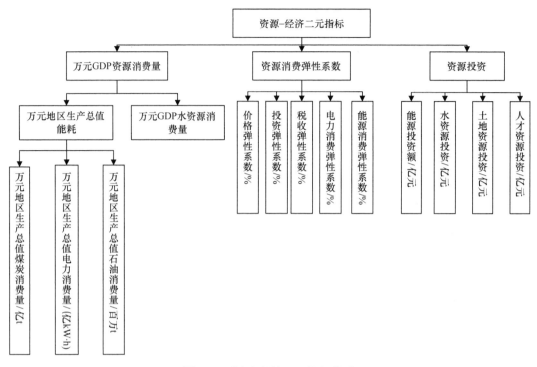

图 3.37 资源–经济二元指标体系

税收弹性系数：为税收对经济增长的反应程度，即税收收入增长率与经济增长率之比，是反映经济税收是否协调发展的一个重要指标。

电力消费弹性系数：反映电力消费增长速度与国民经济增长速度之间比例关系的指标。其计算公式为

电力消费弹性系数=电力消费年平均增长速度/国民经济年平均增长速度 （3.15）

人力资源投资：是指为提高劳动者的素质、知识、经验和技术，在教育、培训等方面所进行的资金、实物和劳务的投入。广义的人力资源投资贯穿于整个人力资源的形成之中，分两个阶段：一是人力资源投资阶段；二是人力资源的产出和收益阶段。狭义的人力资源投资是指在形成人经济活动能力方面起直接作用的资金或劳动。

能源消费弹性系数：是反映能源消费增长速度与国民经济增长速度之间比例关系的指标，通常用两者年平均增长率间的比值表示。

**2. 资源–生态环境二元指标体系**

环境问题的实质在于人类排放废弃物的规模超过了环境的自我净化能力。发展经济与保护环境之间是一种相互制约、相互促进的依存关系。发展经济难免带来环境问题，保护和改善环境，需要付出一定的财力和物力，这是相互制约的一面。另一方面，保护环境本质上就是保护生产力，反过来，经济的发展又为环境保护提供物质条件和技术基础，这是相辅相成的一面。由此可见，发展与环境的关系，处理得好，可以相互促进，协调发展；处理不当，则会相互影响，彼此阻碍。

1）总体树状图（图 3.38）

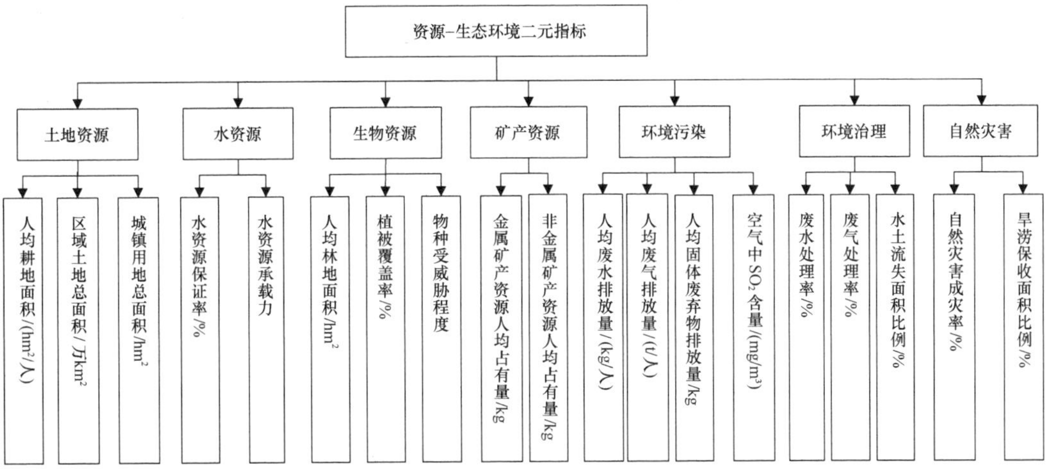

图 3.38　资源–生态环境二元指标体系

2）主要指标解释

"三废"综合利用产品产值：指报告期内利用"三废"作为主要原料生产的产品价值（现行价）；已经销售或准备销售的应计算产品价值，留作生产自用的不应计算产品价值。

环境污染造成的经济损失：目前环境污染对经济的损失主要由三部分组成：一是大气造成的经济损失；二是水污染造成的经济损失；三是固体废弃物和其他污染造成的经济损失。在这三部分中，水污染造成的经济损失是最为庞大的一个组成部分。

环境污染治理投资：指在工业污染源治理和城市环境基础设施建设的资金投入中，用于形成固定资产的资金。包括工业新老污染源治理工程投资、建设项目"三同时"环保投资，以及城市环境基础设施建设所投入的资金。

**3. 经济–社会二元指标体系**

社会发展分广义和狭义，广义的社会发展包括政治、经济、文化、军事等方面的发展。狭义的是指社会生活状态和人们的生活质量、生活方式等的进步与发展。经济发展是社会发展的前提，社会发展又会为经济发展提供保障，两者是相辅相成互相促进的。

1）总体树状图（图 3.39）

2）主要指标解释

固定资产投资率：是指一定时期固定资产投资额与同期国内生产总值（GDP）的比率。它是国内生产总值用于固定资产投资的比例，是反映固定资产投资规模是否适当的指标，计算公式为

$$固定资产投资率=报告期固定资产投资额/报告期国内生产总值×100\%\qquad(3.16)$$

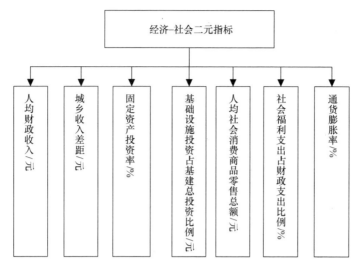

图 3.39 经济–社会二元指标体系

通货膨胀率：经济学上是指物价平均水平的上升幅度（以通货膨胀为准）。或说，通货膨胀率为货币购买力的下降速度，计算公式为

$$通货膨胀率=（现期物价水平-基期物价水平）/基期物价水平 \tag{3.17}$$

式中，基期就是选定某年的物价水平作为一个参照。

### 3.4.3 三元指标体系

当经济再生产方式处于内涵型扩大再生产时，由于科技含量的增加和现代管理力度的加强等因素，生产规模与能源资源消耗、环境污染则呈反比，同样的生产规模，科技含量越高，对资源的消耗越少，环境污染的程度也就越低。资源–经济–环境三者的关系是可持续发展研究的重点。

此外，从 20 世纪 70 年代开始，联合国和世界银行等国际组织在绿色 GDP 的研究和推广方面做了大量工作。近年来，我国也在积极开展绿色 GDP 核算的研究。2004 年，国家统计局、国家环保总局正式联合开展了中国环境与经济核算绿色 GDP 研究工作。绿色 GDP 是指一个国家或地区在考虑了自然资源（主要包括土地、森林、矿产、水和海洋）与环境因素（包括生态环境、自然环境、人文环境等）影响之后经济活动的最终成果，即将经济活动中所付出的资源耗减成本和环境降级成本从 GDP 中扣除。它能够反映经济增长水平，体现经济增长与自然环境和谐统一的程度，实质上代表了国民经济增长的净正效应。绿色 GDP 占 GDP 比例越高，表明国民经济增长对自然的负面效应越低，经济增长与自然环境和谐度越高。实施绿色 GDP 核算，将经济增长导致的环境污染损失和资源耗减价值从 GDP 中扣除，是统筹"人与自然和谐发展"的直接体现，对"统筹区域发展""统筹国内发展和对外开放"是有力的推动。

三元指标体系具体包括真实储蓄率、绿色 GDP 及真实发展指数（GPI），资源–经济–环境三元指标体系如图 3.40 所示。

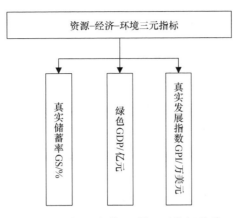

图 3.40　资源–经济–环境三元指标体系

真实储蓄的计算过程如式（3.18）~式（3.25）所示。

$$总储蓄=GDP-总消费-（总投资-有效投资）\tag{3.18}$$

$$总储蓄率=总储蓄/GDP\tag{3.19}$$

$$广义国内总储蓄=总储蓄+教育投资\tag{3.20}$$

$$广义国内总储蓄率=广义国内总储蓄/GDP\tag{3.21}$$

$$净储蓄=广义国内总储蓄-固定资产折旧\tag{3.22}$$

$$净储蓄率=净储蓄/GDP\tag{3.23}$$

$$真实储蓄=净储蓄-资源损耗-污染损失\tag{3.24}$$

$$真实储蓄率=真实储蓄/GDP\tag{3.25}$$

绿色 GDP 核算，即绿色国民经济核算，是指在现有国民经济核算基础上，从传统 GDP 中扣除自然资源耗减成本和环境退化成本的核算体系，能够更为真实地衡量经济发展成果。

真实发展指数 GPI 核算框架如表 3.11 所示。

表 3.11　真实发展指数 GPI 核算框架

| 序号 | GPI 组成子账户 | 对 GPI 的贡献 | 计算方法 |
| --- | --- | --- | --- |
| A | 总消费 | 基础指标 | GDP 组成部分 |
| B | 收入分配不均指数 | 负或正 | 采用反映收入分布的基尼系数作为指数 |
| C | 经收入分配不均指数调整后的总消费 | 后调整过的基础指标 | （总消费）/（收入分配不均指数） |
| D | 家务劳动及抚养子女的价值 | 正 | （每年所花的时间）×（固定价格） |
| E | 义务劳动的价值 | 正 | （每年所花的时间）×（固定价格） |
| F | 耐用消费品的服务价值 | 正 | （汽车、家具等耐用消费品的存量）×（固定百分比） |
| G | 高速公路和街道的服务价值 | 正 | （公路和街道的存量）×（固定百分比） |
| H | 犯罪的成本 | 负 | （因犯罪造成家庭的直接损失）+（为避免犯罪的防护性支出） |

| 序号 | GPI 组成子账户 | 对 GPI 的贡献 | 计算方法 |
|---|---|---|---|
| I | 家庭破裂的成本 | 负 | [离婚成本（律师费+对子女造成的影响)]+（因看电视节目所花的成本） |
| J | 休闲时间减少的成本 | 负 | （就业程度）×（估计损失的休闲时间）×（每小时平均工资） |
| K | 就业不足的成本 | 负 | （就业不足的总人数）×（每个被迫人员无收入小时数）×（小时平均工资） |
| L | 耐用消费品的成本 | 负 | 购买汽车、家具等耐用消费品的支出 |
| M | 个人交通成本 | 负 | （购买、维修及乘坐交通工具的支出）+（交通所花费时间的成本） |
| N | 家庭消除污染的成本 | 负 | （汽车尾气净化费用）+（污水处理系统建设及处理费用）+（固体废物处理费用等） |
| O | 交通事故成本 | 负 | （车辆损坏费用）+（医疗费用）+（误工费等） |
| P | 水污染成本 | 负 | 因水质污染和淤泥沉积等造成的损失 |
| Q | 大气污染成本 | 负 | 对植被、建筑、艺术品造成的损失，对纺织原料造成的污损，酸雨，以及城市财产损失等 |
| R | 噪声污染成本 | 负 | 降低人类生存环境质量 |
| S | 湿地损失的成本 | 负 | 由于稀缺性价值，使得其年累计服务价值（净化、蓄洪、野生动物栖息）的损失呈指数增长 |
| T | 耕地损失的成本 | 负 | 土壤生产力的年累计损失，是基于当肥料和其他投入变得越贵，土壤的固有肥力将越有价值这一假设来计算 |
| U | 不可再生资源消耗的成本 | 负 | 已消耗资源的潜在服务价值年累计损失（采用可再生资源来替代累计消耗的不可再生资源所需的成本进行估算） |
| V | 长期环境破坏的成本 | 负 | 将来因气候变化、核废料处理等造成损失的累计预期成本作为当前的估算成本 |
| W | 臭氧层损耗的成本 | 负 | （世界生产 CFC-11 和 CFC-12 的累积总量）×（每单位固定的金额） |
| X | 森林覆盖面积减少的成本 | 负 | （森林生态服务价值的累积损失）+（林区道路的损失） |
| Y | 资本投资净额 | 正或负 | 有效净增金额=（固定资本库存变化金额）–（新增工人所需的资本变化金额） |
| Z | 国外借贷款净额 | 正或负 | 采用五年移动平均进行调整的国际头寸净值的变化金额 |

## 3.4.4 区域各子系统间因果关系分析

### 1. 因果关系总体描述

根据区域可持续发展的要求，将其分为资源支持子系统、经济驱动子系统、社会发展子系统及生态环境承载子系统四个子系统。总体上看，经济驱动子系统对区域可持续发展起推动作用；资源支持子系统起到支持作用；生态环境承载子系统起到环境的缓冲作用，资源的开发利用、废弃物的处理等都应维持在环境的允许容量之内；社会发展子系统起到能动作用。整个京津冀区域协调、有序的运转发展，通过系统内各要素的相互作用和配置使其达到最优。

区域可持续发展需要四个子系统间相互协调。首先，资源的开发利用包括以下几个方面的含义：第一，资源的勘探开发和利用主要通过提高技术手段，提高能源利用效率，同时也要促进替代能源的发展。第二，资源消耗的增长需要在资源承载能力之内，也就是在发展资源的同时不会破坏可再生资源的再生能力，自然资源的基础可以得到维持和加强。第三，发展资源对于环境的不利影响要在环境的承载能力之内，资源发展与环境保护协调并举，促进生态系统的良性循环。

### 2. 因果关系涉及的指标

#### 1）资源子系统涉及的指标

资源支持子系统涉及的变量主要包括：能源生产总量、能源消费总量、煤炭生产量、煤炭消费量、单位 GDP 能耗、单位工业增加值能耗、能源加工转换效率、人均水资源占有率、人均土地资源占有率等。

#### 2）经济子系统涉及的指标

经济驱动子系统涉及的变量主要包括：GDP、第一产业增加值、第二产业增加值、第三产业增加值、工业增加值、资本形成总额、人均社会消费品零售额、货物与服务净出口、财政收入、国内旅游收入、外商直接投资、城乡居民人均可支配收入、最终消费支出、固定资本形成总额等。

#### 3）社会子系统涉及的指标

社会发展子系统技术模块涉及的变量主要包括：科学家和工程师数、研究与试验发展经费支出、技术市场成交额、人才密度指数、R&D 经费支出占 GDP 比例、科技活动经费筹集总额等；人口模块主要包括：人口总量、出生率、死亡率、自然增长率、人口增加数、人口减少数、迁出人口、迁入人口、就业人员、第一产业就业人员、第二产业就业人员、第三产业就业人员等。

#### 4）生态环境子系统涉及的指标

生态环境承载子系统涉及的变量主要包括：$SO_2$ 排放量、$CO_2$ 排放量、废水排放量、工业废水排放量、工业废水排放达标率、工业烟尘排放量、工业烟尘排放达标率、工业粉尘排放量、工业粉尘排放达标率、工业固体废物产生量、工业固体废物处置量等。

### 3. 因果反馈回路分析

通过四个子系统所涉及的主要指标变量分析，建立因果反馈回路分析图，如图 3.41 展示了四个子系统间因果反馈回路：

按照上述总体因果反馈回路，本系统主要包括 12 条反馈回路，主要的反馈回路依次表述如下：

（1）GDP+→能源消费+→第一产业能耗+→第一产业增加值+→GDP+；

（2）GDP+→能源消费+→第二产业能耗+→第二产业增加值+→GDP+；

（3）GDP+→能源消费+→第三产业能耗+→第三产业增加值+→GDP+；

（4）GDP+→+工业污染治理投资+→工业二氧化硫排放量—污染比+→生态环境影响因子+→年死亡人口+→人口总量—人均 GDP—→GDP+；

（5）GDP+→工业污染治理投资+→工业废水排放量—污染比+→生态环境影响因子+→年死亡人口+→人口总量—人均 GDP—→GDP+；

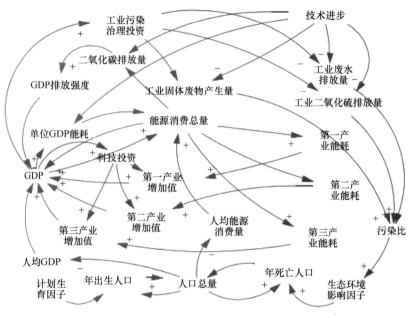

图 3.41 因果反馈回路分析图

（6）GDP+→工业污染治理投资+→工业固体废物产生量−→污染比+→生态环境影响因子+→年死亡人口+→人口总量−→人均 GDP−→GDP+；

（7）GDP+→科技投资+→第一产业增加值+→GDP+；

（8）GDP+→科技投资+→第二产业增加值+→GDP+；

（9）GDP+→科技投资+→第三产业增加值+→GDP+；

（10）能源消费总量+→二氧化碳排放量+→GDP 排放强度+→GDP−→能源消费总量+；

（11）人口总量+→出生人口+→人口总量+；

（12）人口总量+→死亡人口−→人口总量+。

# 3.5 本章小结

主要介绍国内外指标体系研究现状，提出我国区域可持续发展系统组成部分，并根据京津冀区域自身发展情况，应用指标体系构建原则及相关理论模型和方法，构建符合该区域的特色可持续发展一元、二元和三元指标体系。最后根据资源–经济–环境各子系统之间存在的因果关系构造出因果反馈回路图并对其进行解释、分析。

# 参 考 文 献

曹斌, 林剑艺, 崔胜辉. 2010. 可持续发展评价指标体系研究综述. 环境科学与技术, (03): 99-122

曹凤中, 国冬梅. 1998. 可持续发展城市判定指标体系. 中国环境科学, (05): 79-83

曹慧, 胡锋, 李辉信, 等. 2002. 南京市城市生态系统可持续发展评价研究. 生态学报, (05): 787-792

曹执令. 2012. 区域农业可持续发展指标体系的构建与评价——以衡阳市为例. 经济地理, (08): 113-116

陈迎. 1997. 可持续发展指标体系与国际比较研究. 世界经济, (06): 62-68

关华. 2012. 能源–经济–环境系统协调可持续发展研究. 天津: 天津大学博士学位论文

李天星. 2013. 国内外可持续发展指标体系研究进展. 生态环境学报, (06): 1085-1092

李志强, 周丽琴. 2006. 基于区域可持续发展的指标体系构建研究. 当代财经, (05): 126-128

联合国环境与发展大会. 1992. 21 世纪议程. http://www.un.org/chinese/events/wssd/agenda21.htm.2016-10-10

刘求实, 沈红. 1997. 区域可持续发展指标体系与评价方法研究. 中国人口、资源与环境, (04): 60-64

卢武强, 李家成, 黄爱莲. 1998. 城市可持续发展指标体系研究. 华中师范大学学报(自然科学版), (02): 115-120

毛汉英. 1996. 山东省可持续发展指标体系初步研究. 地理研究, (04): 16-23

牛文元, 刘学谦, 刘怡君. 2015. 2015 世界可持续发展年度报告. 光明日报, (09): 09-16

乔家君, 许萍, 王宜晓. 2002. 区域可持续发展指标体系研究综述. 河南大学学报(自然科学版), (04): 71-75

王俊峰. 2000. 中国能源–经济–环境(3E)协调发展的研究与政策选择. 北京: 中国社会科学院研究生院博士学位论文

王伟, 黄晶, 傅小锋, 等. 1999. 中国可持续发展指标体系建设的理论与实践. 中国软科学, (09): 38-40

徐胜, 董伟, 郭越, 等. 2011. 我国海洋经济可持续发展评价指标体系构建. 海洋开发与管理, (03): 65-70

于震. 2012. 可持续发展指标方法综合分析. 大连: 东北财经大学硕士学位论文

曾嵘, 魏一鸣, 范英, 等. 2000. 北京市人口、资源、环境与经济协调发展分析与评价指标体系. 中国管理科学, S1: 310-317

赵多, 卢剑波, 闵怀. 2003. 浙江省生态环境可持续发展评价指标体系的建立. 环境污染与防治, (06): 380-382

赵玉川, 胡富梅. 1997. 中国可持续发展指标体系建立的原则及结构. 中国人口·资源与环境, (04): 54-59

中共中央政治局. 2015. 京津冀协同发展规划纲要. http://www.360doc.com/content/15/0826/00/21856245_494751002.shtml.2016-10-10

中国 21 世纪议程管理中心. 1994. 中国 21 世纪议程. 北京: 中国环境科学出版社

朱启贵. 2000. 国内外可持续发展指标体系评论. 合肥联合大学学报, (01): 11-23

# 第二篇　现状及趋势分析

本篇是全书的数据分析篇，主要对京津冀区域资源、人口、经济和环境进行分析，包括资源供应能力与消费、人口与经济发展、环境、承载力四个方面。从资源供应能力与消费状况来看，京津冀区域资源消费不断增长，消费结构矛盾突出，其中常规能源和水资源的供需矛盾最为严重。为解决区域资源紧张问题，京津冀区域大力开发利用新能源，创新研发节能技术，以提高资源利用效率。从人口与经济发展来看，京津冀区域地处我国人口密集区，又是经济核心地带，人口与经济发展的协调平衡问题亟待解决。从环境状况来看，京津冀区域成为环境污染严重区，雾霾天气、细颗粒物污染、水污染成为当地人民群众的"心肺之患"，是当前及未来京津冀区域协同可持续发展面临的最大挑战。以区域承载力为落脚点，综合京津冀区域资源、人口、环境等承载力现状，提供了增强区域承载力的有效途径，指明改善京津冀区域资源紧缺和环境恶化问题的可行性方向，最终实现人与自然的可持续发展。

# 第4章 区域资源供应能力与消费现状分析

资源是一个国家或者一定区域内存在的人力、物力、财力等各种物质的总称，资源又分为自然资源和社会资源两大类。自然资源是指在一定条件下具有开发价值，用来满足或提高人类生活状况的自然环境因素，如空气、水、阳光、矿物、动植物等。社会资源是指信息、人力资源及通过劳动创造的各种物质财富。自然资源具有可用性、整体性、变化性、空间分布不均匀性和区域性等特点，是人类生存和发展的物质基础和社会物质财富的源泉，是可持续发展的重要依据之一，也是本书的研究重点。本章主要讨论自然资源，并对京津冀区域的资源供应能力及资源消费现状进行分析。

## 4.1 资源与能源

《辞海》对自然资源的定义为：指天然存在的自然物（不包括人类加工制造的原材料）如土地资源、矿产资源、水利资源、生物资源、气候资源等，是生产的原料来源和布局场所（舒新城，1936）。联合国环境规划署（UNEP）对自然资源的定义为：在一定的时间和技术条件下，能够产生经济价值，提高人类当前和未来福利的自然环境因素的总称（联合国大会，1972）。本书对自然资源（以下简称资源）的定义为：在一定条件下具有开发价值，用来满足或提高人类生活状况的自然环境因素。自然资源可分为有形的自然资源（如土地、水体、动植物、矿产等）和无形的自然资源（如光资源、热资源等）。

资源包括能源。能源亦称能量资源或能源资源，是指能够直接取得或者通过加工、转换而取得有用能的各种资源。能源包括煤炭、原油、天然气、水能、核能、风能、太阳能、地热能、生物质能等一次能源和煤气、焦炭、汽油、煤油、柴油、重油、液化石油气、电力、热水、氢能等二次能源，以及其他可再生能源和新能源。

资源与能源既有区别又有联系。能源主要是为人类活动提供能量来源，而自然资源提供包括能量在内的所有物质支持。自然资源的范围非常广泛，天然的能源是一种自然资源，而经人类加工后的二次能源不是自然资源，如氢能，但二次能源必须由自然资源生产得到。

能源种类多样，按照其形态特征、转换以及应用的层次，可将能源分为常规能源与新能源两大类。常规能源是指在当前状况下人们长期普遍应用的能源，主要是石油、天然气、煤、水能、核能等。新能源又称非常规能源，是指刚开始开发利用或正在积极研究、有待推广的能源，如太阳能、地热能、风能、海洋能、生物质能和核聚变能等。本章从这两个方面分析了京津冀区域的能源供应与能源消费情况。

## 4.1.1　常　规　能　源

随着京津冀商业圈的发展，京津冀区域的能源消费以较快的速度增长。由 2001 年的 19262 万 tce 增加到 2015 年的 44326 万 tce，年均增速 7.4%，其消费量增速在 2004 年达到最大值，如图 4.1 所示。能源消费总量剧增带来的后果是碳排放量的剧增，因此，分析京津冀区域的能源利用现状对控制碳排放，缓解环境问题有重要意义。

2005 年，国家"十一五"规划纲要提出，到 2010 年全国万元国内生产总值能耗降低 20% 左右。2005 年之后，京津冀区域能源消费增速开始减缓，2008 年京津冀区域能源消费增速仅为 3.40%。2011 年，国家"十二五"规划纲要提出，到 2015 年全国万元国内生产总值能耗下降到 0.869tce，比 2010 年的 1.034tce 下降 16%。京津冀区域能源消费增速再次出现减缓趋势，能源消费增速由 2010 年的 5.39% 下降到了 2015 年的 0.07%。

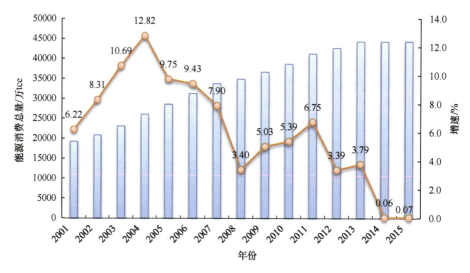

图 4.1　2001~2015 年京津冀区域能源消费总量及增速

注: 柱形图表示能源消费总量, 折线图表示增速

数据来源: 国家统计局、中国统计年鉴

京津冀区域的能源消费结构仍以煤炭消费为主，如图 4.2 所示，2001~2015 年煤炭消费总量虽然在逐步下降，但是煤炭消费比重仍然保持在 56% 以上；天然气消费比重逐渐增加，由原来的 2% 上升到 8%；石油消费比重变化不明显；电力消费比重缓慢增加，由 2001 年的 10% 增加到 2015 年的 14%。由近十年的京津冀主要能源消费比重来看，京津冀区域能源消费结构变化不明显，仍是典型的以煤炭为主的区域。

按产业结构划分，京津冀区域第一产业、第二产业、第三产业、生活消费的能源消费比重维持稳定，如图 4.3 所示。第一产业能耗比重最小，约为 2%；第二产业能比重一直保持在 73% 左右，占能源消费总量的比重较大；第三产业能耗比重维持在 13%~14%；生活消费能耗比例为 11%。

图 4.2　2001~2015 年京津冀区域能源消费结构变化趋势

注：根据国家统计局公布的京津冀区域能源消费总量数据进行求和、占比计算

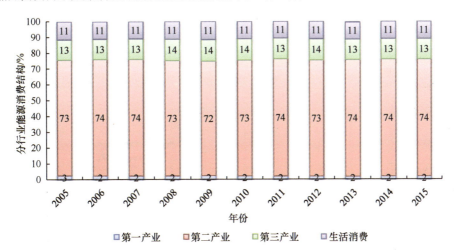

图 4.3　2005~2015 年京津冀区域分行业能源消费结构变化趋势

注：根据国家统计局公布的京津冀区域能源消费总量、三次产业消费量以及生活消费量数据计算求得

## 1. 煤炭

我国中西部地区的大型煤炭基地包括神东、晋北、晋中、晋东、陕北等，主要担负向华东、华北、东北等地区供应煤炭的重任，是"西电东送"北通道的煤炭基地和京津冀区域煤炭供给的主要矿源地。2015 年，京津冀区域能源消费总量占全国的 10.3%。如图 4.4 所示，京津冀区域煤炭消费总量已由 2001 年 12822 万 tce 增长到 2015 年 24748 万 tce，增加了近一倍（涨幅为 93%），而煤炭消费占总能源消费的比例呈现波动下降趋势，2015 年降至 56%。

自 20 世纪以来，北京市煤炭消费总量及其所占比重呈现大幅度下降的趋势，如图 4.5 所示。2001 年北京市煤炭消费总量为 2675 万 tce，所占比重为 45%；至 2015 年，消费量降为 1165 万 tce，所占比重下降至 12%。可见，北京市能源消费总量受节能减排政策的影响，其他能源消费逐步替代煤炭消费，能源消费结构正在发生改变。

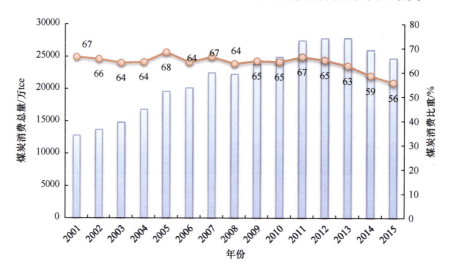

图 4.4　2001~2015 年京津冀区域煤炭消费总量及其比重

注：柱形图表示煤炭消费总量，折线图表示煤炭消费比重
数据来源：国家统计局、中国统计年鉴

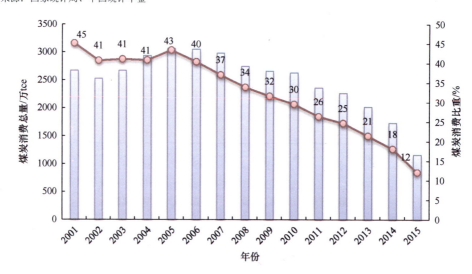

图 4.5　2001~2015 年北京市煤炭消费总量及其比重

注：柱形图表示煤炭消费总量，折线图表示煤炭消费比重
数据来源：国家统计局、北京市统计年鉴

　　天津市煤炭消费总量及其比重如图 4.6 所示，自 2001 年的 2635 万 tce 上升至 2012 年的 5298 万 tce，达到近年来的煤炭消费总量的最高点，之后呈现下降趋势，2015 年降至 4539 万 tce。其煤炭消费占比 2001~2003 年波动式上升至 73%，2003~2015 年持续下降到 40%。由此可见，天津市同北京市一样，正在加快能源消费结构转变。

　　河北省煤炭消费总量及其比重如图 4.7 所示，2001~2013 年不断上升，直至 31663 万 tce，增长了 1.5 倍，2013~2015 年缓慢下降至 28943 万 tce。同时，河北省煤炭消费比重一直保持在 69% 以上。河北省作为京津冀区域能源消费的主体，无论能源消费总量还是煤炭消费总量均远超京津两市之和，但是其能源消费仍以煤炭为主，对京津冀区域环境影响较大，应尽快加快能源消费结构转变。

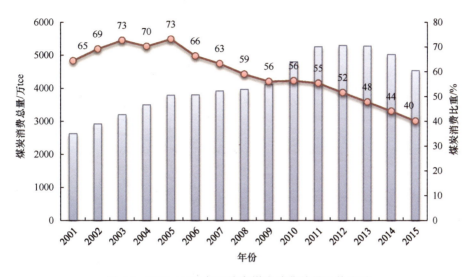

图 4.6　2001~2015 年天津市煤炭消费总量及其比重

注：柱形图表示煤炭消费总量，折线图表示煤炭消费比重

数据来源：国家统计局、天津市统计年鉴

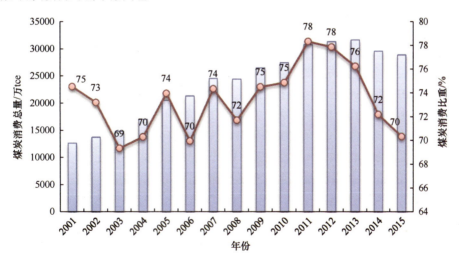

图 4.7　2001~2015 年河北省煤炭消费总量及其比重

注：柱形图表示煤炭消费总量，折线图表示煤炭消费比重

数据来源：国家统计局、河北省统计年鉴

## 2. 电力

电力是国计民生的基础产业，它作为一种先进的生产力，在促进地区经济的发展和社会进步中起到了重要作用。2015 年，京津冀区域已经建成电源装机约 7300 万 kW 的 500kV 大环网结构。北京、天津电网各自形成 500kV 环网，并和冀北电网共同形成了京津唐环网结构，河北南部电网 500kV "日" 字形网架结构初步成形，有力地保证了电力

的安全可靠供应。

如图 4.8 所示，2001~2015 年京津冀区域电力生产量及消费量呈现持续上升趋势，而其电力生产量与电力消费量的差距却逐年拉大。间接地说明了近些年来京津冀区域电力系统的发展速度跟不上其经济发展的步伐，对外电力的依赖程度较高。但是由于京津冀区域的重要性，当前已形成了全国电网保华北、华北电网保京津唐，以及京津唐电网保北京的局面。

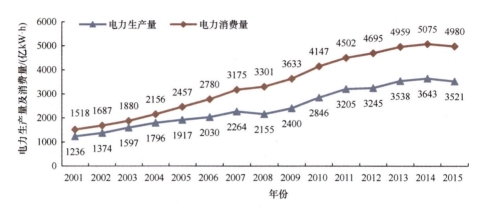

图 4.8　2001~2015 年京津冀区域电力生产量及消费量

数据来源：国家统计局、中国统计年鉴

### 3. 石油

充足的油品供应是城市经济平稳运行的坚实保障，原油和成品油（汽煤柴燃料油）供应都对经济运行有着至关重要的影响。河北省内有两大油田，分别是华北油田和冀东油田。华北油田在河北任丘市，包括北京、河北、山西、内蒙古区域内的油气生产区，保持年产原油 1000 万 t 达 10 年之久。冀东油田处在渤海湾北部沿海，其勘探开发覆盖唐山、秦皇岛等两市七县，直至 2008 年开始大规模开发。天津市大港油田位于天津市滨海新区，勘探面积 34629km$^2$，现已投产 15 个油气田、24 个开发区，年产原油 430 万 t 和天然气 3.8 亿 m$^3$。北京的石油全部依赖外部调入，北京周边的任丘石化扩建、锦郑输油管道、东方石化及大港石化等工程，可为京津冀区域提供多达 3500 万 t 的成品油。

如图 4.9 所示，京津冀区域原油生产量与原油消费量逐年递增，但差距并不是很大，2015 年消费量较 2001 年增长了两倍，生产量增长了三倍。北京的石油完全依赖周边，河北省的石油缺口次之，天津市的石油生产量远超出其消费量，但京津冀区域整体来说，基本可以达到供需平衡。

### 4. 天然气

天然气作为清洁能源，近年来需求量大幅度增加，但其生产开采增幅落后于需求增幅，导致天然气资源处于紧缺的状态，高峰时段供需矛盾突出。目前，青海油田、塔里木气田、华北油田、陕甘宁长庆油田等都在为北京天津地区提供天然气。河北省天然气主要来自宋辽、渤海湾天然气区。在这个供需矛盾中，北京市天然气的供需矛盾最大，河北省次之。

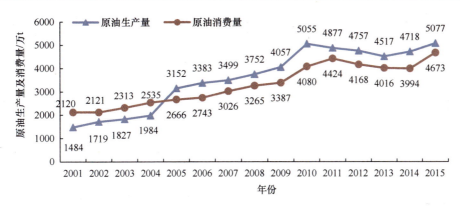

图 4.9　2001~2015 年京津冀区域原油生产量及消费量

数据来源：国家统计局、中国统计年鉴

　　如图 4.10 所示，京津冀区域天然气生产量增长缓慢，而天然气消费量增长较快，导致两者差距逐年增大。京津冀区域的天然气供应能力远不能满足本区域天然气消费需求，需要依靠周边地区资源调入，或者通过市场价格机制的自动调节，但是如果出现重大突发状况，北京市、河北省的天然气可能会出现难以供应的情况。

图 4.10　2001~2015 年京津冀区域天然气生产量及消费量

数据来源：国家统计局、中国统计年鉴

## 4.1.2　新　能　源

　　当前中国能源的开发利用主要是化石能源，新能源利用程度与利用效率较低。能源消费持续攀升的态势使得环境污染愈发严重，环境压力逐渐增大。因此，摆脱对常规能源的过度依赖，大力开发利用新能源，走能源开发使用的可持续发展道路，是当前及今后中国的必然选择。对于能源紧张的京津冀区域，除了加快本区域新能源的开发，建设特高压工程，提升西部清洁电力远距离输送能力之外，其发展模式也要从不可持续的粗放型转向低投入低消耗低污染的集约型。

京津冀区域在新能源领域已形成明显的上、中、下游产业链。北京市具有技术、人才、机构和市场优势，应重点发展新能源产业研发和高端技术服务行业。天津市各高校与龙头企业的发展，在天津新能源产业的发展中起到了技术研发与技术转化的功能。河北省具有产业制造的优势，应大力发展新能源产品及相关设备制造，完善产业链，形成区域内或区域间的配套企业集群。京津冀区域积极推进新能源产业集聚进程，在资金使用率、信息共享、资源配置、节能减排、生产效益等方面充分体现集聚效应，并在此基础上形成更长、更完备的新能源产业链及产业体系。各省（市）新能源产业发展的侧重点，见表4.1。

**表4.1　京津冀区域新能源产业重点发展领域一览表**

| 地区 | 新能源产业重点发展领域 |
| --- | --- |
| 北京 | 太阳能、风电设备制造、核电高端技术服务产业、新北京市能源汽车产业、地热能关键技术研发及工程服务、生物质能及能源清洁高效利用 |
| 天津 | 储能电池、风力发电、太阳能电池和燃料电池、新能源汽车 |
| 河北 | 光电产业、风电产业、地热能产业 |

下面针对京津冀区域各省（市）的新能源产业发展总体状况进行详细研究。

**1. 北京市新能源产业发展总体状况及趋势**

1）太阳能产业

北京市太阳能资源储量丰富，属于全国太阳能资源区域二类地区，分布呈现南北多，中部少的形态，东北部上甸子、汤河口一带及延庆盆地辐射条件较好（李继峰和张阿玲，2004）。近年来，北京市太阳能产业初具规模，拥有各类太阳能企业162家，其中，光热利用设备企业90家，光伏相关企业72家。据统计，2014年，太阳能产业工业总产值超过180亿元，占新能源与环保产业的23.9%。在太阳能光伏高端装备制造方面，市场份额约占全国50%左右；在系统集成产业方面，北京市企业完成了国内多个大型示范项目；在标准认证产业方面，北京市不仅拥有国家级光伏、光热检测中心，还拥有鉴衡认证中心、国家太阳能热水器质量监督检验中心、中科院电工所等多家国内一流检测认证机构。

2）风能产业

北京市面积为 $16400km^2$，风功率密度一般在 $100W/m^2$ 以下，可利用小时数在3000 小时以下，风能资源丰富的区域是西北部和北部山区。北京风电场数量很少，鹿鸣山官厅风电场是北京最具代表性的风电场，在 10m 高度年平均风速为 5m/s，在 70m 的高度年平均风速为 7.11m/s，平均风功率密度约为 $422W/m^2$（张文珺和喻炜，2014）。

3）地热能产业

经勘测，北京市地热资源年可利用量约为 350 万 tce，主要分布在延庆、海淀、大兴、昌平、顺义等区县。浅层地热能产业在北京市起步较早，产业基础优势明显，产业链条完整，系统集成单位占比达到 76%。经过多年的发展，形成了一批骨干企业，如华清集团、恒有源集团、同方人环等，这些企业不仅科研实力、产品技术更趋精进，在管理能力、服务水平上也十分出色，这对北京地区整个浅层地热能产业的发展具有一定的示范作用。

### 4）生物质能产业

北京市生物质能资源种类多样，主要包含餐厨垃圾及污泥、畜禽粪污、林业废弃物、农业废弃物、生活垃圾等。其中城市发展新区和生态涵养区的生物质能资源约占全市生物质能资源总量的 80% 以上。

众多从事生物质能产业的企业与科研院所促进了北京市生物质能产业的发展。一方面，北京市示范推广的生物质能项目主要有：炉具和固体成型燃料、户用生物质炊事（取暖）、户用沼气池、大中型沼气工程、生物质气化集中供气工程等。截至 2008 年年底，全市共示范推广生物质气化集中供气工程 97 个，大中型沼气工程 98 个，户用沼气池约 6 万个，生物质炊事炉和采暖炉分别为 45960 台套和 7446 台套，生物质固体成型燃料加工厂 19 个（周桂元和梁炫强，2010）。然而，由于推广过程中产生的技术和经济等因素，很多项目已经停运。户用沼气池使用率低于 50%，生物质气化集中供气和大中型沼气正常运行率为 60%，生物质炊事炉具基本全部废弃。

### 2. 天津市新能源产业发展总体状况及趋势

#### 1）风能产业

目前，滨海新区风电设备年生产能力占全国的 1/5，达到 6000MW。同时，新区完成了装机容量为 129.5MW 的 4 个风电场开发项目，现已全部投入运行。天津作为全国的风力发电高新技术产业化基地已初具规模，吸引了维斯塔斯、艾尔姆、歌美飒等知名企业的集聚。仅滨海新区就聚集了 30 余家风电整机和零部件配套企业，年产量占全国产量的 19%，风电设备年生产力占全国的 30%，是国内最大的风力发电设备生产基地之一，成为我国名副其实的"风能之都"。

#### 2）太阳能产业

在光伏发电领域，中国电子科技集团第十八所、南开大学等科研院所在天津集聚，世界仅有的两家柔性薄膜太阳能电池生产企业也已在天津落户。天津光伏产业的发展涵盖了各个领域，包括电池组件、非晶硅薄膜电池、多晶硅电池、晶硅制造等。

#### 3）地热产业

天津中低温地热资源丰富，全市地热资源分布面积达 8700 万 $km^2$，约占全市面积的 80%，目前已确立了天津文化广场、中新生态城等 10 个开发利用示范工程。地热可以广泛应用于居民供暖、温泉理疗、旅游度假、水产养殖等领域。截至 2015 年，天津市是全国利用地热资源供暖规模最大的城市，占全国地热供暖总面积的 25%，地热供暖面积为 2500 万 $km^2$，约占全市集中供暖面积的 6%。

### 3. 河北省新能源产业发展总体状况及趋势

1）风能产业

河北全省风能资源总储量 7400 万 kW，陆上技术可开发量超过 1700 万 kW，近海技术可开发量超过 400 万 kW。主要分布在张家口、承德坝上地区、秦皇岛、唐山、沧州沿海地区，以及太行山、燕山山区。张家口风能资源丰富，坝上地区年平均有效风速时间在 2000h 以上，可以建设世界级大型风电场。自 2007 年，张家口市坝上地区连续开发建设了三个百万千瓦级风电基地，开发总规模达 765 万 kW。位于本地区的国家风光储输示范项目，是目前世界上规模最大，集风电、光电、储能及输电工程四位一体的可再生能源项目，是目前世界最大的风光储试验中心和全国首个风电研究检测试验基地、全国首个超百万千瓦风电集中输出检测基地。

2）太阳能产业

河北省太阳能资源非常丰富，全省太阳年辐射量为 $4981\sim5966MJ/m^2$，北部张家口、承德地区年日照小时数平均为 3000~3200 小时，中东部地区为 2200~3000 小时，分别为太阳能资源二类和三类地区，有很大的开发利用价值。保定新能源产业国家高技术产业基地发展迅猛，光伏发电、风力发电、节电设备制造三大产业高速发展（刘学兵和周晓娟，2011），已被批准为全国第一个"国家太阳能综合应用科技示范城市"。该市作为全国唯一的"太阳能之城"，被世界自然基金会列为低碳城市发展项目试点。

3）地热能产业

河北省地热资源主要集中于中南部地区。河北省地热资源开发研究所统计数据显示，该省地热资源总量相当于标准煤 418.91 亿 t，地热资源可采量相当于标准煤 93.83 亿 t。全省有开发价值的热水点 241 处，全省累计开发地热能井点 139 处。近十年，河北省地热供暖产业逐步发展壮大，逐渐形成了由旅游、娱乐、疗养、洗浴、供暖、养殖和种植构成的产业发展体系。据统计，全市地热养殖面积已达 $0.25km^2$，沿海地区秦皇岛、唐山、沧州一带的地热养殖已经形成一定的规模，占全省养殖面积的 45.66%。

# 4.2 水 资 源

水是一种极其重要的地球资源，是现代工业文明不可或缺的血脉，对水资源的开发和利用贯穿了整个人类文明的历史。从广义上来说，水资源是指水圈内的水量总体，由于海水难以直接利用，因而我们平常提到的水资源主要指陆地上的淡水资源。通过水循环，陆地上的淡水得以不断更新、补充，满足人类生产、生活需要。目前，人类比较容易利用的淡水资源主要是河流水、淡水湖泊水及浅层地下水，这些淡水存储量只占地球总水量的 0.26%。因而，世界上的淡水资源是非常有限的。

中国水资源总量为 2.8 万亿 $m^3$，其中地表水 2.7 万亿 $m^3$，地下水 0.83 万亿 $m^3$，由于地表水与地下水相互转换、互为补给，扣除两者重复计算量 0.73 万亿 $m^3$，与河川径流不重复的地下水资源占有量约为 0.1 万亿 m³（王瑷等，2008）。据水利专家统计，京津冀区域人均水资源占有量仅为全国平均水平的 1/9，是我国缺水严重的地区之一。随着京津冀区域人口高度集中，用水量急剧增加，水资源供需矛盾日趋突出，水资源紧缺已成为制约京津冀区域经济和社会可持续发展的重要因素。因此，有必要对京津冀区域的水资源情况进行分析。

## 4.2.1　水资源概况

京津冀区域属于"资源型"缺水地区，防洪、供水、水生态安全保障能力都亟待加强。该区域属于大陆性季风气候，干旱少雨，严重缺水。各地年均降水量为 550mm 左右，但变化呈减少趋势，降水量的大值中心位于冀东平原地区，且降水量空间分布不均。

### 1. 区域总体情况

京津冀区域地处我国水资源最为短缺的海河流域，多年平均水资源量不足全国的 1.3%，但却承载着全国约 10% 的人口、粮食和 GDP（王一文等，2015）。从水资源总量来看（图 4.11），京津冀区域年均水资源总量由 1956~1979 年的 292.3 亿 m³ 减少到 1997~2003 年的 153 亿 m³；2009~2015 年平均水资源量只有 197.9m³。由于长期以来对水资源的过度开发，京津冀区域现已成为我国水资源环境严重超载地区之一。

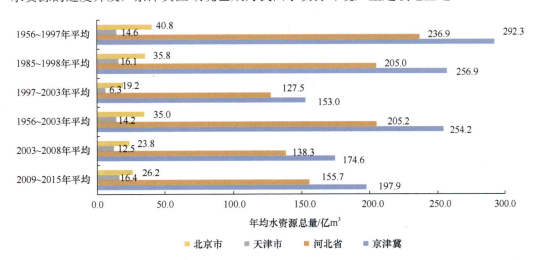

图 4.11　京津冀区域水资源总量在不同时期的变化

注：根据国家统计局公布的水资源总量数据进行求和、求平均计算

### 2. 分地区情况

1）北京市水资源变化

北京市属于重度缺水地区，人均水资源占有量远低于全国平均水平，同时也存在"工程型"缺水和"水质型"缺水问题（岳娜，2007）。如图 4.12 所示，2001~2015 年，北

京市可利用的水资源总量最高不超过 40 亿 m³, 2012 年降水量最多, 水资源总量也最多, 为 39.5 亿 m³。经计算可得, 从 2001~2015 年, 北京市年平均水资源总量约为 24 亿 m³。但北京自身无法维持约 36 亿 m³ 的用水需求, 还要依靠从周边省份调水。

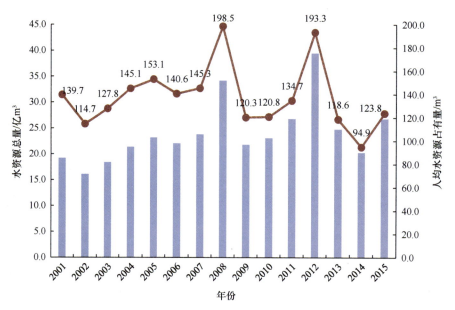

图 4.12　2001~2015 年北京市水资源总量及人均水资源占有量变化趋势图

注: 柱形图表示水资源总量, 折线图表示人均水资源占有量

数据来源: 国家统计局、北京市统计年鉴

### 2）天津市水资源变化

天津市是全国严重缺水的城市之一, 人均水资源占有量仅为全国人均占有量的 1/15。该地区地表水的开发利用率高达 76%, 远远超过了 40% 的临界值, 而天津市水资源时空分布极不均匀更加剧了水资源紧缺的局面。

2001~2015 年天津市水资源总量及人均水资源占有量如图 4.13 所示。总量和人均量趋势一致, 呈现反复波折态, 在 2012 年水资源总量最多, 为 32.9 亿 m³, 2002 年水资源总量最少。人均水资源占有量除 2012 年外, 均不超过 200m³/人。天津市水资源需要依靠引滦入津工程、引黄济津工程的跨区域调水弥补。

### 3）河北省水资源变化

河北省位于气候脆弱带, 年平均水资源总量为 147.8 亿 m³, 人均水资源占有量为 208.1m³, 是全国平均值的 1/7, 不及国际上公认的人均 1000m³ 缺水标准的 1/3, 且部分山区自产地地表水资源已专供北京、天津两市使用。河北省不同年份水资源量变化见表 4.2, 可以看出, 自 20 世纪 50 年代起, 河北省水资源量呈逐渐减少的趋势, 由 304.7 亿 m³ 减少到 128.4 亿 m³, 减少幅度达 58%。

对 2001~2015 年的水资源总量变化进行分析, 如图 4.14 所示。2001~2015 年, 河北省年平均水资源总量约为 147.8 亿 m³。河北省水资源总量在 2012 年达到最高, 为 235.53

亿 m³。2002 年河北省水资源最少，总量只有 86.17 亿 m³。

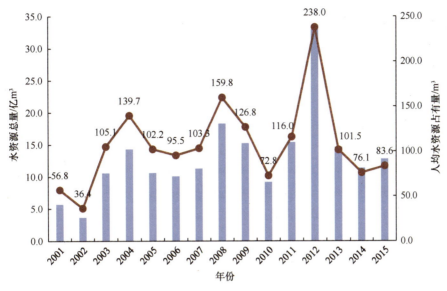

图 4.13　2001~2015 年天津市水资源总量及人均水资源占有量变化趋势图

注：柱形图表示水资源总量，折线图表示人均水资源占有量

数据来源：国家统计局、天津市统计年鉴

表 4.2　河北省不同年份水资源量变化

| 年份 | 1956~1960 年平均 | 1961~1970 年平均 | 1971~1980 年平均 | 1981~1990 年平均 | 1991~2000 年平均 | 2001~2008 年平均 |
|---|---|---|---|---|---|---|
| 水资源量/亿 m³ | 304.7 | 229.9 | 219.1 | 151.5 | 191.0 | 128.4 |

数据来源：国家统计局、河北省统计年鉴。

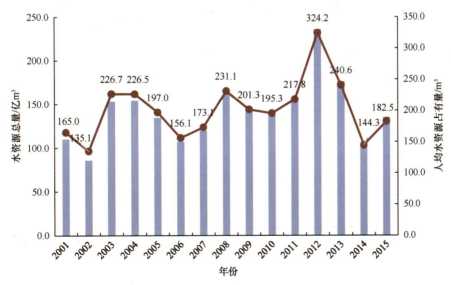

图 4.14　2001~2015 年河北省水资源总量及人均水资源占有量变化趋势图

注：柱形图表示水资源总量，折线图表示人均水资源占有量

数据来源：国家统计局、河北省统计年鉴

4）白洋淀流域水资源变化

被誉为"华北明珠"的白洋淀是华北地区最大的淡水湖泊，位于河北省保定市东部，总面积 366km²，包括 143 个大小淀泊。在干旱少雨且水资源严重匮乏的华北地区，白洋淀不仅滋润方圆数百里大地，还承担着维持生态平衡以及泄洪蓄洪的重要功能，对减轻气候干燥、调节降水、补充地下水，保持生物多样性和珍稀物种资源，极其重要。

白洋淀的水资源量指淀区直接接受的降水补给量和来自上游河流的入淀量扣除下泄水量和淀区蒸发量之后的水量。历史上，白洋淀水域面积曾经达到 1000km²，水资源量丰富，上游"九河入梢"，下游湖水经淀东的赵北口东流，与海河相通。受气候变化的影响，白洋淀区域常年干旱少雨，降水量较少，无法通过降水补充淀区水量。同时，随着上游水库的建成，下游闸涵的使用以及该流域经济的发展和人民生活水平的提高，生产生活用水增加，20 世纪 80 年代以后，白洋淀水资源量明显减少，呈丰－平－枯规律变化。

## 4.2.2　供水分析

京津冀区域供水主要来源于地下水和地表水的供给，但地下水和地表水逐年锐减，且开采过量，目前需要寻求新的供水渠道，南水北调工程有助于缓解京津冀区域水资源压力。本节主要从地下水、地表水分析供水情况。

### 1. 区域总体情况

2001~2015 年京津冀区域供水情况如图 4.15 所示，供水总量变化较小趋于稳定。地表水供水总量总体呈下降趋势，由 2001 年的 206 亿 m³ 下降为 2015 年的 155.2 亿 m³；地下水在平稳中保持小幅增长；由于南水北调的引入也使得其他供水总量有了增加。

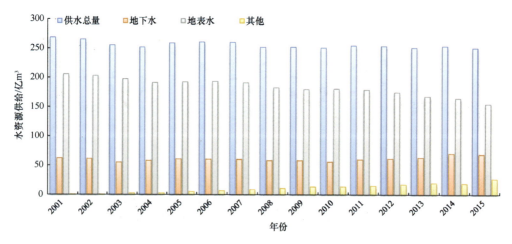

图 4.15　2001~2015 年京津冀区域供水情况分布图

数据来源：国家统计局、中国统计年鉴

**2. 分地区情况**

1）北京市供水现状

北京市水资源主要由入境地表水、境内地表水和地下水组成，地表水和地下水主要靠降水补给。北京市平均年降水量为 640mm 左右，一般干旱年景的降水量在 500mm 以下。

2001~2015 年北京市水资源供给情况，如图 4.16 所示。地下水供水总量最多，维持在 20 亿 m³ 左右；地表水供水总量呈下降趋势；其他供水总量逐年增加，2015 年成为北京市的主要供水源。

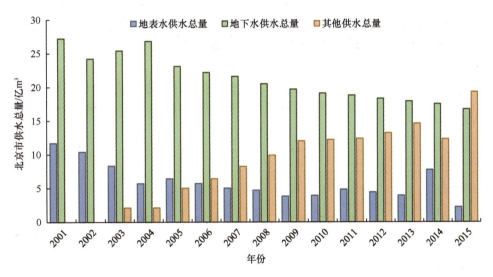

图 4.16　2001~2015 年北京市水资源供给情况

注：2001 年和 2002 年北京市供水总量只来源于地表水和地下水

数据来源：国家统计局、北京市统计局

2）天津市供水现状

天津市城市供水水源主要是以"引滦入津"的滦河水为主。在干旱的春季和夏季，滦河的水量不能满足供水需求时，则以黄河水为辅，黄河水为天津市城市供水的第二水源。天津市的地表水资源主要取决于降水，不仅与该市的降水量丰—枯有关，且很大程度上取决于海河、滦河全流域降水量，其地表水资源部分来自当地，另一部分来自境外地区流入该市的入境水量。

2001~2015 年天津市水资源供给情况，如图 4.17 所示。天津市的水资源主要来源于地下水和地表水，其中地表水供水总量最多，维持在 16 亿 m³ 左右，最高在 2015 年达到 17.9 亿 m³；地下水供水总量次之。

3）河北省供水现状

河北省降水量各地不均，且年际变化较大，多水年份与少水年份降水量相差悬殊，降水量年内分配也很不均匀，全年降水量的 80% 集中在 6~9 月。

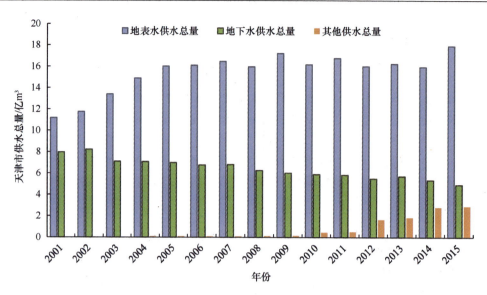

图 4.17　2001~2015 年天津市水资源供给情况

注：2001~2003 年天津市供水总量只来源于地表水和地下水，2004~2008 年天津市其他供水总量均为 0.1 亿 m³

数据来源：国家统计局、天津市统计局

　　2001~2015 年河北省水资源供给情况，如图 4.18 所示。河北省供水总量趋势趋于稳定。地下水供水总量整体趋势有所下降，且比例最高。地表水和其他供水总量稳中有增。

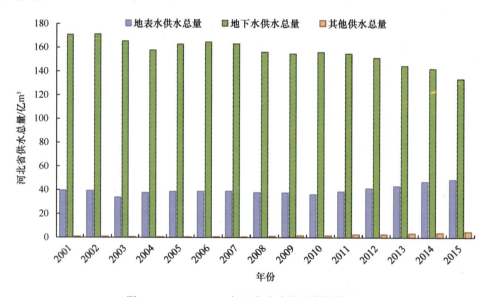

图 4.18　2001~2015 年河北省水资源供给情况

数据来源：国家统计局、河北省统计局

## 4.2.3　用 水 分 析

　　21 世纪以来，京津冀区域用水总量维持在 250~270 亿 m³，其中，生活用水总量持续增长；工农业用水总量在 200 亿 m³ 水平上波动下降；生态用水总量也不断地增加。本节主要从农业用水、工业用水、生活用水、生态用水分析用水情况。

**1. 区域总体情况**

2001~2015 年京津冀区域用水总量略有下降，生活用水持续增长，工业、农业用水波动性下降，京津冀区域用水量情况如图 4.19 所示。

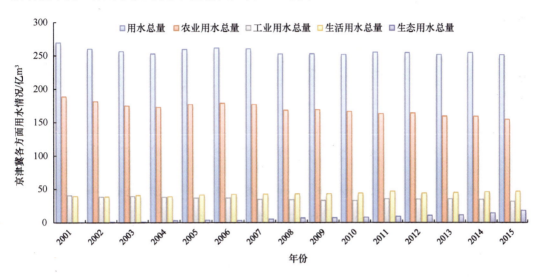

图 4.19    2001~2015 年京津冀区域用水量情况

数据来源：国家统计局、中国统计年鉴

**2. 分地区情况**

1）北京市用水情况

北京市年用水总量约为 35 亿 m³，由于人口众多和环境质量的提高，生活、生态用水比例逐年增大，两者约占总用水量的 60%。2001~2015 年北京市用水情况，如图 4.20 所示。其中，农业用水和工业用水减少趋势明显，与北京市提高农业、工业节水技术、调整产业结构相关；生态用水大幅度增长；生活用水缓慢增长。

北京市 2001~2015 年用水量结构，如图 4.21 所示。可以看出，生态用水总量占比增长迅猛，由 2001 年的 1% 跃升为 2015 年的 27%；随着城市产业结构的调整，工农业用水比例直线下降；城镇人口增加影响了生活用水，近年来占比提高至 46%。

2）天津市用水情况

近几年天津市致力于减少工农业用水量，2015 年天津市用水总量为 25.7 亿 m³；万元工业增加值用水量较 2010 年下降 25%，农田灌溉水有效利用系数提高到 0.664。2001~2015 年天津市各方面用水情况，如图 4.22 所示。用水总量稳中有增，农业用水总量波折中显现下降趋势；工业用水、生活用水趋于稳定，变化较小；生态用水增长明显。

天津市 2001~2015 年用水量结构，如图 4.23 所示。可以看出，农业用水占比在波折中下降；生活用水和工业用水基本保持稳定；生态用水量比重持续增加。

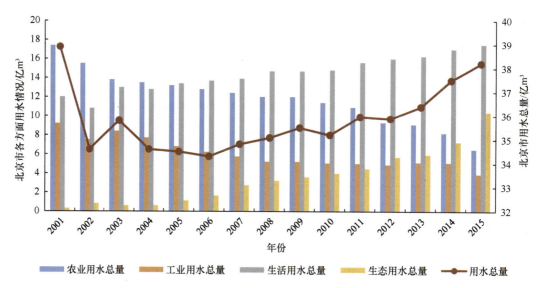

图 4.20    2001~2015 年北京市用水情况

数据来源：国家统计局、北京市统计年鉴

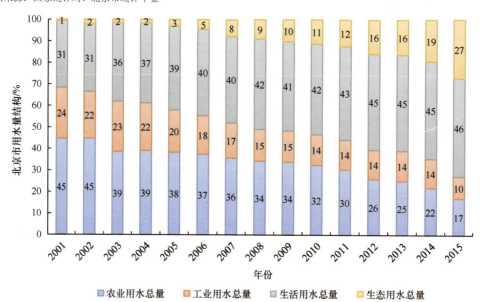

图 4.21    2001~2015 年北京市用水量结构图

数据来源：北京市统计年鉴

3）河北省用水情况

受产业结构影响，河北省农业用水量较多。2001~2015 年用水情况，如图 4.24 所示。用水总量整体呈现明显的下降趋势，由 2001 年的 211.2 亿 m³ 减少为 2015 年的 187.2 亿 m³。农业用水长期居高不下；工业和生活用水趋于稳定；生态用水量小幅度提高。

河北省 2001~2015 年用水量结构，如图 4.25 所示。近十五年来，河北省农业用水约占总用水比例略有减小，从 2001 年的 76%减小到 2015 年的 72%；而生活用水比例小幅度提高；工业用水趋于稳定。河北省应重点调整产业结构减少农业用水比例，大力推广工农业节水技术。

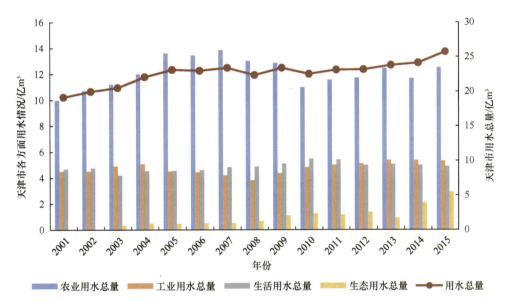

图 4.22　2001~2015 年天津市用水情况

数据来源：天津市统计年鉴

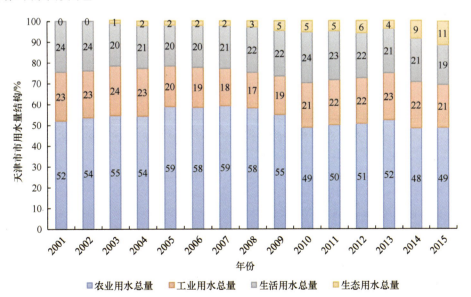

图 4.23　2001~2015 年天津市用水量结构图

数据来源：天津市统计年鉴

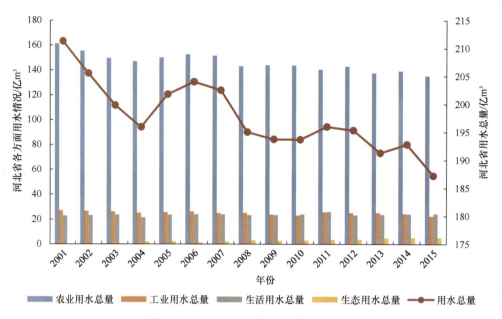

图 4.24　2001~2015 年河北省用水情况

数据来源：国家统计局、河北省统计年鉴

图 4.25　2001~2015 年河北省用水量结构图

数据来源：国家统计局、河北省统计年鉴

## 4.3　资源利用分析

　　京津冀都市圈作为继长三角、珠三角经济圈之后的第三大都市圈，近年来经济快速发展。同时，京津冀区域对资源的需求量越来越大，然而资源利用效率却不高，资源过度消费造成的资源短缺和环境恶化问题，越来越成为制约京津冀区域经济可持续发展的重要瓶颈。因此，提高资源利用效率是解决当前问题的关键。

## 4.3.1　能源利用效率

能源开发效率低、能源利用能耗高,以及能源消耗过程中造成的环境污染一直制约着我国经济和社会的可持续发展。能源利用效率是衡量能量利用技术水平和经济性的一项综合性指标,通常通过能源强度和能源弹性系数来表现。

**1. 能源强度**

能源强度表示单位国内生产总值所消耗的能源。根据能源强度的定义,经济总量和能源消费的变化决定了能源强度的趋势和波动。如图 4.26 所示,2005~2015 年京津冀区域整体及各地区能源强度呈逐年下降趋势,北京市下降了 0.63tce/万元,天津市下降了 0.75tce/万元,河北省下降了 1.22tce/万元,京津冀区域下降了 0.96tce/万元。其中,河北省能源强度下降速度最快,对京津冀区域整体能源强度下降起到了决定性作用。北京市、天津市及京津冀区域整体能源强度均平稳下降,下降速度也越来越接近。

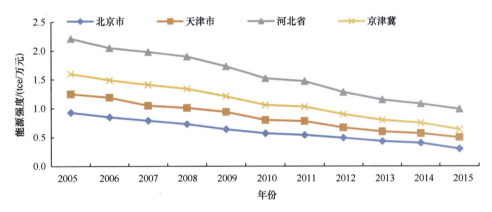

图 4.26　2005~2015 年京津冀区域能源强度

数据来源：国家统计局、中国统计年鉴

基于数据的完整性,以北京市为例分析产业结构对能源强度的影响。如图 4.27 所示,北京市 2005~2015 年能源强度呈下降趋势,2005 年万元 GDP 能耗为 0.93tce/万元,到 2015 年下降到 0.30tce/万元。分产业来看,第二产业的能源强度下降速度最快,由 2005 年的 1.53tce/万元下降到 2015 年的 0.42tce/万元,年均递减速度达 0.92%,促使了综合能源强度的下降；第三产业的能源强度,整体呈缓慢下降趋势；第一产业的能源强度下降速度也较大,由 2005 年的 1.06tce/万元下降到 2015 年的 0.72tce/万元,但是第一产业在能源消费总量中的比例很小,所以对整体能源强度下降的贡献率较小。

**2. 能源消费弹性系数**

能源消费弹性系数反映能源消费增长速度与国民经济增长速度之间比例关系。总体来看,北京市和天津市能源消费弹性系数与电力消费弹性系数呈现整体波动式下降趋

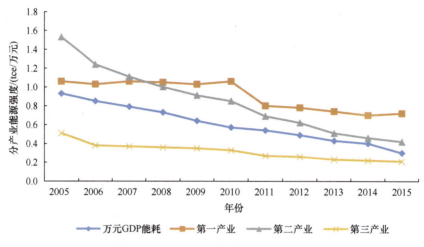

图 4.27　2005~2015 年北京市能源强度

数据来源：中国统计年鉴

势，河北省目前状况尚不明确。"十一五"和"十二五"期间，北京市以年均 8%的能耗增长，支持了年均 15.08%的经济增长，天津市以年均 5.5%的能耗增长，支持了年均 15.03%的经济增长，圆满完成"十一五"规划及"十二五"规划确定的主要目标和任务，能源利用效率和万元 GDP 能耗下降幅度均居于全国前列。如图 4.28 和图 4.29 所示，北京市的能源消费弹性系数在 2005 年和 2010 年达到 0.61、0.57，同时其电力消费弹性系数也达到 0.92，天津市能源消费弹性系数在 2005 年和 2010 年达到 0.77、0.93，其电力消费系数达到 0.88、0.98，反映了北京市和天津市的经济增长对能源尤其对电力的依赖性较大。

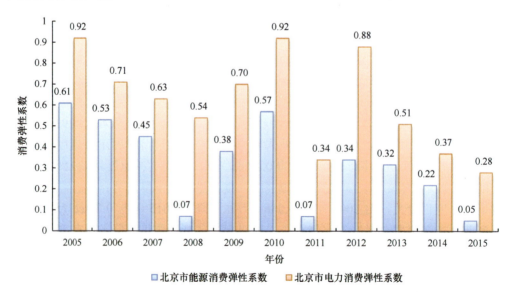

图 4.28　2005~2015 年北京市能源消费弹性系数和电力消费弹性系数

数据来源：北京市统计局

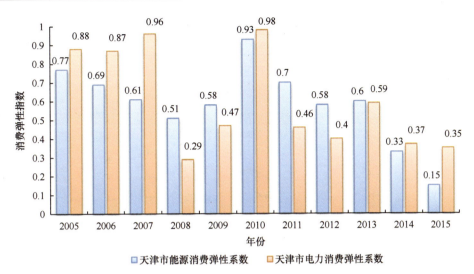

图 4.29　2005~2015 年天津市能源消费弹性系数和电力消费弹性系数

数据来源：天津市统计局、中国统计年鉴

随着经济发展和人民生活水平的提高，人均生活用能水平逐渐提高，见表 4.3 和表 4.4。2005 年，北京市和天津市的人均用能分别为 537.41kgce 和 459kgce，2015 年北京市和天津市人均生活用能为 718.5kgce 和 661kgce，分别增长了 33.7%和 44%。在人均生活用能水平提高的同时，优质能源消费比重大幅度提高。2005~2015 年北京和天津的人均生活用煤和液化石油的量有较大幅度下降。人均生活用煤分别从 154.09kg 和 86kg 降到了 126.3kg 和 51kg，下降率为 22%和 68.6%；人均生活用液化石油气从 20.82kg 和 7kg，下降为 11.6kg 和 6kg，下降率为 79.5%、16%。而人均电力、天然气消耗量却有所升高，人均生活用电从 586.8kW·h 和 367kW·h 上升到 808.7kW·h 和 570kW·h，增长率为 37.8%和 55.3%。北京市人均天然气由 37.35cum，增加到 63.7cum，增长率为 70.5%；天津市天然气量由 37cum 减少到 34cum。此外，北京市人均汽油消费量增幅巨大，由 93.47L 增加到 194.3L，增长率为 107.9%，反映了北京市经济水平的飞速提高。

表 4.3　2005~2015 年北京市人均生活用能

| 年份 | 人均生活消费能/kgce | 煤炭/kg | 电力/（kW·h） | 液化石油/kg | 天然气/cum | 汽油/L |
|------|------|------|------|------|------|------|
| 2005 | 537.41 | 154.09 | 586.80 | 20.82 | 37.35 | 93.47 |
| 2006 | 579.42 | 169.89 | 610.83 | 15.23 | 53.52 | 113.46 |
| 2007 | 613.55 | 169.06 | 651.08 | 16.83 | 54.81 | 136.45 |
| 2008 | 620.38 | 148.44 | 674.79 | 12.78 | 53.15 | 153.81 |
| 2009 | 642.69 | 150.67 | 709.45 | 12.51 | 54.26 | 162.07 |
| 2010 | 643.51 | 145.89 | 729.11 | 11.26 | 53.11 | 164.88 |
| 2011 | 656.12 | 140.50 | 727.25 | 10.65 | 52.71 | 167.59 |
| 2012 | 684.30 | 133.20 | 791.80 | 9.30 | 56.50 | 174.40 |
| 2013 | 678.50 | 147.70 | 750.60 | 9.90 | 57.10 | 180.70 |
| 2014 | 705.30 | 137.60 | 793.50 | 11.00 | 59.60 | 182.50 |
| 2015 | 718.50 | 126.30 | 808.70 | 11.60 | 63.70 | 194.30 |

数据来源：北京市统计年鉴。

表 4.4　2005~2015 年天津市人均生活用能

| 年份 | 人均生活消费能/kgce | 煤炭/kg | 电力/（kW·h） | 液化石油/kg | 天然气/cum |
|---|---|---|---|---|---|
| 2005 | 459 | 86 | 367 | 7 | 37 |
| 2006 | 466 | 72 | 406 | 7 | 35 |
| 2007 | 488 | 69 | 434 | 7 | 32 |
| 2008 | 527 | 50 | 467 | 6 | 33 |
| 2009 | 590 | 56 | 537 | 6 | 32 |
| 2010 | 573 | 53 | 533 | 6 | 33 |
| 2011 | 570 | 48 | 500 | 6 | 33 |
| 2012 | 616 | 49 | 532 | 5 | 34 |
| 2013 | 640 | 45 | 521 | 6 | 34 |
| 2014 | 609 | 46 | 523 | 6 | 34 |
| 2015 | 661 | 51 | 570 | 6 | 34 |

数据来源：天津市统计年鉴。

随着京津冀区域经济快速发展以及对绿色经济的追求，清洁高效的天然气资源需求不断升高，天然气供应能力也在加速上升。除"陕京四线"项目外，唐山液化石油气（LPG）项目也于"十二五"期间开工建设。在"十二五"期间，区域的概念越来越被重视，从近几年京津冀区域能源强度发展趋势可以看出，京津冀区域更加注重能源的协同发展。北京地区开始大幅度增加天然气的使用，同时，重心应该放在加大对天津和河北地区天然气等清洁能源的普及，增加京津冀区域的优质能源消费比重。

分析京津冀区域的能源消费现状可以发现，从能源强度上看，京津冀区域的能源强度比例趋于下降，初步判断归因于三次产业结构的优化，京津冀区域的优质能源消费量的比例不断上升，有利于京津冀区域的环境保护，缓解环境压力。其次，从能源消费弹性系数来看，京津冀区域的经济增长对能源尤其是对电力的依赖性很强，造成京津冀区域的安全容易遭受能源特别是电力短缺的威胁。

## 4.3.2　水资源利用效率

水资源利用效率是反映水资源有效开发利用和管理的重要综合指标。以生产单位国内生产总值所用水量作为反映综合水资源利用效率的指标。

2001~2015 年京津冀区域水资源利用情况，如图 4.30 所示。可以看出，京津冀区域万元 GDP 用水量均呈下降趋势，其中河北省万元 GDP 用水量最多且下降趋势最为明显。天津市和北京市用水量下降趋势相同，数值十分接近。经计算，京津冀区域整体年均万元 GDP 用水量为 255.29m³，北京为 29.10m³，天津为 23.17m³，河北为 196.61m³，分别是京津冀区域的 0.12 倍、0.09 倍和 0.77 倍。

京津冀区域水资源稀少，应从多方面提高京津冀区域的水资源利用效率，一方面要保持经济社会持续稳定的发展，另一方面应调整水资源管理模式。

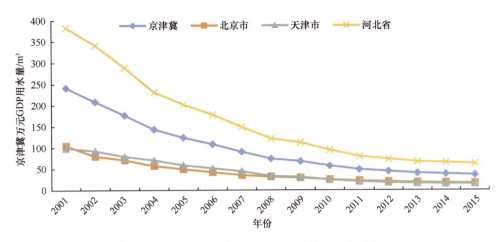

图 4.30 2001~2015 年京津冀区域万元 GDP 用水量

数据来源：中国统计年鉴

## 4.4 本 章 小 结

京津冀区域是我国城市较密集、工业基础较雄厚的区域之一，在我国的整体发展战略中始终占据着十分重要的地位。本章分析了京津冀区域资源供应能力及其使用现状，主要从能源、水资源及资源利用三个方面展开了分析。

## 参 考 文 献

北京市统计局. 2016. 北京统计年鉴. http://www.bjstats.gov.cn/nj/main/2016-tjnj/zk/indexce.htm. 2017-3-30

北京市统计局. 2017. 北京市 2016 年国民经济和社会发展统计公报. http://www.bjstats.gov.cn/tjsj/tjgb/ndgb/201702/t20170227_369467.html.2017-3-30

河北省统计局. 2017. 河北经济年鉴. http://www.hetj.gov.cn/hetj/tjsj/jjnj/101482994579503.html. 2017-4-07

李继峰, 张阿玲. 2004. 我国新能源和可再生能源发展预测方法研究——风能发电预测案例. 可再生能源, (03): 1-4

刘学兵, 周晓娟. 2011. 保定市新能源产业的发展策略. 经济导刊, (02): 4-45

舒新城. 1936. 辞海. 上海: 上海辞海出版社

天津市统计局. 2017. 天津统计年鉴. http://www.stats-tj.gov.cn/Item/26545.aspx.2017-7-03

王一文, 李伟, 王亦宁, 等. 2015. 推进京津冀水资源保护一体化的思考. 中国水利, (01): 1-4

王瑗, 盛连喜, 李科, 等. 2008. 中国水资源现状分析与可持续发展对策研究. 水资源与水工程学报, (03): 10-14

岳娜. 2007. 北京地区水资源特点及可持续利用对策. 首都师范大学学报(自然科学版), (03): 108-114

张文珺, 喻炜. 2014. 中国风电产业供需环境分析与发展预测. 中国人口. 资源与环境, (07): 106-113

中国国家统计局. 2013. 中国统计年鉴. 北京: 中国统计出版社

周桂元, 梁炫强. 2010. 广东花生产业发展现状、存在问题及对策建议. 花生学报, (01): 36-41

# 第5章  区域人口与经济发展现状分析

人口问题是影响我国经济持续健康发展的大问题。适度的人口增长促进经济的发展，经济的增长会带动人口的增加（李鑫，2009）。依据我国国情，适度人口增长才能有利于经济的发展。20 世纪 70 年代我国实行的计划生育，遏制了人口快速增长的势头，保证了我国经济的稳步发展。然而，随着我国人口结构和经济环境的变化，人口控制政策也迫切需要做出调整和改变以适应新的经济条件。本章主要从京津冀区域的人口、经济这两个方面进行分析描述。

## 5.1  人口规模与结构

人口是城市可持续发展的基础，从人口学的角度看，未来人口的发展规模，主要取决于各年代的总和生育率和迁移人口的数量。京津冀区域不仅是全国的政治、文化、科技和经济发展的中心区域，而且也是中国北方人口高度集中的地理区域。北京市有 16 个地市级行政区划单位，包括中心城市 4 个区、城乡接合部 4 个区、远郊 8 区。天津市由 16 个地市级行政区划单位构成。河北省由 11 个地市级行政区划单位和 1 个国家级新区、168 个县级行政区划单位构成。

据统计，2015 年京津冀区域常住人口 1.11 亿，占全国的 8.1%。其中，北京、天津人口密度分别为 1311.1 人/km² 和 1289.8 人/km²，均为河北省（393.4 人/km²）的 3 倍以上，为全国平均水平（142.1 人/km²）的 9 倍以上。第六次人口普查数据显示，北京市 65 岁及以上老年人口占常住人口的比例为 8.7%，天津市为 8.5%，河北省为 8.2%。这意味着，三地均已步入老龄化社会的行列。不过报告指出，京津冀区域总人口中，15~64 岁劳动年龄人口的比例占 77.22%，比全国平均水平高近 3%；总抚养比为 29.5%，比全国平均水平低近 5%，表明京津冀区域仍处于人口红利期。

### 5.1.1  区域总体情况

京津冀区域总面积为 21.8 万 km²，仅为全国土地面积的 2%，人口总量却占全国人口总数的 8.1%。2015 年二胎政策全面实施，政策实施后的 3~5 年，政策内总和生育率将进一步升高，短期内总和生育率将升高，会进一步考验京津冀区域人口承载能力。京津冀区域人口负荷已经接近超载，如何缓解京津冀区域人口压力，特别是疏解首都人口压力成为政府的主要工作目标。

我国在 20 世纪 80 年代开始实施计划生育政策，限制人口增长，如图 5.1 所示，京津冀区域总人口仍增长迅速，保持每 5 年增长 3000 万人口，年均人口直线上升，到 2009

年已经突破 1 亿人，除了与京津冀区域人口基数大这一因素相关外，还与改革开放后我国经济发展相关，高速发展的经济吸引了大量外来人口，致使京津冀区域尤其是北京地区的人口数居高不下。

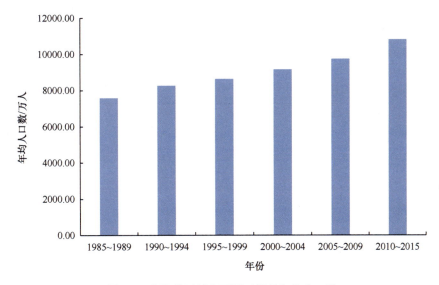

图 5.1　京津冀区域在不同时期的年均人口数

注：显示了京津冀区域（包括北京市、天津市、河北省）1985~2016 年年平均人口数，人口数据是经过总和再求平均数

数据来源：国家统计局

2001~2016 年京津冀区域人口现状见表 5.1，16 年间人口持续增长，到 2009 年止，京津冀区域常住人口已突破 1 亿人并且继续增加，在全国所占比例逐渐升高。到 2016 年年末，该地区常住人口达 11204 万人，人口密度已达 513 人/km²，达到全国平均人口密度的 4 倍，是全国人口密度最高的地区之一。

表 5.1　2001~2016 年京津冀区域人口现状

| 年份 | 常住人口 | | | 人口密度/（人/km²） | | 城镇人口占比/% | |
| --- | --- | --- | --- | --- | --- | --- | --- |
| | 全国/万人 | 京津冀/万人 | 京津冀占比/% | 全国 | 京津冀 | 全国 | 京津冀 |
| 2001 | 127627 | 9088 | 7.1 | 132 | 421 | 37.7 | 33.2 |
| 2002 | 128453 | 9165 | 7.1 | 134 | 424 | 39.1 | 33.7 |
| 2003 | 129227 | 9237 | 7.1 | 134 | 428 | 40.5 | 42.9 |
| 2004 | 129988 | 9325 | 7.2 | 135 | 432 | 41.8 | 44.9 |
| 2005 | 130756 | 9431 | 7.2 | 136 | 436 | 43.0 | 49.3 |
| 2006 | 131448 | 9573 | 7.3 | 136 | 443 | 44.3 | 50.5 |
| 2007 | 132129 | 9734 | 7.4 | 137 | 451 | 45.9 | 52.0 |
| 2008 | 132802 | 9935 | 7.5 | 138 | 460 | 47.0 | 53.7 |
| 2009 | 133450 | 10122 | 7.6 | 139 | 468 | 48.3 | 55.5 |
| 2010 | 134091 | 10455 | 7.8 | 139 | 483 | 49.9 | 56.6 |
| 2011 | 134735 | 10614 | 7.9 | 140 | 491 | 51.3 | 57.8 |

续表

| 年份 | 常住人口 | | | 人口密度/（人/km²） | | 城镇人口占比/% | |
|---|---|---|---|---|---|---|---|
| | 全国/万人 | 京津冀/万人 | 京津冀占比/% | 全国 | 京津冀 | 全国 | 京津冀 |
| 2012 | 135404 | 10770 | 8.0 | 141 | 498 | 52.6 | 58.9 |
| 2013 | 136072 | 10920 | 8.0 | 142 | 505 | 53.7 | 60.1 |
| 2014 | 136782 | 11052 | 8.1 | 142 | 512 | 54.8 | 61.1 |
| 2015 | 137462 | 11143 | 8.1 | 143 | 511 | 56.1 | 62.5 |
| 2016 | 138270 | 11204 | 8.1 | 144 | 513 | 57.4 | — |

注：京津冀占比是指京津冀区域占全国的比例；城镇人口占比是指城镇人口数占总人口数的比例。

数据来源：国家统计局。

## 5.1.2　分地区情况

### 1. 北京市

#### 1）人口规模

进入 21 世纪以来，北京市常住人口规模处在高速增长时期。常住外来人口增长是北京市人口增长的主因，2001 年常住外来人口 262.8 万人，占常住总人口的比例为 19%，到 2016 年增长为 807.5 万，占常住人口的比例为 37.2%，见表 5.2。

2001~2016 年北京市常住人口数不断攀升，2011 年首次突破 2000 万，2016 年全市常住人口达到 2172.9 万人，16 年间增长近 173 万人。常住外来人口持续增长，年均增长 33.75 万人。常住外来人口增长率和常住人口增长率发展趋势相似，2005~2010 年常住人口增长率保持较高的势头，从 2005 年增长率 2.95%到 2010 年 5.19%，但是自 2011 年外来人口增长率急速下降，到 2016 年已经负增长。

外来人口数目的增加是北京市人口增长的主要因素，在增加的常住人口中，超六成是由外来人口的增加带来的，户籍人口增长的贡献不到 40%。自第六次人口普查之后，北京市开始了人口缩减政策，并有了初步成效，常住人口增长趋势有了明显的下降。

2015 年北京市人口区域分布，如图 5.2 所示。首都功能核心区包括东城区和西城区，土地面积 92.4km²，2015 年常住人口为 220.3 万人。城市功能拓展区包含朝阳、海淀、丰台、石景山四个区，土地面积 1275.93km²，常住人口为 1062.5 万人，占北京市常住人口的将近一半。通州、顺义、大兴、昌平、房山五个区和亦庄开发区为北京市城市发展新区，占地 6295.57km²，占北京总面积的 38.36%，总人口为 696.9 万人。门头沟、平谷、怀柔、密云、延庆为北京市生态涵养发展区，占地 8746.65km²，常住人口总量为 190.8 万人。

从人口分布的密度来看，核心功能区的人口密度最大，为 23842 人/km²。其次是城市功能拓展区，为 8327 人/km²。城市发展新区和生态涵养发展区分别为 1107 人/km² 和 218 人/km²。

表 5.2　2001~2016 年北京市常住人口和外来人口规模

| 年份 | 常住<br>人口/万人 | 常住人口<br>增长率/% | 外来<br>人口/万人 | 外来人口<br>增长率/% | 外来<br>人口比例/% | 自然<br>增长率/‰ |
|---|---|---|---|---|---|---|
| 2001 | 1385.1 | 1.55 | 262.8 | 2.54 | 19 | 0.80 |
| 2002 | 1423.2 | 2.67 | 286.9 | 8.40 | 20 | 0.87 |
| 2003 | 1456.4 | 2.27 | 307.6 | 6.73 | 21 | −0.09 |
| 2004 | 1492.7 | 2.43 | 329.8 | 6.73 | 22 | 0.74 |
| 2005 | 1538.0 | 2.95 | 357.3 | 7.70 | 23 | 1.09 |
| 2006 | 1601.0 | 3.94 | 403.4 | 11.40 | 25 | 1.28 |
| 2007 | 1676.0 | 4.47 | 462.7 | 12.80 | 28 | 3.33 |
| 2008 | 1771.0 | 5.36 | 541.1 | 14.50 | 31 | 3.30 |
| 2009 | 1860.0 | 4.78 | 614.2 | 11.90 | 33 | 3.50 |
| 2010 | 1961.9 | 5.19 | 704.7 | 12.80 | 36 | 3.07 |
| 2011 | 2018.6 | 2.81 | 742.2 | 5.10 | 37 | 4.02 |
| 2012 | 2069.3 | 2.45 | 773.8 | 4.10 | 37 | 4.74 |
| 2013 | 2114.8 | 2.15 | 802.7 | 3.60 | 38 | 4.41 |
| 2014 | 2151.6 | 1.71 | 818.7 | 2.00 | 38 | 4.83 |
| 2015 | 2171.0 | 0.90 | 822.6 | 0.48 | 38 | 3.01 |
| 2016 | 2172.9 | 0.04 | 807.5 | −1.83 | 37 | 4.12 |

数据来源：历年北京市统计年鉴。

　　从人口分布图来看，城市功能拓展区的人口总量最多，占全市常住人口总量的 49%，其次是城市发展新区，占全市常住人口总量的 32%。朝阳区的人口数最多，整个区常住人口总量达到 395.5 万人。而西城区人口密度最高，平均每平方千米就有 25451 人。

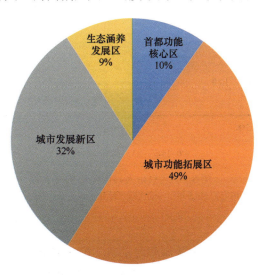

图 5.2　2015 年北京市人口区域分布

注：本图显示了北京市 2015 年人口区域分布，将北京市划分为首都功能核心区、城市功能拓展区、城市发展新区、生态涵养发展区四个区。四个区域中城市发展区的人口，与北京市发展现状相符

2）人口结构

在人口结构各因素中，最基本也是最核心的因素是年龄和性别。当社会中老年人口数达到或者超过一定比例时，就进入了老龄化社会。按照联合国的标准是一个地区 65 岁老人占总人口的 7%，即该地区视为进入老龄化社会。男女比例对人口发展规模和速度有重要的制约作用，对社会经济的发展也有很大的影响。第六次人口普查显示我国男性人口占 51.27%；女性人口占 48.73%，总体比例并不失调。

2005 年、2010 年、2015 年北京市人口年龄结构，如图 5.3 所示。2005 年北京市常住人口中，0~14 岁的少儿人口为 157 万人，占 10.2%；15~64 岁劳动年龄人口为 1215 万人，占 79%；65 岁及以上老年人口为 166 万人，占 10.8%。2010 年北京市常住人口中，0~14 岁少儿人口数为 168 万人，占 8.6%，总人数有所上升但是占比下降；15~64 岁劳动年龄人口数为 1621.6 万人，占 82.7%；65 岁及以上老年人口为 170.9 万人，占 8.7%。2015 年北京市常住人口中，0~14 岁的少儿人口为 219.1 万人，占 10.1%；15~64 岁劳动年龄人口为 1728.6 万人，占 79.6%；65 岁及以上老年人口为 222.8 万人，占 9.4%。北京市早已步入老龄化社会，2005 年、2010 年、2015 年三个时间点 65 岁以上人口均已超过 7%。

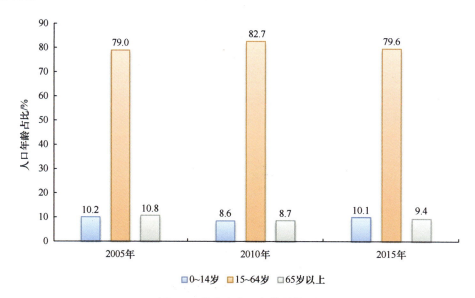

图 5.3　北京市人口年龄结构图

注：本图给出了北京市 2005 年、2010 年、2015 年三年的人口年龄分布，可以看出在 2010 年 15~64 岁人口占比最高，65 岁以上人口最少

数据来源：北京市统计局

以上分析得知，北京市劳动力资源相对丰富，虽然老龄化人口较多，但是总抚养比较低，所以现在还处于人口"红利期"。但是随着北京市人口缩减政策的实施，2010 年之后劳动力人口比例逐渐缩减，再加上 0~14 岁人口比例较低，未来北京市可能面临劳动人口不足的局面。

2001~2015 年北京市人口结构，见表 5.3。其中农业人口比例逐年下降，非农业人口比例增加。此趋势符合城镇化进程，变化趋势缓慢正说明北京市城镇化比例已经达到一定的水平。从男女比例来看，男性人口始终高于女性人口，性别比（以女性为 100，男性对女性的比例）呈现下降趋势逐渐趋于合理。

表 5.3　2001~2015 年北京市人口结构　　　　　　（单位：%）

| 年份 | 按户口性质分 | | 按性别分 | | 性别比 |
|------|------|------|------|------|------|
| | 非农业 | 农业 | 男性 | 女性 | |
| 2001 | 78.05 | 21.94 | 52.13 | 47.87 | 102.2 |
| 2002 | 78.55 | 21.44 | 52.21 | 47.79 | 103.0 |
| 2003 | 79.05 | 20.95 | 52.27 | 47.73 | 106.1 |
| 2004 | 79.53 | 20.47 | 52.24 | 47.75 | 105.0 |
| 2005 | 83.62 | 16.38 | 50.63 | 49.37 | 101.9 |
| 2006 | 84.33 | 15.67 | 51.07 | 48.93 | 101.8 |
| 2007 | 84.50 | 15.50 | 50.76 | 49.24 | 101.8 |
| 2008 | 84.90 | 15.10 | 50.83 | 49.17 | 101.6 |
| 2009 | 85.01 | 14.99 | 51.06 | 48.94 | 101.5 |
| 2010 | 85.96 | 14.04 | 51.63 | 48.37 | 101.3 |
| 2011 | 86.23 | 13.77 | 51.56 | 48.44 | 101.1 |
| 2012 | 86.20 | 13.80 | 51.62 | 48.38 | 100.9 |
| 2013 | 86.30 | 13.70 | 51.57 | 48.43 | 100.7 |
| 2014 | 86.40 | 13.60 | 51.43 | 48.57 | 100.5 |
| 2015 | 86.51 | 13.49 | 51.30 | 48.70 | 100.2 |

数据来源：北京市统计年鉴。

## 2. 天津市

### 1）人口规模

21 世纪以来，伴随着滨海新区开发开放这一国家战略的全面推进，天津市社会经济全面发展，同时全市的人口数也呈现快速增长态势。2001~2016 年天津市常住人口和外来人口规模见表 5.4。可以看出，天津市常住人口一直处于上升趋势，2008 年和 2010 年出现了人口增长的两次"高峰"。在常住人口中，外来人口占比也不断上升，2001~2016 年外来人口占比由 8.97%增长到 32.29%，可见外来人口的增加是天津市人口增长的主要因素。

### 2）人口结构

天津市经济的快速发展带动了城镇化进程，2001~2015 年天津市非农业户口和农业户口的比例变化很大，到 2015 年年末，天津市非农业人口比例为 82.61%，见表 5.5。同时天津市男女比例也有明显的变化，虽然男性人口占比一直大于女性，但是性别比处于合理区间且比例一直在缩小，天津市男女比例逐渐趋于平衡。

表 5.4　2001~2016 年天津市常住人口和外来人口规模

| 年份 | 常住人口/万人 | 户籍人口/万人 | 外来人口/万人 | 外来人口比例/% | 外来人口增长率/% |
|---|---|---|---|---|---|
| 2001 | 1004 | 913.98 | 90.02 | 8.97 | 0.99 |
| 2002 | 1007 | 919.05 | 87.95 | 8.73 | −2.30 |
| 2003 | 1011 | 926.00 | 85.00 | 8.41 | −3.35 |
| 2004 | 1024 | 932.55 | 91.45 | 8.93 | 7.59 |
| 2005 | 1043 | 939.31 | 103.69 | 9.90 | 1.20 |
| 2006 | 1075 | 948.89 | 126.11 | 11.70 | 2.10 |
| 2007 | 1115 | 959.10 | 155.90 | 14.00 | 2.80 |
| 2008 | 1176 | 968.87 | 207.13 | 17.60 | 4.60 |
| 2009 | 1228 | 979.84 | 248.32 | 20.20 | 3.50 |
| 2010 | 1299 | 984.85 | 314.44 | 24.20 | 5.40 |
| 2011 | 1354 | 996.44 | 358.14 | 26.40 | 3.40 |
| 2012 | 1413 | 993.20 | 419.95 | 29.70 | 4.60 |
| 2013 | 1472 | 1003.97 | 468.24 | 31.80 | 3.40 |
| 2014 | 1516 | 1016.66 | 500.15 | 33.00 | 2.20 |
| 2015 | 1547 | 1026.90 | 500.35 | 32.34 | 0.04 |
| 2016 | 1562 | 1044.40 | 507.54 | 32.29 | 1.44 |

数据来源：天津市统计年鉴。

表 5.5　2001~2015 年天津市人口结构　　　　　　（单位：%）

| 年份 | 按户口性质分 | | 按性别分 | | 性别比 |
|---|---|---|---|---|---|
| | 非农业 | 农业 | 男性 | 女性 | |
| 2001 | 58.56 | 41.44 | 50.48 | 49.52 | 101.92 |
| 2002 | 58.88 | 41.12 | 50.45 | 49.55 | 101.84 |
| 2003 | 59.37 | 40.63 | 50.47 | 49.53 | 101.89 |
| 2004 | 59.64 | 40.36 | 50.46 | 49.54 | 101.86 |
| 2005 | 59.87 | 40.13 | 50.44 | 49.56 | 101.77 |
| 2006 | 60.18 | 39.82 | 50.41 | 49.59 | 101.65 |
| 2007 | 60.51 | 39.49 | 50.38 | 49.62 | 101.52 |
| 2008 | 60.72 | 39.28 | 50.35 | 49.65 | 101.42 |
| 2009 | 61.08 | 38.92 | 50.32 | 49.68 | 101.30 |
| 2010 | 61.37 | 38.63 | 50.29 | 49.71 | 101.15 |
| 2011 | 61.61 | 38.39 | 50.27 | 49.73 | 101.11 |
| 2012 | 62.06 | 37.94 | 50.21 | 49.79 | 100.84 |
| 2013 | 62.97 | 37.03 | 50.18 | 49.82 | 100.72 |
| 2014 | 63.45 | 36.55 | 50.16 | 49.84 | 100.64 |
| 2015 | 82.61 | 17.39 | 50.15 | 49.85 | 100.60 |

数据来源：国家统计局、历年天津统计年鉴。

### 3. 河北省

1）人口规模

普查显示，随着河北经济社会的发展，河北人口流动性在近 15 年来显著增强，带来的是资金流、人流、物流的发展，主要表现为省内、省际的流动。总体上看，河北省人口流入流出数量基本平衡，石家庄、唐山、秦皇岛、廊坊四市成为人口净流入市，说明这四个城市的经济发展活跃,有着较强的人口聚集能力。

2001~2016 年河北省人口增长迅速、出生率不断增加,见表 5.6。人口死亡率不断下降,2015 年人口死亡率为 5.79‰,比最高值 6.87‰年下降 1.08‰。受出生率和死亡率的影响,人口自然增长率在 2001~2010 年不断上升,但是 2010 年第六次人口普查之后却呈下降趋势,直到 2014 年才回升至 6.95‰,比 2001 年上升 1.97‰。

从总人口数分析,河北省人口总数不断攀升,2009 年常住人口首次突破 7000 万,2016 年总人口达 7470 万人,占京津冀区域常住人口总量的 65%。

表 5.6　2001~2016 年河北省人口规模

| 年份 | 总人口/万人 | 出生率/‰ | 死亡率/‰ | 自然增长率/‰ |
|---|---|---|---|---|
| 2001 | 6699 | 11.16 | 6.18 | 4.98 |
| 2002 | 6735 | 11.53 | 6.25 | 5.28 |
| 2003 | 6769 | 11.43 | 6.27 | 5.16 |
| 2004 | 6809 | 11.98 | 6.19 | 5.79 |
| 2005 | 6851 | 12.84 | 6.75 | 6.09 |
| 2006 | 6898 | 12.82 | 6.59 | 6.23 |
| 2007 | 6943 | 13.33 | 6.78 | 6.55 |
| 2008 | 6989 | 13.04 | 6.49 | 6.55 |
| 2009 | 7034 | 12.93 | 6.43 | 6.50 |
| 2010 | 7194 | 13.22 | 6.41 | 6.81 |
| 2011 | 7241 | 13.02 | 6.52 | 6.50 |
| 2012 | 7288 | 12.88 | 6.41 | 6.47 |
| 2013 | 7333 | 13.04 | 6.87 | 6.17 |
| 2014 | 7383 | 13.18 | 6.23 | 6.95 |
| 2015 | 7425 | 11.35 | 5.79 | 5.56 |
| 2016 | 7470 | 12.42 | 6.36 | 6.06 |

数据来源:历年河北省统计年鉴、国家统计局。

2)人口结构

从城乡结构看,河北省城镇化速度加快,100 万人口以上特大城市增加到 6 个,人口超 20 万的大中城市增至 17 个。2015 年年末城镇人口约 3811 万人,城镇户口人数所占比例增加将近 4.6%。同时,农村人口也大大减少,2001 年农村人口达 5359 万人,到 2015 年减少至 3614 万人。

2001~2015 年河北省人口结构见表 5.7,男性人口略多于女性,总人口性别比一直为 100~107,基本处于合理区间。2015 年,全省男性人口为 3757.23 万人,占全部人口的 50.6%;女性人口为 3667.69 万人,占全部人口的 49.4%;总人口性别比为 102.4。

**4. 环京津城市**

环京津城市主要包括保定、张家口、承德、廊坊、秦皇岛、唐山六个城市。普查显示,环京津城市人口密集,保定人口已经超过 1000 万人,成为环京津地区人口最多的城市,唐山市人口接近 800 万人,廊坊、张家口、承德也上升为 300 万以上人口城市,秦皇岛市人口相对较少,常住人口 307.32 万人。其中,唐山、秦皇岛、廊坊人口流动性强，带动了资金流、人流、物流的发展。

表 5.7　2001~2015 年河北省人口结构　　　（单位：%）

| 年份 | 按户口性质分 | | 按性别分 | | 性别比 |
|---|---|---|---|---|---|
| | 非农业 | 农业 | 男性 | 女性 | |
| 2001 | 19.9 | 80.1 | 50.5 | 49.5 | 104.5 |
| 2002 | 20.0 | 80.0 | 50.8 | 49.2 | 104.1 |
| 2003 | 33.5 | 66.5 | 51.0 | 49.0 | 103.8 |
| 2004 | 35.8 | 64.2 | 51.1 | 48.9 | 104.5 |
| 2005 | 37.7 | 62.3 | 50.2 | 49.8 | 100.8 |
| 2006 | 38.4 | 61.6 | 50.5 | 49.5 | 102.0 |
| 2007 | 40.3 | 59.8 | 50.8 | 49.2 | 103.3 |
| 2008 | 41.9 | 58.1 | 51.0 | 49.0 | 104.1 |
| 2009 | 43.0 | 57.0 | 50.9 | 49.1 | 103.7 |
| 2010 | 44.5 | 55.5 | 50.7 | 49.3 | 102.8 |
| 2011 | 45.6 | 54.4 | 51.7 | 48.3 | 107.0 |
| 2012 | 46.8 | 53.2 | 50.7 | 49.3 | 102.8 |
| 2013 | 48.1 | 51.9 | 50.7 | 49.3 | 102.8 |
| 2014 | 49.3 | 50.7 | 50.8 | 49.2 | 103.3 |
| 2015 | 51.3 | 48.6 | 50.6 | 49.4 | 102.4 |

数据来源：历年河北省统计年鉴、国家统计局。

1978~2015 年环京津城市年均人口数，整体呈现增长趋势，如图 5.4 所示。保定人口数基数大且增长迅速，与当地经济发展良好相关，形成密集的人口聚集地。张家口、承德、秦皇岛人口在平稳中增长，增长速度较缓。廊坊市与北京市地域相连，交流紧密，流动人口较多，在 20 世纪 90 年代后人口迅猛增长。唐山市人口是 6 个城市中第二大人口城市，80~90 年代人口增长较快，且经济发展良好吸引外来人能力强。

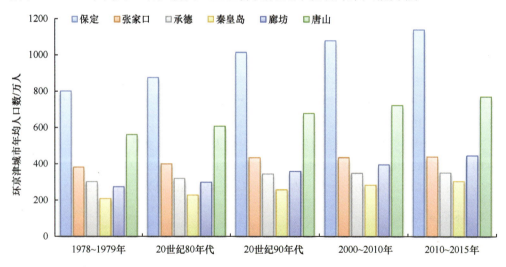

图 5.4　环京津城市年均人口数

注：本图显示了 1978~2015 年环京津城市（包括保定、张家口、承德、廊坊、秦皇岛、唐山）年均人口数的变化，人口数处于持续增长状态，其中保定、唐山人口突出，增长速度快

数据来源：历年河北省统计年鉴、国家统计局

## 5.2 经济规模与结构

京津冀地处华北平原，是全国重要的经济发展区域，在我国的整体发展战略中始终占据着十分重要的地位。近年来，京津冀协同发展，积极优化区域资源配置，调整和升级区域产业结构，虽然在全国经济增长放缓的大背景下经济增速有所回落，但结构调整稳步推进，民生领域发展良好，经济运行总体平稳。本节通过分析京津冀区域的经济规模和经济结构来把握其经济发展情况。

## 5.2.1 经 济 规 模

经济规模是一个反映国家或地区国家经济总量的指标，指在一定的经济制度安排下，一个独立的经济体所具有的资金、原材料、劳动力、技术、影响力、竞争力的总体大小。对一个国家来说是用国内生产总值（GDP）表示创造财富的总水平。国内生产总值（GDP）作为一国经济规模的统计数据，是目前使用最为普遍的评估方法。

本节结合京津冀整体 GDP 发展情况，以及各地区 GDP 发展情况，来把握其经济发展情况。

### 1. 区域整体情况

近十年，北京市、天津市和河北省 GDP 均呈不断上升的趋势，说明三个地区经济都得到了较快的发展，见表 5.8。其中 2016 年，京津冀三地 GDP 总量达到 74586.7 亿元，占全国的 10%。

表 5.8 2001~2016 年京津冀区域 GDP （单位：亿元）

| 年份 | 北京市 | 天津市 | 河北省 |
|------|--------|--------|--------|
| 2001 | 3708.0 | 1919.1 | 5516.8 |
| 2002 | 4315.1 | 2150.8 | 6018.3 |
| 2003 | 5007.2 | 2578.0 | 6921.3 |
| 2004 | 6033.2 | 3110.9 | 8477.6 |
| 2005 | 6969.5 | 3905.6 | 10012.1 |
| 2006 | 8117.8 | 4462.7 | 11467.6 |
| 2007 | 9846.8 | 5252.8 | 13607.3 |
| 2008 | 11115.0 | 6719.0 | 16011.9 |
| 2009 | 12153.1 | 7521.9 | 17235.5 |
| 2010 | 14113.6 | 9224.5 | 20394.3 |
| 2011 | 16251.2 | 11307.3 | 24515.8 |
| 2012 | 17879.4 | 12893.9 | 26575.0 |
| 2013 | 19500.6 | 14442.0 | 28442.9 |
| 2014 | 21330.8 | 15726.9 | 29421.2 |
| 2015 | 23014.6 | 16538.2 | 29806.1 |
| 2016 | 24899.3 | 17859.5 | 31827.9 |

数据来源：国家统计局。

从人均 GDP 分析，2015 年北京、天津人均 GDP 均超 1.6 万美元，而河北仅为京津的 1/2。从产业结构看，北京第三产业比例达到 78%，并呈明显的高端化趋势，天津、河北第二产业比例仍在一半左右。综合判断，北京已处于后工业化阶段，天津处于工业化阶段后期，而河北尚处于工业化阶段中期。

京津冀区域在不同时期的 GDP 持续增长且增长速度快，如图 5.5 所示。由 20 世纪 60 年代的 1422.13 亿元增长到 10 年代的 425965 亿元，20 世纪 60~70 年代累计值偏低，80 年代是转折点，在 90 年代、2000~2010 年更是急剧增长，这也与我国改革开放的政策相符，改革开放后加快了我国经济发展。

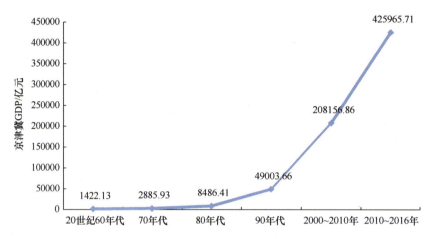

图 5.5　京津冀区域主要年份 GDP 累计量

注：本图显示了京津冀区域（包括北京市、天津市、河北省）1960~2016 年 GDP 累计量。1960~1980 年增长缓慢，1980~1990 年出现明显增长，1990 年后 GDP 累计量不断攀升，以高速度增长

**2. 分地区情况**

1）北京市

北京市围绕首都城市功能定位，积极调整疏解非首都功能，加快构建高精尖经济结构。虽然部分领域指标增速有所下降，但整体经济运行平稳，结构调整良好，发展质量效益稳步提升。

近十几年来，北京经济取得了一定的进步，GDP 呈直线增长的趋势，年均增长速度达 10%，如图 5.6 所示。2001~2016 年 GDP 年均增长 7.7%。"十二五"时期全市 GDP 年均增长 7.5%左右，实现了预期目标。2016 年北京市 GDP 为 24899.3 亿元，比上年增长 6.7%，全市人均收入实际增长 6.9%，比 GDP 增速高 0.2%。在 2007 年，GDP 增长速度达到近十年最高，为 14.5%。

近 15 年来人均 GDP 变化，呈现不断上升的趋势，人均 GDP 由 2001 年的 26979 元提高至 2016 年的 115000 元，增长近两倍，如图 5.7 所示。2016 年，全市居民人均可支配收入 52530 元，同比增长 8.4%，扣除价格因素，实际增长 6.9%。从 GDP 和人均 GDP 的增长情况看，北京 GDP 处于逐步加速趋势，总体经济平稳运行，综合实力显著提高。

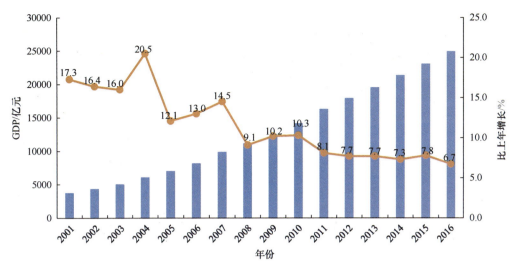

图 5.6　2001~2016 年北京市 GDP 及增长率

注：柱形图表示 GDP，折线图表示 GDP 增长率

数据来源：历年北京统计年鉴、北京统计局

图 5.7　2001~2016 年北京市人均 GDP 及增长率

注：柱形图表示人均 GDP，折线图表示人均 GDP 增长率

数据来源：历年北京统计年鉴、北京统计局

2）天津市

近年来，天津市经济保持平稳快速发展，GDP 处于一直上升的趋势，经济保持中高速增长。"十三五"时期，京津冀协同发展、自由贸易试验区建设、国家自主创新示范区建设、"一带一路"建设、滨海新区开发开放五大国家战略叠加，天津发展既面临多重国家战略叠加的历史机遇，也面临诸多矛盾相互交织的风险挑战，机遇大于挑战。

2001~2016 年天津市 GDP 及增长率，如图 5.8 所示。天津经济已经由高速增长转为中高速增长，从 2001~2016 年，天津市的经济增长平均是 14%；其中，近 10 年来，在 2010 年天津市经济增长率达到最高，为 17.4%，但 2015 年增长速度只有 5.2%。2001~2016 年，GDP 由 2001 年的 1919.09 亿元几乎直线增长到 2016 年的 17885.39 亿元。

图 5.8  2001~2016 年天津市 GDP 及增长率

注：柱形图表示 GDP，折线图表示 GDP 增长率

数据来源：历年天津市统计年鉴、天津统计局

2001~2016 年天津市人均 GDP 呈不断上升的趋势，全市人均 GDP 稳步提高，如图 5.9 所示。"十二五"期间，全市人均 GDP 由 2010 年的 72994 元，增加到 2014 年的 105231 元（折合 17131 美元），年均增长 8.6%，相比同期全国年均增速快了 1.1%，继续保持全国前列，并在 2011 年开始挺进"万亿俱乐部"。

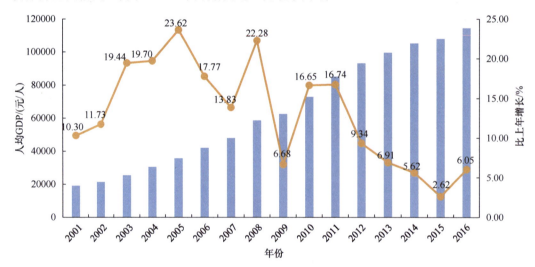

图 5.9  2001~2016 年天津市人均 GDP 及增长率

注：柱形图表示人均 GDP，折线图表示人均 GDP 增长率

数据来源：天津市统计年鉴

3）河北省

河北省经济多年保持平稳快速发展。2001~2016 年河北省 GDP 及其增长速度，如图 5.10 所示。河北省 GDP 由 2001 年的 5516.76 亿元增长到 2016 年的 31827.9 亿元。2005~2010 年，GDP 年均增长为 10.7% 左右；从 2011 年开始 GDP 增长开始下降，到 2015

年增速仅为 1.3%，这说明河北省的经济需要进行调整、改革。2016 年，河北省经济运行呈现总体平稳、稳中有进、稳中向好的发展态势，实现了"双过半"。经过初步核算，全年全省 GDP 为 31827.9 亿元，按可比价格计算，比上年增长 6.8%。

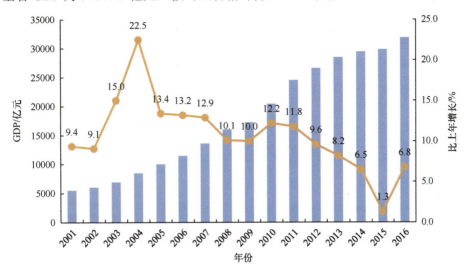

图 5.10　2001~2016 年河北省 GDP 及增长率

注：柱形图表示 GDP，折线图表示 GDP 增长率

数据来源：河北省统计年鉴、国家统计局

2001~2016 年河北省人均 GDP 呈不断上升的趋势，全市人均 GDP 稳步提高，如图 5.11 所示。"十二五"期间，全市人均 GDP 由 2010 年的 28668 元，增加到 2014 年的 39984 元，2016 年年初步计算达到 42607 元/人。GDP 人均增长速度在 2004 年达到 21.8%，为近 15 年中涨幅最大，2011 年后增速放缓，逐渐趋于平稳。

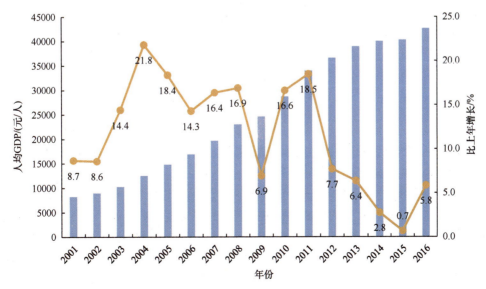

图 5.11　2001~2016 年河北省人均 GDP 及增长率

注：柱形图表示人均 GDP，折线图表示人均 GDP 增长率

数据来源：国家统计局、河北省历年统计年鉴

### 4）环京津城市

环京津城市受京津的经济辐射影响，从 21 世纪开始，经济发展水平逐步提高，经济结构趋于高级化。1978~2015 年环京津城市 GDP，如图 5.12 所示。

从图 5.12 中可以看出，环京津城市整体增长趋势明显，从 20 世纪 70~80 年代，经济落后，GDP 增长较缓，此后经济进入高速发展，尤其是 2000~2010 年后增长迅猛。分城市看，唐山 GDP 从 80 年代开始表现突出，是六个城市中经济发展最好的城市，与京津唐经济圈发展相关；其次是保定、廊坊市，由于地理因素，成为京津产业转移的重要承载地的首选；承德、张家口、秦皇岛经济发展程度相对较低，但秦皇岛积极发展新兴第三产业，在发展旅游业的同时还应大力发展房地产业，形成稳定的"三二一"型产业结构，与其农业不发达工业基础薄弱等有关。

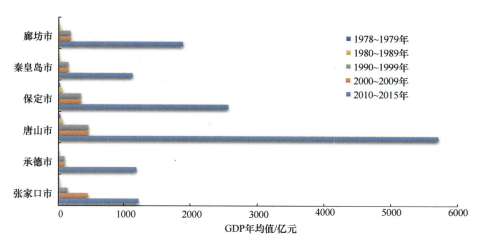

图 5.12　环京津城市 GDP 年均值

注：本图显示了 1978~2015 年环京津城市（包括保定、张家口、承德、廊坊、秦皇岛、唐山）年均 GDP 的变化，各个城市 GDP 都处于持续增长状态，00 年代后的增长最明显

数据来源：河北省统计年鉴、国家统计局

## 5.2.2　经 济 结 构

经济结构是一个经济系统，系统中各个要素之间互相关联、互相结合，有着数量对比的关系。经济结构包括所有制结构、产业结构、分配结构、交换结构、消费结构、就业结构、技术结构和地区结构等。

研究一个区域的经济结构，既要重视它的要素特性及其结合形式，也要重视它的比例关系。随着经济发展水平的提高，京津冀区域经济发展态势良好，但各地之间发展差异大，经济结构不一致。北京市经济平稳运行，经济结构逐步优化，产业结构不断升级；天津市经济结构不断迈出新步伐，明显得到改善；河北省经济发展水平较低，产业结构有所改善，但仍以高耗能、高污染、低附加值的重工业为中心，结构性矛盾依然突出。本书主要从产业结构、劳动力结构、技术结构、消费结构四个方面分析京津冀区域的经济结构情况。

**1. 产业结构**

1) 概述

产业结构，亦称国民经济的部门结构，是指各产业的构成及各产业之间的联系和比例关系。区域产业结构，是指该区域内具有不同发展功能的产业部门之间的比例关系，同时也受全国经济空间布局在特定区域组合的影响。

本书根据社会生产活动历史发展的顺序对产业结构进行划分，即采用我国制定的三次产业分类法。产品直接取自自然界的部门称为第一产业，即农业，包括种植业、畜牧业、渔业、狩猎业和林业。对初级产品进行再加工的部门称为第二产业，即工业和建筑业，其中工业包括制造业、采掘业、矿产业、煤气、电力和供水。为生产和消费提供各种服务的部门称为第三产业，包括除第一、第二产业以外的其他各业。

产业结构调整包括产业结构合理化和高级化两个方面。产业结构高级化的过程是产业结构中心由第一产业向第二产业和第三产业逐次转移，遵循产业结构演变规律，逐步达到"三二一"的结构。产业结构合理化是指各产业之间相互协调，有较强的产业结构转换能力和良好的适应性，能适应市场需求变化，并带来最佳效益的产业结构。

2) 发展现状

京津冀区域目前面临产业结构调整的重任，本书通过分析京津冀区域三大产业增加值、占比及贡献率指标，判定三大产业的变化趋势，从而为京津冀区域产业结构的调整提供理论基础。本书分整体和地区对京津冀区域的产业结构现状进行分析。

A. 区域总体情况

目前，京津冀三地之间产业结构趋同程度不高，区域内还没有形成合理的产业分工和产业链。北京和天津已经逐步形成"三二一"的产业结构，进入后工业化阶段，而河北仍然以第二产业为主导。京津承担着率领京津冀区域参与全球化竞争，提升产业分工层次与竞争能力的任务，河北省各市仍需要大力推进三次产业结构的调整，逐步实现与京津产业链条的对接。

如图 5.13 所示，京津冀区域 2001~2016 年 GDP 在全国的占比维持在 10%左右。其中，第一产业占全国的比例较低，在 6%左右；第二产业占全国的比例和 GDP 占全国的比例相差不大；第三产业占全国的比例较高，约 11%。这也暴露出京津冀区域经济活力下降的问题，同时京津冀区域中第三产业发展最好，与北京市、天津市第三产业的发展息息相关。

如图 5.14 所示，20 世纪 60 年代以来，京津冀区域第一、第二、第三产业都在持续增长，其中第一产业涨幅最小，第二产业在 80~90 年代增长迅速，第三产业从 90 年代开始急剧增长，到 2010~2016 年已经占据了三次产业产值中的一半。如图 5.15 所示，从 2001~2016 年京津冀区域三次产业占比看，第一产业占比逐渐缩小，产业结构呈现高级化。2016 年，京津冀区域三次产业结构为 5∶33∶61，GDP 达到 70315.59 亿元，占全国 GDP 总量的 10.1%，但仍落后于长三角区域，与珠三角区域基本持平。

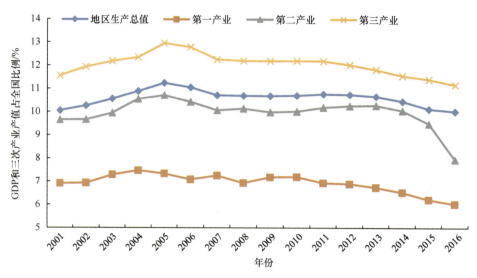

图 5.13 2001~2016 年京津冀区域 GDP 和三次产业产值占全国的比例

数据来源：国家统计局、中国统计年鉴

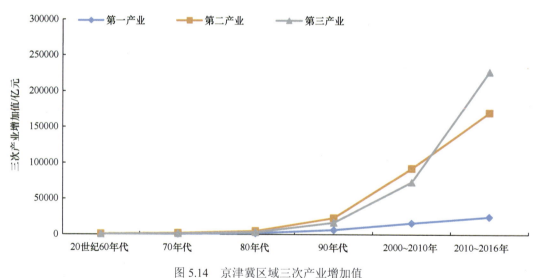

图 5.14 京津冀区域三次产业增加值

注：本图展示了京津冀区域（包括北京市、天津市、河北省）1960~2016 年三次产业增加值累积量。例如，20 世纪 60 年代第三产业增加值累积量为 1960~1969 年中每一年第三产业增加值的累加，可以反映 60 年代这一时期第三产业创造的价值

数据来源：国家统计局

通过以上分析可知，京津冀区域应该进行合理的产业结构调整和转移，北京市、天津市应以发展高新科技产业和发展第三产业为中心，带动制造业和都市农业的发展。河北省应从自身条件出发，坚持发展自身基础产业，同时加快发展第三产业，并要积极承接北京、天津的产业转移，提升自身的产业结构。

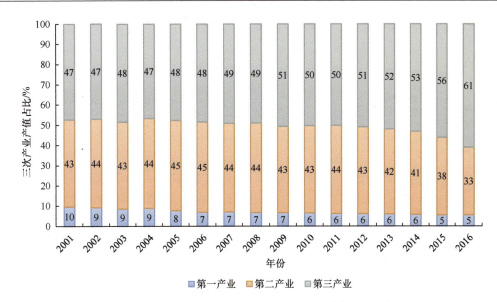

图 5.15　2001~2016 年京津冀区域三次产业产值占 GDP 的比例

注：根据国家统计局公布的京津冀区域三次产业产值进行求和相比得出

B. 北京市

近年来，北京市经济在调整疏解中实现了平稳运行，经济结构不断优化，发展质量总体向好。全市紧紧围绕稳增长、促改革、调结构，大力推进京津冀协同发展，积极构建高精尖经济结构，继续巩固稳中有进、稳中向好的经济发展势头。如图 5.16、图 5.17 所示，2001~2016 年北京市三次产业都呈增长之势递增的趋势，其中，第一、第二和第三产业增加值年均增速分别为 8.9%、12% 和 10%。从三次产业占总 GDP 的比例来看，2001~2016 年，第一产业和第二产业占北京市总 GDP 的比例逐年下降，第三产业占比逐年上升，产业结构达到高级化。2006 年，北京市第三产业占比首次超过 70%，2008 年以来，第三产业占比始终保持在 75% 以上，均高于全国平均水平，第三产业已经成为驱动首都经济增长的主要力量。整体看来，北京市产业结构呈现"三二一"的高级结构，符合产业结构变化的过程。

通过以上分析可知，北京市产业结构已经走在了全国的前头，并且继续保持增长的势头，而 2008 年奥运会之后，工业在首钢等排污企业外迁河北等地后，第二产业逐年下降。这说明，全市第三产业发展向好，其中，金融、信息、科技服务业等优势行业增长较快；经济发展更加关注经济增长的质量和效益。

C. 天津市

天津市经济运行总体平稳，经济结构持续优化，发展活力不断增强，在转型调整中实现新的发展。如图 5.18、图 5.19 所示，天津市 2001~2016 年第一、第二、第三产业逐年增加，其中最明显的是第三产业由 2001 年 881.3 亿元增加到 2016 年的 9661.3 亿元，平均每年增加 548.75 亿元，并在 2014 年第一次超过第二产业，成为国民经济第一大产业。从三次产业占总 GDP 的比例来看，2001~2013 年天津市第一产业占比逐年下降，第三产业占比逐年迅速增加，第二产业占比一直最高，第二产业占比在 2008 年达到

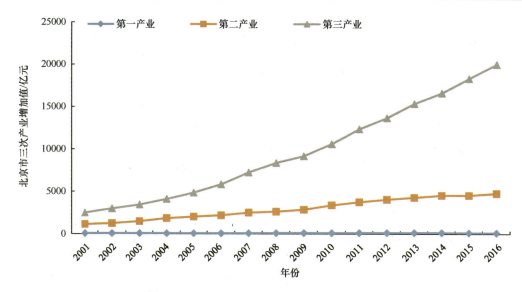

图 5.16 2001~2016 年北京市三次产业增加值

数据来源：历年北京统计年鉴、北京统计局

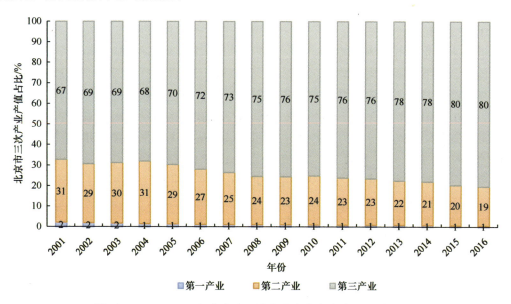

图 5.17 2001~2016 年北京市三次产业产值占当地 GDP 的比例

数据来源：历年北京统计年鉴

55.21%，比第三产业高出 12%，说明第二产业一直是天津经济发展的主要推动力量。2014年以来，天津市第二产业占比逐年降低，第三产业占比逐年提高。

通过以上分析可知，长期趋势来看，天津市第三产业反超第二产业，天津市产业结构呈现"三二一"的形式。

D. 河北省

近年来，河北经济社会发展取得了显著成就，河北不断推动产业调整升级、推动区域协同发展、持续改善生态环境质量和民生，重视改革发展（张凯，2007）。如图 5.20、

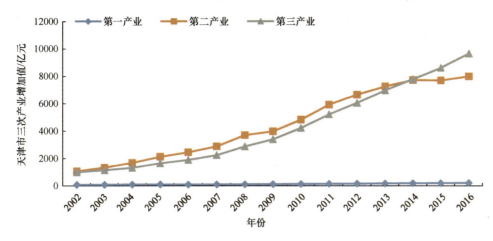

图 5.18　2002~2016 年天津市三次产业增加值

数据来源：历年天津市统计年鉴、天津统计局

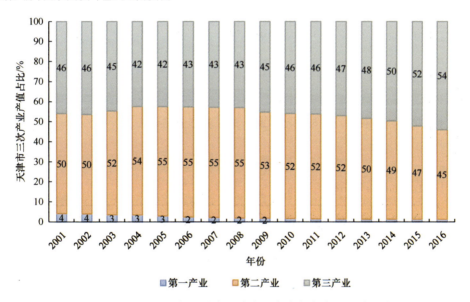

图 5.19　2001~2016 年天津市三次产业产值占当地 GDP 的比例

数据来源：历年天津市统计年鉴、天津统计局

图 5.21 所示，河北省 2001~2016 年三次产业整体呈现增长的趋势，其中第二产业增加趋势最为显著。从三次产业占总 GDP 的比例来看，2001~2016 年，河北省第二产业和第三产业对 GDP 的贡献逐步增强，第三产业占比在 2008 年低于第二产业为 21%。2001~2016 年，北京市和天津市第三产业年均占比达到 45% 之上，而河北省仅占 30% 左右，相差甚远。

通过以上分析可知，河北省第三产业比例明显偏低，吸纳劳动不足。在今后的几年中，可能出现第三产业超过第二产业比例的情况，但所起到的支柱作用还有差距，必须持续发展，缩小与第二产业的差距。

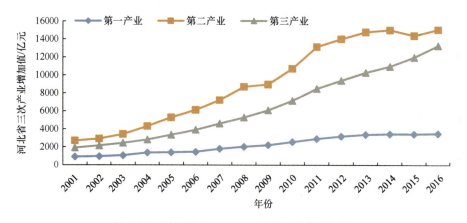

图 5.20　河北省 2001~2016 年三次产业增加值

数据来源：河北省统计年鉴

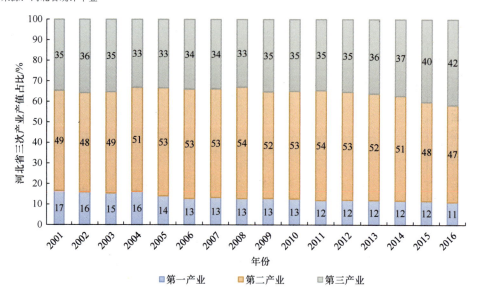

图 5.21　河北省 2001~2016 年三次产业产值占当地 GDP 的结构比例

数据来源：河北省统计局

## 2. 劳动力结构

1）概述

劳动力结构是指劳动就业人口在不同产业的分布，即不同产业的劳动就业人口在总劳动就业人口中所占的比例。劳动力结构是综合反映社会经济面貌的重要指标之一，也是决定经济发展的一个重要因素。劳动力结构与产业结构有着相互促进、相互制约的互动关系。劳动力结构的合理化，能够推动劳动力产业结构的优化，提高劳动力在产业间与产业内的配置效率，并进一步推动产业结构升级（郭凯明等，2013）。

2）发展现状

京津冀协同发展过程中，必须处理好劳动力结构与产业结构的关系。近三十年来，京津冀区域三次产业就业人员结构一直在变动，第一产业就业人员逐渐减少，第三产业就业人员逐渐增多,第三产业就业人员占比在 2005 年超过第一产业占比,成为三次产业中比例最大的产业。这正好符合配第-克拉克定理,随着人均实际收入的提高,劳动力将首先从第一产业流向第二产业,然后再从第二产业流向第三产业。

如图 5.22 所示,20 世纪 80 年代以来,北京市第一产业和第二产业就业人员逐渐减少,第三产业就业人员逐渐增多。80 年代"二三一"结构最明显;90 年代第三产业就业人员逐渐增多,有超过第二产业人员的趋势;2000~2010 年期间已经呈现"三二一"结构,第三产业人员远远大于第二产业人员;2010~2015 年"三二一"结构更加明显。

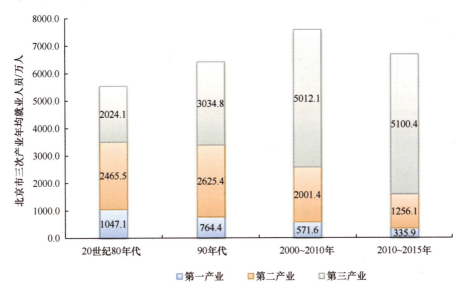

图 5.22　北京市三次产业年均就业人员

注:本图描述了北京市 1980~2015 年三次产业就业人员,年均数是逐年累计后的平均数,反应每个年代的平均就业人数

如图 5.23 所示,天津市第一产业就业人员逐渐减少,第二产业就业人员升中有降,第三产业就业人员逐步超过第二产业人员,第三产业成为就业人员增多的产业。从 2005 年开始天津市形成"三二一"的就业人员结构。

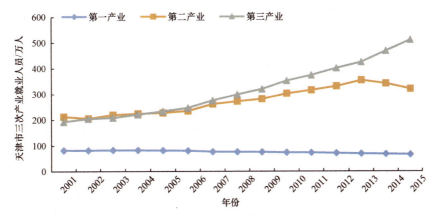

图 5.23　2001~2015 年天津市三次产业就业人员

数据来源:中国统计年鉴

如图 5.24 所示，第一产业就业人员在 20 世纪 90 年代达到最高，在 2010~2015 年最低；第二产业就业人员在近 30 年中波动下降；第三产业就业人员在 2000~2010 年迅速增长，但始终没有超过第二产业人员。河北省形成"二三一"的就业人员结构，与其第二产业发达相关。

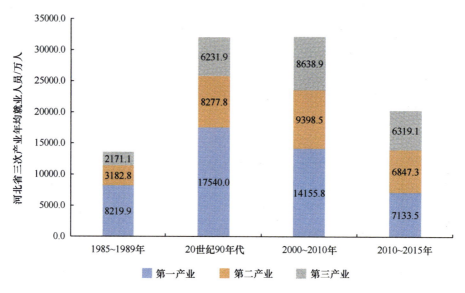

图 5.24　河北省三次产业年均就业人员

注：描述了河北省 1985~2015 年三次产业就业人员，年均数是逐年累计后的平均数，反映每个年代的平均就业人数

### 3. 技术结构

1）概述

技术结构是指国家、部门、地区或企业在一定时期内不同等级、不同类型的物质形态和知识形态技术的组合和比例。它能够反映技术水平和状况，影响及决定产业结构和经济发展。技术结构和生产力的发展有着密切的相互制约、相互促进的关系。

2）发展现状

在京津冀协同发展的国家战略下，建设全国科技创新中心，开展科技创新活动需要不断突破地域、组织、技术界限，避免区域中出现孤岛。目前，北京、天津、河北三地在创新体系中各有优势，北京技术原创能力突出、科研成果丰富，天津有先进研发制造基地的优势，河北有产业转型的创新需求，有构建区域创新集群的基础。北京正为"京津冀"协同发展注入活力，加强技术交流，整体上优化技术结构，促进京津冀区域的经济发展。2014 年北京博奇的烟气脱硝技术输出到河北省衡水和西柏坡，为京津冀区域大气污染治理一体化提供了技术支撑。北京科技资源密集，每年超一半技术成果辐射京外地区，其中，2014 年输出到津、冀的技术合同就达 3475 项，成交额达到 83.2 亿元。

#### 4. 消费结构

1）概述

消费结构是在一定的社会经济条件下，人们在消费过程中所消费的各种不同类型的消费资料（包括劳务）的比例关系。它可以掌握和探索消费的变动趋势，及时调整产业结构和产品结构，衔接好产需关系；同时，可以借此剖析和评价一定的产业系统的经济效率，以及衡量与检验人们的需求获得满足的状况。

2）发展现状

"十二五"时期，消费成为拉动京津冀区域经济增长的主要力量，对经济转型和结构调整发挥了重要带动作用。京津冀区域消费结构发生变化：恩格尔系数逐渐降低，从实现温饱向小康大步前进；从商品性消费逐渐向服务性消费转变；从传统商品拉动向信息消费拉动转移；从集团消费向大众消费转移。

恩格尔系数是国际上通用的衡量居民生活水平高低的一项重要指标，一般随居民家庭收入和生活水平的提高而下降。根据我国恩格尔系数指标统计情况，将其分为城镇恩格尔系数和农村恩格尔系数。如图 5.25 所示，北京、天津、河北三地的城镇恩格尔系数在波折中下降（天津市恩格尔系数缺失 2014 年和 2015 年数据），天津市整体波动相对较小，下降趋势不明显，在三地中系数最高。如图 5.26 所示，2001~2015 年，北京、天津、河北三地的农村恩格尔系数整体处于富裕标准，虽几经波折，变化范围大且起伏不定，但从 2009 年开始有了明显的下降趋势，逐步朝向最富裕迈进。

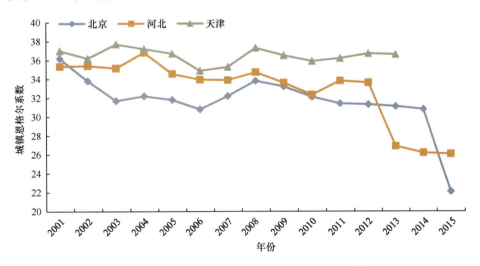

图 5.25　2001~2015 年京津冀区域城镇恩格尔系数

数据来源：中国统计年鉴

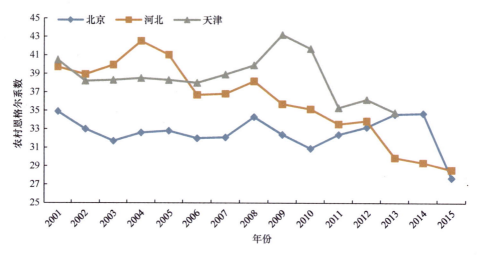

图 5.26　2001~2015 年京津冀区域农村恩格尔系数

数据来源：中国统计年鉴

## 5.3　本 章 小 结

　　京津冀区域人口密集，经济发展较为集中，京津冀区域合作现已上升为国家战略。本章结合京津冀三地人口、经济的相关指标数据，具体对北京、天津、河北，以及环京津城市人口、经济情况进行描述，并指出人口、经济当前面临的问题。京津冀区域面临人口递增、区域外劳动力持续大量涌入、区域内大量剩余劳动力需要转移、老龄化等人口问题，区域城市发展不平衡、发展活力下降、经济结构亟须调整等经济问题。

## 参 考 文 献

北京市统计局. 2016. 北京统计年鉴. http://www.bjstats.gov.cn/nj/main/2016-tjnj/zk/indexce.htm. 2017-4-30

北京市统计局. 2017. 北京市 2016 年国民经济和社会发展统计公报. http://www.bjstats.gov.cn/tjsj/tjgb/ndgb/201702/t20170227_369467.html. 2017-4-30

郭凯明, 余靖雯, 龚六堂. 2013. 人口政策、劳动力结构与经济增长. 世界经济, (11): 72-92

河北省统计局. 2017. 河北经济年鉴. http://www.hetj.gov.cn/hetj/tjsj/jjnj/101482994579503.html. 2017-5-7

李鑫. 2009. 人口增长对经济发展的影响因素分析. 商业时代, (07): 11-12

天津市统计局. 2017. 天津统计年鉴. http://www.stats-tj.gov.cn/Item/26545.aspx. 2017-7-13

张凯. 2007. 京津冀地区产业协调发展研究. 武汉: 华中科技大学博士学位论文

中国国家统计局. 2013. 中国统计年鉴. 北京: 中国统计出版社

# 第6章 区域环境现状分析

人口与环境是一个完整的具有一定结构和功能的系统。长期以来，人们对人口与环境的相互依存、相互制约关系认识不足。在改造环境上，往往为了局部的眼前的利益而损害整体的长远的利益，导致生态危机。近年来，京津区域大气环境和水环境问题日益突出。京津冀区域经济总量大、人口众多，不仅属于严重缺水地区，也是大气污染较严重的地区。随着人口的不断增长，工农业生产的相应发展，能源和资源大量消耗，从而带来对环境的污染。如不加以规划和控制，将形成恶性循环，对人类未来社会和经济的发展带来危害性冲击。京津冀区域的大气状况已经污染到什么程度？我们应该从哪些方面缓解大气污染？这些问题的解决刻不容缓。

区域环境主要包括大气环境、水环境、土壤环境、声环境和生态环境等，其中大气环境、水环境、土壤环境对人们的影响力较大，也是人们关注的主要问题。除此之外，二氧化碳排放引起的温室效应，使全球气温逐渐升高，气候发生变化，引起人们的普遍关注。因此，本章从大气环境、水环境、土壤环境以及碳排放4个角度对京津冀区域的环境排放情况进行分析。

## 6.1 大 气 环 境

中国的经济发展起步较晚，势态猛烈，粗放型的生产方式造成了许多环境污染问题，尤其是大气污染。随着工业化进程的加快，$SO_2$（二氧化硫）、$NO_x$（氮氧化物）、$PM_{10}$（可吸入颗粒物）、$PM_{2.5}$（细颗粒物）、CO（一氧化碳）等污染气体不断排入大气环境中，导致大气污染程度日益加剧，环境空气质量不断下降。

自2013年开始，京津冀多次启动雾霾橙色预警，大气污染严重影响了居住环境和人类的身体健康。现如今，京津冀都市圈是中国三大都市经济圈之一，是拉动我国整个华北地区经济腾飞的引擎。但是由于京津冀区域产业结构失衡，能源结构不合理，相关的环境法律制度不健全，导致京津冀区域的环境日益恶化。2015年，京津冀区域13个地级以上城市$PM_{2.5}$、$PM_{10}$指标均超标，$SO_2$、$NO_x$、CO浓度也居高不下。为此京津冀三地协作采取积极应对政策，逐渐减少雾霾的发生频次，改善大气环境，其中，北京、天津，以及河北省唐山、廊坊、保定、沧州6个城市被划为京津冀大气污染防治核心区。2015年，京津冀三地$PM_{2.5}$平均浓度为78μg/m³，同比下降22.1%，出现了"APEC蓝"和"阅兵蓝"。尽管近几年京津冀区域的环境质量有所改变，但是仍然需要加大力度对环境进行管理和监督。

### 6.1.1　大气污染物排放浓度

根据 2017 年《环境质量空气质量标准》，目前我国对大气环境的监测主要是监测大气中 $SO_2$、$NO_2$、$PM_{10}$、$PM_{2.5}$、CO、$O_3$ 等的浓度，其中 $PM_{2.5}$ 指标是从 2013 年 3 月开始进入空气质量指标体系，$O_3$ 是从 2012 年 6 月开始进入空气质量指标体系。《环境质量空气质量标准》对每一种大气污染物设定了相应的达标浓度，其中包括年达标浓度、日达标浓度和实时达标浓度，见表 6.1。

表 6.1　大气污染物浓度标准

| 污染物 | 平均时间 | 浓度限值 | | 单位 |
| --- | --- | --- | --- | --- |
| | | 一级 | 二级 | |
| $SO_2$（二氧化硫） | 年平均 | 20 | 60 | $\mu g/m^3$ |
| | 24 小时平均 | 50 | 150 | |
| | 1 小时平均 | 150 | 500 | |
| $NO_2$（二氧化氮） | 年平均 | 40 | 40 | $mg/m^3$ |
| | 24 小时平均 | 80 | 80 | |
| | 1 小时平均 | 200 | 200 | |
| CO（一氧化碳） | 24 小时平均 | 4 | 4 | $mg/m^3$ |
| | 1 小时平均 | 10 | 10 | |
| $O_3$（臭氧） | 日最大 8 小时平均 | 100 | 160 | $\mu g/m^3$ |
| | 1 小时平均 | 160 | 200 | |
| $PM_{10}$（颗粒物直径小于等于 10μm） | 年平均 | 40 | 70 | $\mu g/m^3$ |
| | 24 小时平均 | 50 | 150 | |
| $PM_{2.5}$（颗粒物直径小于等于 2.5μm） | 年平均 | 15 | 35 | $\mu g/m^3$ |
| | 24 小时平均 | 35 | 75 | |

数据来源：环境质量空气质量标准。

根据大气污染物排放浓度标准，针对京津冀区域的代表城市北京、天津、石家庄，以及环京津的 6 个城市廊坊、唐山、张家口、秦皇岛、保定、承德，收集这些城市 2001~2015 年 $SO_2$、$NO_2$、$PM_{10}$ 年平均浓度数据。通过数据分析这些城市大气污染物排放浓度及达标情况，进而分析京津冀区域大气污染物排放浓度情况。下面对北京市、天津市、河北省，以及环京津几个城市的大气污染物排放浓度进行分析。

**1. 北京市**

近 15 年来，北京市大气污染物的排放浓度反复波折，整体呈下降趋势，空气质量得到基本改善，但 $PM_{10}$、CO、$O_3$ 等指标年平均浓度一直处于超标状态，见表 6.2。

其中，$PM_{10}$ 年平均浓度下降但伴有一定程度的波动，最高点在 2002 年，年平均浓度为 $0.17mg/m^3$，2002~2008 年处于不断波动阶段，2009~2015 年呈现较明显的下降趋势（图 6.1）。$PM_{2.5}$ 从 2013 年开始进行监测，2015 年相较于前两年有所下降，但 2013~2015

年均未达标。SO$_2$ 年平均浓度也基本呈阶梯式下降趋势，2001~2015 年年均达到二级标准。NO$_2$ 年平均浓度变化不大，2002~2008 年呈下降趋势，于 2008 年达到最低值 0.05mg/m$^3$，但也没有达标，后又小幅回升，但在 2015 年下降（图 6.1）。CO 排放浓度波动明显，呈现先下降再突然升高的趋势，2001~2015 年都处于达标状态；O$_3$ 排放浓度 2013~2015 年均超标。

表 6.2　2001~2015 年北京市大气污染物排放浓度　　　（单位：mg/m$^3$）

| 年份 | PM$_{10}$（年平均浓度） | PM$_{2.5}$（年平均浓度） | SO$_2$（年平均浓度） | NO$_2$（年平均浓度） | CO（24 小时平均） | O$_3$（日最大 8 小时平均） |
|------|------|------|------|------|------|------|
| 2001 | 0.17 | — | 0.06 | 0.07 | 2.6 | — |
| 2002 | 0.17 | — | 0.07 | 0.08 | 2.5 | — |
| 2003 | 0.14 | — | 0.06 | 0.07 | 2.4 | — |
| 2004 | 0.15 | — | 0.06 | 0.07 | 2.2 | — |
| 2005 | 0.14 | — | 0.05 | 0.07 | 2.0 | — |
| 2006 | 0.16 | — | 0.05 | 0.07 | 2.1 | — |
| 2007 | 0.15 | — | 0.05 | 0.07 | 2.0 | — |
| 2008 | 0.12 | — | 0.04 | 0.05 | 1.4 | — |
| 2009 | 0.12 | — | 0.03 | 0.05 | 1.6 | — |
| 2010 | 0.12 | — | 0.03 | 0.06 | 1.5 | — |
| 2011 | 0.11 | — | 0.03 | 0.06 | 1.4 | — |
| 2012 | 0.11 | — | 0.03 | 0.05 | 1.4 | — |
| 2013 | 0.11 | 0.09 | 0.03 | 0.06 | 3.4 | 0.19 |
| 2014 | 0.12 | 0.09 | 0.02 | 0.06 | 3.2 | 0.20 |
| 2015 | 0.10 | 0.08 | 0.01 | 0.05 | 3.6 | 0.20 |

数据来源：北京市历年统计年鉴。

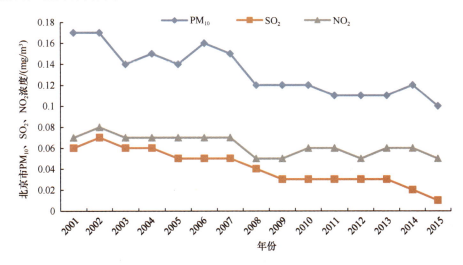

图 6.1　2001~2015 年北京市 SO$_2$、NO$_2$、PM$_{10}$ 年平均排放浓度

数据来源：北京市历年统计年鉴

以上分析可知，从污染物多年的变化趋势来看，在波动中下降是空气质量改善的基本形态，趋势是明显的，但过程是循序渐进的。如要彻底消灭空气重污染，根本在于大范围区域内调整产业结构、优化能源结构、改变生产和生活方式，降低大气污染物排放水平，使其与区域环境容量相匹配。大气污染治理是一项具有长期性和艰巨性的工作。

**2. 天津市**

天津市实施控制污染物排放许可制，促进环境质量改善，2001~2015 年天津市大气污染物排放浓度整体呈现下降趋势，见表 6.3。

其中，$PM_{10}$ 年平均排放浓度起伏较大，最大值 $0.167mg/m^3$，最低也有 $0.090mg/m^3$，近 15 年天津市 $PM_{10}$ 年平均排放浓度均没有达标（图 6.2）。$PM_{2.5}$ 年平均浓度距国家二级标准 $35mg/m^3$ 还有一定距离，但是 2015 年较 2013 年有所下降。$SO_2$ 年平均浓度在 2003~2006 年一直处于超标状态，在 2007 年达到二级标准。$NO_2$ 年平均浓度呈小幅度波动，在 2007 年达到最低值 $0.040mg/m^3$，并达到二级标准。CO 的 24 小时平均排放浓度控制较好，2013~2015 年均达到国家二级标准。$O_3$ 日最大 8 小时平均排放浓度在 2013~2015 年均达到国家二级标准 $0.160mg/m^3$。

**表 6.3　2001~2015 年天津市大气污染物排放浓度**　　　　（单位：$mg/m^3$）

| 年份 | $PM_{10}$<br>（年平均浓度） | $PM_{2.5}$<br>（年平均浓度） | $SO_2$<br>（年平均浓度） | $NO_2$<br>（年平均浓度） | CO<br>（24 小时平均） | $O_3$<br>（日最大 8 小时平均） |
|---|---|---|---|---|---|---|
| 2001 | 0.167 | — | 0.054 | 0.048 | — | — |
| 2002 | 0.138 | — | 0.069 | 0.046 | — | — |
| 2003 | 0.133 | — | 0.073 | 0.051 | — | — |
| 2004 | 0.111 | — | 0.073 | 0.052 | — | — |
| 2005 | 0.110 | | 0.080 | 0.050 | — | — |
| 2006 | 0.110 | | 0.070 | 0.050 | — | — |
| 2007 | 0.090 | | 0.060 | 0.040 | — | — |
| 2008 | 0.090 | | 0.060 | 0.040 | — | — |
| 2009 | 0.100 | | 0.060 | 0.040 | — | — |
| 2010 | 0.100 | | 0.050 | 0.050 | — | — |
| 2011 | 0.090 | | 0.040 | 0.040 | — | — |
| 2012 | 0.110 | | 0.050 | 0.040 | — | — |
| 2013 | 0.150 | 0.100 | 0.060 | 0.040 | 3.700 | 0.150 |
| 2014 | 0.130 | 0.080 | 0.050 | 0.050 | 2.900 | 0.160 |
| 2015 | 0.110 | 0.070 | 0.020 | 0.040 | 3.100 | 0.140 |

数据来源：天津市历年统计年鉴。

以上分析可知，天津市环境空气质量逐步提高，污染物浓度降低。2015 年为近五年的最好情况，这与实施大气环境保护措施以及天津市经济结构调整相关。

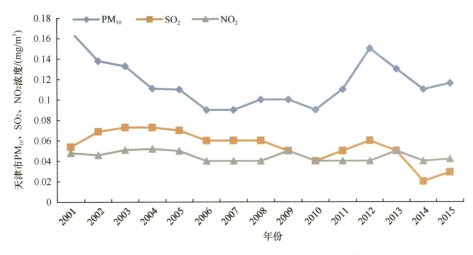

图 6.2　2001~2015 年天津市 $SO_2$、$NO_2$、$PM_{10}$ 年平均排放浓度

数据来源：天津市历年统计年鉴

### 3. 石家庄市

在 2016 年的空气质量监测中，全国十大空气污染城市中河北省占了 7 个，而石家庄成为空气污染最严重的城市，2016 年石家庄市实施史上最严大气污染防治措施，尽最大努力改善大气环境质量。2005~2015 年石家庄市大气污染物排放浓度在波折中下降，其中在 2013 年出现高峰，见表 6.4。

表 6.4　2005~2015 年石家庄大气污染物排放浓度　　　　　　（单位：$mg/m^3$）

| 年份 | $PM_{10}$<br>（年平均浓度） | $PM_{2.5}$<br>（年平均浓度） | $SO_2$<br>（年平均浓度） | $NO_2$<br>（年平均浓度） | CO<br>（24 小时平均） | $O_3$<br>（日最大 8 小时平均） |
|---|---|---|---|---|---|---|
| 2005 | 0.13 | — | 0.05 | 0.04 | — | — |
| 2006 | 0.14 | — | 0.04 | 0.04 | — | — |
| 2007 | 0.13 | — | 0.04 | 0.04 | — | — |
| 2008 | 0.12 | — | 0.05 | 0.03 | — | — |
| 2009 | 0.10 | — | 0.05 | 0.04 | — | — |
| 2010 | 0.10 | — | 0.05 | 0.04 | — | — |
| 2011 | 0.10 | — | 0.05 | 0.04 | — | — |
| 2012 | 0.10 | — | 0.06 | 0.04 | — | — |
| 2013 | 0.31 | 0.15 | 0.11 | 0.04 | 5.70 | 0.17 |
| 2014 | 0.21 | 0.12 | 0.06 | 0.05 | 4.20 | 0.16 |
| 2015 | 0.14 | 0.09 | 0.04 | 0.04 | 3.20 | 0.14 |

数据来源：国家统计局。

$PM_{10}$ 年均浓度 2005~2015 年一直没有达到国家二级标准，2006~2012 年呈下降趋势，2009 年达到最低值 $0.10mg/m^3$，2013 年突然反弹，年均排放浓度达到近十年最大值 $0.31mg/m^3$，之后又急剧下降（图 6.3）。$PM_{2.5}$ 年平均排放浓度在近几年均未达标，且距国家标准 $0.035mg/m^3$ 还有一定差距，但下降趋势明显。$SO_2$ 年平均浓度在 2005~2012 年，波动范围为 0.040~0.060mg/m$^3$，达到国家二级水平。2012 年之后呈现反弹趋势，在 2013 年达到最大值 0.11mg/m$^3$（图 6.3）。NO$_2$ 年平均浓度变化极小，都在国家二级标准 0.04mg/m$^3$ 附近上下波动。CO 的 24 小时平均排放浓度在 2013~2015 年，但有所下降，逐步降低到国家二级标准以下。O$_3$ 日最大 8 小时平均排放浓度从 2013 年的 0.17mg/m$^3$ 下降为 2015 年的 0.14mg/m$^3$，在 2015 年达到国家二级标准。

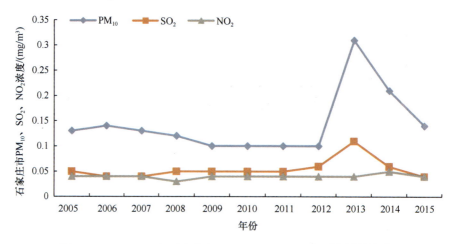

图 6.3　2005~2015 年石家庄市 SO$_2$、NO$_2$、PM$_{10}$ 年平均排放浓度
数据来源：国家统计局

以上分析可知，石家庄市空气质量情况严峻，但在治理中。2017 年 1 月 1 日起施行《石家庄市大气污染防治条例》，重点解决燃煤污染防治、机动车污染防治、扬尘污染防治、工业及其他大气污染防治、重污染天气应对及法律责任等问题，努力提高环境质量。

### 4. 环京津城市

京津冀及周边城市大气环境质量近几年有所改善，但仍然是我国大气污染最重的区域。其中秦皇岛、唐山、保定、廊坊、张家口、承德紧紧围绕着北京、天津，且污染严重。在大气联防联控趋势下，除了分析京津两地还要重点分析其周围地区，环京津地区大气污染物排放浓度见表 6.5。

环京津地区中唐山、廊坊、保定三地区污染情况严重，PM$_{10}$ 和 PM$_{2.5}$ 浓度居高不下。张家口大气环境在环京津地区中最优，与张家口当地的环境条件、产业结构相关。保定市的 O$_3$ 排放浓度居于首位，主要与其气温偏高存有一定的关系，辐射增强、气温增高会导致地表臭氧浓度升高，而 O$_3$ 高浓度使气态污染物被氧化成细颗粒物，对 PM$_{2.5}$ 的形成有促进作用，进一步加重污染。

以上分析可知，京津冀区域大气污染严重，其中以石家庄市为代表的河北省在 PM$_{2.5}$ 和 PM$_{10}$ 排放浓度远高于标准水平，环北京的六个城市的污染物浓度较高，基本高于北京市和天津市，对京津地区环境有一定的影响。北京市和天津市的 CO 排放量控制较好，一直低于标准水平。从整体趋势看，近几年来污染物的排放浓度都有所下降。

表 6.5 环京津地区大气污染物排放浓度 （单位：mg/m³）

| 年份 | 地区 | PM₁₀（年平均浓度） | PM₂.₅（年平均浓度） | SO₂（年平均浓度） | NO₂（年平均浓度） | CO（24 小时平均） | O₃（日最大 8 小时平均） |
|---|---|---|---|---|---|---|---|
| 2013 | 张家口 | 0.09 | 0.04 | 0.05 | 0.03 | 1.70 | 0.17 |
| | 唐山 | 0.18 | 0.12 | 0.11 | 0.07 | 2.66 | 0.11 |
| | 秦皇岛 | 0.12 | 0.07 | 0.06 | 0.05 | 4.00 | 0.16 |
| | 承德 | 0.10 | 0.05 | 0.04 | 0.04 | 4.00 | 0.16 |
| | 廊坊 | 0.31 | 0.15 | 0.11 | 0.04 | 5.70 | 0.17 |
| | 保定 | 0.22 | 0.14 | 0.07 | 0.06 | 5.50 | 0.21 |
| 2014 | 张家口 | 0.08 | 0.04 | 0.05 | 0.03 | 1.07 | 0.09 |
| | 唐山 | 0.16 | 0.10 | 0.07 | 0.06 | 2.40 | 0.09 |
| | 秦皇岛 | 0.11 | 0.06 | 0.05 | 0.05 | 3.50 | 0.11 |
| | 承德 | 0.11 | 0.05 | 0.04 | 0.04 | 2.30 | 0.17 |
| | 廊坊 | 0.21 | 0.12 | 0.06 | 0.05 | 4.20 | 0.16 |
| | 保定 | 0.22 | 0.13 | 0.07 | 0.06 | 5.40 | 0.18 |
| 2015 | 张家口 | 0.08 | 0.03 | 0.03 | 0.03 | 1.60 | 0.16 |
| | 唐山 | 0.14 | 0.09 | 0.04 | 0.05 | 4.20 | 0.18 |
| | 秦皇岛 | 0.10 | 0.09 | 0.04 | 0.05 | 3.60 | 0.11 |
| | 承德 | 0.09 | 0.04 | 0.02 | 0.04 | 2.30 | 0.18 |
| | 廊坊 | 0.14 | 0.09 | 0.06 | 0.04 | 4.30 | 0.15 |
| | 保定 | 0.17 | 0.11 | 0.06 | 0.05 | 5.80 | 0.18 |

数据来源：河北统计局。

## 6.1.2 大气污染物排放总量

随着经济的发展、能源的消耗，大气污染日益严重。京津冀区域能源消费排放的大气污染物主要包括 $SO_2$（二氧化硫）、烟（粉）尘、$NO_x$（氮氧化物）等（莫莉娟，2015）。其中烟（粉）尘排放是指燃料燃烧过程中产生的烟气中夹带的颗粒物排放量，因此又可以细分为工业烟（粉）尘排放量和生活烟（粉）尘排放量。本书通过对北京、天津、河北三地大气污染物排放总量中 $SO_2$ 排放量、烟（粉）尘排放量进行估算，进而分析京津冀区域大气污染物排放总量情况。

**1. $SO_2$ 排放量**

$SO_2$ 排放量对大气环境的影响较大，京津区域 $SO_2$ 排放量近年来逐渐增多，主要来源于工业排放。其中天津市、河北省第二产业发达，工业排放出大量废弃物包含污染物 $SO_2$。而化石能源使用的不断增加，加重了 $SO_2$ 排放量，其中河北高耗能行业综合能耗达 90%，北京高耗能行业综合能耗也达 70% 以上。本书对北京、天津、河北三地的 $SO_2$ 排放总量进行估算，进而分析京津冀区域 $SO_2$ 排放总量情况。

京津冀区域总体 $SO_2$ 排放量在 2004~2008 年达到最大值，整体呈现先增多再逐步下降的趋势。不难看出，河北省的 $SO_2$ 排放曲线和京津冀区域的曲线最为接近，而北京市和天津市的 $SO_2$ 排放量占京津冀区域排放总量的比例较小，如图 6.4 所示。

其中，北京市是京津冀区域中排放最少的城市，逐步降低并且减排效果显著；天津市也取得了一定的成效，从 2001 年的 26.8 万 t 减少到 2015 年的 18.6 万 t，减幅为 29.8%；河北省在总排放量中占据最大比例，这与河北省的经济结构相关，第二产业发达，重工业带来了污染物排放。

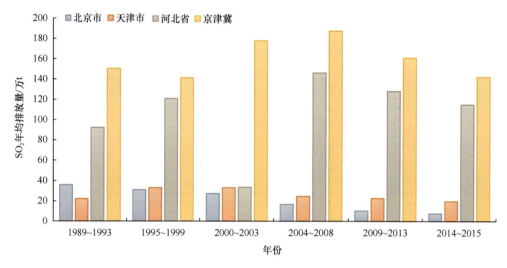

图 6.4　京津冀区域主要年份 $SO_2$ 年均排放量

数据来源：国家统计局

2001~2015 年京津冀区域 $SO_2$ 排放量情况如图 6.5 所示，15 年间北京市 $SO_2$ 排放量从 19.1 万 t 下降到 7.1 万 t，减少了 12 万 t，减幅达 62.8%，减排效果显著；天津市 $SO_2$ 排放量从 26.5 万 t 下降到 18.6 万 t，减幅为 29.8%；而河北省 $SO_2$ 排放量下降过程中波动较大，2001~2010 年处于下降趋势，2011 年又出现回升趋势，但从 2013 年一直不断下降，2015 年下降至 110.9 万 t。京津冀区域 $SO_2$ 排放量下降，其中河北省减排的贡献率达 66%。

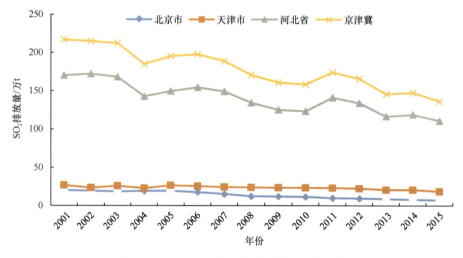

图 6.5　2001~2015 年京津冀区域 $SO_2$ 排放量

数据来源：中国统计年鉴

以上分析可知，近 15 年京津冀区域在二氧化硫减排方面取得的成效显著，排放量逐步降低，但仍未达到标准，大气污染仍十分严重。其中工业二氧化硫排放量占二氧化硫排放总量的 90% 以上，控制工业二氧化硫的排放、调整工业发展模式才是治理的重点。

**2. 烟（粉）尘排放量**

工业污染对大气环境的影响较大，京津冀区域工业烟（粉）尘排放量占烟（粉）尘排放总量的 82.6%。其中，河北省工业发达，烟（粉）尘占比远高于北京市和天津市。本书通过对北京市、天津市、河北省三地的烟（粉）尘排放总量进行估算，进而分析京津冀区域烟（粉）尘排放总量情况。

京津冀区域烟（粉）尘年均排放量整体呈现增加趋势，如图 6.6 所示。2001~2005年排放减少，但之后又反弹并在 2011~2015 年达到最大值。其中，北京市在近 25 年的时间中，逐步降低，是京津冀区域中排放最少的城市；天津市与北京市的趋势相一致，呈现逐步降低趋势；而河北省则持续增长，且在总排放量中占据最大比例。

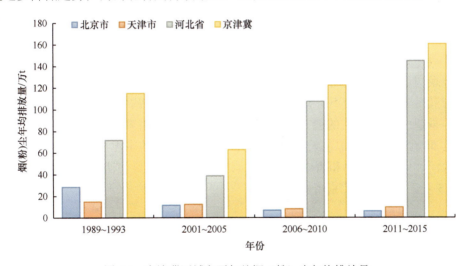

图 6.6　京津冀区域主要年份烟（粉）尘年均排放量

数据来源：中国统计年鉴

京津冀区域烟（粉）尘排放量趋势如图 6.7 所示，其波动起伏较大，2001~2003 略微下降，2004~2005 年突然上升，2005~2010 年处于下降趋势，在 2010 年之后又不断回升，到 2014 年达到最大值 199.46 万 t。其中北京市烟（粉）尘排放量在 2001~2015 年排放量不断下降，烟（粉）尘排放量控制措施效果显著；天津市烟（粉）尘排放量有小幅波动，到 2014 年增加较显著，达到 13.95 万 t 排放量；而河北省的烟（粉）尘排放量占京津冀区域总排放量的 90% 左右，其烟（粉）尘排放量与京津冀整个区域的趋势基本一致。

以上分析可知，京津冀区域烟（粉）尘排放量的减排效果不明显，曲折程度大，处理力度不够，导致近几年烟（粉）尘排放量持续增高，这可能是近几年雾霾天气较多的一项重要原因。另外，从近十年北京市、天津市、河北省和京津冀整个区域排放物总量的曲线来看，河北省无疑是排放污染物最多的区域，近几年北京市污染企业外迁更加剧了这一现象，因此京津冀区域大气污染的主要推动力是河北省。

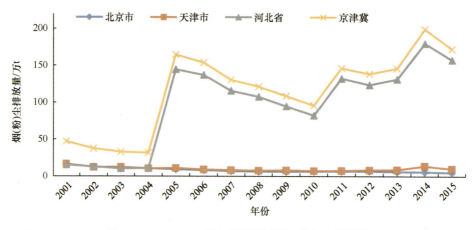

图 6.7　2001~2015 年京津冀区域烟（粉）尘排放量

数据来源：中国统计年鉴

### 3. PM2.5

京津冀作为环渤海的核心经济区域，其粗犷的发展模式导致污染企业众多，近几年北京市及周边城市出现的春天"沙尘暴"，夏天"桑拿天"以及秋冬"雾霾天"等极端气候与其污染物排放密不可分。据不完全统计，北京市及周边火电厂达到 11 个，其中装机容量超过 2000MW 的就有 2 个，张家口发电厂的装机容量甚至达到了 2560MW。钢铁厂达 58 个，主要集中在天津市及河北唐山。环北京的水泥厂共有 60 余个，主要集中在天津、保定、承德和唐山等地。北京市人口密集，日生活垃圾量大，垃圾焚烧厂就有 13 个。图 6.8 为北京市及周边城市火电厂、钢铁厂、水泥厂及垃圾焚烧厂的示意图。

由于人口密度大，燃煤、燃油和天然气燃烧等排放的废气导致京津冀区域深受极端气候的影响。20 世纪 50 年代，沙尘暴盛行，多的年份沙尘暴天数达到 20~30 天（刘学峰等，2004），随后沙尘暴逐渐得到控制。然而，"桑拿天"和"雾霾天"使得极端天气重新成为话题。50 年代以来，京津冀夏季高温天气呈现多–少–多的年际变化特征，在 1972 年与 1997 年达到两个小高峰，年高温日数都在 20 天以上；60 年代夏季平均高温日数为 9.6 天；70 年代减少至 6.4 天；80 年代夏季平均高温日数最少，为 5.9 天；90 年代增加到 7.8 天；2000~2010 年又增加至 9.3 天，呈现波动式弱增加趋势（施洪波，2011）。雾霾天气自 80~90 年代一直呈现增长趋势，至 2006 年，京津冀雾霾总天数增加至 350 余天的最大值，到 2009 年减少至 245 天的最小值，而后至 2012 年又增加至 314 天（柴艺淳，2015）。2016 年，世界卫生组织（WHO）公布的"全球城市污染数据库"中，河北省的邢台和保定进入全球 PM2.5 污染前十，年均浓度分别为 128μg/m³ 和 126μg/m³。北京以 85μg/m³ 的 PM2.5 浓度位列中国第十一。图 6.9 和图 6.10 分别显示了北京市及周边城市的空气质量情况。

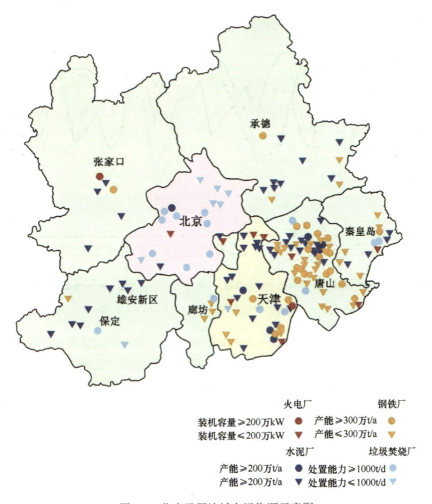

图 6.8　北京及周边城市污染源示意图

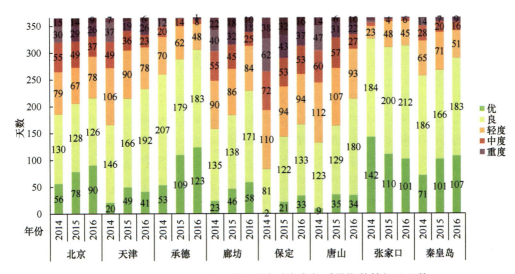

图 6.9　2014~2016 年北京市及周边城市空气质量指数等级及天数

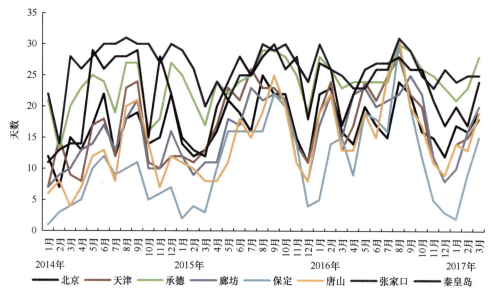

图 6.10   2014~2017 年北京市及周边城市月合格天数及变化趋势

由 $PM_{2.5}$ 等数据计算出来的空气质量指数可以显示出京津冀雾霾的变化趋势。由图 6.9 和图 6.10 可以得出，保定市的空气质量等级为优和良的天数最少，空气质量等级为严重的天数最多，合格天数的折线普遍低于其他城市，说明 2014~2016 年保定市的空气质量差，北京市合格天数的折线在七个城市中属于中等水平，但是并不代表北京市的空气质量好，相反，2014 年 15 天的严重和 30 天的重度污染，2015 年 14 天的严重和 29 天的重度污染，以及 2016 年 9 天的严重和 26 天的重度污染说明了北京市的环境恶化程度。雾霾所产生的恶劣能见度对机场、高速公路造成很大影响，更容易引发各种交通事故，空气污染不仅会伤害人们的眼睛和呼吸系统，损害人体健康，而且对精密机械、精密化工等行业有严重的破坏性影响。如何有效的控制雾霾产生已经成为当前及以后的一段时间政府部门、企业和社会所面临的一项严峻挑战。

## 6.2  水  环  境

由于人类对生产生活中的废弃物处置不当，以不同方式对水资源造成的污染越来越严重，对人类的正常生存造成了威胁。京津冀区域水环境污染情况不容乐观，水环境已然成为最核心的生态问题。京津冀大部分位于海河流域，自 20 世纪 50 年代以来由于农业发展、兴修大型水库蓄水、气候变化等原因大量开采地下水和截蓄地表水，致使该地区地下水位持续下降、漏斗面积不断增加，地表河流干涸、断流，地表湖泊不断退化萎缩（王益群和张伟，2003）。其中，白洋淀水域面积从 50 年代 561km$^2$ 锐减至 366km$^2$，并陷入了持续干淀和污染的恶性循环。

水环境分为地下水环境和地表水环境两个方面，本节从污染源的角度对这两方面分别进行分析。

## 6.2.1　地下水环境

地下水是地球水资源的重要组成部分,与人类社会关系密切,为农业灌溉、工矿企业生产用水,以及城市生活用水提供重要水源,成为人类社会必不可少的重要水资源。近些年来,京津冀不仅遭受着雾霾的侵袭,还陷入了地下水污染的困境。地下水污染不像雾霾,可以看到闻到,地下水污染无色无味不易察觉,没有引起足够重视。

由于过量的开采和不合理的利用地下水,常造成地下水位下降,从而形成大面积的地下水下降漏斗,在地下水用量集中的城市地区,还会引起地面沉降。此外工业废水、生活污水的大量渗入和残留的农药、化肥常常严重地污染地下水源,危及地下水资源。地下水超采、废水的排放,以及化肥的过度使用已经成为地下水的主要污染源,通过分析其来源说明京津冀区域地下水污染情况。

**1. 地下水超采**

地下水超采是指地下水开采量超过地下水可开采量的现象。地下水超采会影响到正常的地下水的水动力条件,水循环活动不积极,成为化学成分聚集带,从而导致地下水质恶化。京津冀区域中,北京市未出现明显的地面降沉,天津市部分地区出现漏斗,而河北省情况最为严重,河北省的鸡泽、平乡、衡水、沧州西北部等地区,过量开采地下水,形成地下水降落漏斗,产生地面沉降。

2001~2015 年京津冀区域的地下水供水总量缓慢下降,从 2001 年 203.3 亿 $m^3$ 下降到 2015 年的 156.7 亿 $m^3$,如图 6.11 所示。京津冀三省（市）的地下供水总量减少趋势相一致,其中河北省的下降量最为明显,但河北省地下水的开采量仍居高不下;北京市地下供水量明显少于河北省,但下降速度趋于平缓;天津市的地下水供水总量最少,变化也最小。日复一日年复一年的开发,存在开采过度的问题。就北京市来说,2015 年北京市地下水供水总量为 18.2 亿 $m^3$,而地下水资源为 20.60 亿 $m^3$,供水量占地下水资源的 88.3%,不可否认存在开采过度的风险。

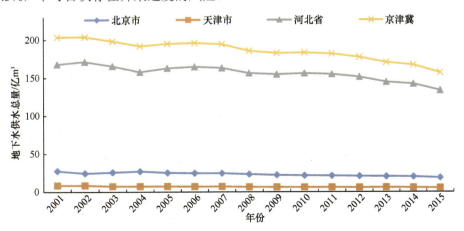

图 6.11　2001~2015 年京津冀区域地下水供水总量

数据来源:中国统计年鉴

## 2. 废水排放

废水排放包含工业废水排放和生活用水排放。工业废水中许多污染物有颜色、臭味或易生泡沫，常常呈现出使人厌恶的外观，并造成水体大面积污染。工业废水还可能渗透到地下水，污染地下水，进而污染农作物。使用被污染的地表水或地下水作为生活用水，会严重危害身体健康，甚至死亡。工业废水对环境的破坏是相当大的，2004 年四川沱江特大水污染事件和 2006 年湖南岳阳砷污染事件就是由于工业废水污染造成的。

相较于其他经济区域，京津冀区域废水排放总量大，其中河北省废水排放强度最大，与其人口众多、产业结构有关。京津冀区域主要年份废水年均排放量，如图 6.12 所示，从 1989~2015 年废水排放量持续走高，在 2009~2013 年年均量达到最大。分地区来看，北京市废水年均排放量呈现持续增长之势，并高于天津市排放量，与北京市人口众多，需水量大，产生较多的生活污水相关；天津市虽呈现增长之势，但增长速度较慢，且是在三地中排放量最少；河北省在 2013 年之前持续增长，2014~2015 年略微下降，与河北省进行产业结构调整，重点治理重工业相关。

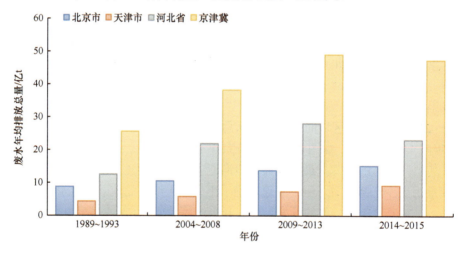

图 6.12　京津冀区域主要年份废水年均排放总量

注：本图显示了京津冀区域 1989~2015 年（1994~2003 年数据缺失）废水年均排放量，通过在国家统计局搜集北京、天津、河北三地的废水排放量，对其进行求和，再求平均计算得到了本图所包含的数据。京津冀整体趋势是在 1989~2013 年持续增长，2014~2015 年呈现略微下降之势

2004~2015 年京津冀区域废水排放总量呈持续增长态势，如图 6.13 所示。京津冀区域废水排放总量从 2004 年 35.34 亿 t 增长到 2015 年 55.53 亿 t，增长了近 20 亿 t。分地区看，天津市废水排放总量最少；北京市废水排放量仅次于河北省，增长速度相对缓慢；河北省废水排放量占京津冀整体排放量比重最大，这与河北省人口占比大有关，另一个主要原因是河北省工业废水排放多。大量废水的排放，不仅污染地表水而且渗透到地下层污染地下水，对于该区域的水环境产生了一定的影响。

## 3. 农业污染源

农业生产污染源包括化肥、农药等化学肥料，化学肥料对农作物增产起着非常重要的作用，但残留在土壤中的农药、化肥随雨水淋虑渗入地下，会导致地下水污染。同时，

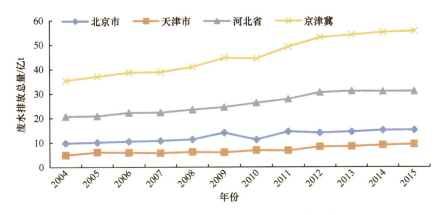

图 6.13　2004~2015 年京津冀区域废水排放总量

数据来源：中国统计年鉴

灌溉被污染的地表水，造成污水中的有毒物质渗到地下水中，也会导致地下水污染。京津冀区域中，北京市、天津市土地紧缺，农业占比低，化肥和农药使用较少。而河北省是农业大省，耕地面积是北京市、天津市的 9 倍，建了不少菜篮子和米粮仓基地，引起化肥和农药使用量居高不下。由于化肥、农药施用量大、影响广、持续时间长，加重了京津冀区域水环境污染，造成地下水污染物含量超标和地表水体的富营养化。

1989~2015 年京津冀区域化肥施用量情况，如图 6.14 所示。由图 6.14 可以看出，整体呈现增长趋势，在 2004~2008 年增长最为明显，并在 2014~2015 年达到最大值，增长主要来源于河北地区。分省（市）来看，北京市在 1994~1998 年增长，但之后开始下降，与整体趋势截然相反；天津市持续性缓慢增长，并且逐步超过北京市；河北省在 2004之前持续增长，2008 年后逐步稳定，自始至终化肥施用量最多，是天津、北京的 9 倍左右。尽管化肥施用量持续走高，耕地面积却在逐渐减少，可见化肥的使用存在浪费现象，尤其是河北省。

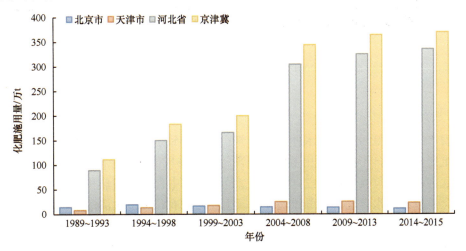

图 6.14　京津冀区域主要年份化肥年均施用量

注：本图显示了京津冀区域（包括北京市、天津市、河北省）1989~2015 年化肥的年均施用量，整体增长趋势明显，北京则呈现下降趋势；河北省占整体比例过大，达到 80%

数据来源：国家统计局

## 6.2.2　地表水环境

地表水是陆地表面上动态水和静态水的总称，亦称"陆地水"，包括各种液态的和固态的水体，主要有河流、湖泊、沼泽、冰川、冰盖等。它是人类生活用水的重要来源之一，也是水资源的主要组成部分。相较于地下水地表水更容易受到污染，污染情况也更容易发现，主要污染物有氨氮、生化需氧量、汞铅等重金属、石油类污染（张晓，2014）。本书通过京津冀区域的地表供水情况，以及氨氮排放、化学需氧量排放分析京津冀水资源污染现状。

2001~2015 年京津冀区域的地表水供水总量情况，如图 6.15 所示，京津冀区域地表供水量总体呈现先缓慢下降再上升的趋势。从 2001 年 67.95 亿 m³ 下降到 2010 年 49.22 亿 m³，2011 年开始缓慢上升，2015 年为 64.1 亿 m³。其中，由于河北省人口众多、农业占比较大，河北省的地表水供水量最多，远高于其他两市；天津市出现下降趋势，从 2009 年开始低于北京市；北京市呈现缓慢增长趋势，与河北省相差较大，略高于天津市。数据表明地表水仍然是居民生活、工业生产活动的重要供水源。

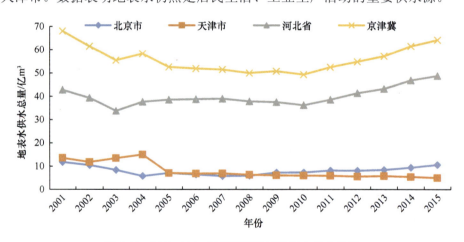

图 6.15　2001~2015 年京津冀区域地表水供水总量

数据来源：中国统计年鉴

**1. 地表水氨氮污染物**

地表水中的氨氮污染物是水体中的营养素，可导致水体"富营养化"现象。富营养化会严重影响水质，形成一层由蓝藻、绿藻等水藻形成的"绿色浮渣"，从而对水生动物产生危害，造成鱼类大量死亡。同时，富营养化水中含有硝酸盐和亚硝酸盐，人畜长期饮用含量超标的水，也会中毒致病。氨氮主要来源有：城市生活污水、工业生产、农作物生长过程、氮肥的使用以及含氨的汽车尾气。京津冀区域的氨氮排放主要是生活污水排放和农作物生长过程，以及氮肥的使用过程中的排放，工业生产排放控制得较好。

2005~2015 年京津冀区域氨氮排放量情况及其趋势，如图 6.16 所示。京津冀区域的氨氮排放量变化波动大，呈现先下降突然升起又下降的波折态。2005~2010 年呈下降趋势，从 2005 年 10.20 万 t 下降到 2010 年 8.65 万 t，6 年下降了 1.55 万 t；自 2011 年起环境统计中增加农业源污染排放统计，因而 2011 年氨氮排放量也大幅增长，达到最近十年最大值 16.2 万 t；2012~2015 年又呈下降趋势，由 2012 年 15.66 万 t 下降到 2015 年 13.76 万 t，下降了 1.90 万 t。其中河北省的氨氮排放量与整体趋势相同，呈现波折态；天津市波折较河北省更加缓和，出现持续增长的态势；北京市在近五年氨氮排放量最少，且呈现缓慢下降趋势。

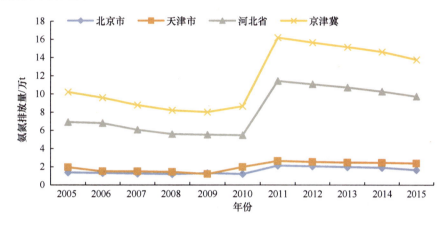

图 6.16　2005~2015 年京津冀区域氨氮排放量

数据来源：中国统计年鉴

### 2. 化学需氧量

化学需氧量（chemical oxygen demand，COD）是以化学方法测量水样中需要被氧化的还原性物质的量，是一种评价水体污染程度的综合性指标。化学需氧量越高，水中有机污染物越多。京津冀区域水中的有机污染物主要来源于生活污水和工业废水的排放（罗国兵，2013）。

2001~2015 年京津冀区域的化学需氧量排放量情况及其趋势，如图 6.17 所示。废水中主要污染物化学需氧量排放量波动较大，2001~2010 年呈下降趋势，由 2001 年 88.58 万 t 下降到 2010 年 77 万 t，年均降低 1.1 万 t；自 2011 年起环境统计中增加农业源污染排放统计，2011 年 COD 排放量大幅增长，达到最近十年最大值 181.8 万 t，说明农业污染排放化学需氧量较大；2012~2015 年又呈下降趋势，年均降低 4.65 万 t。分地区看，三个地区的 COD 排放量波动趋势和京津冀总体趋势相似，其中河北省化学需氧量最大，天津市略高于北京市，北京市最低。

由以上分析可知，地下水污染较地表水要轻，但污染情况不易发觉，其发展趋势不容乐观。京津冀区域水污染排放强度总体呈下降的趋势，但整体水质状况堪忧，污水排放量不断增长。其中，河北省废水排放强度最大，其次是北京市，天津市最小；河北省工业和农业生产过程污水排放较多，北京和天津生活污水排放占较大的比例。2015 年，中国国务院发布"水十条"——《水污染防治行动计划》，明确指出到 2020 年丧失使用功能（劣于 V 类）的水体断面比例下降 15 个百分点左右，京津冀区域治水任重而道远。

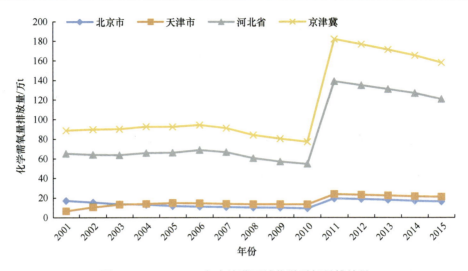

图 6.17　2001~2015 年京津冀区域化学需氧量排放量

数据来源：中国统计年鉴

## 6.3　土　壤　环　境

近 20 年来，我国工业迅速发展，人口急剧增加，土壤污染呈日益严重的趋势。土壤是指陆地表面具有肥力、能够生长植物的疏松表层，其厚度一般在 2m 左右。当各种污染物通过不同途径进入土壤环境，最终超过土壤自净能力，使土壤质量与功能发生变化，危及人类及其他生物的生存和发展，即为土壤污染（陈保冬等，2015）。土壤污染大致可以分为 4 类，即重金属污染、放射性元素污染、病原微生物污染和有机污染。由于土壤的不同程度破坏，土壤的污染种类和数量不断地增加，新的有毒物质也陆续的出现，不断的危害人们的身体健康（李玉国等，2010）。

当下，土壤污染已经严重影响了人们的生产生活，成为制约京津冀区域可持续发展的重要影响因素。京津冀区域土壤环境恶化的原因主要集中在两个方面：一是历史上耕地污灌频发，京津冀作为北方缺水地区，存在大面积污水溉灌区域。污灌导致土壤中重金属污染和有机污染物积累、营养物质失衡、微生物群落结构改变、土壤生态系统破坏等一系列负面效应，危害人体健康，甚至出现环境风险；二是工业污染，京津冀区域工业发达，污染企业类型多样，铬渣厂、焦化厂、农药厂、钢铁厂等不同类型的企业，都会导致其周围土壤污染。

土壤是一个开放体系，它与其他环境要素间时刻在进行着物质和能量的交换，因而造成土壤污染的物质来源是极为广泛的，土壤污染的主要污染源有以下几个方面。

### 6.3.1　重金属及工业三废

随着京津冀一体化协同发展政策的实施及产业结构调整，土壤重金属污染问题逐渐受到关注。重金属作为一类持久性无机污染物，与其他无机或有机污染物不同，难以迁移或降解，持续累积导致污染逐渐加重，最终可通过水、植物等媒介进入人体，威胁人体健康。重金属污染类型多样，如含有重金属的气体和粉尘进入大气，通过自然沉降或降水进入土壤；未经处理的工矿企业污水直接排放；农药、化肥等长期不合理施用等。与空气污染、水污染不同，土壤污染具有隐蔽性、滞后性、不均匀性等特点。这些污染造成土壤有机物含量下降，土壤板结，进而导致农产品产量和质量下降（赵胜才，2007）。据调查，京津冀土壤属中重度污染，分别占耕地总面积的 1.8%、0.6%、2.1%，严重影响京津冀区域农业产业的发展。

（1）大气污染跨界转移。随着京津冀工业的快速发展，大量有害气体（$SO_2$、$NO_x$）及重金属成分直接排向大气，这些有害物质在大气中反应就会形成酸雨，降落到地面上导致土壤酸化。土壤酸化的实质是土壤交换性酸和交换性盐基的增加或减少。京津冀区域酸雨形式日益严峻，致使土壤环境进一步恶化。同时，金属冶炼、交通运输、能源热力等排放颗粒物、污染气体和重金属（除汞以外）多以气溶胶形态进入大气环境并迁移，因降水或自然沉降到达土壤浅层（表 6.6）。

表 6.6　三种主要重金属污染形式

| 污染情况 | 金属冶炼 | 交通运输 | 能源热力 |
|---|---|---|---|
| 污染形式 | 钢铁烧结 | 尾气超标排放、道路拥堵导致的车辆怠速排放等 | 燃煤、燃油 |
| 污染物 | 颗粒物、气态污染物 | Pb、Cd、Cr、Cu、Zn 等重金属 | Pb、Hg、Ce、Ti、Cr、Hg 等重金属、悬浮颗粒 |

（2）水体污染跨界转移。重金属水体污染跨界转移主要源于缺水地区农业污水灌溉。天津水资源缺乏，农业用水资源紧缺，污灌现象严重。因污灌已形成大沽、北塘和北京三条排污河流，进而成为天津市近郊农田土壤重金属污染的最主要来源，导致某些地区土壤重金属含量严重超标，污染物主要为 Hg、Cd 和 Cr 等重金属。

（3）固体废弃物污染转移。固体废弃物种类多样，成分复杂，主要包含工业固体废弃物与城市生活垃圾两个方面。工业废渣是重金属的主要载体，尤其是一些金属冶炼厂的废渣，重金属含量极高，无处理堆放或直接混入土壤，对土壤环境造成潜在危害（张甘霖等，2007）。另外，包括电子废弃物在内的城市生活垃圾有组织或无组织堆放，因降水或潮湿等环境条件易导致重金属元素以辐射状向周围土壤环境中扩散，形成局部土壤重金属含量积累乃至超标。

## 6.3.2　化肥农药的过量使用

在种植环境不存在差异的情况下，农药的最优用量一直维持在一个稳定的水平，但在实际操作中，农药实际用量远远高于其最优使用量，造成化学农药过量现象。自 20 世纪 80 年代以来，京津冀种植结构发生改变，该区域农药实际用量一直呈现上升趋势。施用于农作物上的农药，除了部分被农作物吸收外，更多的是散落于农田土壤中，虽然土壤自身有一定的净化能力，但当进入土壤的农药量超过土壤的环境容量时就会造成土壤污染，对土壤生态系统产生严重的影响（李玉国等，2010）。经过验证，使用过农药的植物，即使后来停止使用农药，在土壤中仍然可以检测出农药的成分。同样，在这样的土壤中生长出来的植被中都会有农药的残留，间接进入人畜体内，危害其健康。

据调查显示，京津冀区域的有机化肥过量使用现象仍难以制止。尽管有机化肥是农业增产的重要措施，但过量使用易造成土壤环境的严重污染。不仅使土壤耕层变浅，还导致耕作性变差、储水能力下降等。一旦有不能被植物吸收的养分，就会在根层以下积累或者直接转移地下，当发生地面径流或者土壤风蚀时，这些养分就会进一步扩散到其他地方，进而导致土壤的进一步污染（林玉锁，2014）。2016 年，国务院印发《"十三五"生态环境保护规划》，规划指出，到 2020 年实现化肥农药使用量的零增长，化肥利用率提高 40%以上，同时开展一批现有化学品危害初步筛查风险评估，严格限制高风险化学品生产、使用、进口，并逐步淘汰替代。

## 6.4　碳排放分析

随着世界范围内对生态环境特别是气候变暖问题的关注，以 $CO_2$ 为主的温室气体排放导致全球气候变暖已为世界所公认。$CO_2$（二氧化碳）主要来源于能源消费，如化石燃料燃烧、水泥、钢铁、电力等工业生产过程（徐思源，2010）。近些年来，能源消费总量上升，$CO_2$ 排放量也随之成倍增长。我国"十三五"时期碳排放发展目标：到 2020 年单位 GDP 二氧化碳排放量下降 20%左右，$CO_2$ 排放总量不多于 105 亿 t。本节对能源消耗的 $CO_2$ 排放量以及能源利用的碳足迹进行定量分析，用事实数据清晰准确地指明现状。依据 2005~2014 年统计数据，建立数学模型，并用数学模型计算出能源消耗的 $CO_2$ 排放量和能源利用碳足迹。

### 6.4.1　$CO_2$ 排放量分析

本书从能源消耗的角度出发，主要讨论化石燃料燃烧和电力消耗产生的 $CO_2$ 排放，即将化石能源燃烧产生的直接 $CO_2$ 和电力消耗产生的间接 $CO_2$ 加总，得到能源消耗所产生的总 $CO_2$ 排放量。

**1. 化石能源燃烧产生直接 $CO_2$ 的计算**

化石能源燃烧的 $CO_2$ 总排放量的计算公式为

$$CO_2 = \sum_{i=1}^{7} CO_{2,i} = \sum_{i=1}^{7} E_i * NCV_i * CC_i * COF_i * (44/12) \qquad (6.1)$$

式中，$CO_{2,i}$ 为第 $i$ 种能源消费的 $CO_2$ 排放量，考虑煤炭、焦炭、汽油、煤油、柴油、燃料油和天然气共 7 种能源消费种类；$E_i$ 为第 $i$ 种能源消费量；$NCV_i$ 为第 $i$ 种能源的平均低位发热值；$CC_i$ 为第 $i$ 种能源的碳含量；$COF_i$ 为第 $i$ 种能源的碳氧化率。

化石能源转化为 $CO_2$ 的转换系数为碳排放系数。$CO_2$ 排放系数的计算方法，如式（6.2）：

$$某种能源的 CO_2 的排放系数=该能源的碳含量 \times$$
$$该能源的碳氧化率 \times (44/12) \times 10^3 \times 4186.8 \times 10^{-9} \times 10^{-3} \times 热值数据 \qquad (6.2)$$

根据式（6.2），可算得各种能源 $CO_2$ 的排放系数，见表 6.7。

**表 6.7 七种能源的碳含量、热值数据、碳氧化率、$CO_2$ 排放系数**

| | 煤炭 | 焦炭 | 汽油 | 煤油 | 柴油 | 燃料油 | 天然气 |
|---|---|---|---|---|---|---|---|
| 碳含量/（kgC/GJ） | 25.8 | 29.2 | 18.9 | 19.5 | 20.2 | 21.1 | 15.3 |
| 热值数据/（kJ/kg） | 20908.0 | 28435.0 | 43070.0 | 43070.0 | 42652.0 | 41816.0 | 38931.0 |
| 碳氧化率/% | 92.3 | 92.8 | 98.0 | 98.6 | 98.2 | 98.5 | 99.0 |
| $CO_2$ 的排放系数 | 1.8 | 2.8 | 2.9 | 3.1 | 3.1 | 3.2 | 2.2 |

数据来源：中国碳排放交易网。

以北京市 2009 年这七种能源所排放的 $CO_2$ 为例，可计算得出 2009 年北京市七种能源的 $CO_2$ 排放量：

某年煤炭的 $CO_2$ 排放量=煤炭的 $CO_2$ 排放系数×某年煤炭的消费量

某年 $CO_2$ 总排放量=某年七种能源的 $CO_2$ 排放量之和

类似地，计算可得北京市 2005~2014 年能源的直接 $CO_2$ 排放量，见表 6.8。

**表 6.8 2005~2014 年北京市能源的直接 $CO_2$ 排放量**

| | 2005 年 | 2006 年 | 2007 年 | 2008 年 | 2009 年 | 2010 年 | 2011 年 | 2012 年 | 2013 年 | 2014 年 |
|---|---|---|---|---|---|---|---|---|---|---|
| $CO_2$ 排放量/亿 t | 0.87 | 0.80 | 0.91 | 0.86 | 0.86 | 0.88 | 0.80 | 0.79 | 0.72 | 0.69 |

注：根据式（6.1）和式（6.2）计算可得。

### 2. 电力消耗产生间接 $CO_2$ 的计算

由于生产主要利用电能作为动力，可根据电力消耗与 $CO_2$ 的折算系数估算电力生产过程中产生的 $CO_2$。由表 6.9 可知，华北电网基准线排放因子 1.06（$tCO_2$/MW·h），以此作为 $CO_2$ 排放因子，对电力消耗产生的间接 $CO_2$ 排放量进行估计。北京市 2005~2014 年电力消耗的间接 $CO_2$ 排放量，见表 6.10。

**表 6.9 中国区域电网基准线排放因子**

| 电网基准线排放因子 | 华北 | 东北 | 华东 | 华中 | 西北 | 南方 |
|---|---|---|---|---|---|---|
| EFgrid, $y$/（$tCO_2$/MW·h） | 1.06 | 1.13 | 0.81 | 0.97 | 0.96 | 0.92 |

数据来源：中国清洁发展机制网。

**表 6.10 2005~2014 年北京市电力消耗的间接 $CO_2$ 排放量**

| | 2005 年 | 2006 年 | 2007 年 | 2008 年 | 2009 年 | 2010 年 | 2011 年 | 2012 年 | 2013 年 | 2014 年 |
|---|---|---|---|---|---|---|---|---|---|---|
| $CO_2$ 排放量/亿 t | 0.60 | 0.65 | 0.71 | 0.73 | 0.78 | 0.86 | 0.87 | 0.93 | 0.97 | 0.99 |

注：由电力消耗与 $CO_2$ 折算系数相乘可得。

### 3. 能源消耗所产生总 $CO_2$ 排放量的计算

综合考虑煤炭、焦炭、汽油、煤油、柴油、燃料油、天然气 7 种化石能源燃烧的 $CO_2$ 排放，以及电力消耗产生的 $CO_2$ 排放，计算出 2005~2014 年北京市、天津市、河北省和京津冀能源消耗的 $CO_2$ 排放量，见表 6.11。

表 6.11　2005~2014 年京津冀区域 $CO_2$ 排放量　（单位：亿 t）

| | 2005 年 | 2006 年 | 2007 年 | 2008 年 | 2009 年 | 2010 年 | 2011 年 | 2012 年 | 2013 年 | 2014 年 |
|---|---|---|---|---|---|---|---|---|---|---|
| 北京 | 1.48 | 1.54 | 1.62 | 1.59 | 1.64 | 1.74 | 1.67 | 1.72 | 1.69 | 1.68 |
| 天津 | 1.34 | 1.46 | 1.59 | 1.65 | 1.78 | 1.97 | 2.14 | 2.28 | 2.33 | 2.32 |
| 河北 | 5.34 | 5.74 | 6.64 | 6.68 | 7.33 | 7.87 | 8.79 | 9.60 | 11.03 | 12.74 |
| 京津冀 | 8.16 | 8.74 | 9.85 | 9.92 | 10.75 | 11.58 | 12.59 | 13.60 | 15.04 | 16.74 |

注：能源消耗产生的总 $CO_2$ 排放量为化石能源燃烧产生的直接 $CO_2$ 和电力消耗产生的间接 $CO_2$ 的总和。

2005~2014 年京津冀区域 $CO_2$ 排放量趋势，如图 6.18 所示。可以看出，2005~2014 年，北京市和天津市 $CO_2$ 排放量缓慢增长。由于北京、天津等经济发展核心地带的产业结构升级，能源消耗量和 $CO_2$ 排放量在一定期间内会有所放缓。而河北省能源消耗的 $CO_2$ 排放量呈明显的逐年增加的趋势，到 2014 年增为 12.74 亿 t，是 2005 $CO_2$ 排放量的 2 倍多。这表示虽然京津冀已经制定了各阶段的节能减排目标，也根据各地市实际情况采取了相应措施，但依赖工业化和城市化拉动经济增长、社会繁荣的发展方式短期内无法改变。

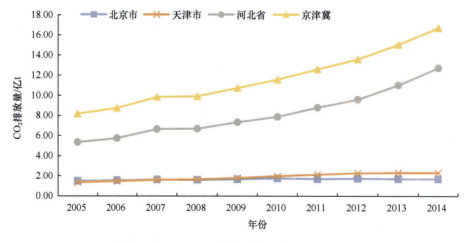

图 6.18　2005~2014 年京津冀区域 $CO_2$ 排放量

## 6.4.2　碳足迹分析

碳足迹是由个人或团体引起的温室气体排放的集合，标示个人或团体的"碳耗用量"。人类活动排放的最主要的温室气体是 $CO_2$，在各国的生态足迹中，由化石能源消耗产生的 $CO_2$ 的足迹占据了非常大的比例。因此，我们将测度京津冀区域能源消耗所产生的碳足迹，重点分析 $CO_2$ 排放对京津冀区域环境承载力的影响。能源消费是人类生存的基础和前提，是人类活动影响全球气候变化的主要行为之一，因此对能源利用导致的碳排放足迹进行研究分析具有重要意义。（焦文献等，2012）。

为了便于定量分析能源利用的碳足迹，探索能源利用与经济发展及环境保护之间的关系，此处分别定义能源利用的碳足迹产值（Value of Carbon Footprint, VCF）、能源利用的碳足迹强度（carbon footprint intensity，CFI）和能源利用碳足迹的生态压力（ecological pressure intensity of carbon footprint，EPIEF），三个二元指标用以揭示环境要素与能源、经济、人口之间的约束机制。

**1. 能源利用的碳足迹分析**

能源利用碳足迹计算公式为

$$C_f = \sum_i C_i f_i = \sum_i C_i / F_i \qquad (6.3)$$

式中，$i$ 为焦炭、汽油等能源；$C_f$ 为能源利用碳足迹；$C_i$ 为能源 $i$ 的 $CO_2$ 排放量；$F_i$ 为能源 $i$ 的土地转换系数。

根据式（6.3）可得京津冀区域 2005~2014 年能源碳足迹，见表 6.12。

表 6.12　2005~2014 年京津冀区域能源碳足迹　　　（单位：亿 hm²）

| | 2005 年 | 2006 年 | 2007 年 | 2008 年 | 2009 年 | 2010 年 | 2011 年 | 2012 年 | 2013 年 | 2014 年 |
|---|---|---|---|---|---|---|---|---|---|---|
| 北京 | 0.23 | 0.24 | 0.25 | 0.24 | 0.25 | 0.27 | 0.26 | 0.27 | 0.26 | 0.26 |
| 天津 | 0.21 | 0.23 | 0.25 | 0.25 | 0.27 | 0.30 | 0.33 | 0.35 | 0.36 | 0.36 |
| 河北 | 0.82 | 0.89 | 1.02 | 1.03 | 1.13 | 1.21 | 1.35 | 1.48 | 1.70 | 1.96 |

注：根据 6.4.1 节计算出能源 $i$ 的 $CO_2$ 排放量，然后由式（6.3）计算可得。

2005~2014 年京津冀区域能源利用碳足迹对比图，如图 6.19 所示。北京市、天津市碳足迹呈直线式的趋势，河北省由于正处于加速城镇化进程，人均碳足迹年增长幅度明显上升，增长速度远高于其他两城市，其碳足迹从 2005 年的 0.82 亿 hm² 上升到 2014 年的 1.96 亿 hm²，年均增长量为 0.1139 亿 hm²。这表明，河北省能源利用中碳排放较多，这与河北省重工业居多有很大的关系。此外，其主要原因是城镇化水平相对稳定、经济结构向服务业倾斜、节能减排措施实施早、政策贯彻初现成效。

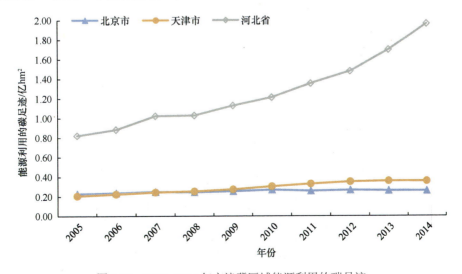

图 6.19　2005~2014 年京津冀区域能源利用的碳足迹

**2. 能源利用的碳足迹产值分析**

能源利用的碳足迹产值（VCF）体现单位能源利用碳足迹产生的经济价值，定义为人均 GDP 与人均碳足迹的比值。当 VCF 较高时，经济发展良好、能源利用碳足迹创造的经济价值较高等（卞晓红等，2011）。

2005~2014 年京津冀区域的能源利用碳足迹产值，如图 6.20 所示。北京市、天津市、河北省能源利用碳足迹所创造的经济价值均呈上升态势，北京市 VCF 增速基本保持为18%，体现了首都政府对经济–环境协调发展的重视。京津冀三个城市间仍有明显的差距，并且这种差距呈稳定发展趋势，因此，北京市、天津市和河北省三地可根据不同的资源环境差异进行有针对性的调整。

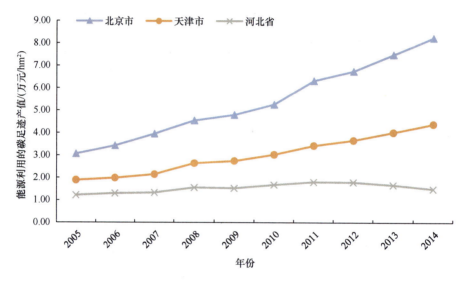

图 6.20　2005~2014 年能源利用的碳足迹产值

注：能源利用的碳足迹产值（VCF）=人均 GDP/人均碳足迹

**3. 能源利用的碳足迹强度分析**

能源利用碳足迹强度（CFI），表征的是产生单位经济效益的能耗情况，定义为人均能源利用碳足迹与人均 GDP 的比值，其值越大则表明能源消费的碳足迹效益越差（卞晓红等，2011）。

2005~2014 年京津冀区域的能源利用碳足迹强度，如图 6.21 所示。由图 6.21 可以看出，三个城市的 CFI 均呈现明显下降趋势，表明在国家政策导向下能源利用效率得到了有效提高，并且存在很大的提高空间。在能源系统结构方面，北京市能源利用的碳足迹强度最小，说明北京市相对于其他两个城市碳足迹效益较好，河北省应该以北京市为模仿进行相应的调整，合理学习北京市的能源系统规划发展建议。然而无论是 VCF 还是CFI，各城市之间都存在较大差异，较为明显的是北京市和天津市。

**4. 能源利用的碳足迹生态压力分析**

能源利用的碳足迹生态压力（ecological pressure intensity of carbon footprint，

EPICF），主要表征能源消费排放对自然生态系统产生的压力大小，定义为人均能源利用碳足迹与人均拥有林地的比值（卞晓红等，2011）。比值越大，压力越大；反之越小。

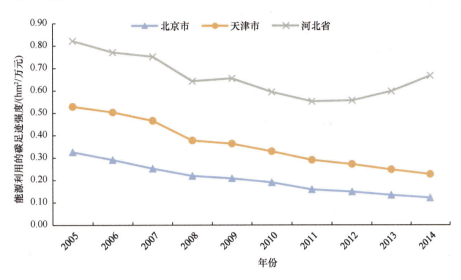

图 6.21　2005~2014 年能源利用的碳足迹强度

注：能源利用碳足迹强度（CFI）=人均能源利用碳足迹/人均 GDP

　　2005~2014 年京津冀区域的能源利用碳足迹生态压力，如图 6.22 所示。可以看出，天津市、河北省的碳足迹生态压力 2005~2008 年基本呈上升趋势，2009 年生态压力天津和河北出现骤减，发生这种变化的主要原因是两市在 2009 年推行绿化政策，增加植被覆盖率，林地面积有所增加，而 2009 年以后又呈上升的趋势。北京市相对于天津市、河北省来说生态压力较小，表明北京市能源消耗对生态环境的压力较小，天津市和河北省对生态环境的压力相对较大。整体来说，京津冀区域三地在林地（包括森林、林业和人工林）面积上差距较大，因此造成了能源利用的碳足迹环境压力间巨大的差异。

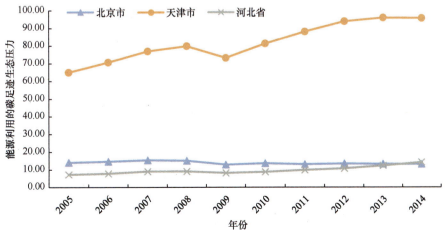

图 6.22　2005~2014 年能源利用碳足迹的生态压力

注：能源利用的碳足迹生态压力（EPIEF）=人均能源利用的碳足迹/人均拥有的林地

# 6.5 本章小结

近年来，京津冀区域性环境问题日益突出，雾霾锁城、水资源短缺等问题凸显，区域资源环境承载力总体呈下降趋势。本章主要从大气环境、水环境、土壤环境和碳排放四个方面分析京津冀环境承载力。大气环境中污染物排放浓度持续走高，排放量逐年增加；水环境中地下水超采、地表水化学需氧量超标；土壤环境受到重金属、放射性元素、有机物等污染源污染。碳排放呈逐年增加趋势，使全球气温不断升高。

在京津冀协同发展的大背景下，适当控制人口，提高科技水平，合理利用资源，逐步缓解当前的生态危机。同时，京津冀应建立污染防治、生态保护一体化协作机制，进行产业转移、淘汰过剩产能和产业转型升级等综合统筹。

# 参 考 文 献

北京市统计局. 2016. 北京统计年鉴. http://www.bjstats.gov.cn/nj/main/2016-tjnj/zk/indexce.htm.2017-03-30

北京市统计局. 2017. 北京市 2016 年国民经济和社会发展统计公报. http://www.bjstats.gov.cn/tjsj/tjgb/ndgb/201702/t20170227_369467.html.2017-3-30

卞晓红, 张绍良, 张韦唯, 等. 2011. 区域能源利用的碳足迹及其对生态经济影响分析. 环境保护与循环经济, (01): 42-46

柴艺淳. 2015. 大气气溶胶和气象条件对京津冀地区区域性雾霾的影响. 青岛: 中国海洋大学硕士学位论文

河北省统计局. 2017. 河北经济年鉴. http://www.hetj.gov.cn/hetj/tjsj/jjnj/101482994579503.html.2017-04-07

焦文献, 陈兴鹏, 贾卓. 2012. 甘肃省能源消费碳足迹变化及影响因素分析. 资源科学, (03): 559-565

李玉国, 陈风琴, 史秀娟. 2010. 土壤环境污染研究. 中国人口. 资源与环境, 20(S2): 197-200

刘学锋, 安月改, 李元华. 2004. 京津冀区域沙尘暴和群发性强沙尘暴特征分析. 灾害学, (04): 53-58

罗国兵. 2013. 水体化学需氧量的检测方法. 岩矿测试, (06): 860-874

莫莉娟. 2015. 区域大气环境评估决策支持系统的研究与实现. 北京: 华北电力大学硕士学位论文

施洪波. 2011. 1960~2008 年京津冀地区夏季高温日数的变化趋势分析. 气象, (10): 1277-1282

天津市统计局. 2017. 天津统计年鉴. http://www.stats-tj.gov.cn/Item/26545.aspx.2017-7-03

王益群, 张伟. 2003. 流体传动及控制技术的评述. 机械工程学报, (10): 95-99

徐思源. 2010. 重庆市二氧化碳排放基准初步测算研究. 重庆: 西南大学硕士学位论文

张甘霖, 赵玉国, 杨金玲, 等. 2007. 城市土壤环境问题及其研究进展. 土壤学报, (05): 925-933

张晓. 2014. 中国水污染趋势与治理制度. 中国软科学, (10): 11-24

赵胜才. 2007. 农业与土壤污染整治. 2007 年全国环境资源法学研讨会(年会)论文集(第三册). http://kns.cnki.net/KCMS/detail/detail.aspx?dbcode=CPFD&dbname=CPFD9908&filename=FXHJ200708003014&v=MTMxOTg5Rlorc09DQk5LdWhkaG5lQThUUbmpxcXhkRWVNT1VLcmlmWnU1dkVpamlVNzdMS0Y4U4U0l6WERaTEc0SHRiTXA0Al. 2017-04-03

中国国家统计局. 2013. 中国统计年鉴. 北京: 中国统计出版社

# 第7章 区域承载力分析

世界范围内的城市化和工业化快速发展，城市人口急剧增长、城市数量和规模迅速扩张，城市和区域承载能力对城市发展的约束日益引起各方主体的普遍关注。城市和区域可持续发展能否与资源环境承载力相适应、相协调。不仅关系到城市和区域自身的发展，而且关系到其周围地区能否共同完成可持续发展的目标。虽然传统粗放型的工业化促进城市快速发展，但也给城市带来资源衰竭、人口拥挤、环境污染等问题，使得城市可持续发展能力建设与人口规模扩大、资源环境承载力的矛盾日益凸显。随着京津冀区域一体化提出国家逐渐打造"新首都经济圈"，越来越多的人口涌入北京、天津等城市，这无疑给该区域资源环境承载力、资源生态、交通、公共服务等带来巨大压力。资源承载力和生态环境容量究竟有多大？什么是京津冀区域资源环境承载力最突出的"短板"？最大极限能承载多少人口？这些都是急需回答和破解的现实性问题（文魁和祝尔娟，2013）。

因此，我们有必要对中国三大城市群集区域之一、中国首都所处城市——京津冀区域，其承载力能力进行分析和研究。在研究的过程中，探索出增强区域承载能力的有效途径，为实现区域人与环境和谐发展提供理论指导，从而为促进京津冀区域一体化提供决策建议。

## 7.1 承载力的提出与发展

承载力理论的发展大致经历起源奠基、应用探索和理论深化3个阶段（文魁和祝尔娟，2013）。

### 1. 承载力理论的起源奠基阶段

承载力理论起源于人口统计学、种群生物学和应用生态学。在起源奠基阶段，承载力研究主要是以非人类生物种群增长规律研究为主，完成了一个科学概念或理论所必需的定义内涵、数学表达公式及科学机理等的积累。

### 2. 承载力理论的应用探索阶段

1953年至20世纪80年代中后期为承载力研究的探索争论阶段。在全球资源环境危机背景下，承载力开始应用于解决人类经济社会面临的急迫的资源环境问题，并在应用探索过程中引起大量争论。

### 3. 承载力理论的理论深化阶段

从20世纪80年代后期承载力研究进入理论深化阶段。人类承载力研究不再简单地套用生物种群承载力理论方法，认识到人类承载力除受资源环境等自然因素的影响外，人类自身文化社会因素也对承载力产生巨大影响。并尝试着将这些因素纳入到承载力方法之中，从而使人类承载力研究从非人类生物种群承载力理论方法中脱胎出来，成为真正意义上的人类承载力研究。

纵观承载力研究起源、发展、深化的历程，每一个新概念、新理论的提出都有一定的时代背景，人们对承载力的认知是不断变化发展的。因此可将该进化历程绘制成承载力起源与发展进化树，如图 7.1 所示。

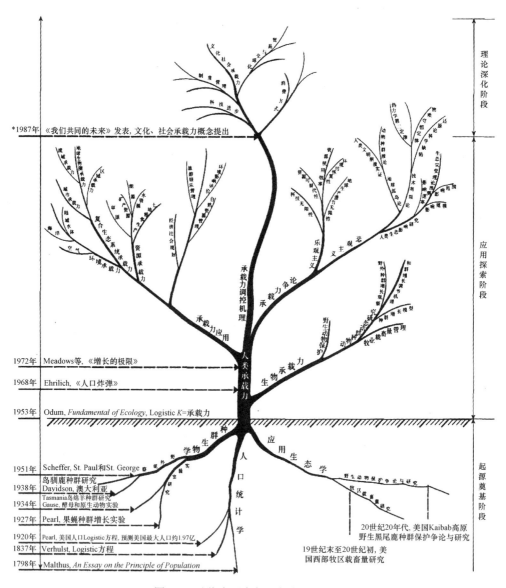

图 7.1　承载力研究起源与发展进化树

注：本图展示了承载力理论的缘起、发展、深化的演进过程，大致分为三个阶段：起源奠基阶段（第一次工业革命至第二次世界大战）、应用探索阶段（第二次世界大战后至 20 世纪 80 年代）、理论深化阶段（20 世纪 80 年代至今）。每一个有关承载力的新理论都是应时代的要求不断发展和完善，使该理论所涉及的领域和学科不断拓宽、理论研究不断深化

资料来源：《增长的极限》（德内拉·梅多斯等，1972）

自承载力起源后，特别是可持续发展概念提出以来，不仅成为生态学研究的热点、

难点和理论前沿，而且更是由一个生态科学命题上升到人类未来名义的哲学问题。承载力不仅成为衡量人类经济社会活动与自然环境之间相互关系的科学概念，而且是人类可持续发展度量和管理的重要依据。在全球环境污染蔓延、资源短缺和生态环境不断恶化的情况下，科学家相继提出了资源承载力、环境承载力、生态承载力等概念，见表 7.1。

表 7.1　承载力相关概念

| 名称 | 定义 |
| --- | --- |
| 资源承载力 | 一个国家或地区在可预见的期间，利用本地能源及其自然资源和智力、技术等条件，在保证符合其社会文化准则的物质生活水平条件下，该地区或国家能持续供养的人口数 |
| 环境承载力 | 在一定时期内，在维持相对稳定的前提下，环境资源所能容纳的人口规模和经济规模的大小 |
| 人口承载力 | 在一定的时空范围内，某地区所能承载的最大人口数，即在不损害生物圈或不耗尽可合理利用的不可更新资源的条件下，各种资源在长期稳定的基础上所能供养的人口数 |
| 生态环境承载力 | 某一时期某一地域某一特定的生态系统，在确保资源的合理开发利用和生态环境良性循环发展的条件下，可持续承载的人口数、经济强度及社会总量的能力 |
| 水资源承载力 | 在一定的水资源开发利用阶段，满足生态需水的可利用水量能够维系该地区人口、资源与环境有限发展目标的最大的社会、经济规模 |
| 土地资源承载力 | 又称土地承受力或土地忍耐力，指在一定时期内，在维持相对稳定的前提下，土地资源所能容纳的人口规模和经济规模的大小 |
| 交通承载力 | 指一定时期，城市范围内，一定交通设施规模，在满足系统特定服务水平下，城市可容纳最大出行总量的能力 |

## 7.2　区域承载力的基本现状

20 世纪 70 年代，承载力被定义为"极限规模"，包括"最大人口规模"和"最大经济总量"等绝对数值概念（India，1972）。多数研究者将承载力理解为"能力"，即为相对数值概念。本书中将承载力理解为"能力"，即以可持续发展为目标，吸收人口增长或城市扩展而对城市未来发展不带来明显退化或破坏的能力。

地球资源是有限的，区域或城市承载力是一个由人口、资源、生态、经济和社会环境共同组成的复杂体系。本书考虑到可持续发展的各种要素，从单个城市到区域，分别探讨京津冀人口承载力、水资源承载力、土地资源承载力、环境承载力，以及交通承载力的状况。

### 7.2.1　人口承载力

人口承载力，是指资源、经济、环境、社会等因素能够承载的人口规模。如何保持合理的人口规模以及适当的人口增长速度，使人口增长与资源、经济、环境、社会等承载能力相适应，实现人口与资源、经济、环境、社会的协调发展，具有重要的意义。

对京津冀区域人口规模进行整体分析，至 2015 年，在考虑各要素内部能够相互补偿的条件下，京津冀区域人口承载力为 9800 万人，而京津冀区域总人口在 2010 年已超过 1 亿，预计 2020 年将达到 1.2 亿人。现实人口规模已超过区域承载能力，交通拥堵、用水紧张、教育医疗资源告急、环境污染严重等现象在特大城市已经凸显。

从京津冀区域近些年的人口数据发现，2000~2010 年，北京市、天津市每年流入人口达 50 万以上，随着河北省经济发展，该地区对人口的吸纳能力也逐渐增强。北京、天津、河北人口自然增长缓慢，北京和天津人口自然增长率不足 4‰，河北人口自然增长率不足 7‰。第六次人口普查数据显示，2016 年北京市、天津市和河北省的人口自然增长率分别为 4.12‰、1.44‰和 6.06‰，这说明京津冀区域整体生育率呈下降趋势。

通过如上分析可知，京津冀区域作为国家首都所在地和区域经济发展的第三增长极，尤其是北京市、天津市的经济快速发展，京津冀未来 20 年将进入跨越式的大发展时期，同时也是产业升级、产业结构调整，以及劳动力流入最为活跃的时期。

（1）未来京津冀区域的人口规模仍将快速上升，对资源环境及经济社会等承载能力将产生更大的压力和带来更大的挑战。

（2）出生率和死亡率对人口变动影响不大，影响京津冀人口增长的主要原因是持续增长的迁入人口。

## 7.2.2　水资源承载力

随着人口剧增和经济迅速发展，海河流域特别是京津冀区域产生了严峻的水资源短缺问题：流域水资源供需矛盾突出，城市供水严重不足，水生态环境日益恶化。

对京津冀区域的水资源情况进行分析，京津冀属于"资源型"缺水地区。地表水资源严重匮乏，可利用的水资源量呈现显著衰减的趋势，地下水资源和区外资源成了维持京津冀人口和经济发展的主要水源。在供水总量中，地下水占 71.84%，地表水占 23.82%，其他站 4.34%。在用水总量中，农业用水占 66.46%，工业用水占 14.04%，生活用水占 16.78%，其他用水占 2.72%。从人均水资源占有量来看，北京、天津、河北三地人均水资源占有量均低于 1000$m^3$ 的国际公认的重度缺水下限。其中北京约为 100$m^3$，天津约 120$m^3$，河北约 300$m^3$。2001~2015 年京津冀水资源供给情况和用水情况，分别见表 7.2 和表 7.3。

北京市属于资源型重度缺失城市。近年来，北京市经济发展、人口膨胀和需求水平的提高导致实际用水需求迅速增加。北京市以年均不足 26 亿 $m^3$ 的水资源，维持着 36 亿 $m^3$ 的用水需求，每年水资源缺口为 15 亿 $m^3$，每年的用水缺口相当于一个半密云水库的储水量。缺口部分主要靠消耗水库库容、超采地下水，以及应急水源常态化维持。

天津市也是资源型重度缺失城市之一，即使加上流域上游来水和引滦等外调水量，人均水资源占有量也不过 370$m^3$，仅为全国人均占有量的 1/6。目前，天津市的人口规模已远远超过当地水资源所能支撑的合理人口规模，也超出了现实的供水量可支撑的水资源承载力。天津市不仅水资源总量不足，时空分布也极不均匀。这更加剧了水资源的紧缺局面，一旦遇到特枯年份或连续枯水年，将严重干扰人民生活和社会生产，尤其是城市将引发供水危机。

表 7.2　2001~2015 年京津冀水资源供给情况 （单位：亿 m³）

| 年份 | 京津冀 | | | |
|---|---|---|---|---|
| | 供水总量 | 地下水 | 地表水 | 其他 |
| 2001 | 269.28 | 62.38 | 206.07 | 0.83 |
| 2002 | 265.94 | 61.42 | 203.65 | 0.87 |
| 2003 | 256.10 | 55.40 | 198.00 | 2.70 |
| 2004 | 252.56 | 58.19 | 191.62 | 2.75 |
| 2005 | 259.37 | 60.91 | 192.86 | 5.60 |
| 2006 | 261.26 | 60.50 | 193.60 | 7.16 |
| 2007 | 260.68 | 60.36 | 191.49 | 8.83 |
| 2008 | 252.43 | 58.45 | 182.92 | 11.06 |
| 2009 | 252.59 | 58.47 | 180.35 | 13.77 |
| 2010 | 251.37 | 56.21 | 180.95 | 14.21 |
| 2011 | 255.04 | 60.05 | 179.47 | 15.52 |
| 2012 | 254.32 | 61.68 | 175.03 | 17.61 |
| 2013 | 251.43 | 63.26 | 168.16 | 20.01 |
| 2014 | 254.40 | 70.43 | 164.91 | 19.06 |
| 2015 | 251.10 | 68.80 | 155.20 | 27.10 |

　　注：本表给出了京津冀区域 2001~2015 年水资源的供给情况，包括供水总量、地下水、地表水和其他供水量。

　　数据来源：北京统计年鉴 2016 年；天津统计年鉴 2016 年；河北统计年鉴 2016 年。

表 7.3　2001~2015 年京津冀水资源用水情况 （单位：亿 m³）

| 年份 | 京津冀 | | | | |
|---|---|---|---|---|---|
| | 用水总量 | 农业用水总量 | 工业用水总量 | 生活用水总量 | 生态用水总量 |
| 2001 | 269.3 | 188.6 | 40.8 | 39.6 | 0.4 |
| 2002 | 260.1 | 181.6 | 38.7 | 38.8 | 1.0 |
| 2003 | 256.1 | 174.6 | 39.5 | 40.9 | 1.2 |
| 2004 | 252.6 | 172.6 | 38.0 | 38.9 | 3.1 |
| 2005 | 259.4 | 177.0 | 37.0 | 41.6 | 3.8 |
| 2006 | 261.3 | 178.8 | 36.9 | 42.4 | 3.3 |
| 2007 | 260.0 | 177.0 | 34.9 | 42.6 | 5.3 |
| 2008 | 252.4 | 168.2 | 34.2 | 43.0 | 7.0 |
| 2009 | 252.6 | 168.8 | 33.3 | 43.2 | 7.4 |
| 2010 | 251.4 | 166.1 | 33.0 | 44.3 | 8.1 |
| 2011 | 255.0 | 162.9 | 35.7 | 47.1 | 9.2 |
| 2012 | 254.3 | 163.9 | 35.2 | 44.3 | 10.8 |
| 2013 | 251.4 | 159.2 | 35.7 | 45.1 | 11.5 |
| 2014 | 254.4 | 159.0 | 34.9 | 46.1 | 14.4 |
| 2015 | 251.1 | 154.3 | 31.7 | 46.8 | 18.3 |

　　注：本表给出了京津冀区域 2001~2015 年水资源的用水情况，包括用水总量、农业用水总量、工业用水总量、生活用水总量和生态用水总量。

　　数据来源：北京统计年鉴 2016 年；天津统计年鉴 2016 年；河北统计年鉴 2016 年。

河北省位于气候脆弱带，更是全国水资源最贫乏的省份之一。多年平均水资源量为 147.8 亿 $m^3$，人均水资源占有量为 208.1$m^3$，是全国平均值的 1/7，低于相邻省（市、区），且部分山区自产地表水资源量已专供北京、天津两市使用。河北绝大部分地市水资源极为匮乏，人均占有量远低于国际极度缺水标准。

通过以上分析可知：

（1）随着区域人口和经济社会的发展，城市化进程的加速，城乡用水标准的提高，用水量持续增加，可供水量不断减少。

（2）区域水资源严重短缺、水环境严重污染、水生态严重受损，三者交互影响、彼此叠加。

## 7.2.3　土地资源承载力

土地资源承载能力的研究在环境承载力研究中起着举足轻重的作用。土地资源承载力大小决定着城市经济与生态协调发展程度，也是经济圈一体化建设的基础。土地资源承载力既取决于城市自然资源环境，又取决于人类对土地资源环境的利用方式。

北京市总面积 1.64 万 $km^2$，地势西北高、东南低，山地多，平原少。北京市土地资源开发问题主要有：无序建设、部分土地利用低效、可开发利用土地资源不足等（郭艳红，2010）。如图 7.2 所示，2000~2015 年，北京市人口密度不断增大，人口密度由 2000年的 832 人/$km^2$ 增加到 2015 年的 1324 人/$km^2$。人均耕地不断减小，由 2000 年的 2.43$km^2$/万人减小到 2015 年的 1.01$km^2$/万人。这反映了北京市人口与土地的矛盾日益激化，土地资源人口承载压力不断加大。到 2015 年，北京市森林覆盖率为 35.8%，人口密度达到 1323 人/$km^2$，人均耕地为 100$m^2$，远低于全国平均水平 920$m^2$。

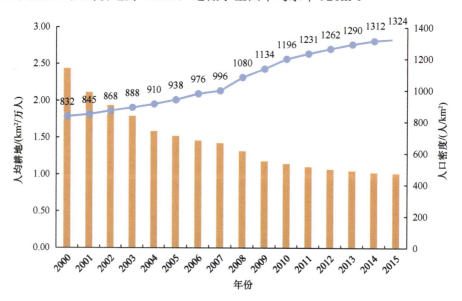

图 7.2　2000~2015 年北京市土地资源人口承载变化情况

注：柱形图表示人均耕地，折线图表示人口密度

数据来源：北京统计年鉴 2016 年

天津市总面积 1.19 万 km²，地势北高南低，大部分地区地势平坦。天津市土地资源开发问题主要有：森林覆盖率低，土地利用率低，土地利用结构不尽合理，部分土地用量矛盾突出，生态环境较差，城镇建设用地少等。如图 7.3 所示，2000~2015 年，天津市人口密度不断增大，人口密度由 2000 年的 841 人/km² 增加到 2015 年的 1300 人/km²。人均耕地不断减小，由 2000 年的 4.24km²/万人减小到 2015 年的 2.83km²/万人。这反映了天津市人口与土地资源的矛盾也日益突出，土地资源承载力已超出其最大承载力，处于超载状态。到 2015 年，全市常住人口 1547 万人，人均耕地为 313.34m²，也低于全国平均水平920m²。

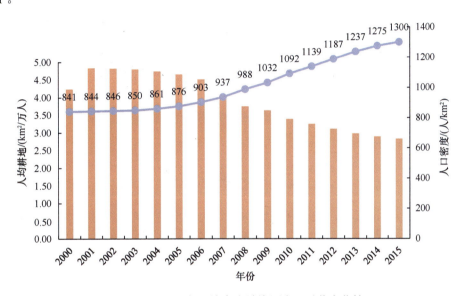

图 7.3　2000~2015 年天津市土地资源人口承载变化情况

注：柱形图表示人均耕地，折线图表示人口密度

数据来源：天津统计年鉴 2016 年

河北省总面积约 18.85 万 km²，地势西北高、东南低，西北部以山区为主，中部和南部以平原为主，地貌多样复杂。如图 7.4 所示，2000~2015 年，河北省人口密度不断增大，人均用地不稳定呈逐渐减少趋势。到 2015 年，全省人口密度达到 394 人/km²，人均耕地为 8.81km²/万人。河北省各市土地资源承载度具有区域差异。其中唐山市、秦皇岛市、邯郸市、张家口市、衡水市建设扩张快，耕地面积小，单位耕地面积所要承载的人口数多，土地资源处于超载状态。河北其他城市均处于可载状态，有较大的土地利用潜力（周策，2016）。

通过以上分析可知：随着社会经济的发展和城市化进程的推进，土地开发建设强度不断扩大。

（1）北京市和天津市土地资源承载力过高，河北省几个主要城市（唐山市、秦皇岛市、邯郸市、张家口市、衡水市）也处于超载状态。

（2）京津冀区域人口超载，建设用地越来越紧张，北京市和天津市山区面积广阔，生态用地要求大，后备土地资源空间有限，但河北省仍有很大的开发潜力。

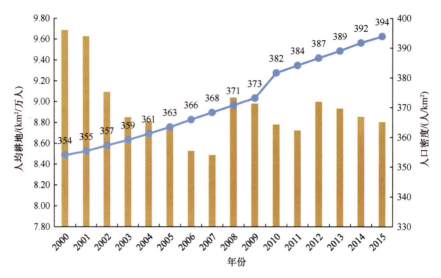

图 7.4 2000~2015 年河北省土地资源人口承载变化情况

注：柱形图表示人均耕地，折线图表示人口密度

数据来源：河北统计年鉴 2016 年

## 7.2.4 环境承载力

环境承载力被定义为，某一环境状态和结构在不发生对人类生存发展有害变化的前提下，对所能承受的人类社会作用在规模、强度和速度上的限制，是环境的基本属性——有限的自我调节能力的量度。在资源和其有限的可再生性客观现实下，要实现生活水平的提高并保证生态系统良性循环，需要人类对环境承载力有清晰的认识，并在主动修复生态环境的同时谋求协调发展。

京津冀区域经济总量大，人口众多，产业结构失衡，能源结构不合理，相关的环境法律制度不健全，导致京津冀区域的环境日益恶化。对京津冀区域 13 个代表城市空气质量的监测结果表明，空气质量达到二级以上天数所占比例均低于 80%，与国家二级大气环境质量标准相差较大。污染物排放量大，工业发展带来的废气、废水、废渣大量增加，水域污染事件时有发生，与公众的需求和期待差距较大。环境质量已经成为京津冀经济发展的短板。京津冀大气环境污染情况和水环境污染情况在本书第 6 章已有详细描述，在此不再赘述。

近年来，北京市大气污染排放总量居高不下，北京市大气污染物排放浓度反复波折，整体呈下降趋势，空气质量得到基本改善，但 $PM_{10}$、CO、$O_3$ 等指标年平均浓度一直处于超标状态。2016 年空气质量达标天数只有 198 天，其中重污染天气为 39 天。从全年用水总量和污水排放总量逐渐增大来看，水环境压力呈现逐渐加大的态势。但从再生水利用率和污水处理率不断提升、万元地区生产总值水耗不断下降来看，全社会对水环境压力的响应逐年转好，水环境承载力基本稳定（齐心和赵清，2016）。

天津市大力发展工业，第二产业在 GDP 中所占比例较大，产生大量废水、废气和固废排放物，导致大气污染、环境恶化。按照大气环境质量标准，天津市大气环境承载力已基本接近或突破承载极限。水环境总体水质呈逐年下降趋势，水环境纳污能力处于边界状态，纳污能力对天津市水环境承载力的影响程度最大（张旋，2010）。天津市实施控制污染物排放许可制，促进环境质量改善。2001~2015 年天津市大气污染物排放浓度整体呈现下降趋势，说明近几年天津市环境承载力逐步降低。

河北省大气环境承载量低于大气环境承载力，但距达到城市功能区要求还有一定差距。环境空气的污染以"煤烟型"污染为主的污染特征，呈现由"煤烟型"污染向"煤烟、机动车尾气、扬尘"等复合型污染类型转化的趋势。水环境承载力严重超载，主要因素是污染排放量大，COD 严重超标，河北省七大水系总体呈中度污染，45.9%断面水质为劣 V 类，33.3%断面水质好于III类（高太忠等，2010）。河北省环境综合承载力呈超载状态，其主要限制要素是水环境承载力。

通过以上分析可知：

（1）京津冀环境承载能力已经达到或者接近上限；

（2）河北省是排放污染物最多的省份，加上近几年北京污染企业外迁更加剧了这一现象，是京津冀区域大气污染的主要"罪魁祸首"。

## 7.2.5　交通承载力

人口密度过大、机动车保有量（包含摩托车、汽车、货车，不包含电动车）快速增长、功能区高度集聚、学校医院等优质公共资源集中、非行驶车辆乱放和占道等问题，是造成大城市交通拥堵的主要原因（文魁和祝尔娟，2013）。通过对比我国三大城市群的交通承载力可知，京津冀排名第一，长三角第二，珠三角第三。而在京津冀区域中，北京市是京津冀都市圈交通压力最大的城市，拥挤成本已经产生显著负效应，如图 7.5所示，2001 年以来北京市机动车保有量增长迅速，2015 年，北京市机动车保有量达 561.9万辆，机动车流量严重超过城市道路承载力，较大面积的交通拥堵成为普遍现象。

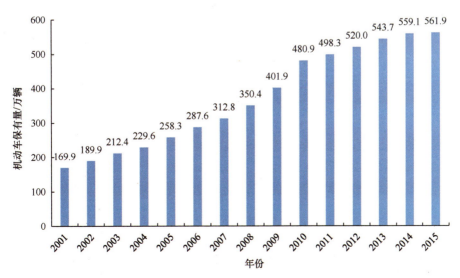

图 7.5　2001~2015 年北京市机动车保有量

数据来源：北京统计年鉴 2016

# 7.3 提高区域承载力的路径与对策

通过分析京津冀区域承载力的现状可以看出，各要素承载发展空间狭小，若延续以往发展模式，将难以实现区域可持续发展目标。因此本书从增强承载能力和疏解承载压力两个角度，提出应对京津冀区域承载力状况的基本路径与对策。

## 7.3.1 增强承载力

在增强承载能力方面，从解决人口、水资源、环境、交通的"短板"问题入手，探寻出增强京津冀承载力的途径，从而实现京津冀人与环境和谐发展，提升区域可持续发展能力。

（1）适度的人口规模可以促进区域经济持续发展和社会和谐，而人口规模过大或过小都不利于区域协调发展。目前京津冀区域人口规模对资源环境和经济社会的压力较大，要促进区域人口与承载力一致，走健康城市化道路。本书提出两点促进人口与区域承载力相适应的对策建议：提高劳动力素质，大幅度增加区域内农村劳动力就地转移的机会，走劳动力流动和转移道路；人口供给与人口需求不断调整，相互适应，促进人口均衡发展。

（2）针对京津冀水资源短缺的状况，可采取以下措施：合理调配区域间或区域内水资源，进而提高区域水资源可利用量；加强对节水技术、海水淡化技术、可再生利用技术的研究，提高雨水存储和利用计划，提高水资源使用效率；建立水资源有偿使用制度和生态补偿制度，积极推进水权交易试点。

（3）根据京津冀目前环境承载力的现状，为提升环境承载力应着重做好如下工作：不断加大环境治理和生态保护资金投入，制定法律法规，加强环境治理（大气、污水等治理）力度；解决固废垃圾焚烧问题，实施建设生态宜居城市的发展策略；加快城市绿化隔离带与区域各类防护林等森林生态的建设，为京津冀区域提供源源不断的"氧吧"和森林"碳汇"；全面而持续防治区域大气污染、水污染等；重视三次产业的协调发展，产业结构高级化；天津市、河北省逐渐削弱对第二产业依赖程度，进而减少工业污染物的排放。

（4）针对京、津大城市交通拥堵的问题，可以采取以下措施：增加城市路网密度，建立合理的路网结构；打断城区断头路、堵头路，构建统一的交通运输体系；加强京津冀城市之间或与其他周边城市交通的通达性，各种交通方式（飞机、火车、公交、地铁等）无缝衔接；加强车辆管理，严格限制车牌的发放量，减少城市停车占道现象等；鼓励采用公共汽车、共享单车等绿色公共交通工具出行。

除此之外，京津冀区域还要不断提升区域土地资源承载力，完善最严格的水资源管理制度、环境保护制度、耕地保护制度等。

## 7.3.2　疏解承载力

采用疏解城市功能来缓解资源环境承载的压力，该途径对疏解区域承载力有一定的成效。为了打造北京非首都功能疏解集中承载地，有效缓解大城市病，加快补齐区域发展短板，调整优化区域布局和空间结构。2017 年 4 月 1 日，中共中央、国务院印发通知，设立河北雄安新区。

雄安新区的建立，是党中央作出的一项重大的历史性战略选择，是千年大计、国家大事。雄安新区的建立，旨在打造现代新型城区，积极落实可持续发展目标。从经济发展的角度看，承接北京非首都经济功能，与通州形成北京新的两翼，打造京津冀区域新增长极和世界级城市群，加速推进我国产业转型升级和供给侧改革。从人口疏解的角度看，探索人口经济密集地区优化开发的新模式，缓解北京市人口压力。从生态的角度看，雄安新区环绕着白洋淀，开发建设以保护和修复白洋淀生态功能为前提，建设交通一体化、环保一体化、公共资源一体化的绿色生态宜居新城区。从而形成了以北京为中心的"一带一路"倡议心脏，勾勒出以中国为核心动力的世界经济发展中心。雄安新区规划图，如图 7.6 所示。

图 7.6　雄安新区规划图

注：雄安新区规划范围涉及河北省雄县、容城、安新 3 县及周边部分区域，地处京津保腹地，雄安新区规划建设以特定区域为起步区先行开发，规划总面积 738.6km²，起步区面积约 100km²，中期发展区面积约 200km²，远期控制区面积约 2000km²

雄安新区规划充分体现区域协同、城乡一体的理念。在区域层面，加强与北京市、天津市、石家庄市、保定市的协同发展，发挥各自的区域作用。在地区层面，加强与雄县、安新、容城三地的协同发展，在城市布局、交通、服务、基础设施上高度协同融合，使雄安新区真正成为引领区域发展的新的增长极，践行新型城镇化的示范区。雄安新区明确提出了"1+N"规划体系：其中，"1"指新区总体规划，"N"指起步区控制性规划、启动区控制性详规等综合性规划，以及新区经济社会发展、创新体系、产业布局、交通路网等专项规划，见表7.4。

表7.4 雄安新区在人口、经济、环境、交通方面的初步规划

| 项目 | 规划内容 |
| --- | --- |
| 人口 | 城区人口100万以上，300万以下 |
| 经济 | 承接北京非首都功能，是副首都定位，有生态、智慧、科技、交通、公共服务、民生等自身经济发展目标 |
| 环境 | 从改善华北平原生态环境全局着眼，以保护和修复白洋淀生态功能为前提，将白洋淀流域生态修复作为一项重大工程重点优化京津冀的水资源管理，提高水环境治理标准 |
| 交通 | 雄安新区最新铁路规划：未来雄安新区将建设雄安站、雄安东站两站，共有五条铁路通过雄安新区，其中新建的京雄铁路、津雄铁路将直达北京、天津两市 |

# 7.4 本章小结

为积极应对全球气候变化与资源环境约束的新挑战，进一步促进京津冀区域人口、资源、经济、环境、社会和生态协调发展，本章对京津冀区域承载力进行了分析与研究，分别从京津冀人口承载力、水资源承载力、土地资源承载力、环境承载力和交通承载力的现状进行分析。同时，对"如何提高京津冀区域承载力"提出相应的解决路径和对策。分析和研究表明：京津冀人口规模继续上升，劳动力已达到饱和状态；淡水资源是京津冀区域资源承载力的短板；土地资源人口超载，但河北省仍有开发潜力；大气污染和水环境恶化成为京津冀区域生态环境的重要短板。

# 参 考 文 献

北京市统计局. 2001~2010. 北京统计年鉴. http://www.bjstats.gov.cn/.2017-7-20

德内拉·梅多斯, 乔根·兰德斯, 丹尼斯·梅多斯. 1972. 增长的极限. 北京: 机械工业出版社

高太忠, 杨柳, 闫兰娜, 等. 2010. 河北省环境综合承载力研究. 金属矿山, (02): 137-140

郭艳红. 2010. 北京市土地资源承载力与可持续利用研究. 北京: 中国地质大学博士学位论文

河北省统计局. 2001~2015. 河北经济年鉴. 北京: 中国统计出版社

齐心, 赵清. 2016. 北京市水环境承载力评价研究. 生态经济, (02): 152-155

天津市统计局. 2001-2015. 天津统计年鉴. 北京: 中国统计出版社

文魁, 祝尔娟. 2013. 京津冀发展报告: 承载力测度与对策. 北京: 社会科学文献出版社

张旋. 2010. 天津市水环境承载力的研究. 天津: 南开大学博士学位论文

周策. 2016. 京津冀协同发展背景下河北省土地综合承载力研究. 石家庄: 河北经贸大学硕士学位论文

India Y. 1972. Methodology for maximum capacity of road network.Transaction of Japan Society of Civil Engineers, (5): 147-150

# 第三篇　理论与模型研究

　　本篇是全书的模型篇，也是核心篇章。首先从整体出发广泛地研究了区域资源–经济–环境系统与可持续发展的关系。然后缩小资源面，重点关注资源面中的能源点，提出了"模型群"的概念，即能源–经济–环境系统模型群（简称 3E 系统模型群）。从认识论和方法论两个不同角度探讨了 3E 系统模型群，然后对模型群进行了划分，分别从分析、预测和优化三个维度对 3E 系统模型群展开说明，并以京津冀区域为例进行了模型研究。

　　从认识论的角度来看，3E 系统经历了从能源、经济、环境一元问题，到能源和经济、经济和环境、能源和环境二元问题，再到能源–经济–环境三元问题，最后到资源–经济–环境可持续发展的认知和演变规律。从方法论的角度来看，3E 系统可从分析、预测和优化维度研究其可持续发展过程。本篇创造性地提出了 3E 系统系列模型，即"$\delta$"模型、"$\theta$"模型和"$\beta$"模型，"$\delta$"模型和"$\theta$"模型构建了 3E 系统协调度的几何示意图；基于"$\theta$"模型，引进"层析成像"概念形成"$\beta$"模型。本篇提出的模型为研究 3E 系统可持续发展提供了新方法和新思路。

# 第 8 章 区域资源–经济–环境系统 与可持续发展

改革开放至今，中国的面貌发生了巨大变化，人民生活水平不断提高、经济实力持续上升、国际地位日益升高。与此同时，也出现了一些不和谐的声音，如中国人口数量巨大、环境污染严重、资源消耗过大等。近年来，中国已经意识到这些问题的严重性，将人口、资源、环境、经济和社会协调发展提上议程。促进人口、资源、环境、经济协调发展，走可持续发展道路是构建和谐社会、实现中国梦的一个重要方面。本章重点研究区域资源–经济–环境系统和区域可持续发展的理论知识以及两者之间的联系，并且提出了区域 3E 系统模型群。

## 8.1 区域可持续发展理论

在我国，区域发展与管理已成为经济与社会发展中所面临的重大理论和现实问题。2016 年 3 月发布的《国家十三五规划纲要》中提出："十三五时期，经济社会发展的目标之一为推动协调发展，区域经济发展的不平衡，城乡经济发展不平衡，精神文明跟不上物质文明等，是中国经济社会发展中存在的问题"。"十三五"规划对解决这一问题做出了部署，增强发展协调性，必须坚持区域协同、城乡一体、物质文明精神文明并重、经济建设国防建设融合，在协调发展中拓宽发展空间，在加强薄弱领域中增强发展后劲。

实现可持续发展已经成为中国未来经济发展的一个重要方向，也是中国未来发展的必由之路。因此，对区域可持续发展的评价研究具有一定的现实意义。

### 8.1.1 区域可持续发展概念

可持续发展是人类经过实践探索和理性反思后在认识上的一次重大突破，也是人类思维方式和观念更新的一种表征。1980 年 3 月，联合国大会首次使用了可持续发展的概念，会议指出："必须研究自然的、社会的、生态的、经济的，以及利用自然资源过程中的基本关系，确保全球的可持续发展"（联合国大会，1980）。目前，最权威的可持续发展概念是由布伦特兰夫人在长篇调查报告《我们共同的未来》中提出的，即："既满足当代的需求，又不危及后代满足需求能力的发展"，在 1992 年的联合国环境与发展大会（UNCED）上达成全球范围的共识。

区域可持续发展是全球、国家可持续发展的重要组成部分，既包含可持续发展的普遍性，又具有自己的特殊性。因此，有必要在研究区域可持续发展时，将区域可持续发展的概念同可持续发展的一般概念加以区分，使得区域可持续发展有关问题的研究前提更清晰，目的更明确（王松全，2008）。《简明不列颠百科全书》将区域定义为有内聚力和同质性的地区，指出："根据一定标准，区域本身具有同质性，并以同样标准而与相邻诸区域相区别。区域也可以由单个或几个特征来划定，也可以按照一个地区人类居处的总体情况划定"。这一定义的阐述具有一般性，本书采用这一定义。

从根本上讲，区域可持续发展研究对象不仅是经济的发展，更重要的是"人"的发展，包括人的生活水平的提高，人的价值取向的实现。凡是一切有利于人的发展的事物，与空间有联系的过程，都属于区域可持续发展的内容。比如，区域内社会和经济及产业总量的增长，区域内部结构与对外经济、技术、社会联系的合理化，区域社会经济要素的空间流动、区域人口城镇化和教育文化水平的提高，区域环境整治等。但是区域可持续发展涉及的内容多、范围广，且内涵不明确，为可持续性下一个精确的定义使之适用于一切领域是相当困难的。但就区域研究中的环境与发展领域来讲，可持续性可定义为：特定的区域在对人类有意义的时间尺度内，在支配人类生存空间的限度内，环境资源对满足人类需求的可承载能力。这一定义告诉我们：区域作为一个复合生态系统，其维持取决于物质与能量输入输出的流量等级与节律；区域的可持续发展应当建立在区域资源条件和环境容量允许的范围内；区域可持续发展应当坚持目前利益与长远利益相结合（王松全，2008）。

## 8.1.2 区域可持续发展特征

不管区域可持续发展的定义作何种表述，其基本内涵都是协调好特定区域内人口、资源、环境、经济与社会之间的关系与行为，使区域保持和谐、高效、有序、长期的发展能力，同时区域可持续发展的相关内容可以进行进一步的深入分析。

（1）区域可持续发展核心内涵是人的发展，要以人为本。传统的区域发展理论往往是将经济增长率和产业结构转换作为发展的目的，忽视了发展的最终目的应是满足人的需求，忽视了资源的有限性和对环境的破坏，完全立足于市场而发展，这种发展模式使资源和环境承受着前所未有的压力（冯年华和叶玲，2003）。新的区域可持续发展的中心是人类自身的发展，谋求社会公正和人人康乐（姜钰，2008），《中国21世纪议程》白皮书提出了"可持续发展以人为本位"的重要观点可以归结为人的问题。首先，从区域经济的发展看，社会主义市场经济不仅要求在宏观上制订合理的计划，对国家和区域经济秩序进行有效的控制，而且要求在微观上灵活地利用市场机制来实现这个计划。其次，发展生产力是为了人民的物质、文化生活需要，并通过创造使人的个性得到自由而全面发展，区域可持续发展实际上作为区域的主体人的自身可持续发展，是以人的全面发展为中心的区域自然、经济、社会复合系统的健康发展。

（2）区域可持续发展的重要标志是资源的永续利用和生态环境的改善。可持续发展涉及的范围广、问题多，可持续发展战略的实施将会引起一系列社会行为、形态的变化。但是它的标志是明确的，它不是单纯的走经济发展道路，它是在严格控制人口增长、提高人口素质，资源永续利用和保护环境的条件下，进行经济建设和发展各项社会事业。

因此，保护好人类赖以生存与发展的生命支持系统要素——大气、淡水、土地、森林、矿产等自然资源，防治资源污染和生态恶化，是我国现代化建设中必须高度重视的一项战略性任务，并已确定为基本国策。没有资源的永续利用和良好的生态环境，我国的经济建设和各项社会事业的发展都是暂时的、脆弱的、不可持续的。从某种意义上说，经济可持续发展是社会发展具有可持续性的根基，资源的永续利用是经济可持续发展的基础，生态环境的保护与改善是资源可持续利用的基础。

（3）区域可持续发展的关键是协调。协调是物质运动的基本属性，即在物质运动和组成一个统一整体时，内部各种质的差异部分、因素或要素相互协调一致而表现出的相互关系和属性。区域是一个以人为主体的一定的自然、经济、政治、文化辐射所及的社会和地域空间，是一个由人、社会、经济、自然等子系统构成的复合生态系统。各子系统之间应当是良性互动的关系，某一子系统的发展不能以牺牲其他子系统发展的能力为代价。在这个系统内，人类活动往往占有主导地位，对自然界表现为多种形式的调节作用，但这种作用不能摆脱自然生态过程的制约，可持续发展概念的出现本身就是由人与环境关系的不协调引出的。

区域发展过程中的协调归纳起来表现为要处理好以下几个方面的关系：①区域主体与客体之间的关系，即作为主体的人和作为客体的自然界的关系，人和自然的和谐统一表现出需求的可支持性与人的活动对自然进化的可引导性的同步；②区域主体与主体之间的关系，即人与人之间的关系，人与人的协调要求人类应不断地自觉地调整自身的需求和价值观，不断改造自身，规范自身的行为；③区域经济社会的关系，谋求区域经济社会的协调，有利于实现区域社会经济发展战略结构的优化；④人与区域经济的关系，在人与经济的发展关系中，经济发展作为物质基础是人的发展的一种手段，人的发展本身才是目的，经济为人服务；⑤区域经济与自然的关系，经济和自然是相互关联的，两者协调发展的最终目标都指向人，人的实践和人的发展的本质要求把经济和自然有机地结合起来。

协调对于区域可持续发展的意义在于：第一，在特定的阶段内使区域各组成要素处于良性互动、能量互补的和谐状态。第二，使区域各组成要素形成稳定的时间空间结构，按照一种新的有序状态运转。第三，使区域整体不断向着更高层次的有序状态运转。

（4）区域可持续发展的标志是可持续性。可持续性的概念由来已久，在中国的春秋战国时代（公元前 3 世纪）就有保护正在怀孕或产卵的鸟兽鱼鳖的“永续利用”思想和定期封山育林的法令。近代可持续的概念源于人们对森林、渔业类可更新资源利用认识。现代可持续性概念则是由于人类对生态系统认知的不断加深而产生的，并由生态领域逐渐扩展到经济领域和社会领域。由于人们对“可持续性”概念赋予了不同的内涵，所以给出的意义也各有不同。皮尔斯认为可持续性是：在维持动态服务和自然质量的约束条件下，它是经济发展净收益的最大化。摩翰·穆纳辛格将可持续性定义为：动态的人类的经济体系同更大的、动态的、但通常变化较慢的生态系统之间的一种关系。在此关系之下，①人类生命可以无限制地延续。②人类个体可以充分发展。③人类文化可以发展，但是为了不破坏生命支持系统的多样性，复杂性及其功能，人类活动的影响应该保持在一定的范围之内。

# 8.1.3　区域可持续发展原则

区域可持续发展的最终目标是改善人类的生活质量，并创造出一个自由、平等及和谐的社会。而为了实现这一目标就需要将可持续发展理论推向实践，就需要结合可持续发展的内涵和特点提炼出可用于指导实践的原则。综合各种研究，可将可持续发展的原则总结为以下五点。

（1）公平性原则。可持续发展强调改善人类生活质量、满足人类的需求和欲望。因此，消除人类需求中存在的各种不平衡因素是可持续发展的应有之义（张秦，2013）。而这里的公平性原则包括三个方面的内容：一是同代人的代内公平，即给全体人类平等的机会以满足他们要求较好生活的愿望；通过公平的分配权、公平的发展权的赋予，解决贫富差距和两极分化（胡忠华，2011）；二是代际人间的公平，即本代人的发展和需求的满足不能损害子孙后代用以满足需求发展的资源与环境，要给世世代代公平利用自然资源以满足其需求的权力；三是公平分配有限的自然资源，即在国家之间，各国都要负有确保在自己管辖范围内，或在其控制下的活动，不能损害其他国家或在各国管辖范围之外地区环境的责任。

（2）可持续性原则。资源的永续性利用和生态环境的可持续利用是人类实现可持续发展的前提条件，这就要求人类要调整自己的经济活动和社会活动，使得经济发展和社会发展不超过自然资源和生态环境的承载力。一旦超出了资源和生态环境所能承受的消耗标准，人类生态的物质基础就会受到破坏，发展本身也就会衰退。

（3）共同性原则。不同的国家和地区实施可持续发展战略可能有所区别，但这些发展战略所体现的公平性和可持续性原则是共同的。而且为了实现全球的可持续发展，需要全球各国共同的联合行动。即每个国家或个人，在开展自己的行为活动时，都要能考虑到这一行动对他人、他国，以及生态环境所产生的影响，都按照共同性原则办事。这样人与人之间、人与自然之间才能保持一种互惠共生的关系，才能实现可持续发展。

（4）需求性原则。人类的需求是一个动态变化的过程，在不同时期、不同发展阶段，需求系统也是不同的。传统的以经济增长为目标的发展模式，使得世界资源环境所承受的压力不断增大、甚至在某些领域突破极限，使得人类的各种需求没有得到均衡的满足。要满足人类物质、精神需求，满足更高层次的发展需求，实现美好生活愿望，只有在可持续发展目标下才能满足。

（5）质量性原则。传统的经济发展是通过增长率来衡量的，只强调了经济发展的量，忽略了经济发展的质。事实上，经济发展不仅包括经济增长，还包括经济结构的调整，产品质量的改进，投入产出结构的调整，以及分配状况的改善。而可持续发展，则充分考虑了经济增长中人类的物质和精神生活质量，以及环境质量的提高和改善。

## 8.1.4　区域可持续发展影响因素

区域可持续发展系统是一个复杂的系统，涉及人类生活中的方方面面，影响可持续发展的因素也因此多而复杂，具体说来体现在以下五个方面。

（1）资源。区域可持续发展系统中的资源主要是指自然资源（王松全，2008）。自然资源是人类赖以生存的物质基础、生产资料和劳动对象（吴超，2013）。根据资源的可更新性及再循环性，自然资源可以分为可再生资源和不可再生资源。可再生资源是其存量可以持续地补充的资源，如水资源、森林资源、土壤资源等。不可再生资源其存量是固定的，今天开采得越多，明天可供开采的就越少，如石油、天然气、煤、铁等矿产资源。资源子系统是区域可持续发展的基础系统，其构成因素包括土地资源、水资源、生物资源、气候资源、海洋资源、矿产资源等。各类资源不是孤立存在的，而是相互联系、相互影响、相互制约，构成了一个复杂系统。矿产等资源具有不可更新性和隐含性，人类要根据各类资源特性而合理利用资源。

作为区域大系统中的一个子系统，资源系统与环境、人口、经济发展等子系统密切相关。资源是决定区域产业结构的基本因素，资源的类型、数量、质量及时空组合特征是决定区域发展方向、选择区域发展模式的依据之一。资源的开发可以改变环境，如果开放得当则能使环境由荒蛮状态变得文明良好，如果开发不当则会造成环境污染和恶化。某种资源的开发还能形成独特的环境景观，如珠三角的桑基鱼塘景观、黄河三角洲的油田景观等。资源又是人口繁衍、集聚的条件，资源的开发程度影响着区域人口的数量和质量。

（2）经济。经济子系统又称经济发展子系统，是一个由国家或地区所有生产部门、流通部门和其他非生产部门所构成的整体，是区域可持续发展系统的关键内容。从经济系统形成的过程看，是由生产、分配、流通、消费四个环节组成；从经济系统的组成看，是由第一产业、第二产业、第三产业组成；从经济系统的空间分布看，是由各行政经济区组成；从经济系统的结构看，是由产业结构、资源结构、消费结构、就业结构等组成；从经济系统的运行机制上看，是由投入、转换、产出等机制构成，也可以看作是由执行、调控机制构成。

经济发展是区域可持续发展研究中永恒的课题。实现区域可持续发展的关键，是在达到经济社会发展的目标下，不断减少资源的投入及控制各种污染物的排放，改善产业结构，提高投入产出比，即通过调整优化区域产业结构就能够实现少投入多产出，并排放较少的废物。经济子系统与其他子系统的关系是十分密切的。例如，经济子系统与资源子系统的耦合意味着区域经济发展模式适应了当地资源的特点；经济子系统与环境子系统的耦合，意味着在区域经济快速发展的同时，又能维持较好的环境质量；经济子系统与人口、社会子系统的耦合，意味着人在良性循环的条件下，人的需求（包括物质需求和精神需求）能得到不断的满足；经济子系统与科技子系统耦合，意味着经济与科技进步之间已形成良好的互动机制等。

（3）环境。环境是人类赖以生存的基础。它既为人类活动提供资源并容纳废弃物，又为人类活动提供空间和载体。环境子系统是区域可持续发展的容量支持系统。主要由大气环境、水环境、土壤环境、森林环境、草原环境等要素构成。环境对实施区域可持续发展具有两方面的作用：一是环境提供了区域内部人类生产活动和生活活动不可缺少的各种自然资源；二是环境对人类经济活动产生的废物和废能量进行消纳和同化，这就是环境的自净功能或环境容量（朱栋梁，2000）。

环境子系统与资源、人口、经济、社会等子系统关系密切。要保护好环境就必须对区域内自然资源进行合理开发、利用，以便满足人类生存发展过程中的各种要求，自然资源的破坏和浪费必将导致环境恶化。环境与人口的关系主要表现在，区域系统总人口不断膨胀，人口压力增大，突破了环承载力，使环境污染加剧和生态环境自调功能退化，生态系统进入恶性循环，从而导致区域环境质量下降。环境与经济发展则是协调统一的关系。一方面，经济发展要以保护环境为条件。环境系统的生产力是社会劳动生产率和价值增值的基础，只有环境系统源源不断地为经济系统提供物质和能量，才能使经济增长成为可能。另一方面只有财富不断积累和经济基础雄厚，才能使社会有财力、物力和技能来治理环境污染，保持生态环境良性循环。

（4）人口。可持续发展的核心是以人为本，谋求人的自由全面发展。在区域可持续发展这个复杂的系统中，人始终处于主体地位（魏一鸣等，2002）。人的全面发展既是可持续发展的起点，又是可持续发展的归宿，既是可持续发展的表现形式，又是可持续发展的实质内容。由此可见人口子系统在区域可持续发展中的地位与作用。人口的数量、质量、素质和结构直接影响着区域可持续发展系统的状况，适宜的人口数、较高的人口素质可以促进社会经济的发展，而过大的人口数或人口结构失调都会制约区域社会经济的发展。

（5）社会。社会子系统是组成社会的结构因素、功能因素，以及获取公正、有序、和谐的总体目标和实现这个目标的组织形式、分配形式、制约形式的总和。社会子系统包括的因素很多，主要包括三类因素。一是属于生产关系和上层建筑的一部分，以及影响生产力发展的各种体制，如经济体制、政治体制、教育体制等；二是各种社会条件，如城乡的基础设施建设、文教卫生体育事业的发展、劳动就业安排、社会保障体系、社会福利体系；三是标志人民群众物质文化生活水平和生活质量提高的因素，如人的消费水平与消费结构、文化生活和社会生活类型、生活方式等。这些因素相互制约、相互作用，形成了一个复杂的系统。社会子系统功能发挥的主要表现是社会的稳定，而这在很大程度上又依赖于社会结构优化和有序运转。实现社会结构优化的关键是建立适度整合的运转机制。

在区域可持续发展子系统中，社会子系统处于特殊的位置，它既是可持续发展实现的基本前提，又是可持续发展的最终目的。这是因为，一方面要实现区域可持续发展首先必须有一个稳定的社会环境，即必须有一个稳定的社会系统。社会系统不稳定或者崩溃，就会引起社会的失调失序和失控，从而产生各种社会问题，如就业问题、犯罪问题、吸毒问题、离婚问题、饥荒问题等。社会问题，从本质上看是人与自然和人与人关系之间协调程度的一种度量。两类关系完全达到优化状态时，就意味着社会达到最稳定极限。另一方面，区域可持续发展的本质应包括改善人类生活质量，提高人类健康水平，创造一个保障人们平等、自由、教育、人权和免受暴力的社会环境。

## 8.2　区域资源–经济–环境系统概述

近些年来生态环境污染和资源短缺等问题日益凸显，人们越来越重视资源与环境的协调发展，并希望处理好与社会经济的关系。其中资源是人类社会存在和发展的物质基础；经济基础决定上层建筑，是一切发展问题的中心；环境是发展的重要依据，是经济社会维持可持续发展的关键。资源、经济、环境彼此制约，相互影响。因此在本书中，将资源、经济、环境视为一个整体系统，如图 8.1 为资源–经济–环境系统结构图。

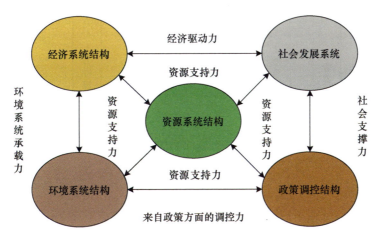

图 8.1　资源–经济–环境系统结构图

由图 8.1 可以看出，资源是经济、环境的支撑，也为整个系统的可持续发展提供支持力（李楠，2011），而环境、经济和社会的发展不仅受到资源和政府政策的影响，其三者也相互作用，相互制约。本书重点研究资源–经济–环境系统结构组成，下节将分别对其进行研究。

## 8.2.1　资源系统定义及构成

资源是指一定地区内拥有的人力、物力、财力等各种物质要素的总称。资源的分类方式有多种，按资源的基本属性不同可分为自然资源和社会资源；按利用限度可划分为可再生资源和不可再生资源；按其性能和作用的特点可分为硬资源和软资源；按资源的更替特点可划分为可更新资源和不可更新资源等。

本书采取第一种资源分类方式将资源分为自然资源和社会资源。自然资源，即人类可以利用的、天然形成的物质和能量，是具有社会效能和相对稀缺性的自然物质或自然环境的总称。在经济发展过程中自然资源起着重要作用，只有合理开发和利用自然资源，才能保证经济的持续发展。自然资源具有稀缺性、地域性、整体资源、多用性、变动性、社会性等特点。

社会资源是指自然资源以外的其他所有资源的总称，它是人类劳动的产物。社会资源主要包括人力资源、智力资源、信息资源、技术资源、管理资源等。它具有易变性、不平衡性、社会性、继承性等特点。

根据以上资源的定义和分类，并结合区域实际状况，建立了资源系统结构图，如图8.2所示。

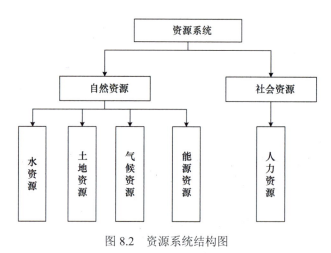

图 8.2 资源系统结构图

## 8.2.2 经济系统定义及构成

经济系统是一个复杂的多层次的系统，其划分标准也有很多，可以按照地域进行划分，如北京经济系统、天津经济系统、河北经济系统等；按照行业进行划分，如工业经济系统、农业经济系统等；按照性质进行划分，如第一产业、第二产业、第三产业等系统；从政治经济学的意义上按功能阶段进行划分，可划分为生产、交换、分配、交换子系统，各个子系统又可继续细分为不同的子系统，形成一个层次结构的经济系统结构。从输入输出的角度来看，输入自然资源、劳力、资本和各种信息，经过经济系统的转化，输出各种产品和服务，以及产生一些新的经济信息。因此，将经济系统的组成分为：产业结构、就业结构、人口结构、技术结构等，如图8.3所示。

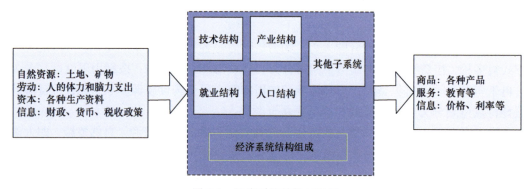

图 8.3 经济系统结构示意图

### 8.2.3　环境系统定义及构成

　　环境系统是一定历史条件下，直接或间接地影响人类生活、作用于人类自身存在和发展过程的各种自然因素的总体系统，包括自然环境和社会环境。自然环境是指环绕于人类周围，能直接或间接影响人类生活与生产的一切自然物质和能量的总体，包括空气、水、土壤、阳光和各种矿物质、植物和动物。社会环境是指人类在生活、生产和社会交往活动中的关系与条件，由社会政治、经济、文化、人口、卫生服务，以及行为生活方式等因素构成。

　　人创造了环境，同样环境也创造了人，人类与环境的关系，特别与自然环境的关系是人类社会经济发展的前提，因此本书主要研究自然环境和区域可持续发展的关系，环境系统结构图如图 8.4 所示。

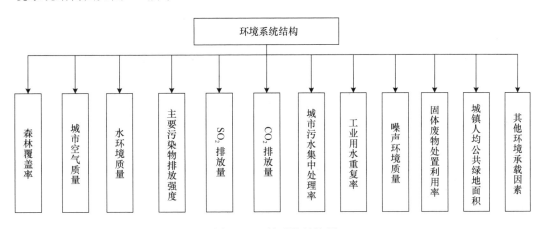

图 8.4　环境系统结构图

## 8.3　区域资源–经济–环境系统与可持续发展的关系

　　一个区域是由资源、经济、环境相互作用、相互依赖、相互制约而构成的紧密联系的复杂系统（乔鑫，2017）。资源与经济发展，以及环境保护之间存在着相互影响、相互制约的内在联系，世界各国政府、研究机构及专家学者都深刻地认识到将资源、经济、环境三者联系起来作为一个统一的整体来研究是十分必要的。其中，能源属于资源且具有强传导性，其变动会很快引起其他方面的波动。通过建立能源–经济–环境（3E）系统研究框架体系来分析三者内部，以及三者之间的发展规律与内在联系，最终实现 3E 系统效益最大化。3E 系统作为区域系统的核心系统，对区域资源、社会经济，以及环境保护的协调可持续发展，起着举足轻重的作用。

### 8.3.1　区域资源–经济–环境系统对可持续发展的影响

　　资源与环境作为人类生活的保障，是可持续发展的基础条件。资源在生命活动中不可缺少，在经济系统中进行必要的投入并产生积极效益，同时在社会经济系统中带来合理的福祉、愉悦和文明。经济发展是可持续发展的动力。经济发展要以保护环境为条件，保护环境也离不开经济发展。社会发展支持促进可持续发展。社会发展是指以个人为基础的社会关系出现从个人到社会总体的自由延伸，个人的自由延伸到社会整体关系面（韩庆祥等，2000）。包含个人的物质及精神自由发展到社会层面，并取得社会化的一致。这其中包含经济、人文、政治等一系列的社会存在的总体发展。可持续发展的目标当然也包括要调控人口的发展，人口的发展包括人口容量的合理性、人口结构的优惠、人口素质的提高。因此，资源–经济–环境系统是区域可持续发展的得以稳健运行的基础，该系统对区域可持续发展的影响主要表现在以下三个方面。

（1）资源系统是区域可持续发展的重要支撑。区域可持续的发展的必要支撑条件就是资源系统长久稳健的运行。资源系统中的能源需求决定了区域经济的可持续发展。如果区域经济按照 7% 的速度增长，能源消耗弹性系数（能源消费增长速度与经济增长速度之比）即使按 0.45 计算，区域系统能源消耗的增长速度也在 3% 以上（陆海波，2003）。从世界视角来看，随着社会生产发展的历史，能源消耗系统一般经历"低能源消耗系数–能源消耗系数上升–能源消耗系数下降–能源消耗系数稳定"等变化历程。中国整体上尚处于第二、第三时期的过渡时期，也就是尚处于能耗系数的高峰期，尽管已经进入第三时期开始有下跌之势，但近几十年支持中国经济增长的能源消耗系数仍然处于高值水平。

能源对外依存度对区域经济安全构成威胁。对于大部分区域而言，能源需求都需要依靠从外部输入。这种能源外调的消费模式，将区域系统的经济发展与其他的因素紧密联系在一起，如运费、煤（油）价格及一些不可预知因素，从而加大了区域经济可持续发展的风险。

能源的利用对区域系统的环境安全构成威胁。能源一方面成为经济发展的动力；另一方面能源的使用对环境也造成了破坏，并成为环境污染的主要原因之一，反过来制约经济的发展。

能源供给安全影响区域社会稳定。能源供给的中断或者短缺，会对区域系统的稳定运行带来冲击。在短期内，由于现有的资本设备及其能源消费水平难以改变，能源短缺将造成设备闲置、能源价格上涨、通货膨胀、产出下降、失业增加等问题，严重将引发经济危机，引起社会动荡，影响区域系统的稳定运作。在长期内，如果能源供给持续无法得到保障，区域系统将面临解体的风险。

能源消费结构影响区域系统的能源利用率。能源消费结构是影响能源利用效率的重要因素，以天然气和石油为主的消费结构的能源利用效率明显高于依煤炭为主的能源消费结构。

（2）经济系统的合理化产业结构、城市化均衡发展，以及区域一体化的发展有助于区域可持续发展的稳定进行。

产业结构的优化是在经济全球化背景下谋求增长和发展、提高一国和区域产业经济竞争力的重要途径，是区域可持续发展的重要保障。区域可持续发展是现代社会发展的永恒主体，基于可持续发展的产业结构优化是经济发展的客观需要。

城市化是中国区域经济社会持续发展的主要动力。长期来看，中国真正实现转型和升级、走向崛起和强盛，最根本的是要实现城市化。

区域一体化协调发展是区域可持续发展的关键。区域可持续发展是一个复杂的系统，促进这一系统良性运行的关键因素是建立相应的机制，以机制来引导经济与环境的互动关系，并实现区域可持续发展。

（3）区域可持续发展是在一定的环境中进行的，环境状况是区域可持续发展的重要前提条件。基于不同的环境状况，人们会采取不同的措施而维持区域的可持续发展。当环境状况发生变化时，可持续发展的战略亦随之变化。所以说，环境变化影响区域可持续发展。

## 8.3.2　区域可持续发展中的资源、经济、环境要素制约

资源–经济–环境系统不仅对区域系统日常的安全和平稳运行起着重要作用，而且还对区域的可持续发展有着深远的影响。资源中的能源影响着区域发展的水平和速度，决定了区域发展的方向和趋势。环境状况是区域可持续发展的重要前提条件，可持续发展的战略随环境的变化而变化。经济体现了区域发展的状态，体现了区域可持续发展是否稳健。当前，资源–经济–环境系统对中国区域可持续发展的制约，体现在以下三个方面。

（1）资源系统中能源需求快速增长、能源结构不合理、能源效率低下、能源生产和消费活动中造成的污染、能源利用中产生的温室气体等，给区域未来可持续发展带来了极大的挑战。区域是能源消费的主力，而当前区域能源需求正进入全面增长期。未来一段时间内，中国的经济将保持以较高的速度增长，区域化进程也在加快，毫无疑问，区域能源消费的持续快速增长将不可能避免。长期以来，支撑经济发展的是一种粗放型的能源开采和利用方式，这些都使得我国区域能耗居高不下。同时，能源生产和消费活动过程中，产生了大量的烟（粉）尘、二氧化硫、氮氧化物及二氧化碳等，严重抑制了区域的可持续发展。同样，温室气体的排放，是我国可持续发展面临的更加严峻的挑战。我国已经提出到 2020 年的碳减排目标，可以预见未来区域的发展在碳减排中将承担更多的责任。因此，能源与区域可持续发展的关系错综复杂，研究能源对区域可持续的发展至关重要。

（2）经济发展过程中产业结构不合理、城市发展失衡，以及区域一体化缓慢等严重制约了区域可持续发展。区域一体化已成为经济发展的一大潮流，对各国经济和社会发展产生了广泛而深远的影响；城市化发展失衡，郊区城市化落后于工业化；经济发展中工业结构性矛盾突出，振兴现代制造业压力巨大，第三产业总量依然不足；社会变革中出现的就业、收入及人口问题更加复杂。

（3）环境对区域可持续发展的约束主要表现在可持续发展的空间条件、资源状况、环境容量、环境可塑性量度等方面。空间条件约束表现为空间资源的有限性；资源状况约束表现在资源种类、数量和供给能力等方面；环境容量约束表现在环境承载力和自我调节能力（包括对污染的承受和分解能力）等方面；环境可塑性的约束表现为人类活动对环境容量和条件的可改造性及环境利用率的可变性（包括科技进步的影响）等。

综上所述，区域可持续发展的问题实质就是区域资源–经济–环境以及这三者相互关系的问题。区域可持续发展必须建立在区域能源、经济及环境系统相互协调发展的基础之上。中国区域的发展，必将摒弃先前发展的老路线和老模式，最终探索出区域 3E 可持续发展的新道路。

## 8.4　区域 3E 系统模型群

在区域 3E 系统的模型研究过程中，由于能源与经济、能源与环境之间的强传导性，且解决能源和经济、能源和环境二元问题的模型以及解决能源、经济和环境三元问题的模型现实性较强，书中将能源–经济–环境（Energy-Economy-Environment，3E）作为一个整体，所建立的模型不仅能够解决能源、经济和环境问题，引入资源指标体系后，也可以解决资源、经济和环境问题。因此，"3E 系统模型群"的概念应运而生。

区域 3E 系统的研究本质是：人们在实践过程中不断认识和发现 3E 系统的发展和演化规律，并运用相关领域知识解决资源子系统、经济子系统、环境子系统中出现的复杂性和不确定性问题，最终来揭示各个系统之间的交互作用。

区域 3E 系统的研究目标是：认识区域 3E 系统的发展规律，分析影响能源供给、经济增长和环境承载力的主要因素；预测未来区域及各城市能源需求、供需平衡和碳排放情况，从而做出相应的区域能源发展规划和能源投资决策；制订未来经济发展方案，包括采用调整城市产业结构和构建清洁高效能源供应体系的手段，最终达到以科学技术为导向带动经济增长的目的；提出区域能效提高、环境保护和降低碳排放的政策框架建议；分析和引进典型城市在建筑、交通、工业、生活等部门的发展经验，为城市制定与调整能源管理及相关环境政策提供参考。

作为一个复杂系统，3E 系统的研究主要分为以下几个层面：能源、经济、环境一元问题的研究；能源和经济、经济和环境以及能源和环境等二元问题的研究；能源、经济和环境三元问题的研究。模型是进行系统研究的重要方法，不同领域的研究人员所使用的研究理论方法也不尽相同。从计算机的角度出发，3E 系统还可从以下两方面研究——从认识论的角度研究 3E 系统模型群和从方法论的角度研究 3E 系统模型群。

## 8.4.1　基于认识论的 3E 系统模型群

在实践过程中，人们不断认识 3E 系统的发展和演化规律。从能源、经济、环境一元问题，到能源和经济、经济和环境，以及能源和环境二元问题的认识，再到能源、经济和环境三元问题的认识。并运用相关知识领域解决复杂系统出现的问题，最终来揭示各个系统之间的交互作用。最初，各国研究人员利用理论方法分别研究能源问题、经济问题、环境问题。随着西方能源经济学的引入，逐渐形成了以能源和经济、经济和环境二元系统为对象的研究体系，并形成了两门交叉学科：能源经济学、环境经济学。随着能源和经济等二元系统研究的不断深入，人们发现，进一步深入的探讨相关问题时，如果不把环境作为一个重要因素引入能源和经济二元体系研究，或者不把能源作为一个重要因素引入经济和环境二元体系研究，都很难开展更加全面、深入、系统的研究工作。20 世纪 80 年代后，国际能源机构和环保机构开始展开合作构建 3E 三元系统的研究框架，并开始对其综合平衡和协调发展的问题进行研究。

为了达成区域 3E 系统研究的核心目标——既能实现能源安全，又能达到经济增长、实现生态友好的区域 3E 系统解决方案及相应的区域可持续发展路径。从解决能源、经济、环境问题的角度，本篇主要集中在模型群的研究上，从认识论角度出发，模型群可分为一元、二元和三元模型，也可分为能源、经济和环境模型，基于认识论的 3E 系统模型概况图，如图 8.5 所示。

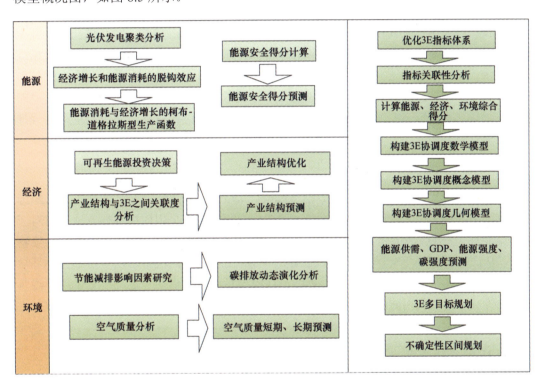

图 8.5　基于认识论的 3E 系统模型群概况图

### 1. 能源系统模型群

区域能源系统的研究内容包括能源供应、能源需求、能源政策等多个方面。鉴于能源与经济发展、环境保护、气候变化的复杂关系，建立包括经济和生态环境在内的复杂能源系统观，寻求能源、经济、环境协调发展的规律，对能源–经济–环境系统进行协调控制，是能源系统研究的基本要求。因此，汲取系统科学、运筹学、经济学等多个学科的理论和方法，构建区域能源系统模型群，定性与定量分析相结合，是区域能源系统研究的一种方法。

能源系统模型群包括模糊聚类分析法、能源消耗与经济增长的脱钩效应、能源消耗与经济增长的柯布–道格拉斯型生产函数、层次分析法、二次平滑指数分析法。利用模糊聚类分析法可以分析能源利用的情况，脱钩效应和柯布–道格拉斯型生产函数有利于分析能源和经济之间的关系。用层次分析法可以计算出区域能源安全得分状况。在区域能源安全得分的基础上，根据京津冀区域能源、环境，以及经济指标时间序列特点，利用二次指数平滑法可以对其指标数据进行预测。

**2. 经济系统模型群**

对产业结构研究就是对产业结构进行调整与优化，即在对产业结构的现状进行分析的基础上，对产业结构进行调整，使其由不合理向合理方向发展。产业结构模型群包括实物期权理论、灰色关联分析法、改进的灰色预测模型、基于线性规划的产业结构优化模型。从可持续发展的角度出发，首先用灰色关联分析法分别计算产业结构与能源消费、经济增长、环境保护之间的灰色关联度，研究产业结构与能源消费、经济增长、环境保护的关系，进而对能源利用、经济增长、环境保护，以及产业结构的优化升级提出相关政策建议；然后用改进的灰色预测模型对未来几年的产业结构进行预测，研究产业结构的发展趋势和规律；从能源、经济、环境 3 个方面考虑产业结构的优化约束条件，以能源配置最优化、经济效益最大化、3E 系统协调发展化为优化目标，采用灰色动态线性规划模型计算"十三五"规划末的产业结构，为区域产业结构优化提出相应的方案。

**3. 环境系统模型群**

环境系统模型群包括基于面板数据（Panel Data）模型的节能减排能耗关系影响因素研究、AQI 模型、大气污染预测模型、碳排放演化模型。采用面板数据方法可以对节能减排能耗关系的影响因素进行分析；用空气质量指数模型可以分析出空气中的污染物比例，从而提出相关环境保护建议和措施；同时利用灰色预测模型可以对短期内的环境质量进行预测，来分析未来环境发展趋势；环境质量的变化也在一定程度上带动了温室效应的变化，可以利用回归分析和最小二乘法建立碳排放动态演化模型，对碳排放量进行分析并预测。

**4. 3E 系统模型群**

3E 系统模型群包括：基于粗糙集和信息熵的指标体系优化模型，基于 OLAP 技术和数学统计方法的指标关系研究模型，基于主成分分析法的能源、经济、环境系统综合得分计算模型，基于回归分析法的 3E 协调度数学模型，3E 协调度概念模型——"$\delta$"模型，3E 协调度几何模型——"$\theta$"模型，3E 协调度物理模型——"$\beta$"模型，系统动力学模型，3E 系统多目标规划模型，不确定性区间规划模型。首先用指标体系优化模型对能源、经济、环境的指标进行优化筛选，然后用 OLAP 分析方法挖掘指标之间的关系，将指标关系定量化，再用经过优化筛选的指标进行主成分计算，得到能源、经济、环境系统的综合得分。3E 协调度数学模型是基于综合得分并依据模糊数学构建的数学计算方法，根据数学模型可以构建 3E 协调度的概念模型，在概念模型的启发下，构建了"$\theta$"模型和"$\beta$"模型。对 3E 系统之间的关系进行分析之后可以用系统动力学方法、多目标规划模型、不确定性区间规划进行预测、优化及情景分析。

## 8.4.2 基于方法论的 3E 系统模型群

本书从可持续发展的角度出发，对 3E 系统的研究主要有系统科学、经济学及情景分析等方法，从一元模型，到二元模型，再到三元模型，各种能源模型、经济模型、环境模型是 3E 系统研究的重要工具。根据研究目的的不同，从方法论的角度，3E 系统的研究问题可分为分析类研究、预测类研究和优化类研究，分别构建区域 3E 系统分析类模型群、区域 3E 系统预测类模型群、区域 3E 系统优化类模型群。具体来说，分析类模型群、预测类模型群和优化类模型群主要是对能源、经济、环境系统中一元、二元和三元问题应用相应的模型方法对相应问题进行分析、预测和优化。

基于方法论的 3E 系统模型群概况图，如图 8.6 所示。

| | 分析 | 预测 | 优化 |
|---|---|---|---|
| 一元 | 模糊聚类分析<br>层次分析法<br>实物期权理论<br>AQI(空气质量指数)模型 | 灰色预测模型<br><br>最小二乘法+回归分析 | |
| 二元 | 柯布–道格拉斯型函数<br>"脱钩"效应 | ARMR模型 | |
| 三元 | 主成分分析法　回归分析法<br>"$\delta$"模型　"$\theta$"模型<br>Panel Data模型　"$\beta$"模型<br>灰色关联度<br>OLAP指标关联性分析 | 指数平滑法<br>系统动力学<br>Logistic回归方法<br>支持向量回归<br>B-P神经网络 | 区间不确定性规划<br>粗糙集与信息熵理论<br>产业结构优化模型<br>能源、经济、环境多目标规划模型 |

图 8.6　基于方法论的 3E 系统模型群概况图

### 1. 3E 系统分析类模型群

3E 系统分析主要是分析能源与经济发展、环境保护和大气环境变化的复杂性问题。在探寻能源、经济和环境各系统的发展规律过程中逐渐对 3E 系统逐步形成系统观点，最终找到协调发展道路，从而对 3E 复杂系统进行协调控制，推进可持续发展。因此，从 3E 子系统领域到 3E 整体领域研究，形成系统科学及复杂性科学的研究分析方法，最终在系统的整个研究过程中逐渐构建 3E 系统分析模型群。3E 系统分析主要目的是分析京津冀区域一元、二元和三元系统中能源、经济和环境之间的关系，并提供相应的分析建议。

分析模型中，一元模型主要有模糊聚类分析、实物期权理论和空气质量指数模型等，这些模型分别对能源、经济、环境的某个局部进行分析。模糊聚类分析用模糊数学方法，对数据进行预处理、归一化处理，选取合适的模糊关系从而建立相似矩阵，最后再进行聚类。基于实物期权理论的投资决策标准为：计及投资决策灵活性的项目净现值非负的项目是可行的，或其越高则项目可行性越高，空气质量指数模型首先用内插法计算各污染物的分指数，根据污染分指数确定目标区域的空气质量指数。

二元问题的分析模型有柯布-道格拉斯型函数、"脱钩"理论。柯布-道格拉斯型生产函数是一种在经济学中广泛使用的生产函数，简称 C-D 生产函数；"脱钩"理论主要用"同期内单位 GDP 能源消耗的年下降率"和"一定时期内经济增长率"构建脱钩模型，来分析经济增长和能源消耗之间的脱钩效应。

三元的分析模型主要有主成分分析法、回归分析法、"$\delta$"模型、"$\theta$"模型、"$\beta$"模型、Panel Data 模型、灰色关联分析等。主成分分析法的原理是用降维的思想，通过研究各子系统指标的内在关系，从多个指标中提取出几个包含原有指标体系的大部分信息的统计方法；基于回归分析法的 3E 系统耦合模型采用线性拟合和回归分析法计算 3E 系统的协调系数；"$\delta$"模型依据指标体系，在一定的时间周期内，分别计算人口、环境、能源对经济、社会发展制约系数和推动系数，最后将影响因子转化为角度，构建可持续发展协调度的概念模型；"$\theta$"模型的构建原理是根据能源、经济、环境系统的发展速度构建三维立体椭球模型，用三角函数正切值和加权平均法，将几何模型的关系用数学函数表示；"$\beta$"模型的构建是在"$\theta$"模型的基础上，利用三维图像立体、清晰展现能源、经济、环境三者之间协调度的内在实质。Panel Data 模型通过建立混合模型、固定效应模型及随机效应模型，并对这三个模型进行平稳性和协整性检验，从而选择最适合的模型。灰色关联分析是将研究对象及影响因素的因子值视为一条线上的点，与待识别对象及影响因素的因子值所绘制的曲线进行比较，比较它们之间的贴近度，并分别量化，计算出研究对象与待识别对象各影响因素之间的贴近程度的关联度方法。

### 2. 3E 系统预测类模型群

3E 系统预测模型主要是在 3E 系统分析的基础上对能源、经济和环境系统中一元问题、二元问题和三元问题进行预测。与 3E 系统分析一样，3E 系统预测是区域可持续发展的一个重要组成部分，重点预测大气环境、能源安全发展、经济发展，以及 3E 系统整体发展情况，构建成预测类模型群，为实现"十三五"规划期间区域可持续发展战略目标，结合 3E 系统预测结果，提出相应的发展方案。

预测模型中，一元预测模型有：灰色预测模型、回归分析和最小二乘法结合的预测方法。灰色预测模型的基本思想是利用较少的或不确切的表示灰色系统行为特征的原始数据序列来描述系统内部特征和发展趋势的模型；回归分析和最小二乘法，首先，根据理论和对问题的分析判断，将变量分为自变量和因变量。其次，设法找出适合的数学方程式描述变量之间的关系建立模型，并用最小二乘法估计其中的未知参数确定回归线。然后，对回归模型进行统计检验；最后，利用回归模型根据自变量估计、预测因变量。

二元预测模型有：ARMR 模型（自回归滑动平均模型）。该模型是由 AR（自回归）模型和 MR（滑动平均模型）组成的。该模型首先要用差分法对原始数据进行预处理，然后进行平稳性检验，平稳性检验通过之后，利用 SPSS 软件进行计算。

三元预测模型主要有：指数平滑法和系统动力学模型等。指数平滑法是利用黄金分割法确定平滑指数，然后根据指数平移公式进行预测的一种预测模型。系统动力学模型首先利用 Vensim 软件画出系统中关系流图，建立定性模型，然后从关系流图抽象出反映系统动态过程的方程式，建立定量模型，最后进行仿真。

### 3.3E 系统优化类模型群

3E 系统优化方法主要是应用数学方法研究系统的可持续发展，并提出优化方法和思想，为决策者提供科学决策依据，在优化问题解决问题的步骤过程中逐步形成系统的优化模型群。三元优化模型主要有：粗糙集与信息熵理论、产业结构优化模型、能源经济环境多目标规划模型等。粗糙集与信息熵理论采用增量式方法，先用粗糙集理论求出属性集的相对核，然后用信息熵理论求每个指标的熵值，根据熵值大小，采用自底向上的方式添加属性。产业结构优化模型构建了基于灰色理论以能源、电力、资金、劳动力、土地、环境等为产业结构的约束条件，以达到三次产业产值最大化的优化模型。能源经济环境多目标规划模型构建了以 3E 系统优先因子最小化为目标，以能源、经济、环境为决策变量，以能源消耗强度、能源消耗总量和 GDP 总量为约束条件的规划模型。

### 4. 场景分析法

情景分析法是通过假设、预测、模拟等手段对未来进行推理，并能够有效描绘未来变化的进程，但其中短期预测效果不理想，更适用于长期预测。同时，情景分析是对预测对象的未来发展作出种种设想或预估，是一种直接的定性预测方法，所以其直观性差强人意。场景分析就很好地弥补了这些不足，其通过对高度不确定性环境进行场景建模，将虚拟场景模拟成真实场景，不仅提高了中短期预测精度，也给人一种身临其境的感觉。

场景分析法以数学建模为基础，图形建模为可视化手段，两者相结合构建研究场景，充分体现了数学模型的准确性，也突出了图形建模的直观性。数学建模是对客观事物的一般关系的反映，也是人们以数学方式认识具体事物、描述客观现象的最基本的形式。其最大的特点就是实现数据的可视化，数据可视化并不是简单地把数字用图表表示出来，而是通过图表、图像发现数据所包含的相互联系和发展规律。图形建模包括基于 3D 图形学的方法和基于图像的方法。第一类是充分利用计算机图形学技术进行虚拟环境的建模和渲染；第二类应用多视图、全景或任意方向的图像来产生虚拟环境。基于以上的手段，场景建模可以实现对复杂场景的模拟，并且可以为真实世界的图像提供更丰富的细节，较容易得到与真实环境相近的效果。该方法目前应用也越来越广泛，尤其在能源–资源–环境规划领域，研究者可用来分析过去的场景、反映真实现状和预测未来的变化趋势，并提出相应的决策支持。

在可持续发展的研究过程中，3E 系统中存在着多种可能性和不确定性，人们不断地探索 3E 系统的演化和发展规律。普通的模型方法很难系统地对影响未来 3E 系统的各种不确定因素进行分析，而场景分析法可以通过构造不同的场景来模拟不确定性因素下的决策结果。本书构建京津冀多种能源发电场景，建立场景模型，从而分析不同的场景下的发电效益，场景分析法的应用在本书第四篇将详细介绍。

# 8.5　本 章 小 结

实现可持续发展已经成为中国未来经济发展的一个重要方向，因此，对区域可持续发展的评价研究具有一定的现实意义。本章详细阐述了区域可持续发展的理论，并将资源、经济、环境视为一个整体系统进行研究，建立 3E 系统模型群，从认识论和方法论两个角度针对 3E 模型群做了全面的研究，为后文区域 3E 分析模型群、区域 3E 预测模型群、区域 3E 优化模型群建立概念基础。

# 参 考 文 献

第十二届全国人民代表大会. 2016. 中华人民共和国国民经济和社会发展第十三个五年规划纲要. Http://www.miit.gov.cn/n1146290/n1146392/c4676365/content.html. 2017-03-02

冯年华, 叶玲. 2003. 区域可持续发展研究述评. 南京社会科学, (05): 36-42

胡忠华. 2011. 论马克思主义环境公平观. 南昌: 江西师范大学硕士学位论文

韩庆祥, 张曙光, 范燕宁. 2000. 代价论与当代中国发展——关于发展与代价问题的哲学反思. 中国社会科学, (03): 72-84

姜钰. 2008. 区域科技与经济系统协调发展研究. 哈尔滨: 哈尔滨工程大学博士学位论文

李楠. 2011. 可再生资源综合利用项目可行性研究分析. 呼和浩特: 内蒙古大学硕士学位论文

联合国大会. 1980. 第 35 届会议. Http: //www.un.org/zh/ga/35/res/. 2017-01-02

联合国环境与发展大会. 1992. 中国 21 世纪议程. Https://wenku.baidu.com/view/da8792a4284ac850-ad024240.html. 2016-08-29

陆海波. 2003. 能源–经济–环境系统的可持续发展研究. 天津: 天津大学博士学位论文

乔鑫. 2017. 基于大数据的区域能源经济环境系统耦合模型研究及应用. 北京: 华北电力大学硕士学位论文

世界环境与发展委员会. 1987. 我们共同的未来. 长春: 吉林人民出版社

王松全. 2008. 区域人口、资源、环境、经济与社会可持续发展的评价研究. 北京: 首都经济贸易大学硕士学位论文

魏一鸣, 曾嵘, 范英, 等. 2002. 北京市人口、资源、环境与经济协调发展的多目标规划模型. 系统工程理论与实践, (02): 74-83

吴超. 2013. 社会主义劳动的伦理意蕴. 长沙: 湖南师范大学硕士学位论文

张秦. 2013. 科学发展观视域下的区域可持续发展能力研究. 呼和浩特: 内蒙古大学博士学位论文

中国大百科全书出版社, 美国不列颠百科全书公司. 1985. 简明不列颠百科全书. 北京: 中国大百科全书出版社

朱栋梁. 2000. 论人口与环境可持续发展. 山西财经大学学报, (02): 13-17

# 第 9 章　区域 3E 系统分析模型群

在全球经济的带动下，中国经济快速发展，然而经济快速增长与能源的使用、环境的保护之间存在着突出的矛盾。经济和能源的发展不可避免地造成环境的破坏，能源和环境的状态也同时制约经济的发展。因此，分析能源、经济、环境之间的协调发展情况，成为实现区域的可持续发展目标的重要环节。本章首先构建区域 3E 系统分析模型群，用于分析区域的能源、经济、环境系统的综合发展水平，从而对系统间的协调程度进行判断。最后提出了 3E 系统耦合模型，它在了解三者各自的发展状况的基础上，从某一维度来衡量能源、经济、环境之间的耦合协调度。

## 9.1　能源系统分析模型

能源分析是指采用适当的研究方法对区域的能源消耗数据进行分析。分析能源消耗数据间的内在规律，从而发现能源问题，为能源利用提供决策依据。本节构建了基于模糊聚类的光伏发电模型、基于层次分析法的能源安全评价模型和基于脱钩指数的经济发展和能源消耗模型对能源系统进行分析。

### 9.1.1　基于模糊聚类的光伏发电规划模型

#### 1. 模型概述

随着全球能源互联网（刘振亚，2015）的提出，新能源替代传统能源已成为未来能源发展的方向（谢国辉和李琼慧，2016）。中国拥有丰富的太阳能资源，由于光伏发电的安全性、无噪声、无污染，维护简便等特点，其发展受到越来越多的重视。目前，国内光伏发电市场正处于初级阶段，其成本较高，随着国家政府出台相关新能源政策以及对光伏发电的补贴，使得光伏发电发展前景不断好转（赵争鸣等，2013）。本节根据全国光伏发电量，将全国各省（市）进行区域划分，结合区域划分特点具体规划光伏发电建设，从而更好地促进光伏发电产业的发展。

#### 2. 模型原理

模糊聚类分析以模糊等价关系理论为基础，从研究对象自身出发构造模糊矩阵，通过计算模糊矩阵的隶属度来确定最终分类结果（王晟，2006；曾山，2012）。模糊聚类主要计算步骤是：

（1）确定研究对象个数 $n$，将每个对象抽取出 $m$ 个特征数据。

（2）建立 $n \times m$ 的原始数据矩阵 $\boldsymbol{R_0}$。

（3）对原始数据矩阵 $R_0$ 进行标准化处理。矩阵无量纲化的方法主要有极值化方法、标准化方法、均值化方法和标准化方法 4 种。在本章节中采用极值化方法对矩阵 $R_0$ 标准化处理，形成矩阵 $R_1$。

（4）建立模糊相似矩阵 $R_2$。构造模糊相似矩阵的方法有海明距离法、欧式距离法、切比雪夫距离法、最大最小法、绝对值法等多种构造方法，根据每种构造模糊相似矩阵的特点，在本书中采用最大最小法构造出模糊相似矩阵 $R_2$。

（5）聚类。将相似矩阵 $R_2$ 利用传递闭包法求出等价矩阵 $R_3$，依次从大到小取阈值 $\lambda(\lambda \in [0,1])$，求出等价矩阵 $R_3$ 的 $\lambda$ 截矩阵，再结合实际情况选取恰当的阈值 $\lambda$。为得到较为准确的分类结果，在本章节中采用 $F$-统计量方法，其原理是选取 $F$-统计量最大值对应的阈值 $\lambda$，该 $\lambda$ 值为最佳选取值，其聚类结果较合理。

### 3. 算例研究

本节选取了全国 31 个省（直辖市）2013 年、2014 年、2015 年上半年和 2015 年光伏累计并网容量，主要选取分布式光伏发电和光伏电站累计并网容量两个指标，如表 9.1 所示。

表 9.1　全国 31 个省（市）2013~2015 年光伏累计并网容量　（单位：MWP）

| 地区 | 2013 年年底累计并网容量 | | 2014 年年底累计并网容量 | | 2015 年上半年累计并网容量 | | 2015 年年底累计并网容量 | |
| --- | --- | --- | --- | --- | --- | --- | --- | --- |
| | 分布式 | 光伏电站 | 分布式 | 光伏电站 | 分布式 | 光伏电站 | 分布式 | 光伏电站 |
| 北京 | 85 | 0 | 87 | 0 | 87 | 0 | 140 | 0 |
| 天津 | 37 | 0 | 39 | 0 | 49 | 0 | 70 | 30 |
| 河北 | 112 | 63 | 186 | 461 | 326 | 511 | 270 | 1230 |
| 山西 | 20 | 5 | 31 | 275 | 201 | 285 | 10 | 430 |
| 内蒙古 | 107 | 272 | 153 | 1405 | 373 | 1405 | 180 | 2840 |
| 辽宁 | 39 | 10 | 71 | 30 | 91 | 60 | 60 | 40 |
| 吉林 | 0 | 0 | 0 | 10 | 0 | 10 | 0 | 60 |
| 黑龙江 | 27 | 0 | 27 | 10 | 27 | 10 | 0 | 10 |
| 上海 | 140 | 16 | 189 | 16 | 239 | 36 | 160 | 20 |
| 江苏 | 218 | 260 | 255 | 1049 | 375 | 1319 | 850 | 1720 |
| 浙江 | 260 | 0 | 425 | 0 | 525 | 170 | 700 | 30 |
| 安徽 | 124 | 2 | 150 | 2 | 170 | 52 | 250 | 260 |
| 福建 | 62 | 0 | 73 | 0 | 83 | 0 | 120 | 0 |
| 江西 | 118 | 5 | 158 | 25 | 158 | 95 | 260 | 130 |
| 山东 | 163 | 79 | 205 | 112 | 235 | 172 | 380 | 220 |
| 河南 | 64 | 0 | 66 | 3 | 66 | 103 | 160 | 70 |
| 湖北 | 65 | 0 | 100 | 0 | 110 | 10 | 60 | 80 |
| 湖南 | 234 | 0 | 300 | 0 | 310 | 0 | 290 | 0 |
| 广东 | 185 | 0 | 300 | 0 | 300 | 140 | 500 | 20 |
| 广西 | 53 | 0 | 53 | 0 | 53 | 0 | 70 | 20 |
| 海南 | 73 | 10 | 75 | 83 | 125 | 83 | 50 | 140 |

续表

| 地区 | 2013 年年底累计并网容量 | | 2014 年年底累计并网容量 | | 2015 年上半年累计并网容量 | | 2015 年年底累计并网容量 | |
|---|---|---|---|---|---|---|---|---|
| | 分布式 | 光伏电站 | 分布式 | 光伏电站 | 分布式 | 光伏电站 | 分布式 | 光伏电站 |
| 重庆 | 0.00 | 0.00 | 0.02 | 0.00 | 0.02 | 0.00 | 0.00 | 0.00 |
| 四川 | 5 | 0 | 9 | 30 | 9 | 30 | 10 | 50 |
| 贵州 | 0 | 0 | 0 | 0 | 0 | 0 | 0 | 0 |
| 云南 | 11 | 20 | 14 | 180 | 84 | 180 | 20 | 330 |
| 西藏 | 0 | 100 | 1 | 110 | 1 | 110 | 0 | 150 |
| 陕西 | 61 | 60 | 90 | 270 | 90 | 280 | 30 | 520 |
| 甘肃 | 11 | 475 | 11 | 4317 | 161 | 4317 | 0 | 5170 |
| 青海 | 0 | 2140 | 0.6 | 3103 | 170.6 | 3103 | 0 | 4130 |
| 宁夏 | 0 | 431 | 0 | 1614 | 80 | 1614 | 0 | 2170 |
| 新疆 | 26 | 250 | 33 | 3211 | 933 | 3211 | 40 | 3520 |

根据建模原理，在确定阈值时利用 $F$-统计量进行计算，从而得出最优结果。此处选取 $\lambda$ 值为 1，0.8，0.7，0.6，0.55，0.45，经过 $F$-统计量计算结果如表 9.2 所示。

表 9.2　分类及 $F$-统计量值

| 分类数 | 9 | 7 | 5 | 4 | 3 | 2 |
|---|---|---|---|---|---|---|
| $\lambda$ | 0.80 | 0.70 | 0.60 | 0.55 | 0.50 | 0.45 |
| $F$-统计量 | 2.176 | 2.594 | 1.837 | 1.289 | 1.156 | 1.023 |

根据表 9.2 计算结果和全国光伏发电实际情况，取 $\lambda = 0.7$ 为最佳阀值，求得最佳聚类结果，将全国光伏发电分为 7 类。其占比如图 9.1 所示。该聚类结果符合中国行政区域的划分（除个别省份外），作为可再生清洁能源，光伏发电可以解决区域能源短缺，缓解环境污染等问题。

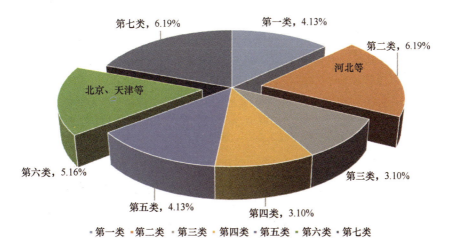

图 9.1　全国 31 省（市）光伏发电模糊聚类占比图

注：香港、澳门、台湾数据缺失

第一类：{甘肃、青海、新疆、内蒙古}；

第二类：{江苏、河北、浙江、山东、广东、宁夏}；

第三类：{山西、安徽、江西}；

第四类：{陕西、云南、西藏}；

第五类：{湖南、河南、海南、上海}；

第六类：{北京、天津、湖北、福建、辽宁}；

第七类：{广西、四川、重庆、贵州、吉林、黑龙江}。

## 9.1.2　基于层次分析法的能源安全评价模型

### 1. 模型概述

20 世纪 90 年代，伴随着世界经济高速增长，能源需求量急剧增加，全球性问题也逐渐显现。各个国家不断重视能源与环境、气候变化之间关系，从而提出了一种新能源安全观——能源综合安全观，能源综合安全观被概括为"3E"即能源（energy）、经济（economy）和环境（environment）三者的统一，它涵盖三个因素：供应的可靠性、供应的可负担性和环境友好性。

目前我国能源安全总体状况较差，短期应对风险能力相对不足，主要表现在环境污染严重、效率低下，市场化程度不高、国际化竞争相对较弱等方面（刘立涛等，2011）。研究区域能源安全是实现我国能源安全的必由之路，在"十三五"规划期间，国家提出促进京津冀区域一体化协同发展战略目标，要实现该区域可持续发展，需在该区域内研究 3E 系统能源安全发展现状以及发展带来的问题，并针对该区域存在能源安全问题提出相应问题解决措施，来保障京津冀区域能源安全更好发展（苏飞和张平宇，2008）。

### 2. 模型原理

层次分析法（analytic hierarchy process，AHP）是一种定性和定量相结合的方法，它将复杂的决策系统层次化，通过逐层比较各种关联因素的组建模型，为分析和决策提供定量依据，具有系统、灵活和简洁的优点，广泛应用于政治、经济、社会等各个领域。层次分析法的主要计算步骤为：

（1）构造层次结构模型。对能源系统进行调查研究，将目标准则体系所包含的因素划分为不同层次，如目标层、准则层、方案层等，构建层次结构模型（王科唯和郭程程，2013）。用不同形式的框图标明层次的递阶结构和元素的从属关系，抓住关键因素，每一层元素不宜过多，AHP 方法对于序列型和非序列型都是适用的。

（2）构造判断矩阵。按照层次结构，从上到下构造判断矩阵，本节采用 1~9 标度方法构造两两判断矩阵。

（3）层次单排序及其一致性检验。求解判断矩阵最大特征值所对应的特征向量。对层次单排序进行一致性检验，修正不合格的判断矩阵。

（4）层次总排序及其一致性检验。层次总排序是从上到下逐层进行的。设相邻两层次中，层次 $A$ 包含 $m$ 个元素 $A_1$、$A_2$、$\cdots$、$A_m$，层次 $B$ 包含 $n$ 个元素 $B_1$、$B_2$、$\cdots$、$B_n$。上一

层元素 $A$ 总排序权重分别为 $w_j$，下一层次元素 $B$ 关于上一层次元素 $A$ 的层次单排序权重
向量为 $(p_{1j}, p_{2j}, \cdots, p_{nj})^{\mathrm{T}}$，层次 $B$ 的总排序权重值为 $\sum\limits_{j=1}^{m} w_j p_{1j}, \sum\limits_{j=2}^{m} w_j p_{2j}, \cdots, \sum\limits_{j=1}^{m} w_j p_{nj}$。

**3. 算例研究**

（1）建立京津冀区域能源安全指标体系并构造层次结构模型。能源安全指标体系的建
立应以能源生产现状、能源消费现状、能源消费与经济结构和环境变化关系现状为基础，
从能源供应安全、能源结构安全、能源环境安全及能源经济安全 4 个影响因素构建指标体
系（由丽孛，2012），同时细化每个指标，最终的能源安全评价指标体系如图 9.2 所示。

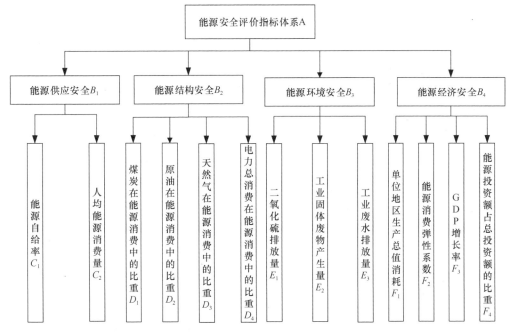

图 9.2　能源安全评价指标体系结构图

（2）建立判断矩阵并进行一致性检验。根据构建的层次结构模型，分别构建出 $\bm{HA}$
（城市能源安全判断矩阵）、$\bm{HB_1}$（能源供应判断矩阵）、$\bm{HB_2}$（能源结构判断矩阵）、$\bm{HB_3}$
（能源环境判断矩阵）、$\bm{HB_4}$（能源经济判断矩阵）5 个判断矩阵，利用数值 1~9 标度表，
分别得出如下相应的判断矩阵。

$$
\bm{HA} = \begin{vmatrix} 1 & 3 & 2 & 2 \\ 1/3 & 1 & 1/2 & 1/2 \\ 1/2 & 2 & 1 & 1 \\ 1/2 & 2 & 1 & 1 \end{vmatrix} \quad \bm{HB_1} = \begin{vmatrix} 1 & 2 \\ 1/2 & 1 \end{vmatrix}
$$

$$
\bm{HB_2} = \begin{vmatrix} 1 & 1 & 1/2 & 1/3 \\ 1 & 1 & 1/2 & 1/3 \\ 2 & 2 & 1 & 1/2 \\ 3 & 3 & 2 & 1 \end{vmatrix} \quad \bm{HB_3} = \begin{vmatrix} 1 & 3 & 3 \\ 1/3 & 1 & 1 \\ 1/3 & 1 & 1 \end{vmatrix} \quad \bm{HB_4} = \begin{vmatrix} 1 & 3 & 1/2 & 5 \\ 1/3 & 1 & 1/4 & 3 \\ 2 & 4 & 1 & 7 \\ 1/5 & 1/3 & 1/7 & 1 \end{vmatrix}
$$

利用一致性检验公式 $CR = \dfrac{CI}{RI}$，对判断矩阵进行检验，经计算可知，$HA \sim HB_4$ 5 个判断矩阵均通过一致性检验。判断矩阵的归一化特征向量对应评价指标的权向量分别为 $\boldsymbol{WA}$、$\boldsymbol{WB_1}$、$\boldsymbol{WB_2}$、$\boldsymbol{WB_3}$、$\boldsymbol{WB_4}$。

根据层次总排序的原则，可以评价出能源供应安全、能源结构安全、能源环境安全、能源经济安全这四个子属性指标和城市能源安全总指标。

各个指标的得分计算公式为

能源供应安全计算公式：$B_1 = 0.586 \times C_1 + 0.414 \times C_2$

能源结构评价计算公式：$B_2 = 0.141 \times D_1 + 0.141 \times D_2 + 0.263 \times D_3 + 0.455 \times D_4$

能源环境安全计算公式：$B_3 = 0.6 \times E_1 + 0.2 \times E_2 + 0.2 \times E_3$

能源经济安全计算公式：$B_4 = 0.3094 \times F_1 + 0.1335 \times F_2 + 0.5030 \times F_3 + 0.0586 \times F_4$

城市能源安全计算公式：$A = 0.424 \times B_1 + 0.122 \times B_2 + 0.227 \times B_3 + 0.227 \times B_4$

对各个指标评分时将评价指标进行等级划分，此处划分为优秀、良好、中等和较差四个等级，其对应的相应得分为 4 分、3 分、2 分和 1 分；然后依据各指标的计算公式，计算出评价指标得分；最后根据评分进行评价。

京津冀区域能源安全的得分如表 9.3 所示。

**表 9.3　2005~2015 年京津冀区域能源安全得分表**

| 项目 \ 年份 | 2005 | 2006 | 2007 | 2008 | 2009 | 2010 | 2011 | 2012 | 2013 | 2014 | 2015 |
|---|---|---|---|---|---|---|---|---|---|---|---|
| 能源供应安全得分 | 3.000 | 3.000 | 3.000 | 2.414 | 2.242 | 2.828 | 2.414 | 3.000 | 2.000 | 2.000 | 2.414 |
| 能源环境安全得分 | 1.800 | 2.000 | 2.000 | 2.000 | 1.800 | 2.000 | 1.800 | 1.800 | 1.800 | 1.800 | 2.400 |
| 能源经济安全得分 | 1.6098 | 2.418 | 2.921 | 2.326 | 2.572 | 3.016 | 3.059 | 2.887 | 3.134 | 3.273 | 3.140 |
| 京津冀能源安全综合得分 | 2.272 | 2.501 | 2.688 | 2.241 | 2.224 | 2.619 | 2.425 | 2.617 | 2.249 | 2.281 | 2.629 |

根据京津冀区域 2005~2015 年 11 年能源安全得分表画出能源安全综合得分如图 9.3 所示。

要使京津冀区域能源安全发展，促进该区域协调发展需要从该区域能源供应安全、能源结构安全、能源环境安全和能源经济安全 4 个角度进行综合分析，从而为京津冀区域能源发展提供决策性建议。

1）能源供应安全

受能源储量的限制和制约，京津冀区域整体能源自给率较低，人均能源消费量呈不稳定发展趋势，如图 9.4 所示。

2）能源结构安全

京津冀区域的主要消费能源为煤炭等常规能源，电力和天然气消费占比小，应适当调整产业结构，减少高耗能产业，引进创新型技术人才开发新能源来替代传统能源，走 3E 发展可持续道路，如图 9.5 所示。

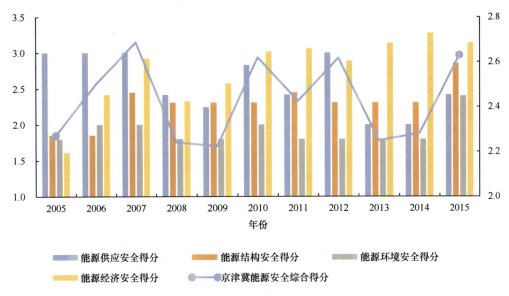

图 9.3　2005~2015 年京津冀区域能源安全综合得分

注：本图给出了 2005~2015 年京津冀区域能源安全综合得分趋势，其能源安全综合得分呈波浪线形式。能源经济安全得分呈逐年增高趋势；能源环境安全得分稳定发展且在各指标能源安全得分中最低；能源结构安全得分基本稳定，仅在 2015 年升幅较大；能源供应安全总体呈波动下降趋势

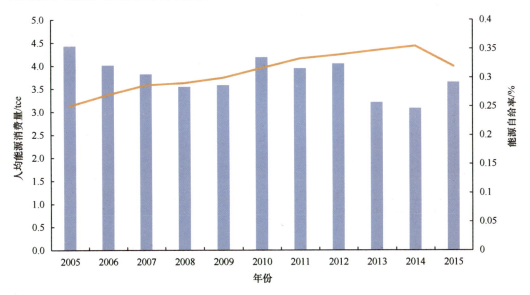

图 9.4　2005~2015 年京津冀区域能源供应安全指标

注：折线图表示人均能源消费量，柱形图表示能源自给率。其能源自给率在 2005~2009 年呈下降趋势，其后几年能源供给率趋势发展不稳定，在 2014 年能源自给率达到最低

3）能源环境安全

京津冀区域污染物排放量逐年减少，环境质量逐年提高，尤其是二氧化硫，其排放量变化较为明显，这离不开京津冀区域的协同发展以及公民环保意识的不断加强，如图 9.6 所示。

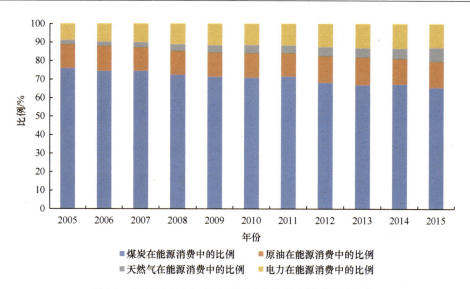

图 9.5　2005~2015 年京津冀区域各能源在消费中的占比

注：本图给出了京津冀区域各能源消费在能源消费中所占比例，可以看出煤炭所占比例最好，天然气所占比例呈逐年增长趋势，原油和电力消费比例变化幅度较小。说明京津冀区域仍然以煤炭为主要能源供应，且清洁能源消费比例呈逐年增长趋势

图 9.6　2005~2015 年京津冀区域能源环境安全各指标

注：本图给出了京津冀区域能源环境安全中各指标数据，其中单位能耗二氧化硫排放量呈逐年减少趋势，单位能耗废水排放量呈稳定发展趋势，单位能耗工业固体排放量在 2011 年达到最高。由于采用统一刻度导致单位能耗废水排放量趋势不明显，所以本图采用双刻度。图中，左边纵坐标刻度表示单位能耗二氧化硫排放量和单位能耗工业固体排放量，右边纵坐标刻度表示单位能耗废水排放量

4）能源经济安全

京津冀区域能源经济安全各指标如图 9.7 所示，京津冀区域能源发展带动经济发展，可以看出经济发展依赖能源发展。

通过分析京津冀区域能源安全综合得分可知，京津冀区域因受地理条件影响，能源供不应求，本地区经济发展带动能源消耗，一次能源消耗造成能源环境恶化，要推动京

图 9.7　2005~2015 年京津冀区域能源经济安全各指标

注：本图给出了京津冀区域能源经济安全各指标数据，其中单位地区生产总值能耗和 GDP 增长率呈下降趋势，能源消费弹性系数和能源投资额占总投资总额比例呈稳定发展趋势，说明京津冀区域近些年在节能降耗方面工作略有成效。图中，左边纵坐标刻度表示单位地区生产总值能耗和能源消费弹性系数，右边纵坐标刻度表示增长速度和比例，即指 16%、14%、12% 等

津冀区域能源安全协同发展，首先需要调整该区域产业结构，尤其以河北工业大省为代表，工业发展在一定程度上带动该地区经济发展，但是高耗能产业造成京津冀区域环境恶化。因此从根源上调整产业结构，适当减少河北省高耗能产业，应用高新技术开发新能源，减少一次能源消耗，进而减少各种污染物排放，提高京津冀区域能源环境安全。

总之，要保证京津冀区域能源安全需从能源供应、能源结构、能源环境和能源经济四个角度综合考虑，根据能源安全综合得分进行相应调整，进而推进京津冀区域能源安全一体化发展。

## 9.1.3　基于脱钩指数的经济发展与能源消耗关系模型

### 1. 经济发展与能源消耗

"十三五"规划（国家发展和改革委员会，2016）提出促进京津冀区域协同发展的战略目标，京津冀区域作为一个经济圈，要从整体上促进区域协同发展。能源消耗带动经济增长已成为京津冀区域某些地区的经济发展方式，京津冀区域的协同发展需要摆脱经济增长与能源消耗之间"未脱钩"的窘境，本节重点分析京津冀区域经济增长与能源消耗的"脱钩"关系，为"十三五"规划期间实现区域一体化发展提供决策性建议。

### 2. 模型原理

脱钩指数测算方法的计算公式如下：

$$Dr = \frac{R}{G} \times (1 + G) \tag{9.1}$$

式中，$Dr$ 为脱钩指数；$R$ 为同期内单位 GDP 资源消耗的年下降率；$G$ 为一定时期内经济增长率。

$$R = \frac{T_0 - T_n}{T_0} \quad\quad\quad (9.2)$$

$$T_0 = \frac{I_0}{G_0} \quad\quad\quad (9.3)$$

$$T_n = \frac{I_n}{G_n} \quad\quad\quad (9.4)$$

可以将 $T_0 = \frac{I_0}{G_0}$ 与 $T_n = \frac{I_n}{G_n}$ 解读为始端年与末端年单位驱动力的环境压力。

在本节中，将要对脱钩状态的划分进行改进，如表 9.4 所示。

表 9.4  两种经济状态下的资源脱钩状态分类

| 状态 | 经济增长 | 经济衰退 |
|---|---|---|
| 未脱钩 | $Dr \leqslant 0$ | $Dr \geqslant 1$ |
| 弱脱钩 | $0 < Dr < 0.5$ | $0.5 \leqslant Dr < 1$ |
| 强脱钩 | $0.5 \leqslant Dr < 1$ | $0 < Dr < 0.5$ |
| 绝对脱钩 | $Dr \geqslant 1$ | $Dr \leqslant 0$ |

表 9.4 为对脱钩状态的划分，在未脱钩和脱钩上，将相对脱钩划分为强脱钩和弱脱钩，其中将临界值设定为 0.5，选择 0.5 作为临界值，首先是因为它是（0，1）区间的中值；再者，根据脱钩公式的推导，资源消耗保持不变的临界值为 $P_{eq}$，得 $Dr$ 值为 1；$R = 0$ 时，得 $Dr$ 值为 0，所以取 $R$ 的中位数 $R = \frac{0.5G}{1+G}$，代入公式之后得 $Dr$ 值为 0.5，因此选 0.5 作为划分临界值是符合脱钩原理的。

### 3. 算例研究

本节通过收集国家和京津冀官方统计年鉴，汇总了 2005~2015 年该区域的经济发展和能源消耗数据，如图 9.8 所示，通过计算得到经济发展和能源消耗的脱钩指数，划分不同的脱钩状态（郭文燕，2013）。如图 9.9 为 2006~2015 年京津冀区域经济发展与能源消耗脱钩指数变化趋势图。

从图 9.9 中可以看出 2006~2014 年，京津冀区域经济发展与能耗基本处于弱脱钩和强脱钩之间，在 2015 年京津冀区域两者达到绝对脱钩状态。2006~2008 年京津冀区域脱钩状态从弱脱钩向强脱钩状态过渡，2009 年京津冀区域处于弱脱钩状态，2010~2013 年京津冀区域一直处于强脱钩状态，2014 年京津冀区域处于弱脱钩状态，2015 年脱钩状态转为绝对脱钩状态。整体而言，京津冀区域在近 11 年间经济增长和能源消耗两者基本不存在过度依赖关系。

通过研究经济增长与能源消耗之间的关系，观察分析北京市、天津市及河北省在 2006~2015 年的经济增长与能源消耗之间的脱钩状态变化情况，从而得出京津冀区域整体的脱钩状态变化的原因。图 9.10 为 2006~2015 年京津冀区域各省（市）脱钩指数变化趋势图。

图 9.8　2005~2015 年京津冀区域经济发展与能源消耗状态

注：左边纵坐标刻度表示能源消费总量和 GDP（tce），右边纵坐标刻度表示增长率（%），即指 25%、20%等

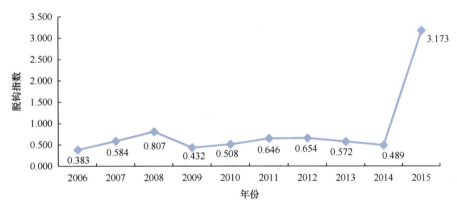

图 9.9　2006~2015 年京津冀区域脱钩指数变化趋势

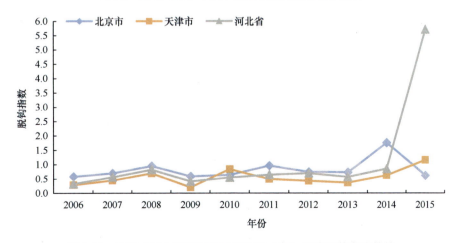

图 9.10　2006~2015 年京津冀区域各省（市）脱钩指数变化趋势

在 2006~2008 年，京津冀区域的脱钩指数呈上升趋势，脱钩状态从弱脱钩转变到强脱钩。2008 年京津冀区域达到强脱钩状态，一方面受到国际金融危机原因，中国经济增长速度在一定程度上呈现下滑趋势，进口贸易减少，降低了能耗；另一方面，2008 年奥运会期间，北京市以及周边的天津市、河北省地区关闭了高耗能及高污染的企业，同时提出大力开展第三产业政策，采取节能减排措施来提高空气质量。通过采取的种种措施，2008 年京津冀区域的经济发展的能耗脱钩指数为 0.807，达到强钩状态。

2008 年以后，京津冀区域脱钩指数呈下降趋势，主要是由于 2008 年奥运会期间关闭大型高耗能、高污染工厂在 2009 年重新恢复运行状态，导致京津冀区域的脱钩指数达到 0.432，达到弱脱钩状态。2010 年是"十一五"规划的收官之年，为实现宏观经济平稳运行，实现国内生产总值年增长 7.5%的硬性目标，京津冀区域加速经济增长，积极推进经济结构的战略性调整，实现节约发展、清洁发展以及可持续发展，但是京津冀区域的一些高耗能的产业结构没有改变，致使同时期单位 GDP 增长率快速增加，因此京津冀区域的经济增长和能源消耗的脱钩状态转变为强脱钩状态。

2011 年为"十二五"规划的开局之年，今后五年，我国经济预期目标是在明显提高质量和效益的基础上年均增长 7%，同时要扎实推进资源节约和环境保护，加强资源节约和管理，提高资源保障能力，环境保护力度，从而增强可持续发展能力。2011~2013 年京津冀区域整体的脱钩指数为强脱钩状态。出现这种现象的原因一方面是由于世界经济持续缓慢复苏，发达经济体经济增长乏力，国际市场竞争激烈，存在不稳定因素，但是在这种国际环境下，我国的国际支出状况却有所改善，为 2011 年的工作打下良好基础；另一方面，基于良好的国际环境，2011 年预期目标要实现国内生产总值增长 8%左右，经济结构进一步优化，引导各方面把工作着力点放在加快经济结构调整、提高发展质量和效益上，从而为转变经济发展方式创造良好的环境。

2015 年京津冀区域能源消耗与经济增长之间脱钩指数达到强脱钩状态，同时在2015 年河北省达到绝对脱钩状态，从河北省的状态变化可以看出，随着京津冀区域环境恶化，能源消费结构在一定程度上进行调整，经济增长不过度依赖能源消费，再加上京津冀区域在"十三五"规划期间提出京津冀区域一体化发展相关政策，河北省放缓能源消费，重点调整产业结构，发展清洁能源开发利用。

## 9.2 经济系统分析模型

经济效益是区域 3E 系统研究的重要因素，因此，本节构建了经济系统分析模型，以风力发电投资规划、经济发展与能源生产关系和产业结构与 3E 系统关系为例，利用实物期权法、柯布–道格拉斯和灰色关联分析等方法对相应的经济系统进行分析。

### 9.2.1 基于实物期权法的风力发电投资规划模型

**1. 模型概述**

传统的投资决策多以净现值作为衡量项目优劣的依据。净现值法（net present value,

NPV）是将投资项目各年的现金流，按一定的折现率折合成项目初期的价值，并以净现值的高低作为项目经济性的衡量标准。随着社会的不断发展，发电投资所面临的不确定因素明显增加，NPV 方法也遇到了一些挑战，一是主观性较强，二是缺乏灵活性。金融期权的概念恰好反映了 NPV 法所无法体现的灵活性和不确定性，因此金融期权被引入到投资规划的决策分析中，形成了实物期权方法（real options approach，ROA）（蔚林巍和章刚，2005）。

实物期权作为一种评估可再生能源项目、可再生能源发展计划总收益的分析工具。风电项目具有投资数额大、经营期长、回收慢且不确定因素多等特点，实物期权方法可为风电项目的评估提供新的思路，较好地处理风险投资环境中包含的多种不确定性，有利于投资者更睿智地做出投资决策。

**2. 模型原理**

本节假定投资决策一经做出则不再修改。实际中为了计及投资决策的这种灵活性，实物期权理论将传统的 NPV 拓展为 eNPV（传统净现值用 $V_{NPV}$ 表示，拓展净现值用 $V_{eNPV}$ 表示）。

（1）项目净现值。基于实物期权理论的投资决策标准为：$V_{eNPV}$ 非负的项目是可行的，或 $V_{eNPV}$ 越高则项目可行性越高；此外，仅当 $V_{NPV}$ 非负且 $V_{NPV}$ 不小于 $V_{eNPV}$ 时才启动投资项目。

从概念上讲，$V_{NPV}$ 等于传统 $V_{NPV}$ 与项目期权值之和，两者间关系为

$$V_{eNPV} = V_{NPV} + OV \tag{9.5}$$

项目资产总值的现值模型。如果拥有该项目的公司仅拥有这一个资产，可假设风电项目资产的总值，即该项目在运营期内的总利润 $V$ 随时间的变化服从几何布朗运动规律，即

$$\frac{dV}{V} = \mu dt + \sigma dz \tag{9.6}$$

式中，$\mu$ 和 $\sigma$ 分别为项目资产总值的增长率和相应的波动率（$\sigma$ 为 $\mu$ 的标准差）；$z$ 为标准布朗运动（或称为维纳过程）；$t$ 为时间。

风电投资决策考虑上网电价、单位容量投资成本、发电利用小时数、投资政策等关键因素。假设电网公司对风电电量实施保障性全额收购，且风电年利用小时数相对固定；市场环境下，风电上网电价具有随机性和波动性；风电单位容量投资成本也具有一定的随机波动性（风力发电成本涉及的是固定资产投资成本，约占总投资的 85% 以上）。

项目资产总值的现值模型如式（9.7）所示

$$V_0 = \sum_{t=T_1+1}^{T_1+T_2} PT_{av}\lambda_1 e^{-it} + \sum_{t=T_1+1}^{T_1+T} PT_{av}\lambda_2 e^{-it} - TI_0\eta \tag{9.7}$$

式中，$T$ 为风电场项目经营期限；$T_1$ 为项目建设周期；$T_2$ 为合同期；$T_{av}$ 为平均年利用小时数；$P$ 为风电场的装机容量；$\lambda_1$ 为陆上标杆上网电价；$\lambda_2$ 为 CDM 价格；$\eta$ 为运行成本占投资成本的百分比；$i$ 为风险校正贴现率。

（2）基于延迟期权的投资决策模型。延迟投资期权，即投资者在项目许可证有效期结束之前有权根据市场情况决定何时启动投资项目。

根据期权定价的 Black-Scholes 微分方程原理，假设风电投资发电项目的总体价值 $V_t$ 服从几何布朗运动。计算公式为

$$dV_t = \mu V_t dt + \sigma V_t dZ_t \qquad (9.8)$$

式中，$dV_t$ 为 $t$ 时刻风电投资项目总体价值的变化幅度；$\mu$ 为项目的期望回报率；$\sigma$ 为项目价值的波动幅度，即项目的价值标准差；$Z_t$ 为布朗运动的维纳过程。

根据 Ito 引理，有 Black-Scholes 微分方程：

$$\frac{\partial OV_t}{\partial_t} + rV_t\frac{\partial OV_t}{\partial V_t} + 0.5*\sigma^2 V_t^2 \frac{\partial^2 OV_t}{\partial V_t^2} = rOV_t \qquad (9.9)$$

式中，$OV_t$ 为风电投资项目的期权价值；$r$ 为无风险利率。

在欧式期权中，可再生能源发电项目投资的总体价值如式（9.10）所示：

$$OV = S(t)\ N(d_1)\ -Xe^{-rt}N(d_2) \qquad (9.10)$$

式中，$S(t)$ 为项目的期望收益现值；$X$ 为项目的投资成本；$N(d_1)$，$N(d_2)$ 为正态分布变量的累积概率。

$$d_1 = \frac{\ln[S(t)/X] + (r+\sigma^2/2)t}{\sigma\sqrt{t}} \qquad (9.11)$$

$$d_2 = d_1 - \sigma\sqrt{t} \qquad (9.12)$$

基于延迟期权的风电项目投资决策模型表达如式（9.13）所示：

$$OV_{(t \leqslant T)} = S(t)N(d_1) - Xe^{-rt}N(d_2) \qquad (9.13)$$

式中，$T$ 为投资机会持有期，也即项目可延迟的最长时间。

### 3. 算例研究

（1）算例概况。假设河北省张家口某地投建一个风电场，投资决策模型中各参数设置如下：$I_0 = 85000$ 万元，$T = 25$ 年，$T_1 = 1$ 年，$T_2 = 12$ 年，$T_{av} = 2500h$，$P = 100MW$，$\lambda_1 = 0.52$ 元/（kW·h），$\lambda_2 = 0.03$ 元/（kW·h），$a = 10\%$，$b = 5\%$，$i = 10\%$，$r = 5\%$。

表 9.5 的计算结果表明：①在给定的条件下，该项目的 $V_{NPV}$ 非负，但小于 $V_{eNPV}$，延迟投资期权值非负，所以应该争取该项目的许可证并推迟项目投资；②许可证有效期越长、市场电价的波动率越高，则该项目的延迟期权价值越高，其推迟启动项目的可行性越高。

表 9.5　项目的计算价值

| 许可证有效期/年 | 电价波动率/% | $V_{NPV}$/万元 | $V_{eNPV}$/万元 | 延迟期权价值/万元 |
| --- | --- | --- | --- | --- |
| 1 | 3 | 683.56 | 1357.83 | 674.27 |
| 2 | 3 | 683.56 | 2539.57 | 1856.01 |
| 3 | 3 | 683.56 | 2916.43 | 2232.87 |

（2）决策影响因素分析。本例考虑的影响因素包括 CDM 价格、上网电价、运行成本/投资成本等。在上述算例中 $V_{NPV} < V_{eNPV}$，投资者推迟项目投资。当某个或某些影响投资决策的因素发生变化时，$V_{NPV}$ 和 $V_{eNPV}$ 也会发生变化。当 $V_{NPV} = V_{eNPV}$ 时，根据上述决策标准，投资者可能会立即启动该项目的投资。使得 $V_{NPV}$ 和 $V_{eNPV}$ 相等的某个影响因素的数值称为该影响因素的触发值。因此，当某个影响因素的值等于其触发值时应立即启动项目投资。

假设许可证有效期为两年，市场电价波动率为 3%，其他参数取值如上，对以上影响因素分别进行灵敏度仿真，结果如图 9.11~图 9.13 所示。

图 9.11 表明，CDM 对价格的上涨有助于投资者启动该项目，相应的触发值为 0.03元/（kW·h）；图 9.12 表明，风电上网电价的上涨均有助于投资者启动该项目，相应的触发值为 0.513 元/（kW·h）；图 9.13 表明，投资成本和运行成本的下降有助于投资者启动投资项目，当运行成本降低至投资成本 5.16%时即可启动该风电场项目。

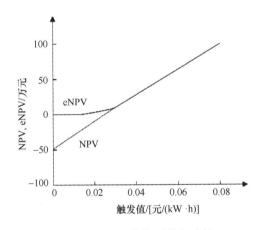

图 9.11　CDM 价格对投资决策

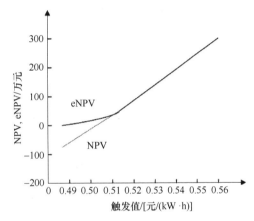

图 9.12　风电上网电价对投资决策的影响

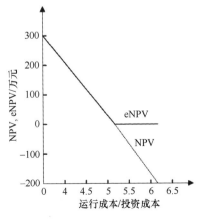

图 9.13　风电运行成本/投资成本对投资决策的影响

### 9.2.2 基于柯布–道格拉斯型的经济发展与能源生产关系模型

**1. 模型概述**

柯布–道格拉斯型生产函数是一种在经济学中广泛使用的生产函数，简称 C-D 生产函数，是由美国数学家柯布（C.W.Cobb）和经济学家保罗·道格拉斯（PaulH.Douglas）共同探讨投入和产出的关系时创造的生产函数，是以数学家 C.W.柯布和经济学家保罗.H.道格拉斯的名字命名的。本节将根据能源消费总量、经济总量与经济产出之间的关系建立柯布–道格拉斯型生产函数，分析经济投入、能源投入与经济增长的关系。

**2. 模型原理**

在经济和技术条件不变的情况下，经济产出与经济投入资本和能源投入之间的关系可以用柯布–道格拉斯型（C-D）生产函数表示：

$$y = AK^{\alpha}E^{\beta} \tag{9.14}$$

式中，$y$ 为经济系统的产出；A 为综合技术进步系数；$K$ 为资本存量（随时间 $t$ 动态变化）；$E$ 为能源投入量（随时间 $t$ 动态变化）；$\alpha$ 为经济弹性系数；$\beta$ 为能源弹性系数；$\alpha$ 为在能源投入保持不变的情况下，经济投入变化 1%时，经济产出的变化；$\beta$ 为在经济投入保持不变的情况下，能源投入变化 1%时，经济产出的变化；$\alpha + \beta$ 为规模报酬信息，就是产出对投入比例的反映；当 $\alpha + \beta > 1$ 时，为规模报酬递增型生产函数，收益将大于一倍的投入；当 $\alpha + \beta = 1$ 时，为规模报酬不变的生产函数，一倍的投入将带来一倍的收益；当 $\alpha + \beta < 1$ 时，为规模报酬递减型生产函数，一倍的投入带来小于一倍的收益。

鉴于京津冀区域的劳动投入对生产函数影响较小，本节假定劳动力总数为常数，并标准化为 1；由于资本存量无确切的数据，选择社会固定资产投资来代替资本存量。

将式（9.14）两边取对数后并对时间求导，增设常数与误差项，计算公式为

$$Y' = c + \alpha K' + \beta E' + \mu \tag{9.15}$$

式中，$c$ =常数项；$\mu$ =误差项。

式（9.15）经数学变换：

$$\frac{dY}{dt}\frac{1}{Y} = Y' \tag{9.16}$$

$$\frac{dK}{dt}\frac{1}{K} = K' \tag{9.17}$$

$$\frac{dE}{dt}\frac{1}{E} = E' \tag{9.18}$$

对国民生产总值（$Y$）、社会固定资产投资（$K$）和能源消费总量（$E$）的关系进行检验分析，可得资本和能源对产出的弹性系数 $\alpha$、$\beta$ 的值。

### 3. 算例研究

以 1990 年为基准年,对京津冀区域 1990~2014 年的国民生产总值、社会固定资产投资及能源消费总量的关系进行检验分析,如表 9.6 所示。

表 9.6　1990~2014 年京津冀区域基于生产函数的关系检验分析

| 年份 | Y/亿元 | K/亿元 | E/万 tce | DY/Y | DK/K | DE/E |
|---|---|---|---|---|---|---|
| 1990 | 1647.89 | 449.80 | 10904.93 | — | — | — |
| 1991 | 1901.22 | 568.33 | 11414.89 | 0.15373 | 0.263517 | 0.046764 |
| 1992 | 2275.39 | 762.60 | 11994.47 | 0.19681 | 0.341826 | 0.050774 |
| 1993 | 3113.14 | 1088.5 | 13419.22 | 0.36818 | 0.427354 | 0.118784 |
| 1994 | 4057.93 | 1673.96 | 13899.64 | 0.30349 | 0.537859 | 0.035801 |
| 1995 | 5277.33 | 2174.00 | 14994.74 | 0.30050 | 0.298717 | 0.078786 |
| 1996 | 6344.57 | 2500.41 | 15173.21 | 0.20223 | 0.150143 | 0.011902 |
| 1997 | 7271.28 | 2929.85 | 15211.23 | 0.14606 | 0.171748 | 0.002506 |
| 1998 | 7969.59 | 3318.41 | 15461.46 | 0.09604 | 0.132621 | 0.016450 |
| 1999 | 8698.05 | 3517.52 | 15838.88 | 0.09141 | 0.060002 | 0.024411 |
| 2000 | 9890.02 | 3725.13 | 18133.71 | 0.13704 | 0.059022 | 0.144886 |
| 2001 | 11143.85 | 2858.204 | 19261.54 | 0.12678 | −0.232720 | 0.062195 |
| 2002 | 12488.69 | 4642.19 | 20862.66 | 0.12068 | 0.624163 | 0.083125 |
| 2003 | 14683.79 | 5674.47 | 23161.06 | 0.17577 | 0.222369 | 0.110168 |
| 2004 | 17648.90 | 6992.80 | 26184.39 | 0.20193 | 0.232327 | 0.130535 |
| 2005 | 22892.25 | 8462.00 | 29473.08 | 0.29709 | 0.210102 | 0.125597 |
| 2006 | 26054.14 | 10587.10 | 32223.33 | 0.13812 | 0.251134 | 0.093314 |
| 2007 | 30713.88 | 13145.00 | 34814.62 | 0.17885 | 0.241605 | 0.080417 |
| 2008 | 35853.98 | 16071.10 | 36012.56 | 0.16735 | 0.222602 | 0.034409 |
| 2009 | 38919.33 | 21624.90 | 37863.18 | 0.08550 | 0.345577 | 0.051388 |
| 2010 | 45742.32 | 26764.50 | 41303.29 | 0.17531 | 0.237670 | 0.090856 |
| 2011 | 54085.94 | 29035.92 | 44092.14 | 0.18241 | 0.084867 | 0.067521 |
| 2012 | 59360.29 | 33708.50 | 45635.92 | 0.09752 | 0.160924 | 0.035013 |
| 2013 | 64398.56 | 39171.54 | 47347.69 | 0.08488 | 0.162067 | 0.037509 |
| 2014 | 68492.88 | 44114.30 | 48933.96 | 0.06358 | 0.126183 | 0.033503 |

注:$Y$ 表示 GDP;$DY/Y$ 表示经济增长率;$K$ 表示全社会固定资产投资;$DK/K$ 表示资本投入增长率;$E$ 表示能源消费总量;$DE/E$ 表示能源消费增长率。

设定全社会固定资产投资($K$)、能源消费总量($E$)为自变量,国民生产总值($Y$)为因变量,借用 SPSS 软件,对京津冀区域 1990~2014 年的数据进行回归分析,所得结果如图 9.14 所示。

**模型汇总**

| 模型 | R | R方 | 调整 R方 | 标准 估计的误差 |
|---|---|---|---|---|
| 1 | .999[a] | .998 | .997 | 1080.19642 |

a. 预测变量: (常量), E, K。

**Anova[b]**

| 模型 | | 平方和 | df | 均方 | F | Sig. |
|---|---|---|---|---|---|---|
| 1 | 回归 | 1.092E10 | 2 | 5.459E9 | 4678.468 | .000[a] |
| | 残差 | 2.567E7 | 22 | 1166824.316 | | |
| | 总计 | 1.094E10 | 24 | | | |

a. 预测变量: (常量), E, K。
b. 因变量: Y

**系数[a]**

| 模型 | | 非标准化系数 | | 标准系数 | | |
|---|---|---|---|---|---|---|
| | | B | 标准 误差 | 试用版 | t | Sig. |
| 1 | (常量) | -7286.622 | 869.345 | | -8.382 | .000 |
| | K | .908 | .052 | .560 | 17.300 | .000 |
| | E | .752 | .054 | .452 | 13.941 | .000 |

a. 因变量: Y

图 9.14 函数系数回归分析

对函数系数回归结果分析可以得出:

(1) 对全社会固定资产投资 ( $K$ )、能源消费总量 ( $E$ ) 与国民生产总值 ( $Y$ ) 的回归分析, 拟合度 $R^2=0.998$, 说明方程拟合度很好, 结果可信度较高。

(2) 全社会固定资产投资 ( $K$ ) 与能源消费总量 ( $E$ ) 的系数分别为: $\alpha=0.560$, $\beta=0.452$ 标准误差为 0.052、0.054。这表明: 在能源投入不变的情况下, 经济投入每增加 1%, 经济产出会增加 0.56%; 在经济投入不变的情况下, 能源投入每增加 1%, 经济产出增加 0.45%。全社会固定资产投资系数和能源消费系数都为正, 但显著性不高, 说明社会固定资产投资和能源对经济的发展仍有很大的促进作用。

(3) $\alpha+\beta=1.012\approx1$, 可以看出京津冀区域经济产出与经济投入、能源投入的生产函数为规模报酬不变型, 一倍的经济和能源投入能带来一倍的产出。说明京津冀区域不能一味依靠扩大生产规模, 还需提高科学技术进步与管理水平, 只有这样才能增加投入产出比, 达到经济和能源效益最大化。

## 9.2.3 基于灰色关联分析的产业结构与 3E 系统关系模型

### 1. 模型概述

本节以北京市为例, 采用灰色关联分析法对产业结构与能源消耗、经济增长、环境保护之间的关系进行了研究, 分析三次产业与能源消耗、经济增长、环境保护之间的灰色关联度, 进而对能源利用、经济增长、环境保护, 以及产业结构的优化升级提出相关政策建议。其中，以能源消费总量、GDP、$SO_2$ 排放量分别作为反映能源、经济和环境的代表性指标。

### 2. 模型原理

灰色关联分析（grey relational analysis）是灰色系统理论的主要内容之一（刘思峰等，2013）。灰色关联度分析的意义在于系统发展过程中，如果两个因素变化的趋势是一致的，即同步变化程度较高，则可以认为两者关联程度较高；反之，则较低。因此，灰色关联度分析对于一个系统发展变化态势提供了量化的度量，比较适合动态的历程分析（李懿洋，2011）。

利用灰色关联分析法计算三次产业与能源消耗、经济增长、环境保护之间灰色关联度的基本过程如下：

（1）确定分析数列，选择反映系统行为特征的数据为参考数列，影响系统行为因素组成的为比较数列。

（2）对参考数列和比较数列初值化。

（3）计算参考数列与比较数列的灰色关联系数。

（4）计算关联度。

（5）关联度排序。

### 3. 算例研究

根据灰色关联分析的基本过程，以北京市为例，分析过程如下：

1）产业结构与能源消耗的关联度分析

本节选取北京市 2005~2014 年能源消费总量作为参考数列，同阶段的三次产业产值作为比较数列，采用灰色关联分析法计算三次产业与能源消耗的关联度。根据公式计算产业结构与能源消费总量的关联度，如表 9.7 所示。

表 9.7　北京市三次产业与能源消耗关联度情况

| $R_1$ | $R_2$ | $R_3$ |
| --- | --- | --- |
| 0.85140 | 0.77416 | 0.61031 |

从表 9.7 可以看出，第一产业与能源消费总量的关联度为 $R_1$=0.85140，第二产业与能源消费总量的关联度为 $R_2$=0.77416，第三产业与能源消费总量的关联度为 $R_3$=0.61031，显然，$R_1 > R_2 > R_3$。本书从整体和阶段两个角度对北京市能源利用及产业结构的优化升级提出相关政策建议。

（1）从 $R_1$、$R_2$、$R_3$ 得知，目前北京市第一产业与能源消费总量之间的关联度是最为紧密的，这说明，北京市第三产业的发展对能源消费的影响渐弱，第一、二产业成为影响北京市能源消费的主要因素。由此可见，要有效控制北京市能源消费总量，应该从第一、二产业方面入手，推行清洁生产，节约资源，大力发展循环经济。此外，我们应合理控制第二产业的能源消费，严控高耗能的能源消费，多管齐下，共同促进北京市能源消费的合理发展。

（2）通过第一篇对北京市产业结构的分析，发现北京市产业结构呈现阶段性的特征，本书分 3 个阶段对北京市三次产业结构与能源消耗的关联度进行分析。选取北京市 2005~2008 年、2009~2011 年、2012~2014 年的能源消费总量作为参考数列，同阶段的三次产业产值作为比较数列，可以计算得出 3 个阶段三次产业与能源消费总量的灰色关联度。其中，第一产业与能源消费总量的关联度分别为 0.960012647、0.947862654、0.82995；第二产业与能源消费总量的关联度分别为 0.861130046、0.743772771、0.546381087；第三产业与能源消费总量的关联度分别为 0.696862195、0.57294043、0.381384643。2005~2014 年三次产业与能源消费总量关联度的变化趋势，如图 9.15 所示。

从图 9.15 可以看出，2005~2008 年、2009~2011 年、2012~2014 年均是第一产业与能源消费总量的关联度最大，其次是第二产业，最后是第三产业，这表明第一产业对能源消耗的作用最显著，第三产业对能源消耗的影响不大。从 2005~2014 年，三次产业与能源消耗的关联度均出现下降的趋势，且第三产业下降率要高于第一、二产业。从经济发展的角度来说，政策上限制第二产业的发展、鼓励第一、三产业的发展。

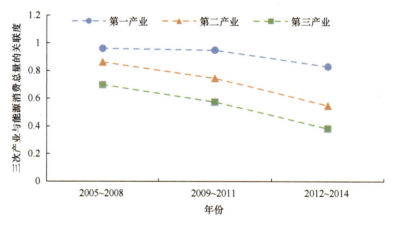

图 9.15　北京市三次产业与能源消费总量关联度的变化趋势

不论分整体还是分阶段分析，第三产业与能源消耗的关联度始终是最低的。因此，从能源消耗上来说，北京市政府应鼓励第三产业的发展。

2）产业结构与经济增长的关联度分析

本节选取北京市 2005~2014 年的 GDP 作为参考数列，同阶段的三次产业产值作为比较数列，采用灰色关联分析法计算三次产业与经济发展的灰色关联度。根据公式计算产业结构与 GDP 的关联度，如表 9.8 所示。

表 9.8　北京市三次产业与经济发展关联度情况

| $R_1$ | $R_2$ | $R_3$ |
| --- | --- | --- |
| 0.58565 | 0.66623 | 0.80084 |

从表 9.8 可以发现，北京市第一产业与 GDP 的关联度为 $R_1$=0.58565，第二产业与 GDP 的关联度为 $R_2$=0.66623，第三产业与 GDP 的关联度 $R_3$=0.80084。本书从整体和阶

段两个角度对北京市经济增长及产业结构的优化升级提出相关政策建议。

（1）产业结构的不断变化，使三次产业对经济增长的影响发生了相应的变化。从 $R_1$、$R_2$、$R_3$ 得知，目前第三产业与 GDP 之间的关联度是最为紧密的，对北京市经济增长影响比较大，而第一产业对经济增长的贡献较弱。

（2）分 3 个阶段对北京市三次产业结构与 GDP 的关联度进行分析。选取北京市 2005~2008 年、2009~2011 年、2012~2014 年的 GDP 作为参考数列，同一阶段的三次产业产值作为比较数列，可以计算得出 3 个阶段三次产业与 GDP 的灰色关联度。其中，第一产业与 GDP 的关联度分别为 0.789591716、0.836869867、0.915889237；第二产业与 GDP 的关联度分别为 0.518439869、0.621919419、0.78600521；2012~2014 年，第三产业与 GDP 的关联度分别为 0.380946949、0.483017054、0.662259814。2005~2014 年三次产业与 GDP 关联度的变化趋势，如图 9.16 所示。

从图 9.16 可以看出，从 2005~2014 年，三次产业与经济增长的关联度，从高到低依次为第一产业、第二产业、第三产业，且关联度都呈现递增的趋势，第一产业明显提高，这说明，北京市政府发展农业的措施发挥了重要作用。分阶段来看，2005~2011 年，第一、第二、第三产业与经济增长的关联度增长趋势相差不大，说明此阶段经济发展依赖于三次产业；2009~2014 年，第二、三产业与经济增长的关联度增长趋势明显高于第一产业，说明此阶段经济发展主要依靠第二、三产业；2005~2014 年，第三产业与经济发展的关联度是最低的，北京市作为首都，应控制工业的发展，大力提倡第三产业，重点发展现代服务业，提升第三产业的水平，使北京市第三产业在经济增长的过程中发挥更大的作用。

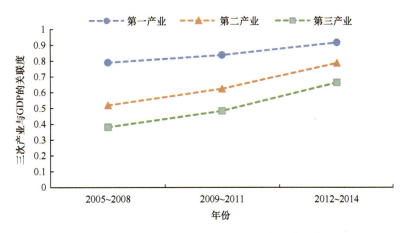

图 9.16　北京市三次产业与 GDP 关联度的变化趋势

不论分整体还是分阶段分析，北京市政府应保持第三产业与经济发展高关联度的发展趋势，控制好第一、二产业的调整，实现北京市经济健康快速发展。

### 3）产业结构与环境保护的关联度分析

本节选取北京市 2005~2014 年的 $SO_2$ 排放量作为参考数列，同阶段的三次产业产值作为比较数列，采用灰色关联分析法计算北京市产业结构与环境保护的关联度。三次产

业与 $SO_2$ 排放量的关联度，如表 9.9 所示。

**表 9.9　北京市三次产业与环境保护关联度情况**

| $R_1$ | $R_2$ | $R_3$ |
|---|---|---|
| 0.70025 | 0.65719 | 0.56493 |

从表 9.9 可以发现，北京市第一产业与 $SO_2$ 排放量的关联度 $R_1$=0.70025，第二产业与 $SO_2$ 排放量的关联度为 $R_2$=0.65719，第三产业与 $SO_2$ 排放量的关联度 $R_3$=0.56493。显然，$R_1>R_2>R_3$。本书从整体和阶段两个角度对北京市环境保护及产业结构的优化升级提出相关政策建议。

（1）从 $R_1$、$R_2$、$R_3$ 得知，第一产业与环境保护的关联最紧密，其次是第二产业，这说明，第一、二产业对环境保护的影响较大。第一产业和第二产业都是物质生产型的，特别是工业消耗大量的自然资源，并排放各种污染物资，对环境的压力比较大。

（2）分 3 个阶段对北京市三次产业结构与环境保护的关联度进行分析。选取北京市 2005~2008 年、2009~2011 年、2012~2014 年的 $SO_2$ 排放量作为参考数列，同一阶段的三次产业产值作为比较数列，可以计算得出 3 个阶段三次产业与 $SO_2$ 排放量的灰色关联度。其中，第一产业与 $SO_2$ 排放量的关联度分别为 0.867098885、0.843696345、0.77726487；第二产业与 $SO_2$ 排放量的关联度分别为 0.642574402、0.590377724、0.48537835；第三产业与 $SO_2$ 排放量的关联度分别为 0.535469801、0.475325437、0.361363526。2005~2014 年三次产业与 $SO_2$ 排放量关联度的变化趋势，如图 9.17 所示。

从图 9.17 可以看出，2005~2014 年，三次产业与 $SO_2$ 排放量的关联度从低到高依次为第三产业、第二产业、第一产业，且关联度都呈现递减的趋势，这说明由于政府的调控政策，三次产业对于环境的保护都起到了明显的调控作用。其中，第三产业与 $SO_2$ 的关联度是最低的，也就是说，第三产业是最环保的产业。2009 年以后，第一、第二、第三产业与 $SO_2$ 排放量的下降趋势明显增加，第三产业与 $SO_2$ 排放量的关联度下降速度最快，说明这期间政府对于第三产业的调控力度较大，并且起到了明显作用。

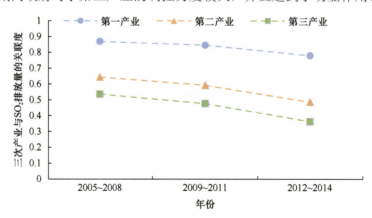

图 9.17　北京市三次产业与 $SO_2$ 排放量关联度的变化趋势

不论分整体还是分阶段分析，从环境保护上来说，北京市政府应鼓励第三产业的发展，在三次产业共同发展的同时，还要注重环境保护，加强生态环境建设。

# 9.3　环境系统分析模型

环境分析是指采用适当的统计方法对获取的环境数据，如污染物监测数据、样本监测数据和环境统计数据等进行研究，分析环境数据间的内在规律，从而发现环境问题，为环境保护工作提供决策依据（张小平等，2016）。环境分析的核心是环境数据分析，一般分为探索性数据分析、模型选定分析和推断分析三个过程。其中，探索性数据分析是指通过制作图表和各种形式的方程进行拟合，从而寻找和揭示隐含的数据规律。模型选定分析是指通过进一步分析挑选一定的模型来评估环境质量。推断分析是指对选定模型和评估的可靠程度及精确程度进行推断，从而得出相应的结论。本节以节能减排分析和短期空气质量分析为例，从模型概述、模型原理和算例研究的过程来研究环境分析模型。

## 9.3.1　节能减排分析模型

**1. 模型概述**

我国"十三五"规划（国家发展和改革委员会，2016）中首次提出了"节能减排"的宏观政策。其目的是在减少投入及达到较少的负面产出的前提下，实现高效率、绿色环保和创新的市场供给，这与当前国家关于调整能源供给结构内在要求高度一致。"十三五"规划中提出，要构造京津冀经济圈，实现区域一体化。这对资源禀赋、产业结构、以及发展水平存在巨大差异的京津冀区域来说，无疑是巨大的挑战。因此，该区域的节能减排离不开因地制宜，协调发展和区域经济转型。本章节应用 Panel Data 模型通过分析我国区域的能源消费结构，从而辅助决策者针对性地开展节能减排工作。

**2. 模型原理**

20 世纪 60 年代，计量经济学首次引用 Panel Data 模型，该模型将面板数据看做混合数据样本来估计经典模型。其中，Panel Data 主要用来描述一个总体中给定样本在一段时间的情况，并对样本中每一个样本单位进行多重观察。这种多重观察既包括对样本单位在某一时期（地点）上多个特性进行观察，也包括对样本单位的这些特性在一段时间的连续观察。随着分析方法的不断进步和创新，Panel Data 模型逐渐发展为统计学分析的一个重要工具（王文举和向其凤，2014）。

1）指标选择

本节选取京津冀区域 2005~2014 年的相关指标数据。其中，所用源数据来自《中国统计年鉴》（2005~2014 年）、《中国能源统计年鉴》（2005~2014 年）、《中国科技统计年鉴》（2005~2014 年）、《中国电力年鉴》（2005~2014 年）以及各省历年统计年鉴。所用指标包括能源消费量、国内生产总值、第三产业增加值、大中型企业数、人均能源消费总量、人口数。具体的指标含义如表 9.10 所示。

**表 9.10　指标含义及表示方法**

| 指标 | 计算公式 | 含义 |
|---|---|---|
| EI | 能源消费总量/国内生产总值 | 能源消费强度 |
| IS | 第三产业增加值/国内生产总值 | 第三产业的发展对区域节能减排和经济社会发展具有重要作用，反映了产业结构情况 |
| ST | 大中型工业企业工业总产值/大中型企业数 | 根据平均工业总产值的大小，可以看出该地区在工业发展方面的重视程度。在能源消费一定的条件下，工业总产值增加，说明该地区的科技水平比较高，反之，说明工业的发展对能源的依赖程度较大 |
| LC | 能源消费总量/人口数 | 该地区人均能源的使用情况，反映了人民生活能耗情况 |
| EC | 国内生产总值/人口数 | 该地区的人均国内生产总值，表示经济发展水平 |

### 2）模型构建

通过分析我国节能减排政策、人均耗能、产业结构及其变动、科技发展，以及投入等，研究节能减排的影响因素，这些影响因素的高低基本决定了区域节能减排的实现程度。可以建立区域能耗强度和其影响因素之间的模型，从而分析区域的节能减排。

$$EI = f(IS, ST, LC, EC) + u \tag{9.19}$$

式中，EI 为区域能源消费强度；LC 为生活能耗；IS 为产业结构；ST 为科技投入；EC 为经济发展；$u$ 为扰动因子，表示除了上述变量之外其他影响区域节能减排系统的因素。

由上述模型可知，管理节能减排、结构节能减排和技术节能减排与区域节能减排的关系理论上是正相关的。管理的提高、结构的优化和技术的改进能够有效降低区域能耗强度，促进节能减排的实现（刘婧，2016）。

### 3）平稳性和协整性检验

面板数据模型进行回归之前需要进行数据平稳性检验，一些非平稳的时间序列可能会表现出相同的变化趋势，但这些数据本身之间未必存在关联关系。因此，为了确保估计结果的有效性，必须检验各面板序列的平稳性。平稳性检验之后需要进行协整性检验，其意义在于检验回归方程所描述的因果关系是否为伪回归，即检验变量之间是否存在稳定的关系。

（1）平稳性检验。本章节中借助工具 Eviews8.0 软件采用单位根检验方法对数据进行平稳性检验。分别对能源消费强度 EI、产业结构 IS、科技投入 ST、生活能耗 LC、经济发展 EC 组成的面板数据进行平稳性检验。其在 10%显著水平下的检验结果如表 9.11 所示。

由表 9.11 可知，在 10%的显著水平下，各变量的检验统计量绝对值均小于相应的单位根检验的临界值的绝对值。通过 $t$ 检验的概率 $p$ 值均小于 5%，因此表明 2005~2014 年 EI，IS，ST，LC，EC 序列是平稳的。

（2）协整性检验。应用 Kao 检验方法对面板数据进行协整检验。检验结果如表 9.12 所示，协整关系检验后的 $p$ 值小于 5%，说明 EI、IS、ST、LC 和 EC 变量之间存在协整关系。

表 9.11　检验结果

| 变量 | $t$ 统计量 | 可能概率 |
|------|-----------|----------|
| EI | −1.600140 | 0.0019 |
| IS | −1.597291 | 0.0033 |
| ST | −1.597291 | 0.0052 |
| LC | −1.599088 | 0.0024 |
| EC | −1.598068 | 0.0047 |

表 9.12　EI、IS、ST、LC 和 EC 变量的协整关系检验结果

| Kao 协整检验 | | 统计量 | $P$ 值 |
|------|------|-------|-------|
| | | −2.279 | 0.0032 |
| Pedroni 协整检验 | Panel v–Statistic | −1.182 | 0.0084 |
| | Panel PP–Statistic | −7.277 | 0.0000 |
| | Panel rho–Statistic | 0.832 | 0.0008 |
| | Panel ADF–Statistic | −1.782 | 0.0081 |
| | Group PP–Statistic | 2.180 | 0.0000 |
| | Group rho–Statistic | −4.911 | 0.0003 |
| | Group ADF–Statistic | −1.635 | 0.0047 |

### 3. 算例研究

本节以京津冀区域整体为研究对象，而不是从北京、天津和河北三个地区的角度来推论总体效应。因此，在 Panel Data 模型中，选择固定效应模型进行计算。表 9.13、表 9.14 为模型的结果显示。

表 9.13　效应模型结果

| 变量 | 协同系数 | 标准误差 | $t$ 统计量 | 可能概率 |
|------|---------|---------|-----------|---------|
| EI | 2.578457 | 0.809116 | 3.186759 | 0.0244 |
| EC | 2.32E−06 | 9.54E−06 | 0.242779 | 0.8178 |
| IS | 0.510728 | 2.280917 | 0.223913 | 0.8317 |
| ST | −0.027521 | 0.028072 | −0.980382 | 0.3719 |
| LC | −0.421875 | 0.259398 | −1.626358 | 0.1648 |

计算公式为

$$\hat{EI}_{it} = 0.510728IS_{it} - 0.027521ST_{it} - 0.521875LC_{it} + 2.332E^{-0.6}EC_{it} + 2.578457 \quad (9.20)$$

通过应用面板单位根检验、面板协整检验等分析方法，得出京津冀区域能耗强度与各影响因素之间呈显著协整关系。具体结论如下。

表 9.14　区域模型估计结果

| 各影响因素的系数（京津冀区域） | | |
|------|------|------|
| 能源消费强度 | EI | 2.578457 |
| 产业结构 | IS | 0.510728 |
| 科技投入 | ST | −0.027521 |
| 生活能耗 | LC | −0.421857 |
| 经济发展 | EC | 2.32E−06 |

（1）产业结构：产业结构与能耗强度呈正相关，两者间的相关系数控制在[0~1]之间。因此，京津冀区域应适当减少第三产业的投入。

（2）科技水平：科技投入水平与能耗强度呈负相关关系，说明京津冀在科技发展方面投入力度不是很大。科技的投入有利于降低能耗强度，为使该区域协调发展，需要注入高科技新鲜活力。

（3）生活能耗：生活能耗与能耗强度呈负相关关系，随着节能减排政策的提出，京津冀区域环境有明显的改善效果。在接下来的发展中，该区域需继续倡导节能减排，从而促进区域的可持续发展。

（4）经济发展：经济发展与能耗强度呈正相关关系，京津冀作为华北地区的经济圈，其经济发展水平较高，其能耗也随之增高。在接下来的发展中，需要适度调整经济发展与能耗之间的关系，从而促进京津冀经济圈的稳定发展。

综上所述，为实现京津冀区域的节能减排，一方面需要大力开发新能源和可再生能源，减少传统能源的使用，走绿色可持续发展道路。另一方面，需要加大对高新技术的投资力度，以科技带动区域的可持续发展。

## 9.3.2 空气质量短期分析模型

### 1. 模型概述

关于空气质量的研究已有几十年的发展历史，到现在有数百个模型。空气质量模型是在人类对大气物理和化学过程认识的基础上，应用气象学原理和数学方法，分别从水平和垂直方向上，对大尺度范围内的空气质量进行模拟仿真，再现污染物在大气中输送、反应、清除等过程。它是分析大气时空变化规律、内在机理、成因来源、建立"污染减排"与"质量改善"间定量关系的重要技术方法，有利于推进我国环境规划和管理向定量化、精细化过渡。其中，较典型的模型有城市尺度模型、科研模型和全球尺度的模型等。本章节应用 AQI 模型分析和研究短期空气质量监测。

### 2. 模型原理

AQI 模型是通过计算表征空气质量状况的无量纲指数来评价大气环境质量状况的一种方法，可以指导空气污染的有效控制和管理。目前，AQI 模型中，大气污染物主要包括六项：细颗粒物（$PM_{2.5}$）、可吸入颗粒物（$PM_{10}$）、二氧化硫（$SO_2$）、二氧化氮（$NO_2$）、臭氧（$O_3$）和一氧化碳（CO）。该模型应用内插法计算各污染物的分指数，根据污染分指数确定目标区域的空气质量指数，当空气质量指数大于 50 时将分指数最大的污染物确定为首要污染物。计算公式为

$$IAQI^{SO_2} = \frac{IAQI^{SO_2}_{Hi} - IAQI^{SO_2}_{Lo}}{BP^{PM_{10}}_{Hi} - BP^{CO}_{Lo}} \left( C^{SO_2}_P - BP^{SO_2}_{Lo} \right) + IAQI^{SO_2}_{Lo} \tag{9.21}$$

$$IAQI^{PM_{10}} = \frac{IAQI^{PM_{10}}_{Hi} - IAQI^{PM_{10}}_{Lo}}{BP^{PM_{10}}_{Hi} - BP^{CO}_{Lo}} \left( C^{PM_{10}}_P - BP^{PM_{10}}_{Lo} \right) + IAQI^{PM_{10}}_{Lo} \tag{9.22}$$

$$\text{IAQI}^{O_3} = \frac{\text{IAQI}^{O_3}_{\text{Hi}} - \text{IAQI}^{O_3}_{\text{Lo}}}{\text{BP}^{O_3}_{\text{Hi}} - \text{BP}^{O_3}_{\text{Lo}}} \left( C^{O_3}_{\text{Lo}} - \text{BP}^{O_3}_{\text{Lo}} \right) + \text{IAQI}^{O_3}_{\text{Lo}} \tag{9.23}$$

$$\text{IAQI}^{PM_{2.5}} \frac{\text{IAQI}^{PM_{2.5}}_{\text{Hi}} - \text{IAQI}^{PM_{2.5}}_{\text{Lo}}}{\text{BP}^{PM_{2.5}}_{\text{Hi}} - \text{BP}^{PM_{2.5}}_{\text{Lo}}} \left( C^{PM_{2.5}}_{\text{P}} - \text{BP}^{PM_{2.5}}_{\text{Lo}} \right) + \text{IAQI}^{PM_{2.5}}_{\text{Lo}} \tag{9.24}$$

$$\text{IAQI}^{CO} = \frac{\text{IAQI}^{CO}_{\text{Hi}} - \text{IAQI}^{CO}_{\text{Lo}}}{\text{BP}^{CO}_{\text{Hi}} - \text{BP}^{CO}_{\text{Lo}}} \left( C^{CO}_{\text{P}} - \text{BP}^{CO}_{\text{Lo}} \right) + \text{IAQI}^{CO}_{\text{Lo}} \tag{9.25}$$

$$\text{IAQI}^{NO_2} = \frac{\text{IAQI}^{NO_2}_{\text{Hi}} - \text{IAQI}^{NO_2}_{\text{Lo}}}{\text{BP}^{NO_2}_{\text{Hi}} - \text{BP}^{NO_2}_{\text{Lo}}} \left( C^{NO_2}_{\text{P}} - \text{BP}^{NO_2}_{\text{Lo}} \right) + \text{IAQI}^{NO_2}_{\text{Lo}} \tag{9.26}$$

$$\text{AQI} = \text{Max} \left\{ \text{IAQI}^{SO_2}, \text{IAQI}^{NO_2}, \text{IAQI}^{PM_{10}}, \text{IAQI}^{PM_{2.5}}, \text{IAQI}^{CO}, \text{IAQI}^{O_3} \right\} \tag{9.27}$$

式中，IAQI 为单项污染物的分指数；$C_{\text{P}}$ 为污染物 P 的浓度值；$\text{BP}_{\text{Hi}}$ 为与 $C_{\text{P}}$ 相近的污染物浓度限值的高位值；$\text{BP}_{\text{Lo}}$ 为与 $C_{\text{P}}$ 相近的污染物浓度限值的低位值；$\text{IAQI}_{\text{Hi}}$ 为与 $\text{BP}_{\text{Hi}}$ 对应的分指数；$\text{IAQI}_{\text{Lo}}$ 为与 $\text{BP}_{\text{Lo}}$ 对应的分指数；AQI 为模型计算的空气质量指数。

由上述过程可知，AQI 模型的计算结果实质是一条折线。因此，如何确定在不同区间内折线的斜率就显得尤为重要。《环境空气质量指数（AQI）技术规定》（简称《AQI 技术规定》）为每类污染物设定了相应的计算标准。目前，AQI 模型适用于实时评价和日评价，实时评价选取 1 小时平均浓度限值作比，日评价选取 24 小时平均浓度限值作比。表 9.15 中空白处表示该污染物已经爆表，不再进行分指数的评价。计算出空气质量指数后，要对照 AQI 分级标准判定空气环境质量级别并做出空气质量描述，空气质量指数越大说明大气环境情况越差，污染越严重，《环境质量空气质量标准》将 AQI 分成了六个等级，如表 9.16 所示。

**表 9.15　AQI 模型计算标准**

| 分指数（IAQI） | 二氧化硫 24 小时平均/（μg/m³） | 二氧化硫 1 小时平均/（μg/m³） | 二氧化氮 24 小时平均/（μg/m³） | 二氧化氮 1 小时平均/（μg/m³） | 颗粒物（粒径小于等于 10μm）24 小时平均/（μg/m³） | 颗粒物（粒径小于等于 2.5μm）24 小时平均/（μg/m³） | 一氧化碳 24 小时平均/（mg/m³） | 一氧化碳 1 小时平均/（mg/m³） | 臭氧 1 小时平均/（μg/m³） | 臭氧 8 小时滑动平均/（μg/m³） |
|---|---|---|---|---|---|---|---|---|---|---|
| 0 | 0 | 0 | 0 | 0 | 0 | 0 | 0 | 0 | 0 | 0 |
| 50 | 50 | 150 | 40 | 100 | 50 | 35 | 2 | 5 | 160 | 100 |
| 100 | 150 | 500 | 80 | 200 | 150 | 75 | 4 | 10 | 200 | 160 |
| 150 | 475 | 650 | 180 | 700 | 250 | 115 | 14 | 35 | 300 | 215 |
| 200 | 800 | 800 | 280 | 1200 | 350 | 150 | 24 | 60 | 400 | 265 |
| 300 | 1600 | | 565 | 2340 | 420 | 250 | 36 | 90 | 800 | 800 |
| 400 | 2100 | | 750 | 3090 | 500 | 350 | 48 | 120 | 1000 | |
| 500 | 2620 | | 940 | 3840 | 600 | 500 | 60 | 150 | 1200 | |

### 3. 算例研究

目前，北京市设立了 35 个空气质量监测点，建立了覆盖全市的控制质量监测网络，实现了对六项污染物的实时监测。本章节以奥体中心的监测站为例，选取 2014 年 4 月

14 日起连续十日的各项污染物浓度数据进行实例计算。其中，实时数据和日数据均来自空气质量历史数据库中的国控数据（http://air.epmap.org/），各项污染物浓度数据见表 9.17，各项污染物指数计算结果见表 9.18，AQI 模型计算结果如图 9.18。

表 9.16　AQI 等级及相应建议措施

| 空气质量指数 | 级别 | 对健康影响情况 | 建议采取措施 |
|---|---|---|---|
| 0~50 | 一级 | 空气质量满意，基本无空气污染 | 各类人群可正常活动 |
| 50~100 | 二级 | 空气质量可接受，但某些污染物可能对极少异常敏感人群有较弱影响 | 极少数异常敏感人群应减少户外活动 |
| 101~150 | 三级 | 易感人群症状有轻度加剧，健康人群出现刺激症状 | 儿童、老人机心脏病、呼吸系统疾病患者应减少、长时间的户外锻炼 |
| 151~200 | 四级 | 进一步加剧易感人群症状，可能对健康人群心脏、呼吸系统有影响 | 儿童、老人机心脏病、呼吸系统疾病患者避免长时间、高强度的户外锻炼，一般人群适量减少户外运动 |
| 201~300 | 五级 | 心脏病或肺病患者症状显著加剧，运动耐受力降低，健康人群普遍出现症状 | 儿童、老年人和心脏病、肺病患者应当留在室内，停止户外运动，一般人群减少户外运动 |
| >300 | 六级 | 健康人群普遍耐受力降低，有明显强烈症状，提前出现某些疾病 | 儿童、老年人和病人应当留在室内，避免体力消耗，一般人群应避免户外活动 |

表 9.17　奥体中心监测点污染物浓度数据

| 城市 | 监测点 | 时间 | PM$_{2.5}$ 24 小时平均浓度 | PM$_{10}$ 24 小时平均浓度 | CO 24 小时平均浓度 | NO$_2$ 24 小时平均浓度 | O$_3$ 24 小时平均浓度 | SO$_2$ 24 小时平均浓度 |
|---|---|---|---|---|---|---|---|---|
| 北京 | 奥体中心 | 2014/4/14 | 233 | 273 | 1.771 | 83 | 165 | 35 |
| | | 2014/4/15 | 89 | 159 | 0.775 | 60 | 101 | 16 |
| | | 2014/4/16 | 66 | 137 | 0.800 | 84 | 57 | 15 |
| | | 2014/4/17 | 99 | 151 | 1.279 | 80 | 94 | 24 |
| | | 2014/4/18 | 133 | 155 | 1.267 | 72 | 101 | 18 |
| | | 2014/4/19 | 63 | 111 | 0.750 | 83 | 68 | 16 |
| | | 2014/4/20 | 66 | 100 | 0.667 | 72 | 94 | 10 |
| | | 2014/4/21 | 57 | 119 | 0.542 | 67 | 95 | 9 |
| | | 2014/4/22 | 68 | 131 | 0.571 | 72 | 131 | 12 |
| | | 2014/4/23 | 132 | 184 | 0.813 | 48 | 133 | 26 |

表 9.18　各项污染物指数计算结果

| 时间 | IAQI$^{PM_{2.5}}$ | IAQI$^{PM_{10}}$ | IAQI$^{CO}$ | IAQI$^{NO_2}$ | IAQI$^{O_3}$ | IAQI$^{SO_2}$ | AQI | 级别 | 首要污染物 | 空气质量描述 |
|---|---|---|---|---|---|---|---|---|---|---|
| 2014/4/14 | 283.00 | 161.5 | 44.275 | 101.50 | 104.167 | 35 | 283.00 | 五级 | PM$_{2.5}$ | 重度污染 |
| 2014/4/15 | 117.50 | 104.5 | 19.375 | 75.00 | 50.833 | 16 | 117.50 | 三级 | PM$_{2.5}$ | 轻度污染 |
| 2014/4/16 | 88.75 | 93.5 | 20.000 | 102.00 | 28.500 | 15 | 102.00 | 三级 | NO$_2$ | 轻度污染 |
| 2014/4/17 | 130.00 | 100.5 | 31.975 | 100.00 | 47.000 | 24 | 130.00 | 三级 | PM$_{2.5}$ | 轻度污染 |
| 2014/4/18 | 172.50 | 102.5 | 31.675 | 90.00 | 50.833 | 18 | 172.50 | 四级 | PM$_{2.5}$ | 中度污染 |
| 2014/4/19 | 85.00 | 80.5 | 18.750 | 101.50 | 34.000 | 16 | 101.50 | 三级 | NO$_2$ | 轻度污染 |
| 2014/4/20 | 88.75 | 75.0 | 16.675 | 90.00 | 47.000 | 10 | 90.00 | 二级 | NO$_2$ | 良 |
| 2014/4/21 | 77.50 | 84.5 | 13.550 | 83.75 | 47.500 | 9 | 84.50 | 二级 | NO$_2$ | 良 |
| 2014/4/22 | 91.25 | 90.5 | 14.275 | 90.00 | 75.833 | 12 | 91.25 | 二级 | PM$_{10}$ | 良 |
| 2014/4/23 | 171.25 | 117 | 20.325 | 60.00 | 77.500 | 26 | 171.25 | 四级 | PM$_{2.5}$ | 中度污染 |

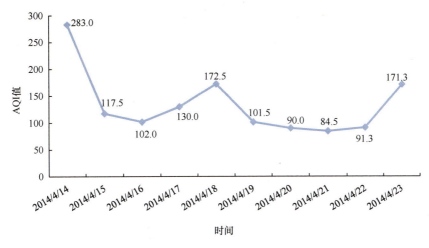

图 9.18　奥体中心监测点 AQI 模型计算结果

通过模型计算可以得出如下结论：

（1）奥体中心监测点反映了朝阳区的空气质量状况。在 2014 年 4 月 14 日至 4 月 23 日这十天内，朝阳区的空气质量波动较大，达标天数仅有三天，占计算天数的 30%。空气质量最好时能达到二级标准，AQI 为 84.5，最严重时能达到重度污染级别，AQI 为 283.0，此时一般人群已不适合户外运动。

（2）选取的十天中，朝阳区的首要污染物主要是 $PM_{2.5}$ 或 $NO_2$，分别占 50% 和 40%。因此，朝阳区的空气环境质量有待提高，减少 $PM_{2.5}$ 和 $NO_2$ 的排放。

（3）AQI 模型计算过程简单，结果明确清晰，为短期空气质量监测提供了相对简单的方法和途径。由于 AQI 模型的最终计算结果只与首要污染物相关，忽略了其他污染物的影响，因此，不能全面地反映空气质量，为相关决策者提供依据时存在偏差。

## 9.4　3E 系统耦合模型

3E 系统是一个多指标间相互影响、多种不确定性信息相互交织、动态反馈发展的复杂系统。其中，能源是国民经济和社会发展的基础与保证，也是当今国际政治、经济、军事、外交关注的焦点；经济基础决定上层建筑，是一切发展问题的中心；环境是发展的重要依据，是经济社会可持续发展的关键。

能源、经济、环境系统之间相互联系，同时又各自独立。衡量能源、经济、环境协调度的基础是了解三者各自的发展状况，进而从某一维度来衡量能源、经济、环境之间的耦合协调度。本章基于 B.Heinzl（2014）和 Z.l.Zhou（2015）提出的系统耦合的理论，构建了 3E 系统耦合模型。首先对 3E 各系统的发展情况进行量化。然后，构建了"$\delta$-$\theta$-$\beta$"系列模型，此系列模型是建立在纯几何图形的基础上，进而推演出数学理论。"$\delta$"模型是本系列模型的前驱，其思想是用三角形来衡量能源、经济、环境系统的协调度状况。"$\theta$"模型是本系列模型的核心，它在"$\delta$"模型构想的启发下，从能源、经济、环境演化规律的角度，将其发展轨迹看做"椭球"而形成的。"$\beta$"模型是本系列模型的重大突破，它是在"$\theta$"模型的基础上延伸构建的，实现了本系列模型的可视化，使得该系列模型可以更为直观和立体的展示。因此，"$\delta$""$\theta$""$\beta$"互为补充，逐步拓展，为研究 3E 复杂系统提供了更为高效，精准的模型方法。

## 9.4.1  基于主成分分析法的 3E 系统综合发展水平模型

### 1. 模型概述

衡量能源、经济、环境协调度的基础是对三者的综合发展水平进行量化，而能源、经济、环境是相对抽象的概念，就需要建立能源经济环境指标体系，并分别对三者进行定量分析。本节研究的是一种采用主成分分析法来计算能源、经济、环境综合发展水平的建模过程。

### 2. 模型原理

1）指标标准化

在进行综合评价过程中，经济、能源、环境各子系统的指标由于各自纲量和量级的不同而存在着不可公度性，为了模型计算的正确性和合理性，首先通过数学方式消除指标量纲，即对数据进行无量纲化处理。

2）主成分分析法

主成分分析法是设法将原来具有一定相关性的众多指标，重新组合成一组新的、互相无关的综合指标来代替原来指标的方法。胡绍雨（2013）认为其主要原理是利用降维的思想，通过研究指标体系内在的结构关系，把多指标转化成少数几个相互独立而且包含原有指标的大部分信息大于等于85%的综合指标的多元统计方法。

（1）依据标准化矩阵计算出相关矩阵 $\boldsymbol{R}$。

（2）求解相关矩阵 $\boldsymbol{R}$ 的特征根，并确认出主成分，取特征根大于 1 的个数为 $K$，取前 $K$ 个特征根为主成分的特征值。

（3）计算出因子载荷矩阵 $\boldsymbol{P}_{ij}$，并求出特征向量矩阵，进而计算标准指标数据的综合权重。

（4）根据计算出的标准指标数据和综合权重，按照如下方式计算综合发展水平，计算公式为

$$F = Z \times T \tag{9.28}$$

式中，$\boldsymbol{F}$ 为 $n \times 1$ 矩阵，每一行表示对应年份下能源、经济、环境综合发展水平的数值；$n$ 为通过目标地域的历年数据得到的年份个数；$\boldsymbol{Z}$ 为 $n \times p$ 矩阵，表示通过目标地域的历年数据统计表计算出的能源、经济或环境标准指标数据；$\boldsymbol{T}$ 为 $p \times 1$ 矩阵，每一行表示能源、经济或环境对应指标下的权重值；$p$ 为通过目标地域的历年数据得到的指标个数。

### 3. 算例研究

（1）构建 3E 系统指标体系。由于 3E 系统是一个庞大而复杂的系统，采用单一指

标的线性结构很难描述各子系统的真实发展水平。因此，利用多维矩阵结构指标体系的设计思路，按照一个原则、两个方向、三个维度构建能源–经济–环境综合评价指标体系。参照指标体系设计科学性、指标内容全面性和可操作性的基本原则，从指标的广度与深度两个方向，从结构、总量、质量三个维度建立 3E 系统指标体系。如表 9.19 所示。

表 9.19　能源–经济–环境系统指标体系

| | | |
|---|---|---|
| 能源系统 | 能源总量 | 能源消费总量 |
| | | 能源终端消费量 |
| | | 能源工业固定资产投资 |
| | 能源结构 | 原油消费比重 |
| | | 电力消费比重 |
| | | 煤炭消费比重 |
| | | 天然气消费比重 |
| | 能源效率 | 单位 GDP 能耗 |
| | | 能源强度 |
| | | 能源消费弹性系数 |
| 经济指标 | 经济总量 | GDP 总量 |
| | | 规模以上工业利润总额 |
| | | 全市居民消费水平 |
| | | 人均 GDP |
| | 经济结构 | 第三产业比重 |
| | | 第二产业比重 |
| | | 恩格尔系数 |
| | | 地方财政收入相当于地区生产总值比例 |
| | 经济增长 | 固定资产投资增长率 |
| | | 工业增加值 |
| | | GDP 增长率 |
| | | 社会劳动生产率 |
| 环境指标 | 环境污染 | 二氧化硫排放量 |
| | | 废水排放量 |
| | | 碳排放量 |
| | | 碳强度 |
| | 环境治理 | 污水处理率 |
| | | 生活垃圾清运量 |
| | | 工业固体废物综合利用量 |
| | | 工业固体废物产生量 |
| | | 建成区绿化覆盖率 |

（2）能源、经济、环境综合发展水平计算。选取 2005~2014 年的数据，计算京津冀区域能源、经济、环境的综合发展水平。借助 SPSS 软件分别对能源、经济、环境的数

据进行主成分分析，再根据所提取的主成分计算各子系统的综合发展水平。由于能源、经济、环境系统的计算步骤一样，本书展示的计算以能源综合发展水平为例。

计算能源系统解的总方差，取累计贡献率大于等于85%的成分为主成分，能源系统提取出两个主成分。因子1得分和因子2得分分析出了潜在的影响因素，然后结合主成分特征值的方差，可以得出主成分1和主成分2的得分值。最后通过主成分1、主成分2和特征值方差的贡献率得出能源综合得分，见表9.20。类似地，可得出2005~2014年京津冀区域能源、经济、环境系统综合得分情况，见表9.21。其综合得分走势情况，如图9.19所示。

表 9.20　京津冀区域能源系统综合得分

| 因子 1 得分 | 因子 2 得分 | 主成分 1 得分 | 主成分 2 得分 | 能源综合得分 |
| --- | --- | --- | --- | --- |
| −1.61201 | 0.25116 | −4.59861 | −0.30441 | −3.94200 |
| −1.10201 | 0.80711 | −3.14372 | −0.97824 | −2.81260 |
| −0.85215 | 0.78646 | −2.43094 | −0.95321 | −2.20498 |
| −0.23619 | −1.27796 | −0.67378 | 1.54892 | −0.33391 |
| −0.09558 | −1.97522 | −0.27270 | 2.39401 | 0.13510 |
| 0.02036 | −0.51125 | 0.05808 | 0.61965 | 0.14395 |
| 0.34301 | 1.15549 | 0.97851 | −1.40048 | 0.61474 |
| 0.90391 | −0.20937 | 2.57860 | 0.25376 | 2.22311 |
| 1.33326 | 0.39195 | 3.80341 | −0.47505 | 3.14920 |
| 1.29739 | 0.58164 | 3.70109 | −0.70496 | 3.02736 |

表 9.21　2005~2014 年京津冀区域–能源–经济–环境系统综合得分

| 年份 | 能源综合得分 | 经济综合得分 | 环境综合得分 |
| --- | --- | --- | --- |
| 2005 | −3.94199 | −3.91683 | 3.04393 |
| 2006 | −2.81260 | −3.15593 | 2.29608 |
| 2007 | −2.20498 | −2.45607 | 1.51655 |
| 2008 | −0.33391 | −1.81611 | 1.17540 |
| 2009 | 0.13510 | −0.50751 | 0.16422 |
| 2010 | 0.14395 | 0.33340 | −0.04903 |
| 2011 | 0.61474 | 0.99275 | −1.05740 |
| 2012 | 2.22311 | 2.38094 | −1.75421 |
| 2013 | 3.14920 | 3.45518 | −2.14058 |
| 2014 | 3.02736 | 4.69018 | −3.19491 |

从图9.19可以看出，2005~2014年，能源和经济的综合得分都处于不断上升趋势，而环境的综合得分却处于不断下降趋势。这说明京津冀区域近十年间能源和经济系统发展越来越完善，但是忽略了对环境的保护，致使环境系统发展状况不佳。其中，2009~2010年为转折点，这一年间，能源、经济、环境综合得分趋近于0。能源和经济的综合得分在2010年及之后均大于0，且处于不断上升趋势，京津冀区域的能源使用越来越多，能源行业发展迅速，经济发展状况良好。环境综合得分在2010年之前均大

于 0，而在其之后均小于 0，这说明在能源的使用和经济发展的过程中，忽视了对环境的保护，以至于环境状况遭到破坏。

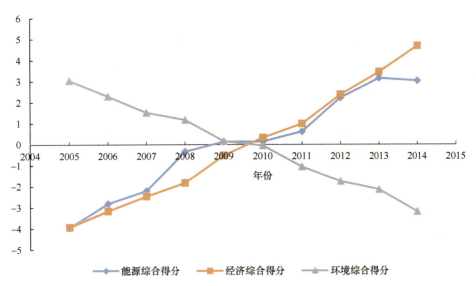

图 9.19　2005~2014 年京津冀区域能源经济环境系统综合得分曲线图

## 9.4.2　基于回归分析法的 3E 系统耦合模型

本节在衡量 3E 系统协调度时，在系统综合发展水平的基础上，构建了基于回归分析法的协调系数计算模型和 3E 系统正方体模型。

### 1. 3E 系统协调度系数模型

协调度是度量系统或系统内部要素之间在发展过程中彼此和谐一致的程度，体现了系统由无序走向有序的趋势，是协调状况好坏程度的定量指标。本节考虑到 3E 多元问题的复杂性，总结协调系数法的优缺点并对其进行了优化。计算一个子系统对另一个子系统的协调发展系数是计算两系统之间协调度的基础，最常用的两种方法是分段拟合方法和回归分析法。本小节采用回归分析法来计算一子系统对另一子系统的依赖程度，从而将定性的问题定量化。

模糊隶属度函数计算公式为

$$w(i \, / \, j) = \exp\left[-\frac{(x_i - x_{i/j}^*)^2}{S}\right] \qquad (9.29)$$

式中，$w(i \, / \, j)$ 为第 $i$ 系统对第 $j$ 系统的协调发展系数；$x_i$ 为第 $i$ 系统的综合发展水平值；$x_{i/j}^*$ 为第 $i$ 系统与第 $j$ 系统协调发展时，第 $i$ 系统的综合发展水平值；$S$ 为第 $i$ 系统综合发展水平序列方差。为了建立两个子系统综合发展水平值的依存关系，本节使用 SPSS 软件建立系统 $i$ 对系统 $j$ 的回归模型，计算公式为

$$u_i = a + bu_j \qquad (9.30)$$

在此模型中，要做到系统 $i$ 对系统 $j$ 协调发展，每变化一个单位就要求变化 $b$ 个单位。因此我们就可以得到确定协调值 $x_{i/j}^* = bu_j$。

根据因子分析的评价的结果和公式，系统 $i$ 的发展水平越接近于理想协调度，则 $w(i/j)$ 的值越大，因此建立如下比较函数，公式为

$$w(i,j) = \frac{\min\{w(i/j), w(j/i)\}}{\max\{w(i/j), w(j/i)\}} \qquad (9.31)$$

此时，若 $w(i/j)$ 与 $w(j/i)$ 的值越接近，则系统之间协调度越高。上式所求的是两系统之间的协调系数，但是不能反映系统的综合发展水平。两系统间的协调系数是一个系统对另一个系统两者的平均，如当 $w(i/j) = 0.4$，$w(j/i) = 0.4$ 时，系统 $i$ 与系统 $j$ 的协调系数为 1；当 $w(i/j) = 0.9$，$w(j/i) = 0.9$ 时，系统 $i$ 与系统 $j$ 的协调系数也为 1，两者的协调系数虽然都为 1，但是后者的发展水平高于前者。因此，本书将协调系数与系统的综合发展水平结合起来表示系统的协调发展度。计算公式为

$$\mathrm{WD}_t(i,j) = [w_t(i,j) X_{i,t}^\alpha X_{j,t}^\beta]^{\frac{1}{2}} \qquad (9.32)$$

式中，$X_{i,t}$ 为系统 $i$ 在时刻 $t$ 的综合得分，$X_{j,t}$ 为系统 $j$ 在时刻 $t$ 的综合得分；$\alpha$，$\beta$ 为权重，且 $\alpha+\beta=1$；本书利用等权原则计算。

综合发展水平带有负值，不利于协调发展系数的计算，因而本节利用"改进的功效系数"作如下变换，公式为

$$X_i' = \frac{X_i - \min(X_i)}{\max(X_i) - \min(X_i)} \times 0.4 + 0.6 \qquad (9.33)$$

**2. 3E 系统正方体模型**

3E 协调度可表达为能源和经济协调度、经济和环境协调度、能源和环境协调度的函数。计算公式为

$$C = F(\mathrm{Ee_c}, \mathrm{Ec_v}, \mathrm{Ee_v}) \qquad (9.34)$$

式中，$\mathrm{Ee_c}$ 为能源和经济协调度；$\mathrm{Ec_v}$ 为经济和环境协调度；$\mathrm{Ee_v}$ 为能源和环境协调度。

以 $\mathrm{Ee_c}$、$\mathrm{Ec_v}$、$\mathrm{Ee_v}$ 为角度在三维空间上构建坐标轴，则每给定一组数（$\mathrm{Ee_c}$，$\mathrm{Ec_v}$，$\mathrm{Ee_v}$）都会在三维坐标系上形成一个以 $(0,0,0)$，$(\mathrm{Ee_c},0,0)$，$(0,\mathrm{Ec_v},0)$，$(0,0,\mathrm{Ee_v})$ 为 4 个顶点的长方体，该长方体的体积为：$V = \mathrm{Ee_c} * \mathrm{Ec_v} * \mathrm{Ee_v}$。该长方体体积能够反映 3E 协调度的变化方向和程度。但是，能源、经济和环境任何二元的协调度都同等重要，无论哪一方不协调都会对整体造成严重影响。所以只有长方体的各边长都相等，即长方体转化为正方体，3E 协调度才会区域协调。转换后的正方体模型如图 9.20 所示。

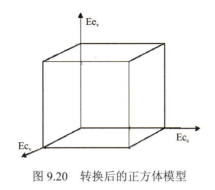

图 9.20　转换后的正方体模型

### 9.4.3　3E 系统协调度概念模型——"$\delta$"模型

"$\delta$"模型因构建的三角模型的形状与数学符号"$\delta$"相似而得名。

**1. 模型概述**

以北京市为研究对象，针对北京市目前面临的一系列问题，提出了以北京市可持续发展为核心，以资源与环境、人口发展、经济发展、社会发展为四大因素的北京市可持续发展决策体系图，如图 9.21 所示。从"十二五"规划中也可以看出，目前北京市要追求可持续发展最大的限制性因素有人口、资源、环境，追求的目标是可持续发展，包括经济发展、社会发展。但是，人口的发展必然需要资源的支撑，资源的开采与利用又会导致环境的污染，如何协调三者之间的关系，达到"三赢"的目标，同时又可以推动经济、社会的发展是本节研究的重点。因此，建立了可持续发展协调度"$\delta$"模型将北京市可持续发展划分为三部分：人口调控、资源节约和环境保护，三部分的目标都是追求社会及经济的发展。由于人口的急剧增长、资源的大力开发、环境肆意破坏，人口、

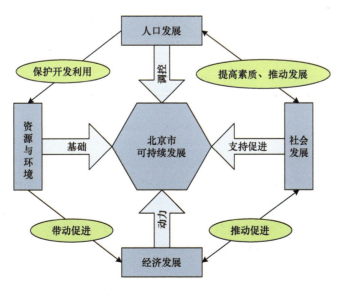

图 9.21　北京市可持续发展决策体系总框图

资源、环境三个因素不仅对社会、经济的发展有制约作用，同时如果人口得到合理调控、资源得到有效利用、环境得到及时保护，人口、资源、环境三个因素将会对社会、经济的发展有推动作用。

如图 9.22 所示，三个小三角形分别代表人口、资源、环境的发展，其对于社会、经济发展的综合影响作用分别用三个三角形的顶角 α、β、γ 表示。将三个三角形拼在一起组成一个大的三角形。可持续发展的协调性通过三个角 α、β、γ 的度数是否相等来判断，即若 α、β、γ 相等，大三角形为正三角形，人口、资源、环境、经济、社会呈现协调发展，达到可持续发展要求；反之，若 α、β、γ 不相等，大三角形则不为正三角形，人口、资源、环境、经济、社会不能协调发展，未达到可持续发展要求，需进一步调控。

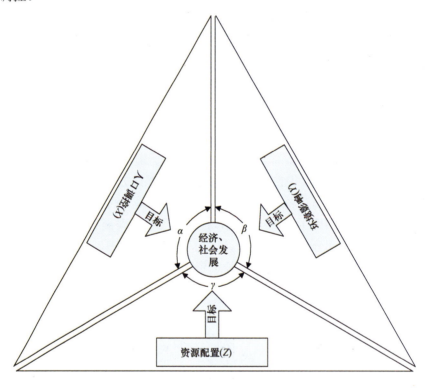

图 9.22　北京市可持续发展协调度"δ"模型

**2. 模型原理**

可持续发展协调度"δ"模型可以直观的反映城市可持续发展系统的协调性。其具体工作流程如下：

（1）建立指标体系。指标是抽象问题具体化很好的一个体现。通过指标体系的建立可以将问题数量化，从而更准确的分析、研究问题。这里将北京市可持续发展分为三个部分，分别选取人口、环境、资源与经济、社会发展相关指标，构建指标体系。

（2）依据指标体系，在一定的时间周期内，分别计算人口、环境、资源对经济、社会发展制约系数（$X^-$、$Y^-$、$Z^-$）和推动系数（$X^+$、$Y^+$、$Z^+$），利用式（9.35）~式（9.37）

分别得到人口、环境、资源对经济、社会发展的综合影响因子 $X$、$Y$、$Z$。公式为

$$X = F(X^+, X^-) \tag{9.35}$$

$$Y = F(Y^+, Y^-) \tag{9.36}$$

$$Z = F(Y^+, Y^-) \tag{9.37}$$

（3）将三个影响因子 $X$、$Y$、$Z$，通过式（9.38）~式（9.40）转换为角度 $\alpha$、$\beta$、$\gamma$。对比三个角度的大小得到协调的结果。如图 9.23 所示。其计算公式为

$$\alpha = \frac{X}{X+Y+Z} \ \text{或}\ \alpha = \frac{X - \min(X,Y,Z)}{\max(X,Y,Z) - \min(X,Y,Z)} \tag{9.38}$$

$$\beta = \frac{Y}{X+Y+Z} \ \text{或}\ \beta = \frac{Y - \min(X,Y,Z)}{\max(X,Y,Z) - \min(X,Y,Z)} \tag{9.39}$$

$$\gamma = \frac{Z}{X+Y+Z} \ \text{或}\ \gamma = \frac{Z - \min(X,Y,Z)}{\max(X,Y,Z) - \min(X,Y,Z)} \tag{9.40}$$

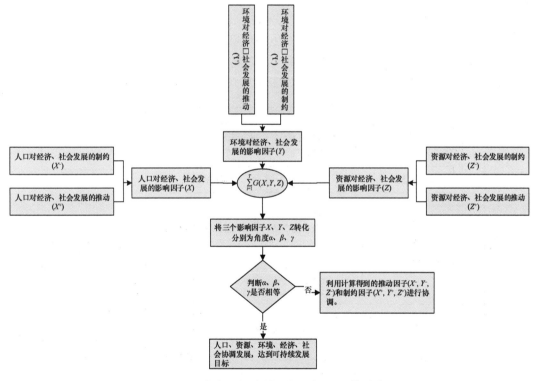

图 9.23　北京市可持续发展协调度"$\delta$"模型流程

## 9.4.4　3E 系统协调度几何模型——"$\theta$"模型

本章 9.4.2 节和 9.4.3 节分别研究了两种计算 3E 协调度的模型。其中，基于回归分析法的 3E 系统耦合模型属于较传统的数学模型，"$\theta$"模型构建了协调度的几何图形，从三角形的角度来表示协调度，无法体现 3E 系统可持续发展的动态趋势，因此，本节构建

了更加适用于 3E 问题的"$\theta$"模型,"$\theta$"模型将能源、经济、环境三元之间的动态发展关系映射在三维椭球上,用夹角的度数表示能源、经济、环境的协调程度。

本节将以区域尤其是京津冀区域尺度为基准,构建研究 3E 系统内在协调度的"椭球"模型,由于"椭球"的形状与数学符号"$\theta$"相似,因此将此模型命名为"$\theta$"模型。"$\theta$"模型是"$\delta$"模型的发展,同时作为"$\delta$-$\theta$-$\beta$"系列模型的核心模型,是 3E 系统耦合模型的重要模块。在对区域 3E 系统耦合关系分析的基础上,借鉴一般系统学动态发展的思想,构建 3E 系统动态发展数学模型,并转化为能反映 3E 系统演变的几何模型,再由几何模型转化为可量化的数学公式,以此来衡量系统之间的演变程度,最终结合实际的数据分析京津冀区域能源–经济–环境系统之间的协调程度。

### 1. 模型概述

按照耦合系统理论,3E 系统的耦合关系是能源、经济和环境系统之间,以及内部诸要素之间的相互影响、相互依存的客观表征,它刻画了某一时间阶段内 3E 系统发展演变趋向或态势。如 3E 系统结构中,生态环境系统的承载能力和供容能力以及能源系统的挖掘能力和驱动能力在某种程度上来说,是十分有限的。这就决定了经济系统的过快发展,必然导致能源的过度损耗及生态环境系统的损害。反之,能源系统和环境系统也将通过资源短缺、环境污染及政府干预等方式制约并减缓经济系统的发展速度。能源–经济–环境三者之间的耦合关系图如图 9.24 所示。

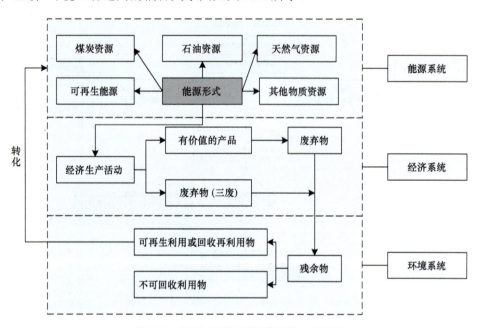

图 9.24    能源–经济–环境系统耦合关系图

### 2. 模型原理

江红莉(2010)在分析了 3E 系统间组成要素关系的基础上,借鉴一般系统学中的动态发展思想,定义能源、经济和环境的非线性系统演化方程,计算公式为

$$\frac{\mathrm{d}x(t)}{\mathrm{d}t} = f(x_1, x_2, \cdots, x_n), i = 1, 2, \cdots, n \tag{9.41}$$

式中，$\dfrac{\mathrm{d}x(t)}{\mathrm{d}t}$ 为能源、经济、环境综合发展指数的变化速度；$f(x_1, x_2, \cdots, x_n)$ 为 $x_i$ 的非线性函数，将 $f(x_1, x_2, \cdots, x_n)$ 在 $(x_1, x_2, \cdots, x_n) = (0, 0, \cdots, 0)$ 处进行 Taylor 展开得到级数表达式如式（9.42）所示：

$$f(x_1, x_2, \cdots, x_n) = f(0) + a_1 x_1 + a_2 x_2 + \cdots + a_n x_n + \theta(x_1, x_2, \cdots, x_n) \tag{9.42}$$

式中，$f(0) = 0$，$a_i$ 为 $f(x_1, x_2, \cdots, x_n)$ 关于 $x_i$ 的偏导数在 $(x_1, x_2, \cdots, x_n) = (0, 0, \cdots, 0)$ 处的取值，$\theta(x_1, x_2, \cdots, x_n)$ 为 Taylor 展开的余项。根据李雅普诺夫第一近似定理，可以略去余项 $\theta(x_1, x_2, \cdots, x_n)$，从而保证系统的稳定性，得到近似线性系统，计算公式为

$$\frac{\mathrm{d}x(t)}{\mathrm{d}t} = \sum_{i=1}^{n} a_i x_i, i = 1, 2, \cdots, n \tag{9.43}$$

按照上述微分方程描述的非线性系统的思想，在中尺度级别构建能源、经济、环境非线性系统的一般函数如式（9.44）~式（9.46）所示。

$$f(\text{Ener}) = \sum_{i=1}^{l} a_i x_i, i = 1, 2, \cdots, l \tag{9.44}$$

$$f(\text{Eco}) = \sum_{j=1}^{m} b_j y_j, j = 1, 2, \cdots, m \tag{9.45}$$

$$f(\text{Envi}) = \sum_{k=1}^{n} c_k z_k, k = 1, 2, \cdots, n \tag{9.46}$$

式中，$f(\text{Ener})$ 为能源系统；$f(\text{Eco})$ 为经济系统；$f(\text{Envi})$ 为环境系统。其中，$x_i$，$y_j$，$z_k$ 分别是能源、经济、环境系统中的指标，$a_i$，$b_j$，$c_k$ 分别为各指标的影响权重。

对能源、经济、环境非线性系统函数两边求导，计算公式为

$$A = \frac{\mathrm{d}f(\text{Ener})}{\mathrm{d}t} = \alpha_1 f(\text{Ener}) + \alpha_2 f(\text{Eco}) + \alpha_3 f(\text{Envi}) \tag{9.47}$$

$$B = \frac{\mathrm{d}f(\text{Eco})}{\mathrm{d}t} = \beta_1 f(\text{Ener}) + \beta_2 f(\text{Eco}) + \beta_3 f(\text{Envi}) \tag{9.48}$$

$$C = \frac{\mathrm{d}f(\text{Envi})}{\mathrm{d}t} = \gamma_1 f(\text{Ener}) + \gamma_2 f(\text{Eco}) + \gamma_3 f(\text{Envi}) \tag{9.49}$$

式中，$A$，$B$，$C$ 分别为受自身系统内及外部系统影响的能源、经济、环境系统状态表达式。

那么能源、经济、环境系统的发展速度为 $V_a = \dfrac{\mathrm{d}A}{\mathrm{d}t}$、$V_b = \dfrac{\mathrm{d}B}{\mathrm{d}t}$、$V_c = \dfrac{\mathrm{d}C}{\mathrm{d}t}$。$V_{3e}$ 就可以看做是 $V_a$、$V_b$、$V_c$ 的函数，即 $V_{3e} = g(V_a, V_b, V_c)$。

假定经济系统的变化是具有周期性的，因此与经济系统相关的能源系统和环境系统也会出现周期性。由于 $V_{3e} = g(V_a, V_b, V_c)$ 发展关系的存在，马新科（2013）认为可以从系

统发展速度的角度，在一个三维的直角坐标系中分析三者的变化关系。因为经济系统的发展对能源系统和环境系统具有一定的约束作用，且经济系统发展比能源系统和环境系统的变化幅度大，而能源系统又比环境系统的变化幅度大，因此三个子系统之间两两呈椭圆形的变化轨迹，在三维空间中形成了一个椭球形的作用关系轨迹。

椭球在各平面的投影，形成二元系统的演化发展关系轨迹，即椭圆，如椭球在 $V_a$-$V_b$ 平面的投影为一个椭圆，也即二元系统演化发展轨迹图，如图 9.25 所示。

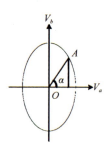

图 9.25　二元系统演化发展轨迹图

图 9.25 反映了能源–经济的演化发展关系轨迹图，假设点 $A$ 为能源经济发展速度在平面上的点，能源系统与经济系统的演化发展状态，以及协调发展的耦合度可以用角 $a$ 表示，从图中可以看出 $\tan a = \dfrac{V_b}{V_a}$，那么 $a = \arctan \dfrac{V_b}{V_a}$。角 $a$ 也可以看做关于 $V_a$ 与 $V_b$ 的函数，记做 $m(V_a, V_b)$。则 $V_a$ 与 $V_c$ 的夹角用 $b$ 表示，$V_b$ 与 $V_c$ 的夹角用 $c$ 表示，能源与环境、经济与环境的耦合度函数可以分别记为 $m(V_a, V_c)$、$m(V_b, V_c)$。

不难看出，当二元关系协调时，表示协调度的角的度数为 45°，距 45°越远就越不协调。因此，将二元关系协调度等级做如表 9.22 的划分。

表 9.22　二元关系协调度等级划分

| 协调等级 | 优质协调 | 良好协调 | 弱协调 | 轻度不协调 | 中度不协调 | 严重不协调 |
| --- | --- | --- | --- | --- | --- | --- |
| 度数范围 | [30°~60°] | [0°~30°]<br>[60°~90°] | [-30°~0°]<br>[90°~120°] | [-60°~30°]<br>[120°~150°] | [-90°~60°]<br>[150°~180°] | [-90°~-180°] |

三维坐标系，如图 9.26 所示。

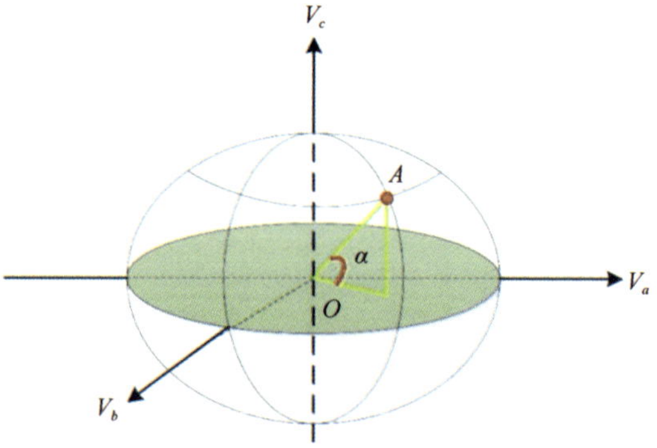

图 9.26　能源–经济–环境变化轨迹图

图 9.26 反映能源、经济、环境演化发展轨迹。假设点 A 为能源、经济、环境发展速度在三维立体坐标上的一个点，从图中可以看出，$OA$ 与平面 $V_a - V_b$ 的夹角是 $\alpha$，$\alpha$ 表示在能源与经济协调的情况下，环境与能源-经济的协调度。因此，将 $OA$ 与平面 $V_a - V_c$ 的夹角和平面 $V_b - V_c$ 的夹角记为 $\beta$ 和 $\gamma$，$\beta$ 表示在能源与环境系统协调的情况下，经济与能源-经济的协调度，$\gamma$ 表示经济与环境系统协调的情况下，能源与经济-环境的协调度。

从图 9.26 可以看出 $\tan\alpha = \dfrac{V_c}{\sqrt{V_a^2 + V_b^2}}$，同理。$\tan\beta = \dfrac{V_b}{\sqrt{V_a^2 + V_c^2}}$，$\tan\gamma = \dfrac{V_a}{\sqrt{V_b^2 + V_c^2}}$。

因此，得出结论：能源与经济系统协调的情况下，环境与能源-经济的协调度：$\alpha = \arctan\dfrac{V_c}{\sqrt{V_a^2 + V_b^2}}$；能源与环境系统协调的情况下，经济与能源-经济的协调度：$\beta = \arctan\dfrac{V_b}{\sqrt{V_a^2 + V_c^2}}$；经济与环境系统协调的情况下，能源与经济-环境的协调度：$\gamma = \arctan\dfrac{V_a}{\sqrt{V_b^2 + V_c^2}}$。

由于 3E 整体的协调度和三个子元素密不可分，不仅要考虑能源、经济、环境两两之间的协调关系，还要考虑三者相互之间的作用关系。所以以本节以能源-经济、能源-环境、经济-环境的协调度为权重，求 $\alpha$、$\beta$、$\gamma$ 的加权平均数作为 3E 系统协调度。构建的协调度公式为

$$E(V_a, V_b, V_c) = \frac{m(V_a, V_b) * \alpha + m(V_a, V_c) * \beta + m(V_b, V_c) * \gamma}{m(V_a, V_b) + m(V_a, V_c) + m(V_b, V_c)} \tag{9.50}$$

由分析可得，当能源、经济、环境三者协调时，表示协调度的角为 35°，距 35° 越远就越不协调。因此，将三元关系协调度等级做如表 9.23 划分。

表 9.23　三元关系协调等级划分

| 协调等级 | 优质协调 | 良好协调 | 弱协调 | 轻度不协调 | 中度不协调 | 严重不协调 |
|---|---|---|---|---|---|---|
| 度数范围 | [20°~50°] | [−10°~20°]<br>[50°~80°] | [−40°~−10°]<br>[80°~110°] | [−70°~−40°]<br>[110°~140°] | [−110°~−70°]<br>[140°~180°] | [−180°~−110°] |

### 3. 算例研究

根据 9.4.1 节计算出的京津冀区域能源、经济、环境综合发展水平，用线性拟合的方法，分别对 2005~2014 年京津冀区域能源、经济、环境综合得分数据进行多项式拟合，从而得到能表示京津冀区域能源、经济、环境发展水平的多项式，拟合结果为

$$f(\text{Ener}) = 1.43339t - 0.10505t^2 + 0.00481t^3 - 5.29351，拟合度 R^2 = 0.95$$

$$f(\text{Eco}) = 0.63597t + 0.02418t^2 - 0.000481t^3 - 4.57439，拟合度 R^2 = 0.99$$

$$f(\text{Envi}) = -0.82271t + 0.03936t^2 - 0.00265t^3 + 3.81249，拟合度 R^2 = 0.99$$

式中，$t$ 的取值范围为 1~10，对应 2005~2014 年。将上述拟合公式求导，可得出能源、经济、环境的发展速度公式。然后，将代表年份的数值代入公式就可以得到每一年的能

源、经济、环境系统发展速度：$V_a$、$V_b$、$V_c$。然后，采用二元关系协调度公式可以得出能源、经济、环境二元耦合度，即 $a$、$b$、$c$ 的值。根据公式也可得出 $\alpha$、$\beta$、$\gamma$ 的值，最后可以求出能源、经济、环境三元耦合度。表 9.24 为能源、经济、环境耦合度一览表，表 9.25 为京津冀区域能源、经济、环境协调度。

**表 9.24  2005~2014 年能源、经济、环境耦合度一览表**

|  | 2005 | 2006 | 2007 | 2008 | 2009 | 2010 | 2011 | 2012 | 2013 | 2014 |
|---|---|---|---|---|---|---|---|---|---|---|
| $t$ | 1 | 2 | 3 | 4 | 5 | 6 | 7 | 8 | 9 | 10 |
| $V_a$ | 1.24 | 1.07 | 0.93 | 0.82 | 0.74 | 0.69 | 0.67 | 0.68 | 0.71 | 0.78 |
| $V_b$ | 0.69 | 0.74 | 0.79 | 0.85 | 0.91 | 0.98 | 1.05 | 1.12 | 1.19 | 1.26 |
| $V_c$ | −0.75 | −0.70 | −0.66 | −0.64 | −0.63 | −0.64 | −0.66 | −0.70 | −0.76 | −0.83 |
| $a$ | 28.99 | 34.59 | 40.40 | 45.98 | 50.86 | 54.71 | 57.35 | 58.77 | 59.09 | 58.47 |
| $b$ | −58.72 | −56.94 | −54.80 | −52.38 | −49.83 | −47.40 | −45.37 | −43.93 | −43.17 | −43.03 |
| $c$ | −42.37 | −46.65 | −50.35 | −53.32 | −55.51 | −56.94 | −57.68 | −57.82 | −57.46 | −56.69 |
| $3E$ | 67.02 | 74.72 | 83.27 | 92.77 | 103.12 | 113.94 | 124.50 | 133.76 | 140.74 | 144.91 |

**表 9.25  2005~2014 年京津冀区域能源、经济、环境协调度**

| 项目<br>年份 | 能源与经济协调度 | 能源与环境协调度 | 经济与环境协调度 | 3E 协调度 |
|---|---|---|---|---|
| 2005 | 28.99（良好） | −58.72（轻度不协调） | −42.37（轻度不协调） | 67.02（良好） |
| 2006 | 34.59（优质） | −56.94（轻度不协调） | −46.65（轻度不协调） | 74.72（良好） |
| 2007 | 40.40（优质） | −54.80（轻度不协调） | −50.35（轻度不协调） | 83.27（弱协调） |
| 2008 | 45.98（优质） | −52.38（轻度不协调） | −53.32（轻度不协调） | 92.77（弱协调） |
| 2009 | 50.86（优质） | −49.83（轻度不协调） | −55.51（轻度不协调） | 103.12（弱协调） |
| 2010 | 54.71（优质） | −47.40（轻度不协调） | −56.94（轻度不协调） | 113.94（轻度不协调） |
| 2011 | 57.35（优质） | −45.37（轻度不协调） | −57.68（轻度不协调） | 124.50（轻度不协调） |
| 2012 | 58.77（优质） | −43.93（轻度不协调） | −57.82（轻度不协调） | 133.76（轻度不协调） |
| 2013 | 59.09（优质） | −43.17（轻度不协调） | −57.46（轻度不协调） | 140.74（中度不协调） |
| 2014 | 58.47（优质） | −43.03（轻度不协调） | −56.69（轻度不协调） | 144.91（中度不协调） |

## 9.4.5  3E 系统协调度物理模型——"$\beta$" 模型

"$\beta$" 模型是利用层析成像研究 3E 系统协调度的物理模型，此模型对物体进行逐层剖析成像，利用计算机图像重建方法，重现物体内部一维或三维的清晰图象。层析成像方法是由 A.A.Farag（2013）和 A.Borsic（2014）提出，广泛用于对大规模复杂系统的评估、诊断和关联分析。本书在层析成像的基础上构建了 "$\beta$" 模型来研究 3E 协调度之间的关系。

3E 系统是一个多种信息相互交织，各子系统之间相互影响的大型复杂系统，而 "$\theta$" 模型自上而下，利用降维将三维关系投影至二维平面进行协调度研究，因此它只能描述出 3E 系统的大致轮廓，不能体现出 3E 系统协调度的内在实质。而 "$\beta$" 模型自下而上通过对三元协调关系的研究，利用三维图像立体、清晰的展现了能源、经济、环境三者之间协调度的内在实质。因此，"$\beta$" 模型与 "$\theta$" 模型相结合，极大提高了 "$\theta$" 模型的精确度,进而更清晰的反映了 3E 的协调度关系,为研究京津冀区域 3E 可持续发展提供了更为可靠、有效的模型方法。图 9.27 建立相应的测量矩阵。然后根据通过终端信号与测量矩阵的反问题预算,对复杂的网络梳理为清晰的拓扑结构。

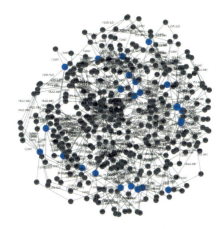

图 9.27　网络拓扑结构图

"$\beta$" 模型利用网络层析成像的思路,结合 3E 知识体系的特性,通过低维检测信息还原复杂系统中的协调度,很好地反映了 3E 的特点。"$\theta$" 模型是基于二元关系形成椭圆形状而抽象形成的椭球模型,"$\beta$" 模型利用层析成像方法与 "$\theta$" 模型对比分析,极大提高了 "$\theta$" 模型的精确度,进而更为清晰的反映 3E 协调度。

通过对层析成像概念的研究,结合椭球模型的特性,将能源–经济–环境耦合度一览表中以 $V_a$、$V_b$、$V_c$ 作为输入,二元的三个角度 $a$、$b$、$c$ 和三元的三个角度 $\alpha$、$\beta$、$\gamma$ 作为输出,利用层析成像对椭球模型中的数据和结论进行改进,绘制如图 9.28 所示。

图 9.28 为 3E 层析成像示意图,以十年的数据统计,在坐标系中以中心为起点,通过二元关系绘制三角形状,三元关系描绘三角在坐标系中的位置,这样将椭球模型的内部结构进行了剖析,在通过三角中的端到端连线,符合椭球模型的基本结构。

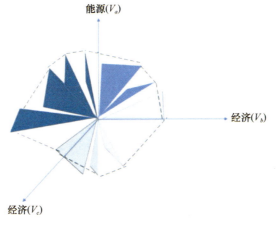

图 9.28　3E 层析成像示意图

## 1. 3E 系统二元协调度分析

根据"$\beta$"模型的思想，分析基于"$\theta$"的 3E 系统协调度模型的输入和输出，即输入是各子系统的发展水平，输出是能源、经济、环境之间二元和三元的协调度。

根据"$\theta$"型的输入输出，将 2005~2014 年京津冀区域能源与经济协调度在坐标中描绘，成像结果如图 9.29 所示。

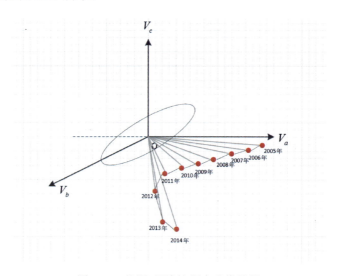

图 9.29 能源–经济协调度成像结果

图 9.29 可以看出，2005~2014 年能源与经济协调度的关系呈现"L"形。协调度一直在 45°左右徘徊，除了 2005 年为良好协调，2006~2014 年均为优质协调。说明在近十年间能源和经济的关系处于相对合理的状态，能源和经济的发展相辅相成，相互推动。

通过表 9.24，2005~2014 年能源、经济、环境耦合度一览表可以发现 2005~2014 年能源系统的发展速度不断下降，经济系统的发展速度不断提升，两者在 2008 年时达到最佳协调状态，协调度为 45.98°（45°为理想状态的协调）。但是，在 2008 年之后，能源和经济的协调度距象征完全协调的 45°越来越远。因此 2005~2008 年可以看做第一个阶段，期间能源与经济的协调状况逐渐趋于协调。2009~2014 年为第二阶段，期间能源与经济的协调状态逐渐偏离"优质协调"。能源和经济的关系虽然一直处于良好的协调状态，但是也要引起足够的重视，防止从量变达到质变的恶化。

将 2005~2014 年京津冀区域能源与环境协调度在坐标中描绘，成像结果如图 9.30 所示。

图 9.30 可知，2005~2014 年能源与环境协调度的关系呈现"V"形，可以看出 2009 年为能源与环境协调度轨迹的转折点，能源系统的发展速度一直是正向发展，环境系统的速度一直处于负增长状态。2005~2011 年能源系统的发展速度逐渐下降，2011~2014 年又处于上升趋势，而 2005~2009 年环境系统的发展速度有所增加，2009~2014 年又逐渐下降。

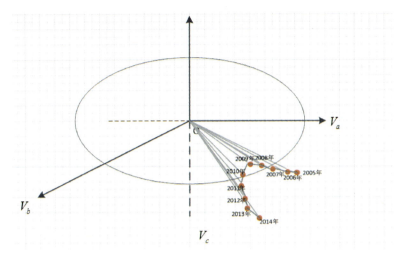

图 9.30　能源–环境协调度成像结果

　　能源与环境两个系统相互影响下，反映的能源与环境协调度为"轻度不协调"，且协调度不断下降。能源与环境协调度在 2005 年为–31.17°，之后不断下降，到 2014 年下降至–46.79°，逐渐趋于中度不协调等级，情况不断恶化。说明能源的使用对环境的伤害一直存在，且近十年未见好转，两者的协调度状况不容乐观。环境系统的发展状况不断下降且一直处于负增长状态，应加快能源消费结构的调整，加大清洁能源使用比例，大力发展清洁能源，推动电能替代和清洁能源替代。

　　将 2005~2014 年京津冀区域能源与环境协调度在坐标中描绘，成像结果如图 9.31所示。

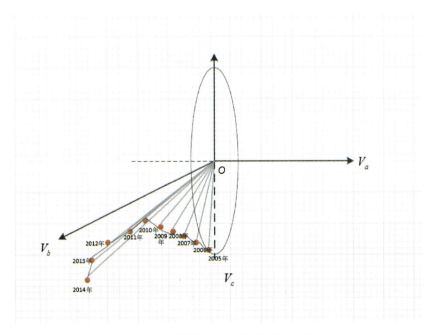

图 9.31　经济–环境协调度成像结果

图 9.31 可知，2005~2014 年经济与环境协调度的关系呈"V"形，2010 年为经济与环境协调度轨迹的转折点，2005~2009 年经济系统和环境系统发展速度均持续增加，而 2010 年后经济系统发展速度仍不断增加，环境系统发展速度却有下降趋势。

环境和经济的协调度一直处于轻度不协调状态，协调度趋势有所好转，有向"弱协调"状态发展的趋势。在 2005 年协调度为–47.39°，期间度数不断增加，到 2012 年增加至–32.01°，逐渐趋于弱协调状态，2013 年、2014 年有些许上升趋势。

可见，京津冀区域在近十年间，经济一直不断发展，环境系统相比较经济系统来说发展变化不明显，两者一直处于轻度协调状态。但是协调状态的趋势逐渐向好的方向发展。说明，京津冀区域在发展经济的同时也注重环境的保护。但是 2013 年和 2014 年环境和经济的协调度有些许下降趋势。因此环境和经济的协调发展问题仍不能放松，在制定经济政策的同时应制定相应的环境保护措施，做到发展经济不留"后遗症"，以经济发展带动环境保护。

### 2. 3E 系统三元协调度分析

根据"β"模型的思想，结合"θ"模型的输入输出，将 2005~2014 年京津冀区域能源–经济–环境系统协调度在三维椭球中描绘，成像结果如图 9.32 所示。

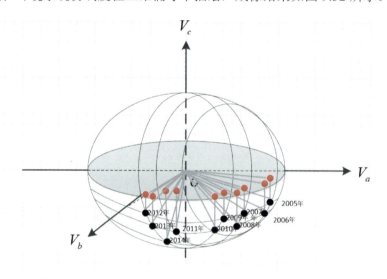

图 9.32　能源–经济–环境协调度成像结果

由图 9.32 可以看出，在 2005~2014 年京津冀区域能源、经济、环境三元协调关系中，能源和经济的协调度状况最好，而京津冀区域 2005~2014 年能源与环境、经济与环境的协调度均处于轻度不协调状态。

3E 系统的协调度状况不断恶化，2005~2006 年处于良好协调，2007~2009 年处于弱协调，2010~2012 年处于轻度不协调，2013~2014 年处于中度不协调。3E 系统是一个复杂的多种信息相互交织的系统，不仅能源、经济、环境各子系统对整个 3E 协调度的影响缺一不可，能源、经济、环境二元关系对 3E 协调度的影响也至关重要。从能源、经济、环境各自综合得分来看，能源和经济的发展越来越好，只有环境得分在不断下降，但是当能源、经济、环境系统放在一起，它们之前的相互影响就体现得淋漓尽致。在二元关系中，能源和经济处于优质和良好协调，但是整体协调水平在下降；能源和环境处于轻度不协调，整体协调水平在上升；经济和环境处于轻度不协调，整体协调水平在下降。在这种情况下，根据"短板效应"，3E 协调度也在不断下滑。

由此可以看出，能源、经济、环境有一方发展不好，必然会导致整体协调度的失衡。近几年经济发展迅速，从而带动了能源行业发展，但是忽略了环境问题。2013 年之后，京津冀区域多次出现大范围雾霾天气，环境问题完全暴露，使环境成为衡量可持续发展的重要指标，3E 问题受到越来越多的重视。政府应在经济发展的同时，兼顾环境治理，严抓环境问题，加强环境治理力度。同时，积极调整能源结构，提高能源利用率。在使能源、经济、环境问题均衡发展，努力克服 3E 系统的"短板效应"。

## 9.4.6 基于 OLAP 技术和数学统计方法的能源与经济指标定量影响关系模型

**1. 模型概述**

本节创建了基于联机分析处理（on-line analysis processing，OLAP）工具和数学统计方法的多指标间关系分析模型，并以研究能源消费与经济发展两个系统间的关系为例，对模型的应用作了详细的说明。该模型主要采用了定性约束和定量精确相结合的研究方法，随着社会的发展，能源消费和经济发展相互关联又互相制约，必须综合考虑平衡发展，做到在保持经济持续增长的同时合理开发和利用能源，以实现经济与能源的协调发展，因而迫切需要研究经济发展与能源消费的关系。本书以经济发展与能源消费之间关系为例，详细说明模型的应用。

（1）根据模型中元数据指标体系选取原则，选取了经济发展对能源消费影响的指标体系，为研究提供支持。

（2）按照模型的研究流程，逐步对问题进行求解。

**2. 模型原理**

研究两系统之间的关系，要在选取可反映系统现状的指标集的基础上，将所研究系统的关系模型化为研究两个指标集内部多指标间的关系。首先采用了 OLAP 技术的切片原理分解为多个基础指标对一个目标指标的影响，并进行定性的分析，给出关系曲线图，对数据进行预处理，得到指标之间的关联性矩阵，然后利用数学统计方法分析指标值，给出量化的关系矩证函数。

1）模型的构建基础

联机分析处理，可以用来进行数据间的层次维和多重层次维的分析。OLAP 系统按照其存储格式可以分为关系 OLAP、多维 OLAP 和混合型 OLAP 三种类型。

在查阅大量资料并结合实践经验后总结归纳出来了以下步骤，依照这个步骤就可以快速高效的实现 OLAP 技术的应用。步骤如下：

（1）在数据库中创建维表、事实表。

（2）利用 Analysis Services 工具创建维和立方。

（3）用计算机技术在 ER-DSS 平台上集成创建的立方和相关操作，并用利用多种方式展示 OLAP 技术对数据的挖掘结果。

2）模型构建

（1）选取指标。研究两个系统间的量化关系，选取指标构成指标体系，构建如下 $A$、$B$ 系统指标矩阵：

$$A = (A_1, A_2, A_3, A_4, A_5, \cdots, A_i)$$

$$B = (B_1, B_2, B_3, B_4, B_5, \ldots, B_i)$$

为之后的模型构建提供数据输入。

（2）定性分析过程。通过 OLAP 技术对指标数据进行定性约束。在研究时，将两个系统指标集合 $A$ 与 $B$ 进行二维矩阵笛卡儿乘积处理，得到关联性矩阵集合 $C$，公式为

$$A \times B = C \tag{9.51}$$

$$C = \begin{cases} c_{11} & c_{12} & \cdots & c_{1j} \\ c_{21} & c_{22} & \cdots & c_{2j} \\ \vdots & \vdots & & \vdots \\ c_{i1} & c_{i2} & \cdots & c_{ij} \end{cases} \tag{9.52}$$

式中，元素 $c_{ij}$ 为系统 $B$ 中的指标 $B_j$ 对系统 $A$ 中的指标 $A_i$ 的影响程度。

（3）定量分析过程。用 OLAP 技术对指标数据进行定性约束分析，只能给出一个研究方向，对问题的研究只达到模糊分析的状态，所以在用 OLAP 技术对指标数据进行预处理后，还需要采用数学统计方法对其进行定量精确分析。

### 3. 算例研究

随着社会的发展，环境保护和经济发展相互关联又互相制约，因此需要综合考虑平衡发展，做到在保持经济持续增长的同时减少对环境的破坏，以实现经济与环境的协调发展，因而迫切需要研究经济发展与环境现状的关系。

（1）指标选取。依据指标选取的原则，经济发展指标框架和能源消费指标体系框架如图 9.33 所示。

（2）模型构建。选取能源指标作为研究对象，称作指标集合：

$$A\{A_0, A_1, A_2, A_3, A_4, A_5, A_6, A_7\}$$

其中，$A_0$ 为煤炭消费总量；$A_1$ 为焦炭消费总量；$A_2$ 为原油消费总量；$A_3$ 为燃料油消费总量；$A_4$ 为汽油消费总量；$A_5$ 为煤油消费总量；$A_6$ 为天然气消费总量；$A_7$ 为电力消费总量。

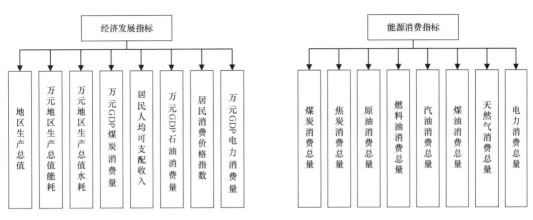

图 9.33　指标体系框架图

选取典型的经济指标作为研究基础，称作指标集合：

$$B = \{B_0, B_1, B_2, B_3, B_4, B_5, B_6, B_7\}$$

其中，$B_0$ 为地区生产总值；$B_1$ 为万元地区生产总值能耗，$B_2$ 为万元地区生产总值水耗；$B_3$ 为万元 GDP 煤炭消费量；$B_4$ 为居民人均可支配收入；$B_5$ 为万元 GDP 石油消费量；$B_6$ 为居民消费价格指数；$B_7$ 为万元 GDP 电力消费量。

（3）采用 OLAP 预处理指标数据。收集到北京市从 2001~2008 年的指标数据。表 9.26 为北京市能源指标（集合 $A$）数据，表 9.27 为北京市经济指标数据（集合 $B$）。

表 9.26　2001~2008 年北京市能源指标数据

| 项目<br>年份 | 煤炭消费<br>总量/万 t | 焦炭消费<br>总量/万 t | 原油消费<br>总量/万 t | 燃料油消费<br>总量/万 t | 汽油消费<br>总量/万 t | 煤油消费<br>总量/万 t | 天然气消费<br>总量/亿 m³ | 电力消费<br>总量/(亿 kW·h) |
|---|---|---|---|---|---|---|---|---|
| 2001 | 2675 | 429.62 | 700.50 | 78.39 | 138.69 | 129.25 | 16.74 | 399.94 |
| 2002 | 2531 | 378.00 | 748.00 | 71.00 | 152.00 | 145.00 | 21.00 | 439.96 |
| 2003 | 2674 | 438.25 | 726.68 | 66.10 | 165.22 | 137.94 | 21.98 | 461.24 |
| 2004 | 2939 | 455.73 | 809.35 | 66.96 | 198.39 | 182.82 | 27.02 | 510.11 |
| 2005 | 3069 | 397.40 | 799.00 | 65.88 | 235.23 | 189.36 | 32.04 | 570.54 |
| 2006 | 3056 | 348.62 | 796.12 | 48.05 | 278.16 | 233.86 | 40.65 | 611.57 |
| 2007 | 2985 | 358.19 | 950.91 | 42.85 | 324.72 | 277.10 | 46.64 | 667.01 |
| 2008 | 2748 | 232.87 | 116.76 | 25.62 | 340.92 | 318.39 | 60.65 | 689.72 |

表 9.27　2001~2008 年北京市经济指标数据

| 项目<br>年份 | GDP/<br>亿元 | 万元地区生产<br>总值能耗/tce | 万元地区生产<br>总值水耗/m³ | 万元 GDP 煤<br>炭消费量 | 城市居民人均<br>可支配收入/元 | 万元 GDP<br>石油消费量 | 居民消费<br>价格指数/% | 万元 GDP 电<br>力消费量 |
|---|---|---|---|---|---|---|---|---|
| 2001 | 3707.96 | 1.14 | 104.91 | 0.65 | 11578 | 0.15 | 103.1 | 0.9 |
| 2002 | 4315.00 | 1.03 | 80.19 | 0.60 | 12464 | 0.16 | 98.2 | 0.9 |
| 2003 | 5007.21 | 0.93 | 71.50 | 0.55 | 13883 | 0.13 | 100.2 | 0.9 |
| 2004 | 6033.21 | 0.85 | 57.35 | 0.49 | 15638 | 0.16 | 101.0 | 0.8 |
| 2005 | 6969.52 | 0.79 | 49.50 | 0.45 | 17653 | 0.16 | 101.5 | 0.8 |
| 2006 | 8117.78 | 0.73 | 42.25 | 0.39 | 19978 | 0.15 | 100.9 | 0.8 |
| 2007 | 9846.81 | 0.64 | 35.34 | 0.32 | 21989 | 0.14 | 102.4 | 0.7 |
| 2008 | 10879.00 | 0.57 | 31.58 | 0.29 | 24725 | 0.13 | 105.1 | 0.7 |

将集合 $A$ 与 $B$ 进行二维表笛卡儿乘积处理，得到集合 $C$

$$C = \{C_{00}, C_{01}, C_{02}, \cdots, C_{09}, C_{10}, \cdots, C_{77}\}$$

式中，$C_{00}$ 为指标 $B_0$ 对指标 $A_0$ 的影响程度；$C_{01}$ 为指标 $B_1$ 对 $A_0$ 的影响程度；……；$C_{77}$ 为指标 $B_7$ 对 $A_7$ 的影响程度。

集合 $C$ 中的元素取值为影响程度明显（记作 $Y$）或影响程度模糊（记作 $N$）。

由于不同指标数据的数量级相差比较大，所以需要将数据进行标准化处理，指标 $B_0$ 对指标 $A_0$ 的影响图例如图 9.34 所示。

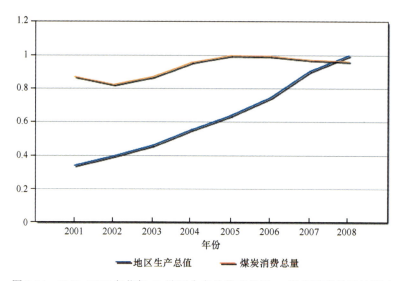

图 9.34　2001~2008 年指标 $B_0$ 地区生产总值对指标 $A_0$ 煤炭消费总量的影响

由图可知，指标 $B_0$ 地区生产总值对指标 $A_0$ 煤炭消费总量的影响明显，从而可得元素 $C_{00}$ 的值为 $Y$。

（4）采用数学模型定量分析指标关系。

设指标 $B_0$ 地区生产总值对指标 $A_0$ 煤炭消费总量的影响函数为 $f_{11}$，公式为

$$A_0 = f_{11}(B_0) \tag{9.53}$$

设指标 $B_1$ 万元地区生产总值能耗对指标 $A_0$ 煤炭消费总量的影响函数为 $f_{12}$，公式为

$$A_0 = f_{12}(B_1) \tag{9.54}$$

设指标 $B_3$ 万元 GDP 煤炭消费量对指标 $A_0$ 煤炭消费总量的影响函数为 $f_{13}$，公式为

$$A_0 = f_{13}(B_3) \tag{9.55}$$

设指标 $B_3$、$B_1$、$B_3$ 对 $A_0$ 的综合影响函数为 $g_1$，公式为

$$A_0 = g_1(B_0, B_1, B_3) \tag{9.56}$$

可将两者之间关系函数代入到上式中，公式为

$$A_0 = g_1(f_{11}(B_0), f_{12}(B_1), f_{13}(B_3)) \tag{9.57}$$

同理可得：

$$A_2 = g_2(f_{21}(B_0), f_{22}(B_1), f_{23}(B_5)) \tag{9.58}$$

$$A_4 = g_3(f_{31}(B_0), f_{32}(B_1)) \tag{9.59}$$

$$A_5 = g_4(f_{41}(B_0), f_{42}(B_1)) \tag{9.60}$$

$$A_6 = g_5(f_{51}(B_0), f_{52}(B_1)) \tag{9.61}$$

$$A_7 = g_6(f_{61}(B_0), f_{62}(B_1), f_{63}(B_7)) \tag{9.62}$$

接下来的数学计算中,只给出函数[式(9.57)]的具体的计算步骤,其他函数的计算步骤类似。

将两个指标数据代入上述方程中后得到的函数图形与原数据图形的拟合程度见表 9.28。

表 9.28 函数 $f_{11}$ 拟合程度的模型汇总和参数估计值

| 方程 | 模型汇总 | | 参数估计值 | | | |
| --- | --- | --- | --- | --- | --- | --- |
| | $R$ 方 | Sig. | 常数 | $b_1$ | $b_2$ | $b_3$ |
| 线性 | 0.619 | 0.001 | 2559.148 | 0.046 | — | — |
| 对数 | 0.553 | 0.002 | 1066.898 | 206.658 | — | — |
| 二次 | 0.623 | 0.005 | 2522.709 | 0.063 | −1.425E−6 | — |
| 三次 | 0.819 | 0.000 | 3078.440 | −0.341 | 7.675E−5 | −4.298E−9 |
| 复合 | 0.612 | 0.001 | 2566.514 | 1.000 | — | — |
| 幂 | 0.544 | 0.003 | 1517.050 | 0.073 | — | — |
| 增长 | 0.612 | 0.001 | 7.850 | 1.625E−5 | — | — |
| 指数 | 0.612 | 0.001 | 2566.514 | 1.625E−5 | — | — |

表 9.28 中模型汇总一栏展示的是各个方程与原数据的拟合度值,$R$ 方和 Sig 两个变量从不同的方面说明了拟选择方程的拟合程度。表中三次方程的 $R$ 方的值为 0.819,Sig 的值为 0,它为所有拟选方程中拟合度最高的,从而可知函数 $f_{11}$ 最适合采用三次方程来模拟,设指标 $A_0$ 煤炭消费总量为 $y$,$B_0$ 地区生产总值为 $x$,则得到函数如式(9.63)所示:

$$f_{11}: y = -0.341x^3 + 7.675e^{-5}x^2 - 4.298e^{-9}x + 3078.440 \tag{9.63}$$

同理得到:

指标 $B_1$ 万元地区生产总值能耗对指标 $A_0$ 煤炭消费总量的影响函数如式(9.64)所示:

$$f_{12}: y = -2051.850x^3 + 1043.299x^2 - 166.766x + 33935.823 \tag{9.64}$$

指标 $B_3$ 万元 GDP 煤炭消费量对指标 $A_0$ 煤炭消费总量的影响函数如式(9.65)所示:

$$f_{13}: y = 6800.024x^3 - 14819.882x^2 + 8985.704x + 2056.006 \tag{9.65}$$

至此得到了指标 $A_0$ 分别被指标 $B_0$、$B_1$、$B_3$ 影响的函数 $f_{11}$、$f_{12}$、$f_{13}$,接下来将这三个影响因素进行整合,从而得到最终函数。

这里采用多元线性回归方模型,得到指标 $B_0$、$B_1$、$B_3$ 对 $A_0$ 的影响程度系数 $a_1$、$a_2$、$a_3$,如式(9.66)所示。

$$g_1 = a_1 \times f_{11}(B_0) + a_2 \times f_{12}(B_1) + a_3 \times f_{13}(B_3) + n \tag{9.66}$$

式中，$n$ 为常数。

通过计算求得系数 $r_1$ 为 $-0.084$，$r_2$ 为 $742.632$，$r_3$ 为 $-3790.564$，常数 $n$ 为 $4601.354$，得到如式（9.67）所示的函数：

$$g_1 = (-0.084, \ 742.632, \ -3790.564)$$

$$\begin{cases} -0.341\,B_0^3 + 7.675\mathrm{e}^{-5}\,B_0^2 + (-4.298\mathrm{e}^{-9}\,B_0) + 3078.440 \\ -2051.850\,B_1^3 + 1043.299\,B_1^2 + (-166.766\,B_1) + 3935.823 \\ 6800.024\,B_3^3 + (-14819.882\,B_3^2) + 8985.704\,B_3 + 2056.006 \end{cases} \tag{9.67}$$

$$+\,4601.354$$

到此求出 $B_0$ 地区生产总值、$B_1$ 万元地区生产总值能耗、$B_3$ 万元 GDP 煤炭消费量对 $A_0$ 煤炭消费总量的影响函数 $g_1$。

同理函数式（9.58）~式（9.62）也可用同样的方法得出。

将得出结果进行整合，得到经济对能源影响的指标关联度矩阵如表 9.29 所示。

表 9.29　指标关联度矩阵

| $A$ \ $B$ | $B_0$ | $B_1$ | $B_3$ | $B_5$ | $B_7$ | 函数 $G$ |
|---|---|---|---|---|---|---|
| $A_0$ | $f_{11}$ | $f_{12}$ | $f_{13}$ | — | — | $g_1$ |
| $A_2$ | $f_{21}$ | $f_{22}$ | — | $f_{23}$ | — | $g_2$ |
| $A_4$ | $f_{31}$ | $f_{32}$ | — | — | — | $g_3$ |
| $A_5$ | $f_{41}$ | $f_{42}$ | — | — | — | $g_4$ |
| $A_6$ | $f_{51}$ | $f_{52}$ | — | — | — | $g_5$ |
| $A_7$ | $F_{61}$ | $f_{62}$ | — | — | $f_{33}$ | $g_6$ |

# 9.5　本章小结

本章以分析的角度研究 3E 系统模型群。分别从能源系统分析模型，经济系统分析模型，环境系统分析模型和 3E 系统耦合模型方面展开研究。其中，能源系统分析模型包括基于模糊聚类的光伏发电规划模型，基于层次分析法的能源安全评价模型和基于脱钩指数的经济发展与能源消耗关系模型。经济系统分析模型包括基于实物期权法的风力发电投资规划模型，基于柯布–道格拉斯型的经济发展与能源生产关系模型和基于灰色关联分析的产业结构与 3E 系统关系模型。环境系统分析模型包括节能减排分析模型和空气质量短期分析模型。考虑到 3E 系统协调发展是区域可持续发展的基础，本章创造性地建立了"$\delta$"模型、"$\theta$"模型和"$\beta$"模型，分别研究了 3E 系统协调度的概念模型，几何模型和物理模型，并对京津冀区域展开了实例计算，将结果可视化展示，进而辅助决策。

# 参 考 文 献

郭文燕. 2013. 基于 3EDSS 的节能减排模型研究及决策系统实现. 北京: 华北电力大学硕士学位论文

国家发展和改革委员会. 2016. 中共中央关于制定国民经济和社会发展第十三个五年规划的建议. Http://www.gov.cn/xinwen/2015-11/03/content_5004093.htm.2016-04-20

胡绍雨. 2013. 我国能源、经济与环境协调发展分析. 技术经济与管理研究, 04: 78-82

江红莉, 何建敏. 2010. 区域经济与生态环境系统耦合协调发展研究. 软科学, 24(3): 63-68

李懿洋. 2011. 甘肃省产业结构与经济增长的灰色关联分析. 企业经济, (05): 20-23

刘婧. 2016. 基于 3EDSS 的京津冀雾霾形成机理及节能减排决策研究. 北京: 华北电力大学硕士学位论文

刘立涛, 沈镭, 张艳. 2011. 中国区域能源安全的差异性分析——以广东省和陕西省为例. 资源科学, (12): 2386-2393

刘思峰, 蔡华, 杨英杰, 等. 2013. 灰色关联分析模型研究进展. 系统工程理论与实践, (08): 2041-2046

刘振亚. 2015. 全球能源互联网. 北京: 中国电力出版社

马新科. 2013. 基于 3EDSS 平台的不确定性北京 3E 系统模型研究及应用. 北京: 华北电力大学硕士学位论文

苏飞, 张平宇. 2008. 中国区域能源安全供给脆弱性分析. 中国人口、资源与环境, (06): 94-99

王科唯, 郭程程. 2013. 基于层次分析法的天津市新能源产业发展环境分析. 华北电力大学学报(社会科学版), 04: 12-17

王晟. 2006. 模糊聚类算法的研究与实现. 南京: 南京理工大学硕士学位论文

王文举, 向其凤. 2014. 中国产业结构调整及其节能减排潜力评估. 中国工业经济, 01: 44-56

蔚林巍, 章刚. 2005. 实物期权方法综述. 企业经济, (05): 133-135

谢国辉, 李琼慧. 2016. 全球能源互联技术创新重点领域及关键技术. 中国电力, (03): 18-23

由丽孪. 2012. 能源–经济–环境可持续发展平台决策支持的研究与实现. 北京: 华北电力大学硕士学位论文

曾山. 2012. 模糊聚类算法研究. 武汉: 华中科技大学博士学位论文

张小平, 李佳宁, 付灏. 2016. 全球能源互联网对话工业 4.0.电网技术, (06): 1607-1611

赵争鸣, 贺凡波, 雷一, 等. 2013. 光伏并网发电若干关键技术分析与综述. 电力电子技术, (03): 1-7

中国电力年鉴编辑委员会. 2005~2014. 中国电力年鉴. 北京: 中国电力出版社

中国国家统计局. 2005~2014. 中国统计年鉴. 北京: 中国统计出版社

中国国家统计局, 科学技术部. 2005~2014. 中国科技统计年鉴. 北京: 中国统计出版社

中国国家统计局能源统计司. 2005~2014. 中国能源统计年鉴. 北京: 中国统计出版社

中国环境保护部. 2012. 环境空气质量指数(AQI)技术规定(试行). 北京: 中国环境科学出版社

A.A. Farag, J.H. Grahamand A.A.Farag. 2013. Deformable models for random small-size objects: Caseof lung no dules in CT tomography. Vancouver: IEEE International Conference on Acoustics, 1090-1093

A.Borsic, A.Helisch. 2014. GPU-Accelerated and memory optimized vessel enhancement filters for micro-CT tomograp-hy. Boston: 40th Annual Northeast Bioengineering Conference(NEBEC), 1-2

B.Heinzl, W.Kastner, I.Leobner, F.Dür, F.Bleicher, I.Kovacic. 2014. Using coupled simulation for planning of energy efficie-nt production facilities.Workshop on Modeling and Simulation of Cyber-Physical Energy Systems(MSCPES), 1-6

Z.L.Zhou, Q.Li, L.Y.Xu, Q.M.Cao. 2015. Optimization of Wet Multi-disk Clutch Based on Improved Genetic Algorithm, Proceedings of 2015 International Conference on Artificial Intelligence and Industrial Engineering(AIIE 2015)[c], 4-11

# 第 10 章　区域 3E 系统预测模型群

对 3E 进行分析建模研究后，还需要对区域能源–经济–环境进行预测，这对区域能源–经济–环境可持续发展具有重要的意义。本章构建了区域 3E 系统预测模型群，针对一元问题、二元问题、三元问题分别建立不同的预测模型，包括灰色预测模型、回归分析和最小二乘法结合的预测方法、ARMR 模型、指数平滑法和系统动力学模型。最后，应用大数据和机器学习对京津冀区域大气环境、3E 系统协调度进行预测，为区域可持续发展提供有效的预测模型。

## 10.1　基于系统动力学的 3E 系统预测研究

京津冀区域属于资源匮乏区，能源依赖于外省输送。同时，随着能源消耗的逐年增加，该区域 $CO_2$ 排放呈"J"形趋势增长，环境承载力受到进一步考验，本章应用系统动力学综合分析京津冀区域未来的能源消费情况、经济发展情况和生态环境情况（关华，2012）。以此掌握 3E 系统未来发展趋势，为京津冀区域一体化发展提供决策性建议。

### 10.1.1　模　型　概　述

系统动力学是福瑞斯特教授于 1958 年为分析生产管理及库存管理等企业问题而提出的系统仿真方法，是一门分析研究信息反馈系统的学科，也是一门认识系统问题和解决系统问题的交叉综合学科（Rodrigues，1996）。它以反馈控制理论为基础，以计算机仿真技术为手段，主要研究复杂系统的结构、功能与动态行为之间的关系、系统动力学强调整体的考虑系统，了解系统的组成及各部分的交互作用，考察系统在不同策略因素输入时的系统动态变化行为和趋势，使决策者在不同的情境下采取不同措施，并观察模拟结果，打破了从事社会科学实验必须付出高成本的条件限制（李明玉，2010）。系统动力学的建模不同于过去常用的功能模拟或黑箱模拟法，其模型模拟具有结构——功能模拟的突出特点，同时其模型为非固定结构，其方程形式灵活，可以有多种组合方式，如与回归分析结合建模与人口预测模型结合建模等（李文超等，2014）。

### 10.1.2　模　型　原　理

#### 1. 建模原理

系统动力学对系统的构建是从系统结构和系统功能两方面同时进行的。系统结构是指系统各单元之间的相互作用和关系，系统功能是指系统中各单元本身及各单元之间相互作用的秩序、结构和功能，分别表征了系统的组织和系统的行为，它们是相对独立并在一定条件下相互转化，在实际构建中需吻合模型的行为特征和系统中各变量和数据图表。系统动力学是对系统的结构和功能同时模拟的方法，实质上就是充分利用了实际系统定性和定量两方面信息，并将它们有机地融合在一起，从而合理而又有效地构造出反映实际系统的模型。

**2. 建模步骤**

系统动力学建模过程是一个认识问题和解决问题的过程，根据人们对客观事物认识规律，这是一个波浪式前进、螺旋式上升的过程，因此它是一个由粗到细，由表及里，多次循环，不断深化的过程。系统动力学将整个构模过程归纳为系统分析、结构分析、模型建立、模型试验和模型使用五大步骤。

（1）系统分析的主要任务是明确系统问题，广泛收集解决系统问题的有关数据、资料和信息，然后大致划定系统的边界。

（2）结构分析的注意力集中在系统的结构分解、确定系统变量和信息反馈机制。

（3）模型建立是系统结构的量化过程（建立模型方程进行量化）。

（4）模型试验是借助于计算机对模型进行模拟试验和调试，经过对模型各种性能指标的评估不断修改、完善模型。

（5）模型使用是在已经建立起来的模型上对系统问题进行定量的分析研究和做各种政策实验。

**3. 模型构建**

（1）能源子系统结构建模。根据对京津冀区域能源系统结构的调查研究和现状分析，研究能源系统的结构问题不仅局限于系统本身而是综合考虑经济、人口、科技、环境等多方面因素，将它们共同作用于资源系统下的运作机制。图 10.1 为能源子系统动力流图。

（2）环境子系统结构建模。近几年京津冀区域雾霾天气高频出现后，解决环境污染成为当务之急。从可持续发展和环境安全角度出发，分析环境子系统结构。通过环境系统中的典型指标反馈机制，分析环境系统的承载力，为未来治理京津冀生态环境制定有效措施，提供合理的规划建议。

环境系统在可持续发展结构中，为能源使用、经济发展及社会管理提供承载力，因此通过典型环境指标的选取，构建环境系统因果图，映射环境系统的承载力，分析其生态安全态势，可以更好地为节能减排措施的制定提供科学建议。环境子系统动力流图，如图 10.2 所示。

（3）经济子系统结构建模。经济系统是一个复杂的多层次的系统，其划分标准也有很多，按照地域进行划分，如北京经济系统、河北经济系统等；按照行业进行划分，如工业经济系统、农业经济系统；按性质划分为第一产业、第二产业、第三产业等子系统；从政治经济学的意义上按功能阶段划分为生产、交换、分配、交换子系统，各个子系统又可继续细分为不同。

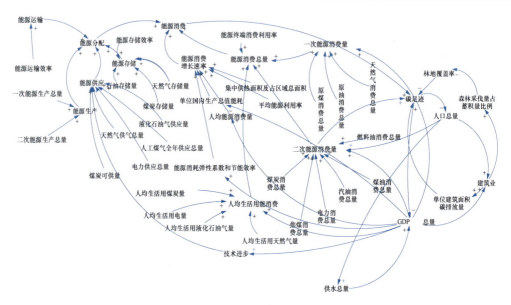

图 10.1　能源子系统动力流图

注：本图给出了京津冀区域能源子系统动力流图，主要状态变量包括能源生产总量、能源运输、能源消费总量、能源分配、能源存储、能源供应、GDP、供水总量、人口总量、建筑业、碳足迹等 11 个指标，主要速率变量包括能源运输效率、能源消费效率、能源终端消费利用率、林地覆盖率、森林采伐量占蓄积量比例、单位建筑面积排放量、能源消耗弹性系数和节能效率等 7 个指标，主要辅助变量包括一次能源生产总量、二次能源生产总量、人均生活用能消费、一次能源消费量、二次能源消费量、单位国内生产总值能耗、人均能源消费量、集中供热面积占区域总面积、平均能源利用效率、技术进步以及所有能源生产及消耗量等 30 个指标

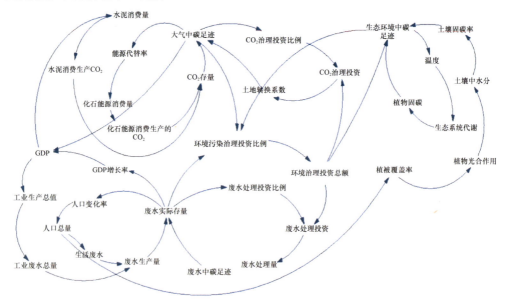

图 10.2　环境子系统动力流图

注：本图给出了京津冀区域环境子系统动力流图，其中主要状态变量包括水泥消费总量、化石能源消费量、GDP 总量、废水实际存量、废水处理量、人口总量、大气中碳足迹、废水中的碳足迹、生态环境中碳足迹、环境污染治理投资总额等 10 个指标，主要速率变量包括 GDP 增长率、人口变化率、能源代替率、环境污染治理投资比例、废水处理投资比例、植被覆盖率、土壤固碳率、$CO_2$ 治理投资比例等 8 个指标，主要辅助变量包括工业 GDP、工业废水总量、生活废水、废水生产量、废水处理投资、植物光合作用、生态系统代谢、土壤中水分、温度、植物固碳、$CO_2$ 治理投资、土地转换系数、化石能源消费生产的 $CO_2$、$CO_2$ 存量等 14 个指标

的子系统，形成一个层次结构的经济系统结构。从输入输出的角度来看，输入自然资源、劳力、资本和各种信息，经过经济系统的转化，输出各种产品和服务，以及产生一些新的经济信息。在这里我们将经济系统的组成分为产业结构和技术结构，如图 10.3 所示。

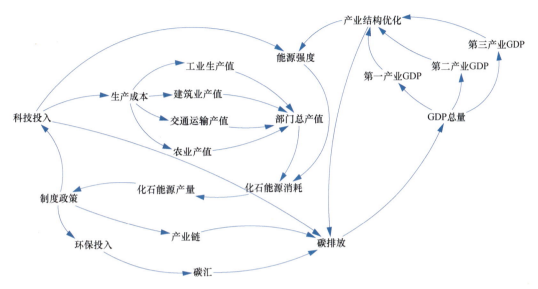

图 10.3　经济子系统动力流图

注：本图给出了京津冀区域经济子系统动力流图，其中主要状态变量包括碳排放、GDP 总量、能源强度、生产成本、科技投入、能源强度、化石能源消耗、制度政策等 8 个指标，主要辅助变量包括第一产业 GDP、第二产业 GDP、第三产业 GDP、部门总产值、化石能源产量、产业结构优化、工业生产值、建筑业产值、交通运输产值、农业产值、产业链、碳汇、环保投入等 13 个指标

（4）社会子系统结构建模。社会系统是一个多层次的系统，其变量穿插在资源、环境及经济子系统中，是能源、经济、环境、社会系统建模的基础系统，其因果关系图如图 10.4 所示。

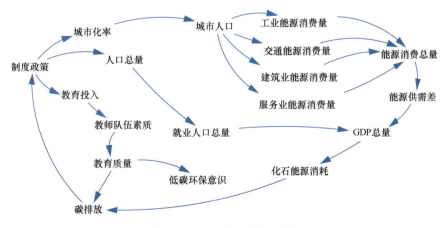

图 10.4　社会子系统动力流图

注：本图给出了京津冀区域社会子系统动力流图，其中主要状态变量包括 GDP 总量、能源消费总量、人口总量、制度政策、教育投入等 5 个指标，主要速率变量城市化率 1 个指标，主要辅助变量包括工业能源消费量、交通能源消费量、建筑业能源消费量、服务业能源消费量、能源供需差、化石能源消耗、低碳环保意识、就业人口总量、城市人口、教师队伍素质、教育质量、碳排放等 12 个指标

# 10.1.3 算 例 研 究

本节以京津冀区域为例，分析 3E 系统相关指标并进行预测，取时间步长为 1 年，起始时间为 2005 年，仿真时间设定为 16 年。根据系统动力学原理主要从能源需求类、GDP 类、人口类、能源强度类、碳强度类 5 个方面来构建数学模型函数，并在软件 Vensim 中运行计算（王艳艳，2015）。

在预测每一类指标数据时，通过调整相应变量的指标数据，在 Vensim 软件中进行计算仿真，以能源供需类为例进行说明。

从图 10.5 和图 10.6 可以得出以下结论：

（1）能源需求类主要包含：能源供给量、能源需求量、能源消费量及能源供需比。京津冀区域能源供需比持续下降，2005 年为 0.450085，2014 年迅速降为 0.103741，直到 2020 年预测降为 0.0685672。由此可以看出，完成"十三五规划"的目标将十分困难。

（2）京津冀区域乃至全国的能源需求基数已经达到一定水平，小幅增长也会是巨大的绝对数增长。例如，电力行业，到 2005 年年底装机容量达到 5.1 亿 kW，以此为需求基数作比较保守粗略估算：假定 GDP 按 8%增长和电力 GDP 弹性系数 0.8，那么，年新增发电能力也需要 3300 万 kW。对中国来说，人口众多，即使能源需求不高速增长，需求总量也会超过可供能源资源。

（3）面对此种情况，京津冀区域需用实际行动积极响应政府提出的节能减排的号召，提高环境质量，促进区域 3E 可持续发展。能源消费增长速率从 2005 年的 0.001 增长到 2020 年的 0.0114，年均增长速度为 0.06%。针对能源消费问题，政府每年都会制定相应的节能减排措施，调整居民消费能源习惯以及规范企业的内部结构以及生产流程，以便达到节能减排的目的。

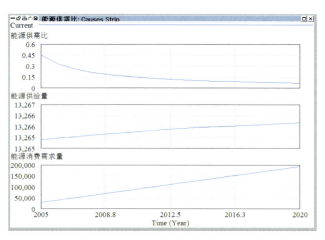

图 10.5 能源供需比 Causes Strip 的仿真结果

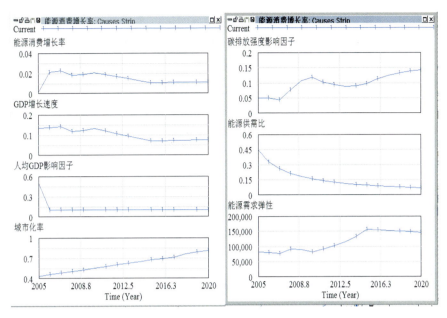

图 10.6　能源消费增长率 Causes Strip 的仿真结果

## 10.2　京津冀区域能源安全预测研究

在未来十年发展过程中，中国将逐渐步入中等收入国家，工业化进入后期阶段，城市化进入中等加速阶段，同时资源环境约束强化，经济发展受到更多的制约。新常态下能源需求不断变化，因此更需不断重塑新能源安全理念，打破"粗放供给以满足过快增长需求"惯性思维，将能源环境安全作为能源安全的重要指标。在"十三五"规划期间国家仍需要保持节能降耗高压态势，通过调整相应的能源结构达到较高节能降耗目标，主要采用经济手段控制能源消费，进而提高环境质量。

本节运用指数平滑常规预测方法，在 9.1.2 节基础上，对京津冀区域能源安全综合得分进行预测，分析"十三五"规划期间能源安全预测得分，进而为京津冀区域发展提供相应的决策建议。

### 10.2.1　模　型　概　述

由于预测的对象、时间、范围、性质等不同，预测方法可以形成不同分类，其中根据方法本身特点将预测方法分为三类。包括：定性预测法、时间序列分析和因果关系预测。本节选取时间序列中的指数平滑法对京津冀区域能源安全进行预测。该算法是在移动平均法基础上发展起来的一种时间序列分析预测法，它是通过计算指数平滑值，配合一定的时间序列预测模型对现象进行预测。

### 10.2.2　模　型　原　理

指数平滑法是生产预测中常用的一种方法，可以用于中短期经济发展趋势预测，所有预测方法中，指数平滑是用得最多的一种。简单的全期平均法是对时间数列的过去数据一个不漏地全部加以同等利用，移动平均法则不考虑较远的数据，并在加权平均法中给予近期资料更大的权限，而指数平滑法则兼容了全期平均和移动平均所长，不舍弃过去的数据，但是仅给予逐渐减弱的影响程度，即随着数据的远离，赋予逐渐收敛的权数。对于一些非线性增长的时间序列，采用二次曲线指数平滑法可能要比线性指数平滑法更有效，因为它的特点不但考虑了线性增长的因素，同时也考虑了二次抛物线的增长因素。

利用黄金分割在选取值的时候，存在一定的人为因素，导致在选取的时候具有不确定性，所以为了达到预测的准确与精度，在本章节中采用一种新的选取方法——黄金分割法，通过实例证明，该方法在一定程度上提高了预测的精度与准确性。

黄金分割平滑指数选取步骤如下：

选取[0，1]区间上的黄金分割点作为平滑常数，即及，将这两个平滑常数分别代入二次曲线平滑法中，进行预测，分别计算不同平滑常数下所对应的均差和。若是，说明比更优的平滑常数，故较优的平滑常数应处于[0.382，1]上。

选取[0.382，1]上的黄金分割点作为平滑常数，即取及。按照步骤 1 中可计算对应的标准误差，若是，故较优的平滑常数应处于[0.682，1]上。

重复上述步骤，可得出较优的平滑常数所在的区间。

当某一区间上的平滑常数对应的标准误差变化非常小的时候，可以认为此时的平滑常数较为精确了，或者两者的标准误差是相等的。此时该区间的中点作为较优的平滑常数。

## 10.2.3　算例研究

该算例是以 9.1.2 节计算结果为基础，利用二次曲线指数平滑法对京津冀区域的能源安全综合得分进行预测。

### 1. 京津冀区域能源安全预测计算

（1）利用黄金分割法计算平滑指数。黄金分割法主要是用来精确计算平滑指数，此处选用 9.1.2 节中京津冀区域 2005~2015 年能源安全综合得分，详细研究平滑指数计算过程，京津冀区域能源安全综合得分见表 10.1。

表 10.1　2005~2015 年京津冀区域能源安全综合得分

| 年份 | 2005 | 2006 | 2007 | 2008 | 2009 | 2010 | 2011 | 2012 | 2013 | 2014 | 2015 |
|---|---|---|---|---|---|---|---|---|---|---|---|
| 能源安全综合得分 | 2.27 | 2.50 | 2.69 | 2.24 | 2.22 | 2.62 | 2.42 | 2.62 | 2.25 | 2.28 | 2.62 |

①选取[0，1]上的黄金分割点，$\alpha$ 取 $\alpha_1$=0.618 与 $\alpha_2$=0.382 分别计算，二次曲线指数平滑方程之后，分别求得 S12=1.1812、S22=0.8529。

②因 S12>S22，所以 $\alpha_2$ 是比 $\alpha_1$ 更优的平滑常数，所以平滑常数在区间[0, 0.618]上。在区间[0, 0.618]上进行黄金分割，取 $\alpha_2$=0.382，$\alpha_3$=0.236，按①中的计算方法，求得

$\alpha_3$=0.236 所对应的 S32=0.8856，通过比较可以看出，S32>S22，所以 S22 是比 S32 更优的平滑常数，故平滑常数在区间[0.236，0.618]上。

③重复上述步骤。

④通过以上的迭代步骤，当计算到平滑常数取值为 $\alpha_5$=0.326 时，其对应的 S52=0.8247，$\alpha_6$=0.292 所对应的 S62=0.8201。通过计算可以看出，$\alpha_5$ 和 $\alpha_6$ 计算的平方差精确到小数点三位，此时可以认为这两个平滑常数已经相互接近，其误差可以忽略不计。所以最终的平滑常数取 $\alpha_5$ 与 $\alpha_6$ 的中间值作为最优的平滑常数，该最优平滑常数为 $\alpha = (\alpha_5 + \alpha_6)/2$。

（2）将选取的最优平滑系数代入到二次曲线指数平滑法的公式中。应用二次曲线指数平滑法公式预测出"十三五"规划期间京津冀区域、北京市、天津市和河北省能源安全预测综合得分见表 10.2。

表 10.2　2016~2020 年京津冀各地区能源安全预测综合得分

| 得分＼年份 | 2016 | 2017 | 2018 | 2019 | 2020 |
|---|---|---|---|---|---|
| 京津冀能源安全综合得分 | 2.207 | 2.205 | 2.219 | 2.243 | 2.271 |
| 北京市能源安全综合得分 | 2.524 | 2.546 | 2.583 | 2.629 | 2.680 |
| 天津市能源安全综合得分 | 2.960 | 2.988 | 3.016 | 3.041 | 3.065 |
| 河北省能源安全综合得分 | 2.135 | 2.147 | 2.155 | 2.160 | 2.162 |

**2. 京津冀区域能源安全预测分析**

对京津冀区域能源预测得分进行趋势分析，图 10.7 为"十三五"规划期间能源安全预测趋势图。

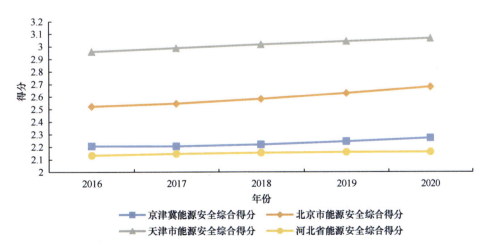

图 10.7　2016~2020 年京津冀区域能源安全预测趋势图

借鉴相关研究，可将能源安全得分进行等级划分。因为能源安全的总得分为 4 分，所以整个能源安全得分的区间在[0，4]上。由此设立相对应的能源安全等级划分见表 10.3。

表 10.3　能源安全等级划分

| 能源安全得分区间 | 能源安全等级 |
| --- | --- |
| （0，0.8] | 非常危险 |
| （0.8，1.6] | 危险 |
| （1.6，2.4] | 一般 |
| （2.4，3.2] | 安全 |
| （3.2，4] | 非常安全 |

通过对北京、天津、河北及京津冀区域整体的能源安全综合预测之后，从图 10.7 可以看出，2016~2020 年北京市、天津市、河北省及京津冀区域能源安全综合得分呈上升趋势发展。通过对比图 10.7 中四条曲线可以得出能源安全的综合排名：天津能源安全综合得分>北京能源安全综合得分>京津冀区域能源安全综合得分>河北能源安全综合得分。

京津冀区域的能源安全综合得分整体呈上升趋势，其中天津市能源安全得分上升趋势较为明显，其次北京市能源安全得分呈先下降后增长趋势，最后河北省的能源安全增长趋势比较缓慢。京津冀区域的能源安全得分整体趋势先下降后增长，但是整体的能源安全得分没有太大的变化。

## 10.3　基于 ARMR 模型的经济增长与能源消耗的脱钩预测研究

能源是国家经济发展的重要物质基础，经济发展往往和能源需求呈正相关关系。传统能源的过度开发和其造成的环境污染制约着经济发展。近年来，中国经济呈快速增长模式，而越来越高的能源价格与环境污染都在迫使要求粗放型经济增长向集约型经济增长转变（李连德，2009）。因此，能源消费和经济增长之间是否实现脱钩对我国实施能源节约政策有着重要的指导意义。

### 10.3.1　模　型　概　述

ARMA 法是以美国统计学家 Geogre E.P.Box 和英国统计学家 Gwilym M.Jenkins 的名字命名的一种时间序列预测方法。而后逐渐形成了一整套时间序列模拟、估计、建模、预测和控制的理论和方法，在动态数据的处理分析、复杂信息的加工提取、预测未来和在线控制等方面显示出传统的数理统计静态处理手段无可比拟的优越性。

时间序列预测模型分为：自回归模型（简称 AR 模型）、滑动平均模型（简称 MA 模型）和自回归滑动平均混合模型（简称 ARMA 模型）。模型的基本思想是，将预测对象随时间推移而形成的数据序列视为一个随机序列，同时除去个别原因而引起的观测值，因此时间序列是一组依赖时间 $t$ 的随机变量（佟金萍等，2015）。这组随机变量所具有的依赖关系或者自相关性表征了预测对象发展的延续性，而这种自相关性用相应的数学模型描述出来，就可以用时间序列的过去值和现在值来预测未来值。

## 10.3.2　模型原理

时间序列数据具有不平稳性，随时间的变化带有一定的趋势，所以在利用时间序列模型分析和预测时，需要对数据进行预处理，将非平稳时间序列数据处理为平稳时间序列数据。对于非平稳性数据需要对数据预处理，主要应用差分运算和平稳性检验两种方法处理，其中平稳性检验又包含时序图和自相关图两种方法。

差分方法是一种比较简单、有效的确定性信息提取方法，差分运算的实质是使用自回归的方式提取确定性信息。一阶差分可以实现趋势平稳。当序列蕴含曲线趋势，通常低阶（二阶、三阶）差分可以平稳曲线趋势。对于含有固定周期的序列进行步长为周期长度的差分运算，这样就可以提取周期信息。

平稳性是时间序列所具有的一种统计特征，对于平稳序列可以应用时间序列模型进行预测。因此平稳性检验是时间序列分析法的关键步骤，对序列的平稳性检验有两种方法。

时间序列数据平稳化处理后，根据与数据特点选择合适的预测模型。时间序列模型包含自回归模型、移动平均模型和自回归滑动平均模型三种，根据时间序列数据特点进行模型选择。

## 10.3.3　算例研究

根据第 9 章对 2005~2015 年京津冀区域经济增长与能源消耗的脱钩程度分析，此节主要用时间序列模型预测"十三五"规划期间京津冀区域国内生产总值和能源消费总量，然后利用脱钩计算模型分析出京津冀区域在接下来五年规划中经济增长与能源消耗之间的脱钩状态变化。

**1. 京津冀区域脱钩指数预测**

1）京津冀区域能源消耗与 GDP 时间序列分析

图 10.8 为 2005~2015 年京津冀区域能源消费总量与 GDP 总值趋势图，可以看出京津冀区域在近 11 年间能源消费总量与 GDP 总值都呈上升趋势。时间序列方法进行预测需要数据平稳，由于京津冀区域能源消费总量和 GDP 数据呈上升趋势，因此数据平稳，所以将能源消费数据与 GDP 时间序列数据平稳化处理。

2）平稳化能源消耗与 GDP 时间序列

利用 SPSS 软件差分方法对能源消费量与 GDP 数据平稳化处理，其中能源消费总量和 GDP 分别进行一阶差分和二阶差分后，两者数据不再随时间变化而呈趋势变化，因此默认经差分处理的数据已经平稳。

数据平稳化处理后，利用 SPSS 软件需要进行平稳性检验，通过分别分析能源消费总量、GDP 自相关函数和偏相关函数，进而选择恰当的时间序列模型。经软件检验后发

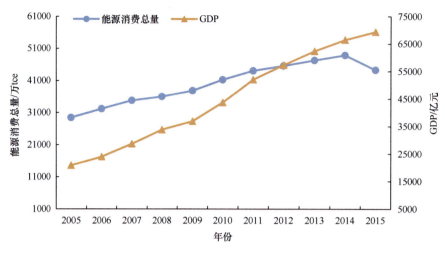

图 10.8　2005~2015 年京津冀区域能源消费总量和 GDP 总值图

现：能源消耗量在一阶差分后的自相关系数和偏相关系数在其后一期后逐渐趋于 0，可以认为序列的自相关和偏相关都具有拖尾性，确定的能源消费量时间序列模型 ARMA（1，1）；通过观察 GDP 的自相关函数与偏相关函数图，GDP 在二阶差分后的自相关系数和偏相关系数在其后一期后逐渐趋于 0，可以认为序列的自相关和偏相关都具有拖尾性。确定的能源消费量时间序列模型 ARMA（1，1）。

3）利用时间序列模型预测能源消耗与 GDP

在第 2）步中，确定能源消费量和 GDP 模型，分别为：能源 ARMA（1，1）和 GDP ARMA（1，1）。在进行参数估计时，采用 ARIMA（$p$，$d$，$q$）模型，其中 $d$ 表示时间序列差分的阶数。能源消费和 GDP 所对应的 ARIMA 模型分别为能源 ARIMA（1，1，1）和 GDP ARIMA（1，2，1），在 SPSS 软件上分别对两个时间序列变量预测，对应预测结果如图 10.9 和图 10.10 所示。

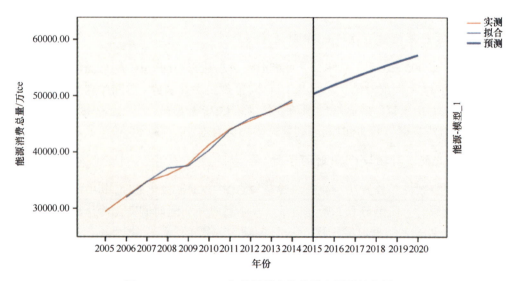

图 10.9　2005~2020 年能源消费总量拟合预测趋势图

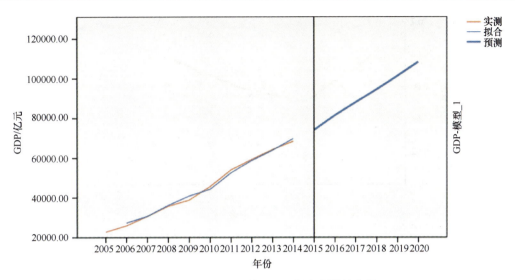

图 10.10　2005~2020 年 GDP 拟合预测趋势图

观察 2005~2015 年，能源消费量和 GDP 实测曲线与拟合曲线，可以看出拟合曲线的拟合程度比较好，拟合的结果和实际值误差比较小，因此利用此拟合曲线，对 2016~2020 年的能源消费量进行预测，其预测结果见表 10.4。

表 10.4　2016~2020 年能源消耗预测量

| 模型 | | 2016 年 | 2017 年 | 2018 年 | 2019 年 | 2020 年 |
|---|---|---|---|---|---|---|
| 能源-模型_1/万 tce | 预测 | 51936.70 | 53385.13 | 54750.88 | 56019.86 | 57194.87 |
| | UCL | 55501.78 | 57938.98 | 60145.50 | 62138.36 | 63962.70 |
| | LCL | 48371.61 | 48831.28 | 49356.26 | 49901.35 | 50427.04 |
| GDP-模型_1/亿元 | 预测 | 81495.90 | 88009.06 | 94635.16 | 101431.24 | 108400.71 |
| | UCL | 88041.39 | 94588.61 | 101204.02 | 108001.00 | 114946.36 |
| | LCL | 74950.41 | 81429.51 | 88066.31 | 94861.49 | 101855.05 |

4）利用预测数据计算京津冀脱钩指数

利用 9.1.3 节中的脱钩指数计算公式，计算出京津冀区域 2016~2020 年的脱钩指数，见表 10.5。

表 10.5　2016~2020 年能源脱钩指数

| 指标 年份 | 2016 | 2017 | 2018 | 2019 | 2020 |
|---|---|---|---|---|---|
| 能源消费总量/万 tce | 51936.70 | 53385.13 | 54750.88 | 56019.86 | 57194.87 |
| GDP/亿元 | 81495.90 | 88009.06 | 94635.16 | 101431.24 | 108400.71 |
| 脱钩指数 | 0.68 | 0.65 | 0.66 | 0.68 | 0.69 |

将预测的京津冀区域的能源脱钩指数做出趋势图，如图 10.11 所示。

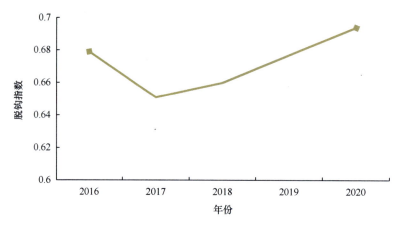

图 10.11　2016~2020 年京津冀能源消耗与经济增长脱钩指数趋势图

**2. 京津冀区域脱钩效应分析**

应用时间序列方法对"十三五"规划期间京津冀区域脱钩指数预测后发现：京津冀区域脱钩指数徘徊在 0.65 左右，在 2017~2020 年脱钩指数不断增长，脱钩状态朝向"完全脱钩"状态发展，"十三五"规划期间京津冀能源消费与经济增长呈强脱钩状态。

图 10.12 是京津冀区域"十三五"规划期间，能源增长率与 GDP 增长率变化趋势图。

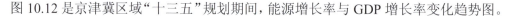

图 10.12　2015~2020 年京津冀区域能源增长率与 GDP 增长率变化趋势图

京津冀区域"十三五"期间，能源消费总量增长率呈下降趋势，趋势比较缓慢，基本为稳定状态，在"十三五"规划年中，其能源消费总量平均增长率在 2.52%左右；京津冀区域 GDP 增长速度呈下降趋势发展，2016 年是"十三五"开局之年，同时也是京津冀协同发展加快推进的一年，该京津冀区域 GDP 增长率最好，在随后的几年中，增长速度逐渐减缓。

通过预测"十三五"期间 GDP 的增长速度为 7.3%左右，处于中高速增长区间，在此期间保持一定的增长速度，才能使得在"十三五"规划年末，2020 年实现全面建成小康社会目标，实现第二个百年奋斗目标。所以保持经济中高速增长，加快经济发展方式，促进经济转型升级，迈向中高端水平。根据"十三五"期间国家相应政策提出，预计能源消费增速回落至 3%左右，应用时间序列方法对京津冀区域能源消费进行预测，使其与国家提出的能源消费政策吻合，验证预测的合理性。因此在接下来"十三五"规划期间，京津冀区域要保证能源消费与经济增长之间脱钩发展，在能源消费量增速减缓情况下，大力推动京津冀区域新能源开发，大力开展节能减排政策，走绿色发展、可持续发展道路。

## 10.4 基于回归分析和最小二乘法的碳排放演化研究

本节结合京津冀区域的能源消耗现状，利用回归分析最小二乘法拟合的方法，建立了区域碳排放动态演化模型，比通常的情景分析更加直观地反映碳排放的及时变化信息。利用这一演化模型来分析区域的碳排放走势，进而预测区域 2020 年、2030 年、2040 年和 2050 年的碳排放走势，有助于对京津冀区域的碳排放情况有整体的了解，为京津冀区域减排策略的制订提供理论帮助。

### 10.4.1 模 型 概 述

#### 1. 回归分析概述

回归分析（regression analysis）是确定两种或两种以上变量间相互依赖的定量关系的一种统计分析方法。按照涉及的变量的多少，分为一元回归分析和多元回归分析（孙振宇，2008）。如果在回归分析中，只包括一个自变量和一个因变量，且二者的关系可用一条直线近似表示，这种回归分析称为一元线性回归分析。如果回归分析中包括两个或两个以上的自变量，且自变量之间存在线性相关，则称为多元线性回归分析。

回归分析也是研究自变量和因变量之间关系的一种预测模型技术。这些技术应用于预测，时间序列模型和找到变量之间关系。

#### 2. 最小二乘法概述

最小二乘法（又称最小平方法）是一种数学优化技术。它通过最小化误差的平方和寻找数据的最佳函数匹配。利用最小二乘法可以简便地求得未知的数据，并使得这些求得的数据与实际数据之间误差的平方和为最小。最小二乘法还可用于曲线拟合。其他一些优化问题也可通过最小化能量或最大化熵用最小二乘法来表达。通常根据"使偏差平方和最小"的原则（乘法最小二乘原则）来选取拟合曲线 $z = f(x)$，这种方法称为最小二乘法（贾小勇等，2006）。

### 10.4.2 模 型 原 理

#### 1. 回归分析步骤

回归分析的步骤为：

（1）从一组数据出发，确定某些变量之间的定量关系式，即建立数学模型并估计其中的未知参数。估计参数的常用方法是最小二乘法，因此，我们可以通过最小二乘法找到回归线。其实最小二乘法就是线性回归模型的损失函数，只要把损失函数做到最小时得出的参数，才是我们最需要的参数。

（2）对这些关系式的可信程度进行检验。

（3）在许多自变量共同影响着一个因变量的关系中，将影响显著的自变量纳入模型中，而剔除影响不显著的变量，通常用逐步回归、向前回归和向后回归等方法。

（4）利用所求的关系式对某一生产过程进行预测或控制。

### 2. 最小二乘法步骤

最小二乘法的应用步骤为：

（1）根据历史数据确定 $f(x)$；

（2）按最小二乘原则求得最小二乘解。

一般地，最小二乘曲线拟合 $z = f(x)$ 的多项式如式（10.1）所示：

$$p(x) = a_0 + a_1 x + a_2 x^2 + \cdots + a_n x^n (n < m) \tag{10.1}$$

式（10.1）是关于 $x$ 的 $n$ 次多项式。根据定义可知，就是根据历史数据 $(x_j, y_j)(j=1,2,\cdots,m)$，确定系数使得在各个点的偏差平方和达到最小，如式（10.2）所示：

$$\sum_{i=1}^{m} \partial_i^2 = \sum_{i=1}^{m} \left[ \sum_{j=0}^{n} a_j x_i^j - y_j \right]^2 \tag{10.2}$$

求解最小二乘拟合多项式系数的步骤如下：

（1）计算正规方程组的系数矩阵和常数项元素，如式（10.3）所示：

$$\sum_{i=1}^{m} x_i^0 = m, \sum_{i=1}^{m} x_i, \sum_{i=1}^{m} x_i^2, \sum_{i=1}^{m} x_i^3, \cdots, \sum_{i=1}^{m} x_i^n, \sum_{i=1}^{m} x_i^{n+1}, \cdots, \sum_{i=1}^{m} x_i^{2n}, \sum_{i=1}^{m} y_i, \sum_{i=1}^{m} y_i x_i, \sum_{i=1}^{m} y_i x_i^2, \sum_{i=1}^{m} y_i x_i^3, \cdots, \sum_{i=1}^{m} y_i x_i^n$$

$$\tag{10.3}$$

（2）利用解线性方程组的方法求出正规方程组的解 $a_0^*, a_1^*, a_2^*, \cdots, a_n^*$，则最小二乘拟合多项式公式为

$$p(x) = a_0^* + a_1^* x + a_2^* x^2 + \cdots + a_n^* x^n \tag{10.4}$$

### 3. 碳排放动态演化模型

在回归分析和最小二乘法拟合的基础上，建立京津冀区域碳排放动态演化模型如下。

碳排放量主要依赖于化石燃料：原煤（$A$）、型煤（$B$）、焦炭（$C$）、原油（$D$）、汽油（$E$）、煤油（$F$）、燃料油（$H$）、液化石油（$I$）、柴油（$G$）、炼厂干气（$J$）。为了定性计算和分析，基于科学、合理、可操作性的原则，我们建立了碳排放的关系式。根据能源消耗、燃烧值、碳排放因子和氧化系数，得到二氧化碳排放估计式，如式（10.5）所示。

$$CE^t = \sum CE_i^t = \sum E_i^t \times V_i \times EF_i \times O_i \times \frac{44}{12} \tag{10.5}$$

式中，$CE^t$ 为第 $t$ 年的二氧化碳排放总量（单位：t）；$CE_i^t$ 为第 $t$ 年燃料 $i$ 的二氧化碳排放总量；$E_i^t$ 为第 $t$ 年燃料 $i$ 的能源消耗总量；$V_i$ 为燃料 $i$ 的燃烧值；$EF_i$ 为燃料 $i$ 的碳排放因子（t/kJ）；$O_i$ 为燃料 $i$ 的氧化系数。

表 10.6 列出了燃烧值 $V_i$、碳排放因子 $EF_i$ 和氧化系数 $O_i$ 的值。这些值假定在过去的一定时期里为常数。

**表 10.6　燃烧值、碳排放因子和氧化系数**

| 燃料 | $A$ | $B$ | $C$ | $D$ | $E$ | $F$ | $G$ | $H$ | $I$ | $J$ |
|---|---|---|---|---|---|---|---|---|---|---|
| $V_i$/（kJ/kG） | 20934.0 | 28470.0 | 16766.00 | 41868.00 | 43124.00 | 43124.00 | 42705.00 | 41868.00 | 46066.00 | 47472.00 |
| $EF_i$/（TC/kJ） | 25.80 | 29.20 | 12.10 | 20.00 | 19.10 | 19.60 | 20.20 | 21.10 | 15.70 | 17.20 |
| $O_i$ | 0.90 | 0.90 | 0.99 | 0.98 | 0.98 | 0.98 | 0.98 | 0.98 | 0.98 | 0.98 |

应用式（10.5），结合碳排放实际情况，建立京津冀区域的碳排放演化模型，如式（10.6）所示：

$$\frac{d(Q)}{d(t)} = f\left(\frac{d(A)}{d(t)}, \frac{d(B)}{d(t)}, \frac{d(C)}{d(t)}, \frac{d(D)}{d(t)}, \frac{d(E)}{d(t)}, \frac{d(F)}{d(t)}, \frac{d(G)}{d(t)}, \frac{d(H)}{d(t)}, \frac{d(I)}{d(t)}, \frac{d(J)}{d(t)}\right) \tag{10.6}$$

## 10.4.3　算 例 研 究

根据本书 6.4 节中京津冀区域碳排放总量的数据的计算，可得京津冀区域 2005~2014 年的碳排放总量趋势图，如图 10.13 所示。

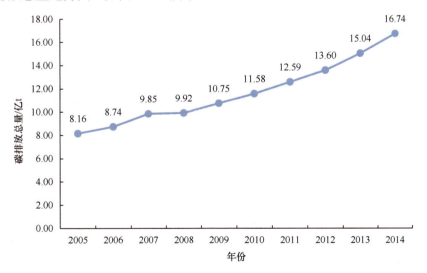

图 10.13　2005~2014 年京津冀区域碳排放总量

从图 10.13 可以看出，京津冀区域的碳排放总量具有明显快速增长的特征，呈现直线式的增长趋势，从 2005 年的 8.16 亿 t 到 2014 年的 16.74 亿 t，年均增长率为 10.5%。

通过最小二乘拟合方法，得到京津冀区域实际碳排放动态演化模型，如式（10.7）所示：

$$Q(t) = 0.90t - 1801.9, 2005 < t < 2014 \qquad (10.7)$$

式中，$t$ 为方程式（10.5）的年份。

图 10.14 表示实际数据和式（10.7）解的图像。

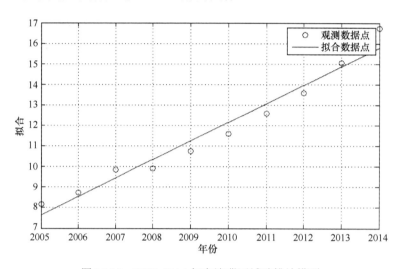

图 10.14　2005~2014 年京津冀区域碳排放模型

从图 10.14 可以看出，京津冀区域碳排放动态演化模型与实际京津冀区域的碳排放现状基本吻合，都是快速增长的趋势，总体呈现一个直线式增长的趋势。京津冀区域是我国最大的经济核心区之一，其经济的快速增长导致其能源消耗的增长，而碳排放主要依赖化石能源，因此，京津冀区域 2005 年之后碳排放呈现显著的增长。

根据 2005~2014 年京津冀区域的碳排放量，通过最小二乘拟合方法，得到了区域碳排放动态演化模型。采用回归分析评估模型求得确定系数，如表 10.7 所示。其中确定系数可以反映我们的模型是不是一个好的模型，确定系数越接近于 1，说明 $X$ 对 $Y$ 的解释能力越强，即模型越好，模型数据与原始数据越接近。从表 10.7 可以看出，碳排放动态演化模型的确定系数为 0.963，接近于 1。

表 10.7　碳排放动态演化模型的确定系数 $R^2$

| 模型 | $R$ | $R$ 方 | 调整 $R$ 方 | 标准估计的误差 | 更改统计量 | | | | |
| --- | --- | --- | --- | --- | --- | --- | --- | --- | --- |
| | | | | | $R$ 方更改 | $F$ 更改 | df1 | df2 | Sig.$F$ 更改 |
| 1 | 0.981[a] | 0.963 | 0.959 | 0.56653 | 0.963 | 209.350 | 1 | 8 | .000 |

通过式（10.7），我们可以对京津冀区域的中短期碳排放总量进行预测。求得京津冀区域 2020 年、2030 年、2040 年及 2050 年的碳排放总量，见表 10.8。

表 10.8　京津冀区域碳排放总量趋势

| 年份 | 2020 | 2030 | 2040 | 2050 |
| --- | --- | --- | --- | --- |
| 京津冀碳排放总量/亿 t | 16.1 | 25.1 | 34.1 | 43.1 |

从表 10.8 可以看出，2020~2050 年京津冀区域碳排放总量处于一直增长的趋势，到 2050 年，京津冀区域碳排放总量达到 43.1 亿 t。按当前的趋势发展，京津冀区域未来的碳排放总量继续快速增长，这种过快的趋势可能使京津冀未来的发展面临气候变化的影响，并对京津冀区域能源、经济、环境、社会带来重大影响。因此，未来几年政府应该开始关注碳排放总量的控制，从而实现节能排放的目标。

## 10.5　基于灰色预测法的大气环境长短期预测研究

本节结合京津冀区域的大气环境现状，建立基于灰色预测法的大气环境长短期预测研究模型。利用这一模型来分析预测京津冀区域的大气环境状况，了解区域空气质量指数的短期变化情况，并重点关注存在连续重度以上污染可能时间，及时提供相应的预警信息，并有效制定应对预案。

### 10.5.1　模　型　概　述

灰色系统（grey systems）是由邓聚龙教授创立的，是定性分析和定量分析的结合。当研究数据量较小、数据信息不太丰富时适合用此方法。灰色系统理论认为对既含有已知信息又含有未知或非确定信息的系统进行预测，就是对在一定范围内变化的、与时间有关的灰色过程的预测。基于灰色系统的理论思想，利用较少的或不确切的表示灰色系统行为特征的原始数据序列来描述系统内部特征和发展趋势的模型，称为灰色预测模型，简称 GM 模型（Li and Yang，2007）。

灰色预测模型具有简单、速度快、不需人工干预参数设置的特点（莫莉娟，2015），非常适用于信息量少的情形，因此也被广泛应用于环境预测问题之上，包括大气环境预测、水质环境预测等。

### 10.5.2　模　型　原　理

对给定的原始时间数据序列 $\{X^{(0)}{}_i(t)\}(i=1,2,\cdots,N;t=1,2,\cdots,M)$ 进行处理，使生成后的数据序列呈现出规律性，从而对系统进行预测。目前最常用直接累加生成处理，获得新的数据序列 $\{X^{(1)}{}_i(t)\}$。然后采用灰色系统建模，建立长期预测模型 GM($n$, $h$)，为了简便，我们只采用一阶单变量线性动态模型 GM(1, 1)。

### 10.5.3　算　例　研　究

#### 1. 区域大气环境短期预测

区域大气环境短期预测主要预测京津冀区域未来一周的空气质量情况，以便了解区域空气质量指数的短期变化情况，并重点关注存在连续重度以上污染可能的时间，并及时提供预警预报信息和相应的应急预案等。

本节选取北京市昌平区 2016 年 4 月 10 日~2016 年 4 月 19 日的 AQI 为研究对象，应用灰色预测模型预测该地区未来一周的空气质量指数，进而提供预报预警信息。计算出北京市昌平区未来一周的空气质量指数和 AQI 空气质量等级，预测结果如图 10.15 所示。

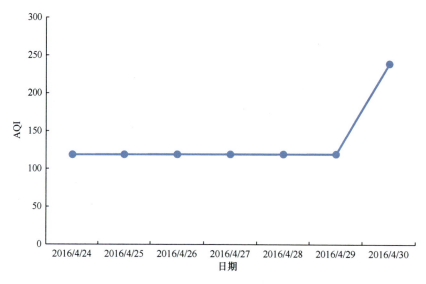

图 10.15　北京市昌平区未来一周 AQI 预测图

由图 10.15 可以看出，北京市昌平区未来一周 AQI 整体呈几乎不变的趋势，只在最后一天的猛然增加，虽然如此，但是北京市昌平区未来一周的天气状况一般，前六天污染状况大约为三级，而最后一天的污染达到五级。建议有关部门应该关注 4 月 30 日之后的空气质量情况，并就此作出相应的预警预报工作。

**2. 区域大气环境长期预测**

本节结合已搜集到的数据进行区域大气环境排放浓度预测和区域大气环境排放量预测。

1）区域大气环境排放浓度预测

根据已搜集到的 2005~2014 年 10 年北京、天津、石家庄的可吸入颗粒物（$PM_{10}$）、二氧化硫（$SO_2$）、二氧化氮（$NO_2$）、细颗粒物浓度（$PM_{2.5}$）的年日均浓度的数据，利用 GM(1,1) 模型，预测京津冀区域未来 4 年的污染物排放浓度情况，预测结果见表 10.9。

表 10.9　2017~2020 年 $SO_2$、$NO_2$、$PM_{10}$ 预测排放浓度　（单位：$\mu g/m^3$）

| 年份 | 北京 | | | 天津 | | | 石家庄 | | |
|---|---|---|---|---|---|---|---|---|---|
| | $PM_{10}$ | $SO_2$ | $NO_2$ | $PM_{10}$ | $SO_2$ | $NO_2$ | $PM_{10}$ | $SO_2$ | $NO_2$ |
| 2017 | 88 | 17 | 42 | 87 | 34 | 34 | 77 | 39 | 36 |
| 2018 | 84 | 16 | 40 | 86 | 33 | 33 | 74 | 37 | 38 |
| 2019 | 81 | 14 | 38 | 85 | 32 | 32 | 71 | 37 | 38 |
| 2020 | 77 | 13 | 37 | 83 | 31 | 31 | 68 | 37 | 37 |

根据京津冀区域三大主要城市近十年的数据预测未来 4 年的排放物浓度，发现未来 4 年三个城市的主要污染物浓度整体呈下滑趋势。由此可见，京津冀区域"十二五"期间空气质量状况虽有明显好转，但 PM$_{10}$ 依旧不符合减排的要求，还是会成为影响京津冀区域雾霾天气形成的因素。整体上看，石家庄"十二五"期间的减排工作还不是很理想，相关部门应重点关注石家庄的 SO$_2$ 和 NO$_2$ 排放情况，并采取相应的措施，控制雾霾天气的频发（图 10.16）。

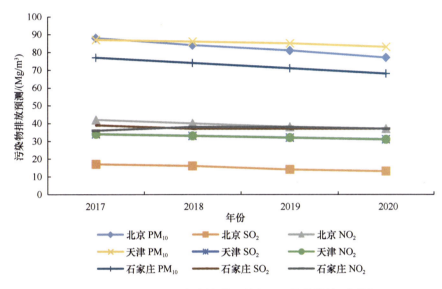

图 10.16　2017~2020 年京津冀区域主要污染物排放预测图

2）区域大气环境排放量预测

本节以 SO$_2$ 为例进行区域大气环境排放量长期预测，根据目前可以收集到的 2005~2014 年间北京、天津、河北 SO$_2$ 排放量来预测北京、天津、河北未来 2015~2020 年 6 年的 SO$_2$ 排放量，进而可以计算出京津冀区域未来八年的 SO$_2$ 排放量。应用 GM(1,1) 模型预测的结果见表 10.10。

表 10.10　2015~2020 年京津冀区域 SO$_2$ 排放量预测结果　（单位：万 t）

| 年份 | 北京 | 天津 | 河北省 | 京津冀区域总量 |
|---|---|---|---|---|
| 2015 | 6.77 | 22.18 | 123.13 | 152.09 |
| 2016 | 6.14 | 21.94 | 120.99 | 149.06 |
| 2017 | 5.56 | 21.69 | 118.88 | 146.13 |
| 2018 | 5.03 | 21.45 | 116.81 | 143.29 |
| 2019 | 4.56 | 21.21 | 114.77 | 140.54 |
| 2020 | 4.13 | 20.98 | 112.77 | 137.88 |

从图 10.17 可以看出，经预测的京津冀区域未来 8 年 SO$_2$ 排放量将持续下降，2015 年京津冀区域 SO$_2$ 排放量比 2010 年下降 3.98%，其中，北京、天津、河北省 SO$_2$ 排放量比 2010 年分别下降 41.10%、5.60%、0.22%，可看出，北京 SO$_2$ 减排量已超额达到标

准，而天津和河北都离达标有一定距离，这个不仅与区域大气污染联防联控措施有关，同时也是工业迁至天津和河北的结果，因此，京津冀政府和相关部门应严抓天津、河北的主要污染产业，督促其调整产业结构和生产方式，鼓励使用清洁能源，砍掉或转产、升级改造一批重污染企业，建立生态补偿协议和制度。

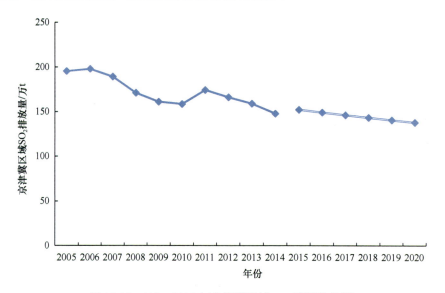

图 10.17　2005~2020 年京津冀区域 $SO_2$ 预测趋势图

根据表 10.10 的数据还可以计算出，2020 年京津冀区域 $SO_2$ 排放量比 2015 年下降 9.34%。其中，北京、天津、河北分别下降 39.02%、5.45%、8.41%，由此可以粗略设定下一个五年规划京津冀区域 $SO_2$ 排放量的下降标准为 10%，同时政府和相关部门仍要重点关注天津、河北的 $SO_2$ 减排情况。

## 10.6　基于大数据的机器学习在 3E 领域的研究

机器学习是有效利用大数据中的信息，并使这些信息体现出最大价值的方法之一。因此，基于大数据的机器学习应用越来越广泛，本节将其方法应用到 3E 领域，通过对 3E 大数据的分析，对京津冀空气污染情况、3E 系统耦合度综合得分和 3E 系统协调度进行预测。

### 10.6.1　大数据环境下的机器学习理论

近年来，大数据迅速发展成为科技领域和商业领域甚至是世界各国政府关注的热点。对于大数据的定义基本是从其特征出发，比较有代表性的是"4V"定义，即数据量大（volume）、速度快时效高（velocity）、类型繁多（variety）和价值大密度低（value）。大数据处理流程如图 10.18 所示，其基本处理流程分为数据收集、数据存储、数据分析、场景展示和决策支持。在数据收集阶段采集结构化、非结构化的异构多源数据，并通过分布式文件系统（HDFS）、分布式存储系统（HBase）等海量存储技术进行存储。应用人工智能和机器学习等技术进行数据分析，然后通过场景展示实现场景分析和可视化展示，最后为政府、企业和相关研究人员提供决策依据。应用该流程 Google、Facebook、Linkedin 和 Microsoft 为代表的互联网企业，也分别推出了各种不同类型的大数据处理系统。借助于新型的处理系统，机器学习、知识计算、可视化等大数据分析技术也得以迅速发展，已逐渐被应用于如互联网、安全和公共服务等领域。随着人们对数据中蕴含价值的认识，会有更多的领域通过对数据的处理挖掘其中的价值来支持决策（程学旗等，2014）。

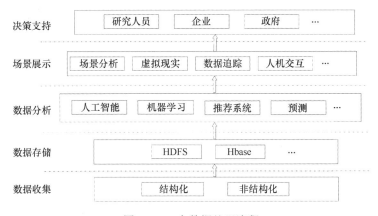

图 10.18　大数据处理流程

3E 可持续发展研究涵盖能源、经济、环境三个子系统之间的综合平衡与协调发展，三个子系统相互制约相互影响呈现出内容多、数据量大、差异性明显、结构复杂、动态性显著等的特点。随着 3E 可持续发展研究的不断深入，研究数据表现出数据量大、数据种类多，价值大密度低等的特点。传统的数据分析方法能较好地处理结构化的数据，但面临结构复杂动态性显著的 3E 大数据时却无法较好地处理。3E 可持续发展的预测能有效为政府决策提供决策支持的依据，传统的预测分析方法基于短期历史数据，具有时间尺度小、模型方法单一、动态性低、数据量小等的特点。3E 可持续发展预测研究具有时间跨域尺度大、模型方法复杂、动态性显著、关联性强、数据量大的特点。因而，传统的分析方法已无法分析处理 3E 可持续发展的研究。

机器学习是一门多领域交叉学科，涉及概率论、统计学、算法复杂度理论等多门学科。通过使计算机模拟人的学习行为，自动地通过学习获取知识和技能，不断改善性能，实现自我完善（闫友彪和陈元琰，2014），其核心是自学习能力。随着机器学习理论研究的逐渐深入，许多优秀的算法应运而生。算法可以分为基于符号的和基于非符号的两类。前者包含机械式学习、归纳学习、基于解释的学习等，后者包括基于遗传算法的学习和基于神经网络的学习等（郭亚宁和冯莎莎，2010）。机器学习适合处理复杂性高、动态性显著、数据量大的问题，通过不断的学习优化能很好地构建模型。3E 可持续发展研究具有发展变数大、不确定因素多、动态性突出的特点，因而特别适合机器学习的处理场景。通过应用机器学习方法不断学习优化模型能较好解决 3E 可持续发展预测等相关的问题。

## 10.6.2　基于大数据的机器学习算法在 3E 领域的应用

化石能源作为人类社会正常运营的能源消费，在人类实现经济快速发展的同时，又以环境为代价，带来各种污染问题，更是全球气候变化主要肇事者之一。通过对我国 3E 系统现状分析可知，要实现可持续发展仍有很长的路要走。要尽快实现可持续发展目标，需要利用高新技术方法对 3E 系统问题进行分析预测进而为 3E 发展作出指导（刘世成等，2016）。

如今大数据技术成为社会最显赫领域和最炎热话题，随着理论和技术不断深入，该技术已经渗透到各个领域中，同时为解决可持续发展过程中所出现的问题提供了一种新思路和技术手段（陈康等，2012）。它在能源消费、宏观经济分析和生态环境保护方面都开启了巨大的时代转型，已经成为研究 3E 系统可持续发展的重要手段，通过大数据相关方法和技术研究 3E 各个子系统问题，探索一条 3E 大数据协调发展道路。

大数据技术在能源领域的研究主要将重点研究放在电力系统和能源市场，能源系统上主要包含电网和非电的能源网两部分；电力系统应该在能源的清洁替代与电能替代中有效承上启下，兼顾左右。电力系统含有大量结构化和非结构化数据，并且还继承能源行业数据特征，这样应用大数据相关算法和技术可以间接性能源及负荷预测，从而引导需求响应及节能减排，降低停电风险，反窃电，堵塞经营漏洞，优化资产全寿命周期管理等。对电力数据运行工况或故障场景进行分析，从而保证电力系统稳定运行。大数据技术和方法在宏观经济学分析中的应用在国际上引起重视，应用大数据方法探究宏观经济中存在的因果及关联关系，充分利用关联关系进行经济预测、政策制定与评估（薛禹胜和赖业宁，2016）。大数据在经济领域的研究主要集中在宏观经济数据挖掘、宏观经济预测、宏观经济分析和宏观经济政策四个方面（何清，2014）。在能源和经济的发展过程中，生态环境系统也受到一定影响，如今大数据已在生态环境领域得到了初步运用，如全球气候变化预测、生态网络观测与模拟和区域大气污染治理等方面作用较为明显。随着大数据技术不断发展，未来大数据在解决生态环境健康问题、提高重大生态环境风险预警预报水平、提高生态环境领域科学研究水平等方面发挥巨大作用。

大数据时代的机器学习更强调"学习本身是手段"，机器学习成为一种支持技术和服务技术，如何基于机器学习对复杂多样的数据进行深层次的分析，更高效地利用信息成为机器学习研究主要方向（曹军威等，2015）。如今应用大数据和机器学习算法对能源、经济和环境各个子系统研究已起步，但对 3E 可持续发展的研究较少，因此对 3E 系统研究必然会成为机器学习模型运用的一个重要方向，同样 3E 可持续发展研究反过来促进机器学习方法进一步改进和发展。因此在未来发展过程中，大数据技术和机器学习算法在推进 3E 可持续发展中有很大研究前景。在本章中主要应用大数据和机器学习相关技术和预测方法对京津冀区域大气环境、3E 协调发展进行相关分析预测方法，对推进区域可持续发展提供决策性建议。

### 1. 空气污染预测研究——Logistic 回归

本节应用 Logistic 回归模型，基于北京市的数据，结合能源、经济、环境中的要素对北京市空气污染程度进行分类预测，分析北京市污染分布情况，对一年中空气污染各个级别可能出现的天数进行预测。从模型概述、建模原理、分类预测 3 个角度进行研究。

1）Logistic 回归概述

Logistic 回归是一种非线性回归模型，它可以用来对二分类或多分类的因变量进行分类或预测，同时还能表示分类结果的发生概率（Li and Yang，2007）。对于线性回归来说，$Y = \alpha + \beta_1 X_1 + \beta_2 X_2 + \cdots + \beta_k X_k + \varepsilon$，$Y$ 的取值往往是连续无界的，无法用线性回归预测是否是雾霾天这样的分类问题，但如果 $Y$ 表示雾霾天发生的概率，其取值为连续数值，则仍然可以使用线性回归，不过概率的取值范围为[0，1]，而本身线性回归函数的值域是无界的，因而取值超过 1 的预测将无法解释。Logistic 通过构造了一个 Odds 变量（译为优势比或发生比），巧妙地将二分类变量的回归问题，转化为了线性回归。Odds 的含义是变量 $Y = y_0$ 发生的概率与 $Y = y_1$ 发生的概率之比，如雾霾发生和不发生的概率比。Odds 是一个取值在 0 到正无穷之间的数，值越大表示其中一个取值发生的概率越大，如雾霾发生的概率为 0.99，不发生的概率为 0.01，Odds 为 99，表示雾霾发生概率很大。反之，Odds 很小，表示雾霾发生概率很小。

2）建模原理

（1）建立 Logistic 回归模型。

（2）利用极大似然估计法和梯度下降法对 Logistic 回归模型参数进行估计。

Logistic 梯度下降法进行参数估计的算法步骤为：

输入：训练数据矩阵 $X$，（$M$ 行 $N$ 列矩阵，每一行代表一条数据），训练数据分类值 $Y$（一维列向量表示预测分类的实际观察值）；

①初始化：迭代条件 $k = 1$，设置最大迭代次数为 Max_Iter，初始系数 $\theta$ 全为 1，$\alpha$ 为人工设定的一个控制下降速度的系数；②若迭代次数 $k$ 小于 Max_Iter，则进入第③步，否则进入第⑥步；③用训练数据计算当前估计值和实际标签之间的误差 $e$，即 $e_i = y_i - p(x_i; \theta)$，其中 $p(x_i; \theta) = \text{sig mod}(x; \theta)$；④利用上次迭代求得的系数和第③步中的 $E$，修正系数向量，$\theta^{t+1} = \theta^t - \alpha X^T E$。其中 $E$ 是 $e_i$ 组成的列向量；⑤$k = k + 1$ 返回第②步；⑥结束迭代，输出结果。

（3）在梯度下降法中应用 MapReduce。

在求解 Logistic 回归系数的过程中，使用了梯度下降的方法，梯度下降法本身在算法过程中是一个反复迭代过程，在每次迭代过程中，要对所有数据库中的数据进行扫描计算其最大似然函数的偏导数 $e = y_i - p(x_i; \theta)$，即算法步骤中的第③步，在计算过程中，不同数据记录之间不存在影响，是可以高度并行化计算的，当数据记录庞大时，可以交给 MapReduce 来完成，即在 Map 映射步中，计算每条记录的 $e$ 值，在 Reduce 步中将 $e$ 值汇总为列向量参与运算更新 $\theta$。

3）应用 Logistic 回归对空气污染进行分类预测

应用 Logistic 回归模型可以对能源环境经济之间各项指标之间进行分类学习建模，

选取较好的估计模型，进一步对指标之间的关系进行解释和分类预测。

A. 数据选取

选取北京市、天津市、河北省各个市（区、县）的空气污染每日检测等级作为回归的分类目标，选取人口密度、GDP、汽车拥有量水平、绿化率等因素、星期、月份、小时、风力、气温等作为回归预测自变量。

其中人口密度=地区总人口/地区总面积，汽车拥有量水平=汽车拥有量/地区总人口，绿化率、GDP 等因素均可以在国家统计年鉴上查询得到。

经过整理后的数据，如图 10.19 所示。

图 10.19　数据整理表格

B. 实验结果分析

使用 SPSS 作为模型计算工具，随机选择一半的数据对模型进行训练，得到的 Logistic 方程的系数结果，见表 10.11。

表 10.11　Logistic 回归参数估计结果（部分）

| 自变量 | B（系数） | 标准差 | Wald 值 | 自由度 | 显著性水平 |
|---|---|---|---|---|---|
| 常数项 | 0.703 | 0.490 | 2.060 | 1 | 0.151 |
| maxtemp | 0.006 | 0.009 | 0.452 | 1 | 0.502 |
| mintemp | −0.237 | 0.012 | 374.181 | 1 | 0.000 |
| power | 0.151 | 0.017 | 74.962 | 1 | 0.000 |
| pop_density | 0.050 | 0.031 | 2.644 | 1 | 0.104 |
| green_rate | 0.010 | 0.001 | 47.804 | 1 | 0.000 |
| avg_vehicle | 0.000 | 0.000 | 0.704 | 1 | 0.401 |
| gdp | 0.000 | 0.000 | 1.866 | 1 | 0.172 |
| [weather=大雪–小雪] | 0.236 | 0.666 | 0.125 | 1 | 0.723 |
| [weather=阵雨–阴] | −4.208 | 0.677 | 38.616 | 1 | 0.000 |
| ... | ... | ... | ... | ... | ... |
| [hour=0] | −0.018 | 0.109 | 0.028 | 1 | 0.868 |
| [hour=1] | 0.101 | 0.109 | 0.854 | 1 | 0.356 |

| 自变量 | B（系数） | 标准差 | Wald 值 | 自由度 | 显著性水平 |
|---|---|---|---|---|---|
| [hour=2] | 0.138 | 0.109 | 1.605 | 1 | 0.205 |
| [hour=3] | 0.104 | 0.107 | 0.939 | 1 | 0.332 |
| [hour=4] | 0.153 | 0.106 | 2.078 | 1 | 0.149 |
| [hour=5] | 0.255 | 0.107 | 5.665 | 1 | 0.017 |
| [hour=6] | 0.344 | 0.107 | 10.283 | 1 | 0.001 |
| [hour=7] | 0.289 | 0.108 | 7.151 | 1 | 0.007 |
| [hour=8] | 0.211 | 0.107 | 3.891 | 1 | 0.049 |
| [hour=9] | 0.090 | 0.107 | 0.712 | 1 | 0.399 |
| [hour=10] | 0.092 | 0.106 | 0.746 | 1 | 0.388 |
| [hour=11] | −0.028 | 0.106 | 0.071 | 1 | 0.790 |
| [hour=12] | −0.022 | 0.105 | 0.044 | 1 | 0.834 |
| [hour=13] | 0.266 | 0.109 | 5.920 | 1 | 0.015 |
| [hour=14] | 0.295 | 0.110 | 7.148 | 1 | 0.008 |
| [hour=15] | 0.435 | 0.111 | 15.328 | 1 | 0.000 |
| [hour=16] | 0.381 | 0.113 | 11.352 | 1 | 0.001 |
| [hour=17] | 0.315 | 0.112 | 7.894 | 1 | 0.005 |
| [hour=18] | 0.216 | 0.112 | 3.723 | 1 | 0.054 |
| [hour=19] | −0.046 | 0.110 | 0.177 | 1 | 0.674 |
| [hour=20] | −0.137 | 0.111 | 1.512 | 1 | 0.219 |
| [hour=21] | −0.175 | 0.110 | 2.544 | 1 | 0.111 |
| [hour=22] | −0.116 | 0.110 | 1.100 | 1 | 0.294 |
| [hour=23] | 0（c） | . | . | 0 | . |
| [weekday=1] | −0.300 | 0.068 | 19.361 | 1 | 0.000 |
| [weekday=2] | −0.150 | 0.065 | 5.301 | 1 | 0.021 |
| [weekday=3] | −0.033 | 0.072 | 0.212 | 1 | 0.645 |
| [weekday=4] | 0.8430 | 0.077 | 119.417 | 1 | 0.000 |
| [weekday=5] | 0.389 | 0.073 | 28.331 | 1 | 0.000 |
| [weekday=6] | −0.192 | 0.069 | 7.869 | 1 | 0.005 |
| [weekday=7] | 0（c） | . | . | 0 | . |
| [month=1] | −0.467 | 0.105 | 19.778 | 1 | 0.000 |
| [month=2] | 0.061 | 0.105 | 0.332 | 1 | 0.564 |
| [month=3] | 0.383 | 0.105 | 13.240 | 1 | 0.000 |
| [month=4] | 2.552 | 0.127 | 405.209 | 1 | 0.000 |
| [month=5] | 4.382 | 0.160 | 748.751 | 1 | 0.000 |
| [month=6] | 5.850 | 0.176 | 1105.414 | 1 | 0.000 |
| [month=7] | 6.274 | 0.186 | 1135.895 | 1 | 0.000 |
| [month=8] | 7.140 | 0.187 | 1452.424 | 1 | 0.000 |
| [month=9] | 5.365 | 0.149 | 1288.849 | 1 | 0.000 |
| [month=10] | 3.255 | 0.124 | 693.478 | 1 | 0.000 |
| [month=11] | 0（c） | . | . | 0 | . |

　　模型训练的结果拟合度指标显示，显著性水平小于 0.001，说明拟合度较好，而伪 $R$ 方的值，Cox and Snell 的值为 0.288，Nagelkerke 的值 0.301，这两个值却不算高，伪 $R$ 方的值应当越接近 1 越好。

　　从表 10.11 可以看出，对分类为优的预测方程中，每日时段对分类优影响的系数为正的时段在上午 1：00~10：00，下午 13：00~18：00，其中下午 13：00~18：00 的系数分别为 0.266、0.295、0.435、0.381、0.315、0.216。其中，0.216 为一天中空气质量最可能为优的时段，以下午 15：00 为最优，可以推断的是，午后 15：00 前后为一天中气温较暖，且避开了上下班的交通拥堵高峰期，因而在这一时段污染相对最轻。而对空气污染影响为正的月份是 4~10 月，其中以 8~9 月的系数最大分别为 7.140 和 5.365，这说明一年中空气质量最好的月份是夏末秋初，其他指标中可以看到人口密度的影响系数为正，汽车人均保有量和 GDP 的系数为负，说明机动车排放尾气和城市发展水平确实对空气质量造成一定负面影响，但人口密集却不一定会影响空气质量。此外部分参数的标准差和显著性水平值较大，不具备准确性，如天气（阴、晴、小雨等等）因素。

　　训练结果显示各个要素对分类结果的影响程度不同，其影响大小，如图 10.20 所示。

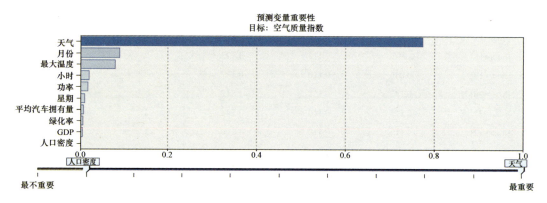

图 10.20　预测变量的重要性

　　从图 10.20 可以看出，各个变量对空气质量等级影响程度的大小按照顺序分别为：天气状况、月份（季节）、最大温度（气温）、时间（早晚）、风力、周末、区域汽车拥有水平、绿化率、GDP 水平及人口密度。由于空气质量本身具有较强的实时性和随机性，因而天气、时间等因素占主导因素。但在其他几个因素中，汽车的拥有水平也起了很重要的作用，说明了北京雾霾的原因跟车辆排放量有较大的关系。对于城区中心区域汽车拥有量较多的区域，污染情况就偏重些。

### 2.3E 系统综合得分预测——支持向量回归

1）模型概述

　　支持向量机（support vector machine）是一种分类算法，通过寻求结构化风险最小来提高学习机泛化能力，实现经验风险和置信范围的最小化，从而达到在统计样本量较少的情况下，也能获得良好统计规律的目的。通俗来讲，它是一种二类分类模型，其基本模型定义为特征空间上的间隔最大的线性分类器，即支持向量机的学习策略便是间隔最大化，最终可转化为一个凸二次规划问题的求解。

2）建模原理

给定训练样本集，如式（10.8）所示：

$$D = \{(x, y_1), (x_1, y_1), \cdots, (x_m, y_m)\}, y_i \in R \qquad (10.8)$$

希望得到一个形如 $f(x) = w^t x + b$ 的回归模型，使得 $f(x)$ 与 $y$ 尽可能的接近，$w$ 和 $b$ 是待确定的模型参数。对样本 $(x, y)$，传统回归模型直接基于模型输出 $f(x)$ 与真实值 $y$ 之间的差别来计算损失，当且仅当 $f(x)$ 与 $y$ 完全相同时，损失才为 0。与此不同，支持向量回归（support vector regression，SVR）假设我们能容忍 $f(x)$ 与 $y$ 之间最多有 $\varepsilon$ 的偏差，即仅当 $f(x)$ 与 $y$ 之间的绝对值大于 $\varepsilon$ 时才计算损失。如图 10.21 所示。

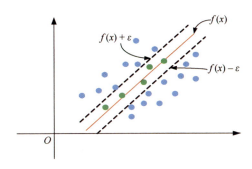

图 10.21　支持向量回归示意图

则 SVR 问题可形式化，公式为

$$\min_{w,b} \frac{1}{2} \|w\|^2 + C \sum_{i=1}^{m} \ell_f \left[ f(x_i) - y_i \right] \qquad (10.9)$$

$$\ell_\epsilon(z) = \begin{cases} 0, & \text{if } |z| \leqslant \varepsilon; \\ |z| - \varepsilon, & \text{otherwise.} \end{cases} \qquad (10.10)$$

式中，$C$ 为正则化常数；$\ell_\epsilon$ 为 $\epsilon$ 不敏感损失函数。

引入松弛变量 $\xi_i$ 和 $\hat{\xi}_i$，则公式为

$$\min_{w,b,\xi_i, \hat{\xi}_i} \frac{1}{2} \|w\|^2 + C \sum \left( \xi_i - \hat{\xi}_i \right) \qquad (10.11)$$

$$\text{s.t.} f(x_i) - y_i \leqslant \epsilon + \xi_i$$

$$f(x_i) - y_i \leqslant \epsilon + \hat{\xi}_i \qquad (10.12)$$

$$\xi_i \geqslant 0, \ \hat{\xi}_i \geqslant 0, \ i = 1, 2, \cdots, m$$

引入拉格朗日乘子 $\mu_i \geqslant 0, \hat{\mu}_i \geqslant 0, \alpha_i \geqslant 0, \hat{\alpha}_i \geqslant 0$，求导化简可得 SVR 的解，如式（10.13）所示：

$$f(x) = \sum_{i=1}^{m} (\hat{\alpha}_i - \alpha_i) x_i^{\mathrm{T}} x + b \qquad (10.13)$$

若考虑特征映射，则相应的 SVR 可表示为

$$f(x) = \sum_{i=1}^{m}(\hat{\alpha}_i - \alpha_i)k(x, x_i) + b \qquad (10.14)$$

式中，$k(x, x_i) = \phi(x_i)^{\mathrm{T}}\phi(x_j)$ 为核函数。

3）算例研究

为了深入分析预测京津冀区域能源、经济、环境系统之间的协调关系，构建了能源、经济、环境系统协调度预测模型，结合 SVM 对样本进行学习训练，得到基于 SVM 的预测分析模型，进而评估京津冀区域能源、经济与环境的发展水平。

本节以京津冀区域为例，选取 2005~2014 年的数据，计算京津冀区域能源、经济、环境的综合发展水平。并采用机器学习方法针对能源、经济、环境二元、三元协调度进行预测。

9.4.1 节中通过主成分分析方法获取因子 1 得分和因子 2 得分分析出了潜在的影响因素，然后通过结合主成分特征值的方差，可以得出主成分 1 和主成分 2 的得分值。最后通过主成分 1、主成分 2 和特征值方差的贡献率得出能源综合得分。本例中通过多项式拟合预测了 2016~2020 年能源、经济、环境的综合得分数据，其综合得分见表 10.12。

表 10.12　2005~2029 年京津冀区域能源、经济、环境系统综合得分

| 年份 | 能源综合得分 | 经济综合得分 | 环境综合得分 |
| --- | --- | --- | --- |
| 2005 | −3.942 | −3.917 | 3.044 |
| 2006 | −2.813 | −3.156 | 2.296 |
| 2007 | −2.205 | −2.456 | 1.517 |
| 2008 | −0.334 | −1.816 | 1.175 |
| 2009 | 0.135 | −0.508 | 0.164 |
| 2010 | 0.144 | 0.333 | −0.049 |
| 2011 | 0.615 | 0.993 | −1.057 |
| 2012 | 2.223 | 2.381 | −1.754 |
| 2013 | 3.149 | 3.455 | −2.141 |
| 2014 | 3.027 | 4.690 | −3.195 |
| 2015 | 3.752 | 5.943 | −3.062 |
| 2016 | 4.228 | 7.281 | −3.775 |
| 2017 | 4.653 | 8.683 | −4.497 |
| 2018 | 5.027 | 10.149 | −5.228 |
| 2019 | 5.349 | 11.679 | −5.968 |
| 2020 | 5.620 | 13.273 | −6.716 |
| 2021 | 5.692 | 13.091 | −6.522 |
| 2022 | 5.825 | 13.889 | −6.869 |
| 2023 | 5.939 | 14.509 | −7.153 |

| 年份 | 能源综合得分 | 经济综合得分 | 环境综合得分 |
|---|---|---|---|
| 2024 | 6.041 | 15.014 | −7.393 |
| 2025 | 6.131 | 15.442 | −7.600 |
| 2026 | 6.213 | 15.813 | −7.783 |
| 2027 | 6.288 | 16.139 | −7.947 |
| 2028 | 6.357 | 16.432 | −8.095 |
| 2029 | 6.420 | 16.696 | −8.231 |

利用能源、环境、经济综合得分使用机器学习方法求得的能源、环境、经济二元、三元耦合度，见表 10.13。

表 10.13　2005~2030 年能源、环境、经济耦合度一览表

| 年份 | 能源经济耦合度 | 能源环境耦合度 | 经济环境耦合度 | 3E 耦合度 |
|---|---|---|---|---|
| 2005 | 28.990 | −58.720 | −42.370 | 67.020 |
| 2006 | 34.590 | −56.940 | −46.650 | 74.720 |
| 2007 | 40.400 | −54.800 | −50.350 | 83.270 |
| 2008 | 45.980 | −52.380 | −53.320 | 92.770 |
| 2009 | 50.860 | −49.830 | −55.510 | 103.120 |
| 2010 | 54.710 | −47.400 | −56.940 | 113.940 |
| 2011 | 57.350 | −45.370 | −57.680 | 124.500 |
| 2012 | 58.770 | −43.930 | −57.820 | 133.760 |
| 2013 | 59.090 | −43.170 | −57.460 | 140.740 |
| 2014 | 58.470 | −43.030 | −56.690 | 144.910 |
| 2015 | 55.086 | −43.757 | −49.074 | 136.811 |
| 2016 | 51.051 | −45.801 | −50.957 | 122.381 |
| 2017 | 48.472 | −47.903 | −51.311 | 112.202 |
| 2018 | 47.539 | −49.469 | −51.308 | 108.663 |
| 2019 | 47.343 | −50.416 | −51.300 | 108.023 |
| 2020 | 47.320 | −50.908 | −51.300 | 107.963 |
| 2021 | 47.320 | −50.866 | −51.299 | 107.965 |
| 2022 | 47.319 | −51.013 | −51.299 | 107.961 |
| 2023 | 47.318 | −51.099 | −51.299 | 107.961 |
| 2024 | 47.318 | −51.154 | −51.299 | 107.961 |
| 2025 | 47.318 | −51.190 | −51.299 | 107.961 |
| 2026 | 47.318 | −51.216 | −51.299 | 107.961 |
| 2027 | 47.318 | −51.233 | −51.299 | 107.961 |
| 2028 | 47.318 | −51.247 | −51.299 | 107.961 |
| 2029 | 47.318 | −51.256 | −51.299 | 107.961 |
| 2030 | 47.318 | −51.264 | −51.299 | 107.965 |

能源、环境、经济二元耦合度趋势如图 10.22 和图 10.23 所示。

由图 10.22 和图 10.23 可知，2005~2014 年能源经济耦合度处于"优质协调"范围，2015~2020 年预测结果范围在 44°~55°，属于"优质协调"，曲线趋势表明能源经济耦合

度整体处于优质协调，趋势稳中有变。2005~2014 年能源环境耦合度处于"轻度不协调"范围，2015~2020 年预测结果范围在–43°~–50°，属于"轻度不协调"，曲线趋势表明能源环境耦合度整体处于轻度不协调。2005~2014 年经济环境耦合度处于轻度不协调范围，2015~2030 年预测结果范围在–49°~–51°，属于"轻度不协调"，曲线趋势表明经济环境耦合度整体处于"轻度不协调"。2005~2014 年 3E 耦合度在"弱协调"、"轻度不协调"、"中度不协调"范围内变动，2014 年以后在能源、经济、环境因素影响下曲线趋势处于下降趋势，耦合度由中度不协调变为"轻度不协调"，表明能源、经济、环境协调度有所改善，区域良性发展。

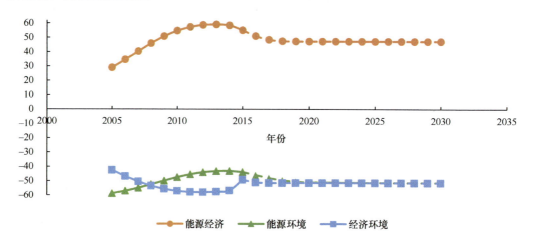

图 10.22　能源、经济、环境二元耦合度

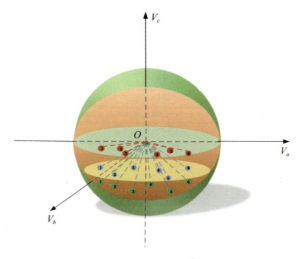

图 10.23　3E 系统协调耦合度构成的椭球模型

### 3. 3E 系统协调度预测——B-P 神经网络

能源、经济、环境系统协调度分析了三个子系统之间的协调发展，它不仅具有一般系统的层次性、整体性、相关性和动态性等特征，各子系统之间的相互作用机制更为复杂。能源、经济、环境三者作为一个统一的整体，通过建立 3E 系统体系分析三者内在

联系，以及三者之间发展规律的重要性，进一步预测未来的系统协调度，从而追求三者整体效益最大化，指导 3E 系统的协调发展。

人工神经网络（artificial neural network，ANN）是一种人脑的抽象计算模型，是一种模拟人脑思维的计算机建模方式。自 20 世纪 40 年代开始，人们对人工神经网络的研究已达半个多世纪。通过类似于生物神经元的处理单元，以及处理单元之间的有机连接，解决模式识别、联想记忆、优化计算等复杂问题。目前人工神经网络的应用研究正从人工智能逐步跨入以数据分析为核心的数据挖掘领域，并大量应用于数据的分类和回归预测中。

B-P 神经网络是一种典型的人工神经网络，是一种前窥视的多层感知机模型。其不仅包括输入和输出节点，而且还有一层或者多层的隐层。B-P 反向传播网络利用输出节点的预测误差来逐层估计隐节点的误差，将输出节点的预测误差反向逐层传播到上层节点，逐层调整链接权重，直至输出节点和隐节点的权重全部得到调整为止，最终使网络输出值越来越逼近极实际值。其三层 BP 神经网络结构图如图 10.24 所示。

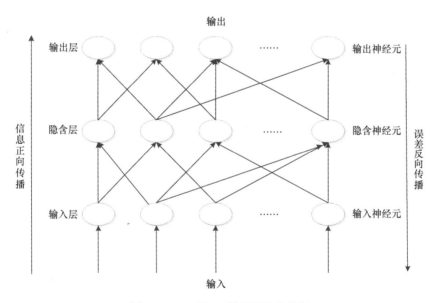

图 10.24　三层 BP 神经网络结构图

1）建模原理

人工神经网络中节点是最重要的元素，节点具有接受上层节点的输出作为本节点输入的特征，此外还接受名为偏差节点的常数输入，对其进行计算后给出本节点的输出。通常一个完整的节点由加法器和激活函数组成。

A. 加法器

节点接受的输入向量用 $X=(x_1,x_2,\cdots,x_p)$ 表示，节点给出的输出用 $y$ 表示，节点与上层连接的连接权重用向量 $W=(w_{11},w_{12},\cdots)$ 表示，节点的偏差用 $\theta$ 表示，则第 $j$ 个节点的加法器 $U_j$ 可定义为

$$U_j = \sum_{i=1}^{p} w_{ij}x_i + \theta_j \qquad (10.15)$$

式中，$p$ 为上层节点个数。

B. 激活函数

第 $j$ 个节点的激活函数定义为：$y_j = f(U_j)$。其中，$y_j$ 是激活函数值，也是节点 $j$ 的输出。函数 $f$ 的输入是加法器 $U_j$。激活函数的作用是将加法器的函数值转换为 1 或者 0，或者映射（0，1）的取值范围内，对于能源、经济、环境协调度预测问题，此处选用 Sigmoid 函数。

C. 感知机模型

感知机是一种最基本的前馈式双层神经网络，仅由输入层和输出层构成。输出节点只有一个只能实现二分类的预测和单个被解释变量的回归预测。

开始时，初始化各个连接权重和输出节点的偏差，默认值为–0.5~0.5 均匀分布的随机数，如式（10.16）所示：

$$w(0) = \{w_{ij}(0)\}, 1 \leqslant i \leqslant p, 1 \leqslant j \leqslant k$$
$$\theta(0)\ \ 1 \leqslant j \leqslant k \qquad (10.16)$$

输入训练样本。$t$ 时刻，根据样本输入变量值 $x = (x_1(t), x_2(t), \cdots, x_p(t))$ 和连接权重 $w(t) = \{w_{ij}(t)\}$，计算输出节点的输出值，如式（10.17）所示：

$$\hat{y}(t) = f\left[\sum_{j=1}^{p} w_{ij}(t)x_i(t) + \theta_j(t)\right] \qquad (10.17)$$

式中，$f$ 为激活函数。

$t$ 时刻，根据输出节点 $j$ 的期望值，计算输出节点的期望值与输出值（预测值）之间的误差：$e_j(t) = y_j(t) - \hat{y}_j(t)$。对于预测问题，若输出值小于实际值，则 $e_j(t) > 0$；若输出值大于预测值，则 $e_j(t) < 0$。

依据误差值调整第 $i$ 个输入节点和第 $j$ 个是输入节点之间的连接权重，以及第 $j$ 个输出节点的偏差权重，公式为

$$w_{ij}(t+1) = \alpha \cdot w_{ij}(t) + \eta \cdot e_j(t) \cdot x_i(t) \qquad (10.18)$$

$$\theta_j(t+1) = \alpha \cdot \theta_j(t) + \eta \cdot e_j(t) \qquad (10.19)$$

式中，$\alpha$ 为冲量项；$\eta$ 为学习率。这种权重调整策略遵从权重调整与误差所连接的输入呈正比的规则。模型不断重复上述步骤直至满足迭代终止条件。

2）算例研究

为了深入分析能源、经济、环境系统之间的协调关系，构建了能源、经济、环境系统协调度预测模型，选择适当的网络结构及相关参数，利用"$\theta$"模型得出的协调度样本，结合 B-P 神经网络对样本进行学习训练，得到模型的预测值，进而评估京津冀区域

能源、经济与环境的发展水平，如图 10.25 所示。该组合模型综合了"θ"模型的系统协调性评估和 B-P 神经网络预测的优点，在一定程度上克服了原始数据样本数少，数据波动性大对预测精度的影响，也增强了模型预测的自适应性，进一步地提升了该模型对于 3E 系统协调度预测的精度。

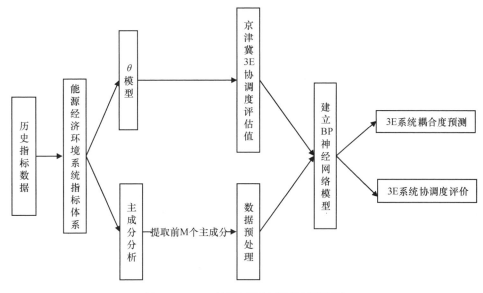

图 10.25　BP 神经网络协调度预测模型

选取京津冀区域 2005~2014 年十年的历史数据作为研究对象，应用 B-P 神经网络协调度预测模型预测京津冀区域未来系统协调度，通过对预测结果进行综合的分析，从而形成决策支持成果。模型实例计算过程如下：

A. 使用"θ"模型评估系统协调度（表 10.14）。

表 10.14　2005~2014 年能源、经济、环境协调度

| 年份 | 能源与经济协调度 | 能源与环境协调度 | 经济与环境协调度 | 3E 协调度 |
|---|---|---|---|---|
| 2005 | 28.99（良好） | −58.72（轻度不协调） | −42.37（轻度不协调） | 67.02（良好） |
| 2006 | 34.59（优质） | −56.94（轻度不协调） | −46.65（轻度不协调） | 74.72（良好） |
| 2007 | 40.40（优质） | −54.80（轻度不协调） | −50.35（轻度不协调） | 83.27（弱协调） |
| 2008 | 45.98（优质） | −52.38（轻度不协调） | −53.32（轻度不协调） | 92.77（弱协调） |
| 2009 | 50.86（优质） | −49.83（轻度不协调） | −55.51（轻度不协调） | 103.12（弱协调） |
| 2010 | 54.71（优质） | −47.40（轻度不协调） | −56.94（轻度不协调） | 113.94（轻度不协调） |
| 2011 | 57.35（优质） | −45.37（轻度不协调） | −57.68（轻度不协调） | 124.50（轻度不协调） |
| 2012 | 58.77（优质） | −43.93（轻度不协调） | −57.82（轻度不协调） | 133.76（轻度不协调） |
| 2013 | 59.09（优质） | −43.17（轻度不协调） | −57.46（轻度不协调） | 140.74（中度不协调） |
| 2014 | 58.47（优质） | −43.03（轻度不协调） | −56.69（轻度不协调） | 144.91（中度不协调） |

B. 依据能源、经济、环境指标体系提取主成分（表 10.15）。

表 10.15　2005~2014 年能源、经济、环境主成分因子

| 年份 | comp1 | comp2 | comp3 | comp4 | comp5 | comp6 | comp7 | comp8 | EBC | EAB | EAC | EABC |
|---|---|---|---|---|---|---|---|---|---|---|---|---|
| 2005 | 3.82975 | −0.87764 | 3.97994 | 1.08820 | 0.18666 | −4.37937 | −0.25131 | −0.15672 | 28.99 | −58.72 | −42.37 | 67.02 |
| 2006 | 3.25155 | 0.69903 | −3.38362 | 0.77428 | 0.18298 | −2.88055 | −1.20489 | −1.07050 | 34.59 | −56.94 | −46.65 | 74.72 |
| 2007 | 2.18216 | 0.59124 | −2.57815 | 0.46264 | −0.35696 | −2.58109 | −0.30556 | −0.29183 | 40.40 | −54.80 | −50.35 | 83.27 |
| 2008 | 1.93164 | 1.35982 | −1.81314 | −0.20021 | 0.33394 | −1.50158 | 1.21796 | 1.56570 | 45.98 | −52.38 | −53.32 | 92.77 |
| 2009 | 0.12255 | −0.36562 | −0.39861 | −0.62863 | −1.02257 | −0.59105 | 0.67109 | 0.57344 | 50.86 | −49.83 | −55.51 | 103.12 |
| 2010 | −0.52165 | −1.71355 | 0.10115 | −1.91382 | −0.42961 | 0.60603 | −0.09978 | −0.21100 | 54.71 | −47.40 | −56.94 | 113.94 |
| 2011 | −1.93297 | −1.95313 | 0.82711 | −0.73709 | 0.78309 | 0.92506 | 0.73112 | 0.16695 | 57.35 | −45.37 | −57.68 | 124.50 |
| 2012 | −2.11971 | 0.83450 | 2.35588 | −1.38314 | 0.47674 | 2.76860 | 1.01095 | −0.46406 | 58.77 | −43.93 | −57.82 | 133.76 |
| 2013 | −3.10205 | −0.91616 | 3.75016 | 1.02223 | 0.21771 | 3.88289 | 0.67123 | −1.17527 | 59.09 | −43.17 | −57.46 | 140.74 |
| 2014 | −3.64128 | 2.34151 | 5.11914 | 1.51554 | −0.37198 | 3.75106 | −2.44080 | 1.06329 | 58.47 | −43.03 | −56.69 | 144.91 |

C. 数据标准化预处理

人工神经网络中，输入变量的取值范围通常要求在 0~1，否则输入变量的不同数量级别将直接影响权重的确定、加法器的计算结果及最终的预测。标准化一般采用的处理策略是极差法，如式（10.20）所示：

$$x_i' = \frac{x_i - x_{\min}}{x_{\max} - x_{\min}} \tag{10.20}$$

同时需要对输出变量也进行标准化处理，最终给出的预测值也是标准化值。

D. 建立神经网络模型

通常，神经网络中隐层的层数和每层的节点个数决定了网络的复杂程度，隐层的层数和隐节点的个数越多，网络复杂程度与越高。层数较多的网络结构，尽管分类预测准确度较高，但模型过于复杂，在权衡复杂度与训练效率后，采用 1~2 个隐层的网络是较为合理的。

通过恰当的网络结构，初始化连接权重，为防止权重差异过大导致的迭代过程中无法同时达到稳定状态，模型中连接权重默认为一组随机数，来自均值为 0,取值在−0.5~0.5 的均匀分布。对于前述的数据，利用神经网络对系统协调度进行预测，最终目标是获得较小的预测误差，如果模型给出的预测误差较大，则进行新一轮的学习直至满足迭代终止条件为止。至此，一组相对合理的连接权重便被确定下来。通过函数可视化神经网络结构图如图 10.26 所示。

以此模型来对 2016~2020 年五年的协调度进行预测分析，选择验证误差最小的网络作为最终模型，对能源、经济、环境两两协调度，以及 3E 系统协调度进行预测，其预测趋势如图 10.27 所示。

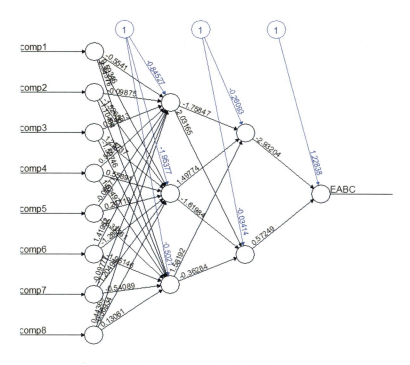

图 10.26　B-P 神经网络结构图

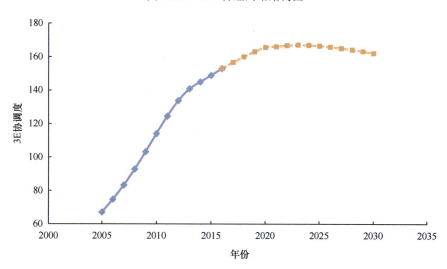

图 10.27　京津冀区域 3E 协调度预测图

注：本图主要描述了 2005~2030 年的 3E 协调度实际值与预测值，纵轴表示 3E 协调度值，将 60°之上协调度分为良好协调、弱协调、轻度不协调与中度不协调，曲线中实线表示已计算出的 2005~2015 年的 3E 协调度，虚线表示 2016~2030 年的 3E 协调度预测值

由图 10.27 可知，2005~2014 年 3E 协调度处于不断恶化的状态，从 2013 年起，恶化趋势减缓，并从 2020 年起趋于平稳并开始有下降的趋势，可见从 2005~2013 年可以看做第一阶段，在这个阶段中，三者协调度由良好协调处于不断恶化到中度不协调的状态，2013 年开始进入第二阶段，不协调恶化趋势渐缓，但不协调性仍然逐渐上升至中度

不协调，并在 2020 年协调度稳定在 160°~165°，模型预测显示，在 2020 年开始，协调度恶化趋势基本停止，协调状态逐渐向良好协调发展，虽然协调度有着逐渐变好的趋势，但是三者的协调度状况仍不容乐观。

由图 10.28 可知，2005~2014 年，能源经济协调度逐渐上升并趋于稳定，由"良好协调"逐渐趋向于"优质协调"，依据 2016~2030 年的预测值，二者协调度最终稳定在 60° 左右，说明二者未来几年内的关系也处于相对合理的状态，二者相辅相成，互相推动。2005~2014 年，能源环境协调度一直处于"轻度不协调"的状态，并且协调度不断下降，逐渐趋于中度不协调的等级，说明二者之间的协调度状况不容乐观，依据 2016~2030 年的预测值，二者协调度最终稳定在–40°左右，说明能源与环境两者之间的协调度逐渐稳定，但仍然会处于轻度不协调的状态中。2005~2014 年环境与经济的协调度趋势有所好转，虽然一直处于轻度不协调状态，但有逐渐向弱协调过渡的状态，依据 2016~2030 年预测值，经济与环境的协调度未来也将一直处于轻度不协调的状态中。

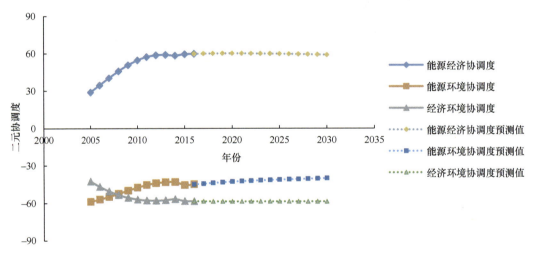

图 10.28　京津冀区域二元协调度预测图

注：本图主要描述了 2005~2030 年的 3E 二元协调度的实际值与预测值，包括能源经济协调度、能源环境协调度与经济环境协调度三个方面。纵轴表示二元协调度值，将协调度分为优质协调、良好协调、弱协调、轻度不协调与中度不协调，曲线中实线表示已计算出的 2005~2015 年的 3E 协调度，虚线表示 2016~2030 年的 3E 协调度预测值

## 10.7　本章小结

本章在 3E 系统分析模型群的基础上开展 3E 系统预测模型群研究，对京津冀区域 3E 系统中存在的一元、二元、三元问题进行预测。其中，一元预测模型包括灰色预测模型、回归分析和最小二乘法结合的预测方法，分别对大气环境和碳排放情况进行了预测。二元问题中采用 ARMR 模型预测了经济发展与能源消耗的脱钩关系。三元预测模型中主要以指数平滑法和系统动力学模型预测 3E 系统未来的发展趋势。除传统预测模型方法外，本章还应用大数据和机器学习相关技术和方法对京津冀区域大气环境、3E 系统协调度进行预测，为推进区域可持续发展提供决策性建议。

# 参 考 文 献

曹军威, 袁仲达, 明阳阳, 等. 2015. 能源互联网大数据分析技术综述. 南方电网技术, (11): 1-12

陈康, 向勇, 喻超. 2012. 大数据时代机器学习的新趋势. 电信科学, (12): 88-95

程学旗, 靳小龙, 王元卓, 等. 2014. 大数据系统和分析技术综述. 软件学报, (09): 1889-1908

关华. 2012. 能源–经济–环境系统协调可持续发展研究. 天津: 天津大学硕士学位论文

何清, 李宁, 罗文娟, 等. 2014. 大数据下的机器学习算法综述. 模式识别与人工智能, (04): 327-336

贾小勇, 徐传胜, 白欣. 2006. 最小二乘法的创立及其思想方法. 西北大学学报(自然科学版), (03): 507-511

李连德. 2009. 中国能源供需的系统动力学研究. 沈阳: 东北大学博士学位论文

李明玉. 2010. 能源供给与能源消费的系统动力学模型. 沈阳: 东北大学博士学位论文

李文超, 邹焕新, 雷琳, 等. 2014. 目标数据关联技术综述. 计算机仿真, 31(03): 1-5

刘世成, 张东霞, 朱朝阳, 等. 2016. 能源互联网中大数据技术思考. 电力系统自动化, 40(08): 14-21

莫莉娟. 2015. 区域大气环境评估决策支持系统的研究与实现. 北京: 华北电力大学硕博士学位论文

孙振宇. 2008. 多元回归分析与 Logistic 回归分析的应用研究. 南京: 南京信息工程大学硕士学位论文

佟金萍, 曹倩, 秦腾, 等. 2015. 区域经济发展与能源消耗的脱钩效应及预测分析. 商业经济研究, 35: 126-128

王艳艳. 2015. 基于 3EDSS 平台的低碳化能源体系决策系统的研究. 北京: 华北电力大学硕博士学位论文

薛禹胜, 赖业宁. 2016. 大能源思维与大数据思维的融合(一)大数据与电力大数据. 电力系统自动化, (01): 1-8

闫友彪, 陈元琰. 2014. 机器学习的主要策略综述. 计算机应用研究, (07): 4-10

Li J F, Yang A P. 2007. New Approach of Building GM(1, 1)Background Value and Its Application. Proceedings of the IEEE International Conference on Automationg and Logistics, 16-19

Rodrigues A. 1996. Bowers J. The role of system dynamics in project management. International Journal of Project Management, 14(04): 213-220

# 第 11 章　区域 3E 系统优化模型群

区域 3E 系统是一个考虑多种因素，较复杂的系统，仅仅用分析和预测模型研究是远远不够的，需要应用优化模型深度挖掘该系统。从狭义上来说，优化模型是指求解包含目标函数和约束条件的极值问题。根据约束条件的性质，优化可分为非线性规划和线性规划。根据变量是确定值或随机值，优化可分为确定性优化和不确定性优化。从广义意义上来说，优化模型是指能使原模型或原结果得到改进的方法。本章以指标体系优化、产业结构优化、多目标优化和不确定性优化为例，从模型概述、模型原理和算例研究三个过程来分析和研究区域 3E 系统的优化模型。

## 11.1　基于粗糙集和信息熵的指标体系优化模型

粗糙集和信息熵都是处理不确定性的有效方法。3E 系统包含大量的不确定性信息，将粗糙集和信息熵结合，用信息熵度量 3E 系统的指标体系，再利用粗糙集理论进行筛选和优化，从而构建出简洁高效的指标体系（宋松柏等，2003）。

### 11.1.1　模　型　概　述

粗糙集已广泛应用于管理决策、机器学习、专家系统等领域。粗糙集包括属性核和属性约简两个部分，属性核是指决策表中不可缺少的属性，换言之，属性核在系统中起着决定性作用。属性约简指在给定的属性集中发现一个较小的属性集，能够代表原属性中绝大部分的信息，从而替代原属性（马新科，2013）。熵（entropy）的概念来源于物理学，信息熵是将熵的概念用于信息度量，信息量越大，不确定性越小，熵值就越小；信息量越小，不确定性越大，熵值就越大（周荣喜等，2008）。由此可见，粗糙集和信息熵都是处理不确定性的有效方法。

本节采用增量式方法，根据粗糙集和信息熵理论，先求出属性集的相对核和每个指标的熵值；根据熵值大小，采用自底向上的方式添加属性；在相对核中添加一个属性，比较添加之前和添加之后的互信息增量，如果增量越大，说明此属性对决策越重要，重复上述过程，直到增量为零结束。其中，信息熵用来度量不确定性的大小；互信息代表包含在事件 $P$ 中关于事件 $Q$ 的信息，即互信息度量一个信源从另一个信源获取的信息量的大小。

### 11.1.2　模　型　原　理

基于互信息的相对约简算法是以自底向上的方式求相对约简，以决策表的相对核为起点,依据属性的重要性,逐次选择最重要的属性添加到相对核中(Liu,2006)。在决策表中,判断哪些条件对于决策更重要,要考虑条件属性和决策属性之间的互信息,选择互信息最大的属性添加到相对核中,直到互信息增量为零结束添加,其算法描述如下:

输入:设 $T=(U,C\cup D)$ 是一个决策表,$U$ 为论域,$C$ 为条件属性,$D$ 为决策属性,且 $C\subset U$,$D\subset U$。

输出:该决策表的一个相对约简,即 $C$ 的 $D$ 约简。

(1)计算决策表 $T$ 的条件属性集 $C$ 与决策属性集 $D$ 的互信息 $I(C;D)$。设 $P$ 和 $Q$ 为 $U$ 中的等价关系组,根据知识概率分布和信息论的定义,知识 $P$ 的信息熵 $H(P)$。公式为

$$H(P)=-\sum_{i=1}^{n}p(x_i)\ln p(x_i) \tag{11.1}$$

式中,$p(x_i)=\dfrac{|x_i|}{|U|}$,$i=1,2,\cdots,n$,知识 $P$ 相对于知识 $Q$ 的条件熵 $H(Q|P)$ 公式为

$$H(Q|P)=-\sum_{i=1}^{n}p(x_i)\sum_{j=1}^{m}p(y_j|x_i)\ln p(y_j|x_i) \tag{11.2}$$

知识 $P$ 与知识 $Q$ 的互信息 $I(P;Q)$。计算公式为

$$I(P;Q)=H(Q)-H(Q|P) \tag{11.3}$$

(2)计算 $C$ 相对于 $D$ 的核 $\text{Core}=\text{Core}_D(C)$。一般来说,$I(\text{Core};D)<I(C;D)$;若 $\text{Core}=\varPhi$,则 $I(\text{Core};D)=0$。

(3)令 $R=\text{Core}$,对条件属性 $C-R$,重复:①对每个属性 $a\in C-R$,计算条件互信息 $I(a;D|R)$。②选择使条件互信息 $I(a;D|R)$ 最大的属性,记做 $a$,如果同时有多个属性达到最大值,选择与 $R$ 属性组合最少的属性记做 $a$,并且使 $R=R\cup\{a\}$。③若 $I(R;D)=I(C;D)$,算法终止;否则转①。

(4)得到 $R$,即 $C$ 相对于 $D$ 的一个相对约简。

## 11.1.3 算 例 研 究

构建指标体系是将定性问题定量化研究的基础,3E 系统中存在大量不确定和非结构化的数据。本节通过粗糙集和信息熵的属性约简算法,从 3E 系统庞大的指标库中筛选出关联性强且代表突出的指标。其中,选取的 3E 系统数据集特征如表 11.1 所示。

表 11.1 3E 系统数据集特征

| 指标种类 | 指标数量 | 对象数量 | 决策属性数量 |
| --- | --- | --- | --- |
| 能源指标 | 230 | 276000 | 5 |
| 经济指标 | 283 | 339600 | 5 |
| 环境指标 | 372 | 446400 | 7 |

经过计算，能源系统、经济系统、环境系统分别筛选出了 15 个、13 个、12 个代表性较强的指标。其中，能源指标包括能源消费总量，原油消费比重，煤炭消费总量，天然气消费总量，能源强度，能源终端消费量，能源消费弹性系数，能源工业固定资产投资，第一、二、三产业能源消费比例。经济指标包括 GDP、GDP 增长率、第三产业比例、第二产业比例、恩格尔系数、地方财政收入、工业增加值、地方财政收入比例、固定资产投资额、全市居民消费水平、城镇居民可支配收入、规模以上工业利润总额。环境指标包括人均碳排放量、废水排放量、工业固定废物生产量、环境污染治理投资占总 GDP 比值、碳强度、生活垃圾消费量、污水处理率和碳排放量。精简后的指标体系大大缩减了原来不易计算的、庞大的指标体系。为本节后续的研究提供了重要的参考价值。

# 11.2    基于灰色动态规划的产业结构优化模型

根据"十三五"规划的要求和京津冀区域能源、经济、环境的发展现状，可知三次产业间的比例不协调，产业结构合理化发展缓慢（国家发展和改革委员会，2016）。考虑到经济增长与能源、环境约束的动态均衡关系，以整体综合效益最优为目标，充分考虑产业结构调整相关的约束条件，构建基于 3E 系统协调发展约束下的产业结构优化模型，为区域产业结构优化提供新模型支撑，给出京津冀区域产业结构调整优化方案。从产业结构及政策两方面提出对策与建议，希望对京津冀区域三次产业结构的调整具有指导意义。

## 11.2.1    模 型 概 述

### 1. 产业结构优化的内涵

产业结构优化是指通过调整产业结构，使各产业实现协调发展，同时促进区域内经济持续良性发展。从本质上讲，产业结构优化就是要提高社会各种资源的总和，不断转化为各种产品和劳务的效率和效果。产业结构优化通常需要一个地区建立以某一个或几个高效率、有优势的产业为主导，其他产业协调发展的一种产业结构关系，最终形成"优势突出，专业化分工协作"的产业发展格局（李文亮，2012）。

就区域而言，区域产业结构优化是指通过一系列的研究发现本地区的区域产业优势、资源禀赋与限制等多种经济发展要素，明确整个区域的经济发展状况，并在此基础上制定和实施特定的产业政策，以实现区域内产业内和产业间发展的相互协调，实现资源的优化配置，提高经济运行的效益（牛彦涛等，2009）。

### 2. 产业结构优化模型

为达成京津冀区域产业结构优化，引入灰色动态线性规划模型。此模型是线性规划模型与灰色预测 GM（1，1）模型的结合。

灰色线性动态规划是在线性规划中的参数预测的基础上构建的一种线性规划模型。

灰色动态线性规划模型参数可以根据灰色 GM（1，1）模型进行预测，灰色 GM（1，1）模型的建立只需要四个数据即可实现，相比较大量数据建模的线性回归方法模型更具有简便性。根据求得的灰色动态线性规划参数建立某年的线性规划模型，从而得到灰色动态线性规划模型。

## 11.2.2　模型原理

本节通过建立结构优化目标与产业结构优化约束条件，建立京津冀区域基于 3E 协调的灰色动态线性规划模型。

### 1. 产业结构优化目标函数

综合考虑京津冀区域经济发展的现状，结合京津冀国家发展战略，全面考虑能源因素、经济因素、社会因素和环境因素确定产业结构的目标，达到资源配置最优化、经济效益最大化、3E 系统协调发展化。

以三次产业结构优化为研究对象，产业结构的目标转换为三次产业产值最大的目标。目标函数计算公式为

$$\max z_t = x_1^t + x_2^t + x_3^t \tag{11.4}$$

### 2. 产业结构优化约束条件

通过对第一、二、三产业的分析，根据京津冀区域产业结构发展现状，能源、经济、环境和社会 4 方面因素影响着三次产业结构的变化，三次产业的调整、变化与这些要素的变化息息相关，并且制约着三次产业的发展。从能源、经济、环境和社会 4 个角度，选取能源、电力、资金、水资源、地税及劳动力为产业结构优化的约束条件，对京津冀区域三次产业结构进行优化。

### 3. 生成灰色动态线性规划优化模型

按照产业结构优化目标与约束条件，建立基于 3E 系统协调发展约束下的灰色动态线性规划优化模型。公式为

$$\max z_t = x_1^t + x_2^t + x_3^t \tag{11.5}$$

$$\begin{cases} a_{11}^t x_1^t + a_{12}^t x_2^t + a_{13}^t x_3^t \leqslant b_1^t \\ a_{21}^t x_1^t + a_{22}^t x_2^t + a_{23}^t x_3^t \leqslant b_2^t \\ a_{31}^t x_1^t + a_{32}^t x_2^t + a_{33}^t x_3^t \leqslant b_3^t \\ a_{41}^t x_1^t + a_{42}^t x_2^t + a_{43}^t x_3^t \leqslant b_4^t \\ a_{51}^t x_1^t + a_{52}^t x_2^t + a_{53}^t x_3^t \leqslant b_5^t \\ a_{42}^t x_2^t \leqslant b_6^t \\ x_1^t, x_2^t, x_3^t \geqslant 0 \end{cases} \tag{11.6}$$

式中，$x_1^t$、$x_2^t$、$x_3^t$ 分别为第 $t$ 年第一、二、三产业的国内生产总值（亿元）；$b_i^t$ 为各个

资源约束总量，根据之前年份三次产业能源、电力、资金及劳动力的总量，采用灰色预测模型预测所得数值；$b_1^t$ 为能源投入（万 tce）；$b_2^t$ 为电力投入（万人）；$b_3^t$ 为资金投入（万元）；$b_4^t$ 为劳动力投入（万 kW·h）；$a_{11}^t$、$a_{12}^t$、$a_{13}^t$ 为第一、二、三产业万元生产产值所需能源（万 t/万元）；$a_{21}^t$、$a_{22}^t$、$a_{23}^t$ 为第一、二、三产业万元生产产值所需用电量（万 kW·h/万元）；$a_{31}^t$、$a_{32}^t$、$a_{33}^t$ 为第一、二、三产业万元生产产值所需资金（万元）；$a_{41}^t$、$a_{42}^t$、$a_{43}^t$ 为第一、二、三产业万元生产产值所需劳动力数量（人/万元）；$a_{51}^t$、$a_{52}^t$、$a_{53}^t$ 为第一、二、三产业万元生产产值所需劳动力数量（人/万元）；$a_{62}^t$ 为第一、二、三产业万元生产产值二氧化硫排放量（t/万元）。

## 11.2.3 算 例 研 究

以北京市为例，搜集北京市 2005~2014 年的指标数据，采用灰色动态预测模型，根据 2005~2014 年资源约束总量与三次产业的万元产值资源消耗，预测得到 2015~2020 年各个资源约束总量 $b_i^t$ 及三次产业各自的万元产值资源消耗 $a_{ij}$。然后，应用 MATLAB 软件对模型求解，从而预测北京市 2015~2020 年的产业结构产值，为京津冀区域产业结构提出优化方案。

### 1. 数据搜集与处理

基于建立的灰色动态线性规划模型，搜集北京市 2005~2014 年第一、二、三产业能源、电力、资产、劳动力、土地、环境方面相关数据。

能源要素采用能源消耗量表征；电力要素采用用电量表征；资产要素采用固定资产投资表征；劳动力投入情况采用年末就业人数表征；土地要素采用地税表征；环境要素主要采用 $SO_2$ 排放量表征，针对污染物排放的统计数据主要集中在第二产业，这里采用第二产业 $SO_2$ 排放量来表现环境要素的作用。

### 2. 优化结果及分析

$b_i^t$：根据 2005~2014 年三次产业能源消费总量、用电量、固定资产投资、年末就业人数、地税、$SO_2$ 排放量，采用灰色预测模型预测所得。2015~2020 年三次产业能源消费总量、用电量、固定资产投资、年末就业人数如表 11.2 所示。

表 11.2　2015~2020 年北京市指标预测值

| 指标 | 2015 年 | 2016 年 | 2017 年 | 2018 年 | 2019 年 | 2020 年 |
|---|---|---|---|---|---|---|
| 能源消费总量/万 tce | 5634.04 | 5678.48 | 5723.26 | 5768.40 | 5813.90 | 5859.75 |
| 用电量/（万 kW·h） | 8248492 | 8666640 | 9105939 | 9567459 | 10052322 | 10561705 |
| 固定资产投资/亿元 | 8577.7 | 9473.7 | 10463.0 | 11555.4 | 12761.4 | 14092.9 |
| 年末就业人数/万人 | 1202.9 | 1239.5 | 1277.2 | 1316.0 | 1356.0 | 1397.2 |
| 地税/亿元 | 3964.81 | 4486.22 | 5076.24 | 5743.79 | 6498.88 | 7353.38 |
| $SO_2$ 排放量/万 t | 6.42 | 5.77 | 5.18 | 4.66 | 4.19 | 3.38 |

$a_{ij}{}^{t}$：根据 2005~2014 年第一、二、三产业万元产值指标值，用灰色预测模型预测得到。以 2015~2020 年万元产值能耗为例，其预测结果如表 11.3 所示，同理可求得万元产值用电量、万元产值固定资产投资和万元产值年末就业人数。

表 11.3 2015~2020 年北京市三次产业能源消费总量及万元产值能耗

| 年份 | 能源消费总量/万 tce | | | 万元产值能耗/tce | | |
| --- | --- | --- | --- | --- | --- | --- |
| | 第一产业 | 第二产业 | 第三产业 | 第一产业 | 第二产业 | 第三产业 |
| 2015 | 97.98 | 2067.3 | 3553.2 | 0.547099224 | 0.400527760 | 0.182973835 |
| 2016 | 98.14 | 1993.9 | 3723.5 | 0.510613944 | 0.352558832 | 0.169524090 |
| 2017 | 98.44 | 1923.1 | 3901.8 | 0.477238571 | 0.310339597 | 0.157060286 |
| 2018 | 98.60 | 1854.8 | 4088.8 | 0.445428262 | 0.273179698 | 0.145524330 |
| 2019 | 98.75 | 1789.0 | 4284.7 | 0.415684459 | 0.240484787 | 0.134840506 |
| 2020 | 98.90 | 1725.5 | 4490.0 | 0.387934416 | 0.211703764 | 0.124948518 |

在此基础上，建立北京市 2015~2020 年三次产业结构优化的灰色动态线性规划模型。应用 MATLAB 软件，求解三次产业结构产值，计算得出三次产业结构如表 11.4 所示。

表 11.4 2015~2020 年北京市三次产业结构 （单位：%）

| 年份 | 第一产业 | 第二产业 | 第三产业 |
| --- | --- | --- | --- |
| 2015 | 0.723312480 | 20.84613303 | 78.43055449 |
| 2016 | 0.691065125 | 20.33468119 | 78.97425369 |
| 2017 | 0.660154415 | 19.83234824 | 79.50749735 |
| 2018 | 0.630510666 | 19.33935379 | 80.03013554 |
| 2019 | 0.602137848 | 18.85581642 | 80.54204573 |
| 2020 | 0.574962540 | 18.38179642 | 81.04324104 |

从表 11.4 可知，第一、第二产业的 GDP 产值比例会有所下降，但是第三产业的产值比例将会得到增加，这一方案满足产业结构调整的趋势：第一、第二产业稳中有降，第三产业明显上升按照 3E 系统发展理念，对北京市产业结构进行调整，北京市三次产业结构可以从 2015 年的 0.72∶20.85∶78.43 的调整为 2020 年的 0.57∶18.38∶81.04，符合"十三五"规划的理念。

## 11.3 基于多目标规划模型的 3E 系统规划研究

3E 系统是一个有机复合系统（魏一鸣等，2005），本书选取能源、经济、环境三个子系统的目标参数，设置决策变量、规划目标及模型约束。以 2015 年各决策变量为初始值，以 2020 年为规划目标年，结合能源、经济、环境实际情况，构建 3E 系统多目标规划模型。从而解决 3E 复杂系统的整体性问题，使模型各子系统组成要素协调运行（马新科，2013）。

## 11.3.1　模　型　概　述

目标规划是常用的数学模型构建方法（曾鸣和盛绪美，1991），当要满足的目标函数多于一个时，这种在给定区域上求得最优的方法即为多目标规划（牛彦涛，2011）。本书构建的 3E 系统多目标规划模型包括目标函数、决策变量、约束条件和约束函数四个部分。以经济的增长量最大、能源消费量最小和对环境造成的污染最少为目标。模型约束包括以下 3 个方面：①三大产业的 GDP 增加值不低于北京在"十三五"发展规划制定的标准；②能源供给大于能源消费；③三大产业的污染物排放量小于制定的标准（马新科，2013）。

## 11.3.2　模　型　原　理

### 1. 3E 系统规划模型目标

（1）能源子系统目标：以三大产业的能源消费总量最小为目标，假设各种类型的能源可以相互转化和替代，统一用万 tce 表示。公式为

$$\min \sum_{i=1}^{3} \alpha_i x_i, i = 1, 2, 3 \tag{11.7}$$

式中，$\alpha_i$ 为 $i$ 产业的能源消费量与 $i$ 产业的 GDP 产值之比；$x_i$ 为 $i$ 产业的 GDP 总产出。

（2）经济子系统目标：以三大产业的 GDP 产值最大为目标。公式为

$$\max \sum_{i=1}^{3} \beta_i x_i, i = 1, 2, 3 \tag{11.8}$$

式中，$\beta_i$ 为 $i$ 产业的 GDP 增加值与 $i$ 产业的 GDP 产值之比；$x_i$ 为 $i$ 产业的 GDP 总产出。

（3）环境子系统目标：以 $SO_2$ 的排放量最小为目标。公式为

$$\min \sum_{i=1}^{3} \gamma_i x_i, i = 1, 2, 3 \tag{11.9}$$

式中，$\gamma_i$ 为 $i$ 产业的 $SO_2$ 排放量与 $i$ 产业的 GDP 产值之比；$x_i$ 为 $i$ 产业的 GDP 总产出。

### 2. 3E 系统规划模型约束

（1）能源子系统约束：能源供给量对社会经济的发展和能源消费量是有约束作用的，各大产业的实际能源消费总量要小于或等于预期的能源供给量。公式为

$$\sum_{i=1}^{3} \alpha_i x_i + U_e \leqslant \text{Energy}_{\text{total}}, i = 1, 2, 3 \tag{11.10}$$

式中，$\alpha_i$ 为 $i$ 产业的能源消耗强度；$U_e$ 为生活用能消费总量；$\text{Energy}_{\text{total}}$ 表示规划的能源消费上限。

（2）经济子系统约束：按照"十三五"发展规划，三大产业的 GDP 增加值应大于或等于制定的 GDP 增长计划值。公式为

$$\sum_{i=1}^{3} \beta_i x_i \geqslant E_{CO_{GDP}}, i = 1, 2, 3 \tag{11.11}$$

式中，$E_{CO_{GDP}}$ 为 GDP 规划值。

（3）环境子系统约束：仅考虑 $SO_2$ 的排放约束。公式为

$$\sum_{i=1}^{3} \gamma_i x_i + U_{SO_2} \leqslant Env_{SO_2} \tag{11.12}$$

式中，$U_{SO_2}$ 为生活上的 $SO_2$ 排放量；$Env_{SO_2}$ 为规划的 $SO_2$ 排放量。

**3. 3E 系统多目标规划模型构建**

经过整理，得到 3E 系统多目标规划模型。公式为

$$\begin{cases}
\min z = P_1 d_1^+ + P_2 d_2^- + P_3 d_3^+ \\
\sum_{i=1}^{3} \alpha_i x_i + U_e + d_1^- - d_1^+ = Energy_{total} \\
\sum_{i=1}^{3} \beta_i x_i + d_2^- - d_2^+ = E_{CO_{GDP}} \\
\sum_{i=1}^{3} \gamma_i x_i + U_{SO_2} + d_3^- - d_3^+ = Env_{SO_2} \\
x_i \geqslant 0, d_i^+ \geqslant 0, d_i^- \geqslant 0, i = 1, 2, 3
\end{cases} \tag{11.13}$$

式中，$P_1$ 为能源系统目标优先因子；$P_2$ 为经济系统目标优先因子；$P_3$ 为环境系统目标优先因子；$\alpha_i$ 为 $i$ 产业的能源消耗强度，即 $i$ 产业的能源消耗总量与 $i$ 产业的 GDP 总量之比；$\beta_i$ 为 $i$ 产业的产出值增加值率，即 $i$ 产业的产值增加值与 $i$ 产业的 GDP 总量之比；$\gamma_i$ 为 $i$ 产业的 $SO_2$ 排放系数，即 $i$ 产业的 $SO_2$ 排放量与 $i$ 产业的 GDP 总量之比；$Energy_{total}$ 为预期能源消费量，单位是万 tce；$E_{CO_{GDP}}$ 为预期经济总量，单位是亿元；$Env_{SO_2}$ 为预期 $SO_2$ 排放量，单位是万 t；$x_i$ 为各大产业的 GDP 产出，$d_i^+$，$d_i^-$ 为正负偏差变量，$i = 1, 2, 3$。

## 11.3.3　算例研究

以北京市为例，结合北京市三大产业的能源消耗强度、经济产出值的增加值率及 $SO_2$ 排放系数，参考"十三五"规划，北京市在能源、经济、环境方面制定的目标，以 2015 年为基准年，预测"十三五"期末，即 2020 年北京市各大产业的 GDP 产值、能源消费量和二氧化硫排放量，同时对北京市能源–经济–环境系统进行优化（国家发展和改革委员会，2016）。

北京市 2015 年能源–经济–环境系统相关数据见表 11.5。其中，$SO_2$ 的排放主要来源于第二产业中工业和生活方面，第一产业和第三产业几乎不产生 $SO_2$ 排放，因此，将第一产业 $SO_2$ 和第三产业 $SO_2$ 均近似认为是 0。

表 11.5 2015 年北京市能源–经济–环境系统相关数据

| | 能源消费总量/万 tce | GDP/亿元 | $SO_2$ 排放量/万 t |
|---|---|---|---|
| 第一产业 | 90.7 | 140.2 | 0.00 |
| 第二产业 | 1886.5 | 4526.4 | 4.48 |
| 第三产业 | 3329.5 | 18302.0 | 0.00 |
| 总计 | 5306.7 | 22968.6 | 4.48 |

参考北京市"十三五"规划制定的目标，北京市 2020 年在能源、经济、环境方面制定的目标参数值设置为

$$\text{Energy}_{\text{total}} = 8800 \ \text{万 tce} \tag{11.14}$$

$$\text{E}_{\text{CO}_{\text{GDP}}} = 33514.5 \ \text{亿元} \tag{11.15}$$

$$\text{Env}_{\text{SO}_2} = 6 \ \text{万 t} \tag{11.16}$$

结合式（11.14）~式（11.16）及表 11.5，应用上述构建的 3E 系统多目标规划模型，求得 2020 年北京市 3E 系统优化结果，见表 11.6。

表 11.6 3E 系统多目标优化模型优化结果

| 决策变量 | 最优值 | 目标变量 | 预期值 |
|---|---|---|---|
| 第一产业增加值/亿元 | 192.1 | 能源消费总量/万 tce | 8800.6 |
| 第二产业增加值/亿元 | 6175.3 | 地区生产总值/亿元 | 31442.7 |
| 第三产业增加值/亿元 | 25075.3 | $SO_2$ 排放量/万 t | 3.8 |

由表 11.6 可以看出，要保证"十三五"规划期间北京市 3E 系统目标的有效实现，各个子系统需要加强以下工作。

1）经济子系统

根据规划结果，"十三五"期末 2020 年北京市 GDP 将达到 33514.5 亿元，为达到规划目标，要保持经济快速增长，需要加大三次产业固定资产投资，积极调整三次产业就业人数比例。第一产业比例要达到 0.6%；第二产业比例要达到 19.6%；第三产业比例要达到 79.4%。这一比例符合"十三五"期间北京市将以服务业为主，继续坚持优化一产、做强二产、做大三产的规律。

2）能源子系统

根据规划结果，"十三五"期末 2020 年北京市能源消费总量为 8800.6 万 tce，恰好实现规划目标。

3）环境子系统

根据规划结果，"十三五"期末 2020 年北京市工业 $SO_2$ 排放量为 3.8 万 t，不能完成规划目标的 3.01 万 t，这一目标实现还需要加大环境污染治理投资。

# 11.4　基于不确定性区间优化的 3E 系统规划研究

3E 系统规划存在着不确定性。历史数据和现有数据的部分缺失会产生多种未知因素，3E 系统是一个复杂系统，系统内部参数相互影响，存在着随机性相同的参数，用不同的模型计算，结果也可能不同。由于 3E 系统的多重复杂性，很多情况下需要将多重不确定性转化为单重不确定性，将不确定性转换为确定性（赵涛和李亘煜，2008）。对于不确定 3E 系统规划，经典的确定性优化理论已经无法完成，必须通过不确定性优化方法进行建模和求解。其中，不确定性区间优化由于对数据要求低，计算过程简单及结果简洁明了等特点，获得了广泛的应用。本章节将应用不确定性区间优化来研究 3E 系统。

## 11.4.1　模　型　概　述

### 1. 区间优化

目前，不确定理论大致分为三类：基于随机数学规划的不确定性理论、基于模糊数学规划的不确定性理论和基于区间数学规划的不确定性理论（牛彦涛等，2010）。其中，随机数学规划是借助随机概率理论处理含有随机性的规划问题，一般分为机会约束规划和两阶段随机规划。机会约束规划用于处理模型约束存在被越界可能的随机规划问题；两阶段随机规划用于随机情况下预设政策的情景分析（余岳峰等，2008）。模糊数学规划是利用模糊集理论处理系统描述或规划过程中的不确定性，一般分为模糊弹性规划和模糊可能性规划。模糊弹性规划用来解决目标函数值和约束条件具有弹性的规划问题；模糊可能性规划中含有模糊变量，其求解过程往往比较繁琐。相比随机数学规划，模糊数学规划降低了对数据的要求。区间数学规划是将系统中的不确定性信息处理成区间形式，即系统中的变量表示为一个取值范围，而不是一个确定的值。与随机数学规划和模糊数学规划需要获得特定的概率分布函数或隶属度函数相比，区间数学规划中变量可以处理成简单的区间上下界，在数据量要求上大大降低。区间数学规划是应用较为广泛的方法之一，但是仅利用离散区间形式处理不确定性变量和参数，表达方式过于简单，可能会忽略很多有效信息，导致规划结果失去应用价值。通过结合其他优化方法，得到某一综合处理不确定性问题的方法，可以克服单一优化方法的缺点，这一方式在规划中得到越来越多的重视（张晓萱等，2008）。图 11.1 显示了区间优化与其他方法的结合产生的方法。

### 2. 区间定义

通常情况下，在数据质量无法达到获取变量概率分布函数或隶属度函数时，可以采用区间数学规划来处理系统的不确定性（Lin and Huang，2008）。因此，区间数学规划在参数信息上更容易获得，同时求解过程简单，计算要求不大，是解决不确定性问题的一个有效方法。本小节将简单研究区间的相关定义（Huang et al，1997）。

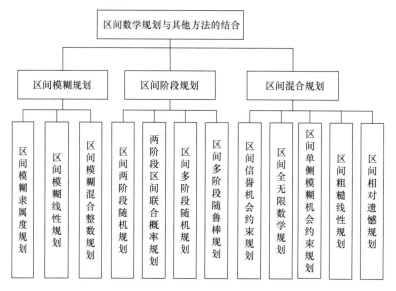

图 11.1 区间优化与其他方法的结合

1）区间数

定义 1：令 $x$ 表示一系列封闭而有界的实数，被定义为是上下界已知，但其概率分布未知的 $x$ 的区间数公式为

$$x^{\pm} = [x^-, x^+] = [t \in x \mid x^- \leqslant t \leqslant x^+] \tag{11.17}$$

式中，$x^-$，$x^+$ 为 $x^{\pm}$ 的上下界，当 $x^- = x^+$ 时，$x^{\pm}$ 为确定数（Huang et al.，1992）。

定义 2：对于 $x^{\pm}$，$\mathrm{Sign}(x^{\pm})$ 公式为

$$\mathrm{Sign}(x^{\pm}) = \begin{cases} 1 & \text{if } x^{\pm} \geqslant 0 \\ -1 & \text{if } x^{\pm} < 0 \end{cases} \tag{11.18}$$

定义 3：对于 $x^{\pm}$，其绝对值公式为

$$|x|^{\pm} = \begin{cases} x^{\pm} & \text{if } x^{\pm} \geqslant 0 \\ -x^{\pm} & \text{if } x^{\pm} < 0 \end{cases} \tag{11.19}$$

$$|x|^- = \begin{cases} x^- & \text{if } x^{\pm} \geqslant 0 \\ -x^+ & \text{if } x^{\pm} < 0 \end{cases} \tag{11.20}$$

$$|x|^+ = \begin{cases} x^+ & \text{if } x^{\pm} \geqslant 0 \\ -x^- & \text{if } x^{\pm} < 0 \end{cases} \tag{11.21}$$

定义 4：令 $R^{\pm}$ 表示灰色数集。向量 $X^{\pm}$ 为数集的元组，矩阵 $X^{\pm}$ 公式为

$$X^{\pm} = \{x_i^{\pm} = [x_i^-, x_i^+] \mid \forall i\} \quad X^{\pm} \in \{R^{\pm}\}^{l \times n} \tag{11.22}$$

$$X^{\pm} = \{x_{ij}^{\pm} = [x_{ij}^-, x_{ij}^+] \mid \forall i, j\} \quad X^{\pm} \in \{R^{\pm}\}^{m \times n} \tag{11.23}$$

2）区间线性规划

定义 1：令 $R^{\pm}$ 表示灰色数集。区间规划模型公式为

$$\max f^{\pm} = C^{\pm}X^{\pm} \tag{11.24}$$

约束条件公式为

$$A^{\pm}X^{\pm} \leqslant B^{\pm} \quad 且 \quad X^{\pm} \geqslant 0 \tag{11.25}$$

式中，$A^{\pm} \in \{R^{\pm}\}^{m \times n}$，$B^{\pm} \in \{R^{\pm}\}^{m \times l}$，$C^{\pm} \in \{R^{\pm}\}^{l \times n}$，且 $X^{\pm} \in \{R^{\pm}\}^{n \times l}$。

通过交互式运算法则求解区间规划模型。设目标函数（$\max f^{\pm} = C^{\pm}X^{\pm}$）的 $n$ 个区间系数 $c_j^{\pm}(j = 1,2,\cdots,n)$ 中，有 $k_1$ 个正数和 $k_2$ 个负数，令前 $k_1$ 个系数为正，即 $c_j^{\pm} \geqslant 0(j = 1,2,\cdots,k_1)$，后 $k_2$ 个系数为负，即 $c_j^{\pm} \leqslant 0(j = k_1 + 1, k_1 + 2, \cdots, k_2)$，且 $k_1 + k_2 = n$（其中不存在模型中 $c_j^{\pm}$ 的两个边界有不同符号的情况）（Huang et al., 1992）。于是，目标函数 $f^{\pm}$ 能够被表示为上下两个区间。公式为

$$f^{+} = \sum_{j=1}^{k_1} c_j^{+} x_j^{+} + \sum_{j=k_1+1}^{n} c_j^{+} x_j^{-} \qquad f^{-} = \sum_{j=1}^{k_1} c_j^{-} x_j^{-} + \sum_{j=k_1+1}^{n} c_j^{-} x_j^{+} \tag{11.26}$$

对于目标函数的上下界的约束条件可以根据模型参数和决策变量之间的交互关系分解公式为

$$\sum_{j=1}^{k_1} |a_{ij}|^{\ulcorner} \mathrm{Sign}(a_{ij}^{-}) x_j^{+} + \sum_{j=k_1+1}^{n} |a_{ij}|^{+} \mathrm{Sign}(a_{ij}^{+}) x_j^{-} \leqslant b_i^{\pm} \quad \forall i \tag{11.27}$$

$$\sum_{j=1}^{k_1} |a_{ij}|^{+} \mathrm{Sign}(a_{ij}^{+}) x_j^{-} + \sum_{j=k_1+1}^{n} |a_{ij}|^{\ulcorner} \mathrm{Sign}(a_{ij}^{-}) x_j^{+} \leqslant b_i^{\pm} \quad \forall i \tag{11.28}$$

推论 1：对于 $f^{+}$ 的区间线性规划子模型，当目标被最大化的时候为其提供了求解过程的第一步，公式为（假设 $b_i^{\pm} > 0$）

$$\max f^{+} = \sum_{j=1}^{k_1} c_j^{+} x_j^{+} + \sum_{j=k_1+1}^{n} c_j^{+} x_i^{-} \tag{11.29}$$

约束条件公式为

$$\sum_{j=1}^{k_1} |a_{ij}|^{\ulcorner} \mathrm{Sign}(a_{ij}^{-}) x_j^{+} / b_i^{+} + \sum_{j=k_1+1}^{n} |a_{ij}|^{+} \mathrm{Sign}(a_{ij}^{+}) x_j^{-} / b_i^{-} \leqslant 1 \quad \forall i \quad x_j^{\pm} \geqslant 0 \quad \forall j \tag{11.30}$$

推论 2：根据推论 1，可以从相应的 $f^{+}$ 中得到 $x_{j\,\mathrm{opt}}^{+}(j = 1,2,\cdots,k_1)$ 和 $x_{j\,\mathrm{opt}}^{-}(j = k_1 + 1, k_1 + 2, \cdots, n)$。

推论 3：从 $f^{-}$ 相应的区间线性规划子模型中，可得到第二步的求解步骤，根据 $x_j^{+}(j = 1,2,\cdots,k_1)$ 和 $x_j^{-}(j = k_1 + 1, k_1 + 2, \cdots, n)$，计算公式为（假设 $b_i^{\pm} > 0$）

$$\max f^- = \sum_{j=1}^{k_1} c_j^- x_j^- + \sum_{j=k_1+1}^{n} c_j^- x_i^+ \quad (11.31)$$

约束条件公式为

$$\sum_{j=1}^{k_1} |a_{ij}|^+ \mathrm{Sign}(a_{ij}^+) x_j^- / b_i^- + \sum_{j=k_1+1}^{n} |a_{ij}|^- \mathrm{Sign}(a_{ij}^-) x_j^+ / b_i^+ \leqslant 1 \quad \forall i \quad x_j^\pm \geqslant 0 \quad \forall j \quad (11.32)$$

$$x_j^- \leqslant x_{j\,\mathrm{opt}}^+ \quad j=1,2,\cdots,k_1 \qquad x_j^+ \geqslant x_{j\,\mathrm{opt}}^- \quad j=k_1+1,k_1+2,\cdots,n \quad (11.33)$$

式中，$x_{j\,\mathrm{opt}}^+, j=1,2,\cdots,k_1$ 和 $x_{j\,\mathrm{opt}}^-, j=k_1+1,k_1+2,\cdots,n$ 从子模型中获取（Huang et al., 1992）。

如果目标函数为 min （即要求最小化），则子模型的构造与求解过程和上述相反。

通过求解子模型，可得出 $f_{\mathrm{opt}}^+$，$x_{j\,\mathrm{opt}}^+(j=1,2,\cdots,k_1)$ 和 $x_{j\,\mathrm{opt}}^-(j=k_1+1,k_1+2,\cdots,n)$。

最终可求得区间规划问题的最优解为 $x_{j\,\mathrm{opt}}^\pm = [x_{j\,\mathrm{opt}}^-, x_{j\,\mathrm{opt}}^+], \forall j$，$f_{\mathrm{opt}}^\pm = [f_{\mathrm{opt}}^-, f_{\mathrm{opt}}^+]$。

## 11.4.2  模 型 原 理

本节将根据北京市的能源和电力需求进行为期十五年的规划（北京统计局，2001~2015 年）。与国家的五年规划相对应（2016~2020 年为第 1 周期，2021~2025 年为第 2 周期，2026~2030 年为第 3 周期），每五年一个规划周期。重点需要解决：①满足电量需求；②建立以气发电为主，新能源和可再生能源发电为辅的多元化电源结构；③保证供电环境安全；④有效调节电网峰谷差问题；⑤控制污染物排放总量，改善大气环境质量（梁宇希等，2010）。

**1. 目标函数**（表 11.7）

$$\min f^\pm = \sum_{t=1}^{3}\sum_{j=1}^{3}(P_{j,t}^\pm * Z_{j,t}^\pm) + \sum_{t=1}^{3}\sum_{k=1}^{7}(PV_{k,t}^\pm * X_{k,t}^\pm) + \sum_{k=1}^{7}\sum_{m=1}^{3}\sum_{t=1}^{3}(Y_{k,m,t}^\pm * \mathrm{IC}_{k,m,t}^\pm * \mathrm{EC}_{k,m,t}^\pm) \quad (11.34)$$

表 11.7  目标函数参数的含义

| 符号 | 含义 | 单位 | 符号 | 含义 | 单位 |
|---|---|---|---|---|---|
| $f^\pm$ | 电源规划总费用 | 亿元 | $Z_{j,t}$ | 决策变量 $t$ 阶段第 $t$ 种能源的供应量 | 万 tce |
| $t=1,2,3$ | 阶段 | — | $ZV_{k,t}$ | 决策变量 $t$ 阶段第 $k$ 种供电形式的可变费用 | 元/kW·h |
| $j=1,2,\cdots,8$ | 能源类型（$j=1$ 煤；$j=2$ 天然气；$j=3$ 外购电；$j=4$ 水能；$j=5$ 抽水蓄能；$j=6$ 风能；$j=7$ 太阳能；$j=8$ 生物质能） | — | $X_{k,t}$ | 决策变量 $t$ 阶段第 $k$ 种供电形式的电量 | 亿 kW·h |
| $k=1,2,\cdots,7$ | 发电形式（$k=1$ 燃煤热电联产；$k=2$ 燃气热电联产；$k=3$ 水力发电；$k=4$ 抽水蓄能发电；$k=5$ 风力发电；$k=6$ 太阳能发电；$k=7$ 生物质能发电） | — | $Y_{k,m,t}$ | 决策变量表示 $t$ 阶段第 $k$ 种供电形式的第 $m$ 种方案是否扩容 | — |
| $m=1,2,3$ | 各种供电形式扩容方案 | — | $\mathrm{IC}_{k,m,t}$ | $t$ 阶段第 $k$ 种供电形式采用第 $m$ 种扩容方案的花费 | MW |
| $P_{j,t}$ | $t$ 阶段所需能源的供应价格 | 元/t | $\mathrm{EC}_{k,m,t}$ | $t$ 阶段第 $k$ 种供电形式采用第 $m$ 种扩容方案的扩容量 | MW |

## 2. 约束条件（表 11.8，表 11.9）

表 11.8　约束条件内容和公式

| 约束内容 | 约束公式 |
|---|---|
| 能源供需平衡 | $DC_t^\pm + X_{1,t}^\pm * FEC_{2,t}^\pm \leqslant Z_{1,t}^\pm \qquad DN_t^\pm + X_{2,t}^\pm * FEN_t^\pm \leqslant Z_{2,t}^\pm$ |
| 电力电量平衡 | $X_{1,t}^\pm + X_{2,t}^\pm + X_{3,t}^\pm + X_{4,t}^\pm + X_{5,t}^\pm + X_{6,t}^\pm + X_{7,t}^\pm + Z_{4,t}^\pm \geqslant DE_t$ |
| 新能源和可再生能源目标约束 | $X_{3,t}^\pm * FEH_t + X_{4,t}^\pm * FEP_t + X_{5,t}^\pm * FEW_t + X_{6,t}^\pm * FES_t + X_{7,t}^\pm * FEB_t \geqslant DP_t^\pm$ |
| 燃煤热电联产装机容量约束 | $\sum_{m=1}^{3} RC_{1,1} * UCAP_{1,1,\max} \geqslant X_{1,1} \quad \sum_{m=1}^{3} RC_{1,1} * UCAP_{1,1,\min} \geqslant X_{1,1} \quad RC_{1,1} = 0 \quad t \geqslant 2$ <br> $\sum_{m=1}^{3} \left[ RC_{2,t} + \sum_{p=1}^{t} (Y_{2,m,p}^\pm * EC_{2,m,p}^\pm) \right] * UCAP_{2,t,\max} \geqslant X_{2,t}^\pm$ |
| 燃气热电联产装机容量约束 | $\sum_{m=1}^{3} \left[ RC_{2,t} + \sum_{p=1}^{t} (Y_{2,m,p}^\pm * EC_{2,m,p}^\pm) \right] * UCAP_{2,t,\min} \leqslant X_{2,t}^\pm$ |
| 水力发电装机容量约束 | $RC_{3,t} * UCAP_{3,t,\max} \geqslant X_{3,t}^\pm \qquad RC_{3,t} * UCAP_{3,t,\min} \geqslant X_{3,t}^\pm \quad t \geqslant 2$ |
| 抽水蓄能装机容量约束 | $RC_{4,t} * UCAP_{4,t,\max} \geqslant X_{4,t}^\pm \qquad RC_{4,t} * UCAP_{4,t,\min} \geqslant X_{4,t}^\pm \quad t \geqslant 2$ |
| 风能发电装机容量约束 | $\sum_{m=1}^{3} \left[ RC_{5,t} + \sum_{p=1}^{t} (Y_{5,m,p}^\pm * EC_{5,m,p}^\pm) \right] * UCAP_{5,t,\max} \geqslant X_{5,t}^\pm$ <br> $\sum_{m=1}^{3} \left[ RC_{5,t} + \sum_{p=1}^{t} (Y_{5,m,p}^\pm * EC_{5,m,p}^\pm) \right] * UCAP_{5,t,\min} \leqslant X_{5,t}^\pm$ |
| 太阳能发电装机容量约束 | $\sum_{m=1}^{3} \left[ RC_{6,t} + \sum_{p=1}^{t} (Y_{6,m,p}^\pm * EC_{6,m,p}^\pm) \right] * UCAP_{6,t,\max} \geqslant X_{6,t}^\pm$ <br> $\sum_{m=1}^{3} \left[ RC_{6,t} + \sum_{p=1}^{t} (Y_{6,m,p}^\pm * EC_{6,m,p}^\pm) \right] * UCAP_{6,t,\min} \leqslant X_{6,t}^\pm$ |
| 生物质能发电装机容量约束 | $\sum_{m=1}^{3} \left[ RC_{7,t} + \sum_{p=1}^{t} (Y_{7,m,p}^\pm * EC_{7,m,p}^\pm) \right] * UCAP_{7,t,\max} \geqslant X_{7,t}^\pm$ <br> $\sum_{m=1}^{3} \left[ RC_{7,t} + \sum_{p=1}^{t} (Y_{7,m,p}^\pm * EC_{7,m,p}^\pm) \right] * UCAP_{7,t,\min} \leqslant X_{7,t}^\pm$ |
| 能源约束 | $Z_{j,t}^\pm \leqslant UP_{j,t}^\pm, j = 1, 2, 3$ |

表 11.9　约束条件中各参数含义

| 符号 | 含义 | 单位 | 符号 | 含义 | 单位 |
|---|---|---|---|---|---|
| $DC_t$ | 煤消费总量 | 万 tce | $FEW_t$ | 风能发电系数 | — |
| $FEC_{k,t}$ | 燃煤热电联产供电系数 | g/kW·h | $FES_t$ | 太阳能发电系数 | — |
| $DN_t$ | 天然气消费总量 | 万 tce | $FEB_t$ | 生物质能发电系数 | — |
| $FEN_t$ | 天然气供电系数 | g/kW·h | $DP_t$ | $t$ 阶段新能源和可再生能源消费总量 | 万 tce |
| $FEH_t$ | 水力发电系数 | — | $DE_t$ | 社会用电量 | 亿 kW·h |
| $FEP_t$ | 抽水蓄能发电系数 | — | | | |

# 11.4.3　算 例 研 究

通过模型计算，得到煤和天然气在 3 个周期内的供应量（表 11.10）和发电量（表 11.11）。

**表 11.10  2016~2030 年北京市煤和天然气的供应量**　　（单位：万 tce）

| | 第 1 周期 | | 第 2 周期 | | 第 3 周期 | |
| --- | --- | --- | --- | --- | --- | --- |
| | 区间下限 | 区间上限 | 区间下限 | 区间上限 | 区间下限 | 区间上限 |
| 煤 | 587.070 | 642.410 | 20.000 | 40.000 | 5.000 | 20.000 |
| 外购天然气 | 2978.000 | 4200.600 | 3603.600 | 4270.600 | 4032.960 | 4350.600 |

**表 11.11  2016~2030 年北京市各发电形式发电量**　　（单位：亿 kW·h）

| | 第 1 周期 | | 第 2 周期 | | 第 3 周期 | |
| --- | --- | --- | --- | --- | --- | --- |
| | 区间下限 | 区间上限 | 区间下限 | 区间上限 | 区间下限 | 区间上限 |
| 外购电 | 5024.950 | 5546.406 | 5921.700 | 8558.775 | 8737.700 | 9375.025 |
| 燃煤热电联产 | 126.750 | 147.875 | 0.000 | 0.000 | 0.000 | 0.000 |
| 燃气热电联产 | 700.000 | 1015.000 | 840.000 | 1015.000 | 924.000 | 1015.000 |
| 水力发电 | 4.500 | 9.000 | 4.500 | 9.000 | 4.500 | 9.000 |
| 抽水蓄能发电 | 20.550 | 56.844 | 20.550 | 41.100 | 20.550 | 41.100 |
| 风力发电 | 32.500 | 70.000 | 45.000 | 78.750 | 57.500 | 105.000 |
| 太阳能发电 | 55.750 | 94.875 | 103.250 | 177.375 | 150.750 | 259.875 |
| 生物质能发电 | 35.000 | 60.000 | 65.000 | 120.000 | 105.000 | 195.000 |

由图表可得如下结论（表 11.10、表 11.11、图 11.2~图 11.5）。

（1）煤在 3 个周期内的供应量为[587.07，642.415]万 tce、[20，40]万 tce 和[5，20]万 tce。在规划期内北京市煤的供应量逐步减少，在 2020 年出现了断崖式下跌，主要原因在于北京市逐步关停煤电。截止到 2015 年年底北京市的 3 座大型燃煤热电厂已经转化燃气热电厂，预计到 2017 年年底，北京市的最后一座大型燃煤热电厂也将转化为燃气热电厂。除了大型电厂用煤外，北京市存在着一些居民用煤等，2020 年后煤供应主要用于居民用煤等。

（2）和煤供应的减少相反，受北京市“以气代煤”等政策的相关影响，天然气的供应是不断增加的，天然气在 3 个周期内的供应量分别为[2978，4200]万 tce，[3603.6，4270.6]万 tce 和[4033，4350.6]万 tce。未来北京市对天然气的需求是逐渐增加的；在不增加燃气热电厂装机容量的情况下，区间范围逐渐减小，使得供应量的变化逐渐减少（图 11.2）。

（3）第 1 周期北京市本地发电量占总用电量的 18%，到第 3 周期，比值降低到了 16%（图 11.3、图 11.4），原因一方面为北京市燃煤热电联产的“消失”，使得北京市的本地发电量减少，另一方面为新能源和可再生能源装机容量的速度“跟不上”北京市日益增长的用电量，若要实现本地发电量占比逐渐增加的目标，则新能源和可再生能源发电装机容量要紧跟北京市“十三五”规划的发展，加快新能源和可再生能源的建设（国家发展和改革委员会，2016）。

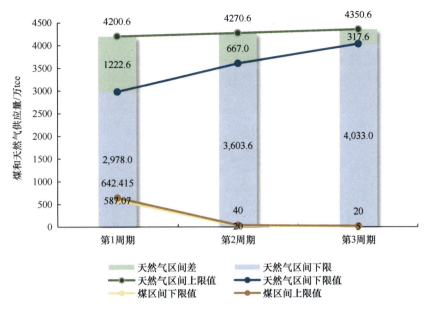

图 11.2　煤和天然气在 3 个周期内供应量

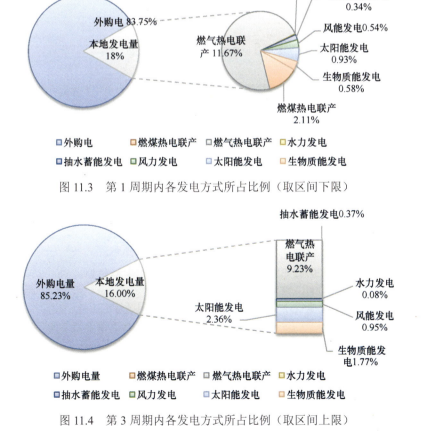

图 11.3　第 1 周期内各发电方式所占比例（取区间下限）

图 11.4　第 3 周期内各发电方式所占比例（取区间上限）

（4）由图 11.5 得出，燃煤热电联产和燃气热电联产在本地发电量中占据主要地位，新能源和可再生能源发电占比逐渐增加，到第 1 周期的 2020 年新能源和可再生能源发电占本地发电量的[22.4%，26.1%]，第 2 周期占比为[26.1%，37.8%]，第 3 周期占比达到了[36.0%，42.3%]，实现了"十三五"规划中 2020 年可再生能源发电占比 20%，2030 年可再生能源发电占比 30%的目标。

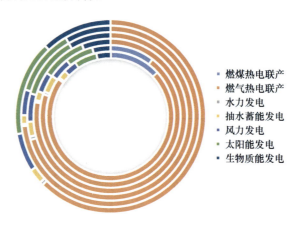

图 11.5 各周期内各发电方式的占比

注：北京市各周期内本地发电方式的占比。从圆环的最内到最外依次是第 1 周期各本地发电方式的区间下限，第 1 周期各本地发电方式的区间上限，第 2 周期各本地发电方式的区间下限，第 2 周期各本地发电方式的区间上限，第 3 周期各本地发电方式的区间下限，第 3 周期各本地发电方式的区间上限

## 11.5 本章小结

3E 系统优化模型是应用数学方法研究 3E 系统可持续发展时所提出的优化方法和思想，在问题优化的过程中逐步建立了 3E 系统优化模型群。3E 系统优化模型群包括基于粗糙集与信息熵的指标体系优化模型、基于灰色动态规划的产业结构优化模型，基于多目标规划模型和基于不确定性区间优化的 3E 系统规划研究。主要解决了京津冀区域 3E 系统整体优化问题，为决策者提供科学的决策依据，并为实现"十三五"规划期间区域可持续发展战略目标提出了相应的发展方案。

## 参 考 文 献

北京市发展和改革委员会. 2006.《北京市"十一五"时期电力发展规划》. http://www.bjpc.gov.cn/2wxx/ghjh/wngh/115s9/200612/t9784055.htm.2017-03-01

北京市统计局. 2001~2015. 北京统计年鉴 2001~2015. 北京: 中国统计出版社

国家发展和改革委员会. 2016. 中共中央关于制定国民经济和社会发展第十三个五年规划的建议. http://www.gov.cn/xinwen/2015-11/03/content_5004093.htm.2016-04-20

李文亮. 2012. 基于灰色动态线性规划的河南省产业结构优化研究. 郑州: 郑州大学硕士学位论文

梁宇希, 黄国和, 林千果, 张晓萱, 牛彦涛. 2010. 基于不确定条件下的北京电源规划优化模型. 电力系统保护与控制, (15): 53-59

马新科. 2013. 基于 3EDSS 平台的不确定性北京 3E 系统模型研究与应用. 北京: 华北电力大学硕士学

位论文

牛彦涛. 2011. 不确定性城市能源系统规划模型研究及应用. 北京: 华北电力大学博士学位论文

牛彦涛, 黄国和, 杨勇平, 等. 2010. 基于不确定性优化模型的北京市能源系统规划模型研究. 华东电力, (7): 1012-1018

牛彦涛, 黄国和, 张晓萱, 等. 2009. 北京市能源系统模型的研究. 环境工程, 27: 591-594

宋松柏, 蔡焕杰, 徐良芳. 2003. 水资源可持续利用指标体系及评价方法研究. 水科学进展, (05): 647-652

魏佳. 2011. 基于知识发现的 3E 可持续发展决策系统的研究与实现. 北京: 华北电力大学硕士学位论文

魏一鸣, 吴刚, 刘兰翠, 等. 2005. 能源经济-环境复杂系统建模与应用进展. 管理学报, 2(2): 159-170

余岳峰, 胡建一, 章树荣, 等. 2008. 上海能源系统 MARKAL 模型与情景分析. 上海交通大学学报, (03): 360-364

曾鸣, 盛绪美. 1991. 北京大气环境与能源综合规划决策支持模型及其应用. 系统工程理论与实践, (5): 67-71

张晓萱, 黄国和, 席北斗, 等. 2008. 不确定性的电厂动力配煤优化模型. 华东电力, 36(6): 73-76

赵涛, 李亘煜. 2008. 能源–经济–环境(3E)系统协调度评价模型研究. 北京理工大学学报, 10(2): 11-16

中共中央办公厅, 国务院办公厅. 2016. 关于建立健全国家"十三五"规划纲要实施机制的意见. http://www.gov.cn/zhengce/2016-10/23/content_5123382.htm.2017-01-02

周荣喜, 刘善存, 邱菀华. 2008. 熵在决策分析中的应用综述. 控制与决策, 23(4): 361-366, 371

Huang G H, Baetz B W, Patry G G. 1992. An interval linear programming approach for municipal solid waste management planning under uncertainty. Civil Engineering Systems, 9: 319-335

Huang G H, Baetz B W, Patry G G. 1997. Development of a grey critical path method for construction planning. EngineeringOptimization, 28: 157-174

Lin Q G, Huang G H. 2008. An interval-parameter energy systems planning model. Energy Source, PartA: Taylor & Francis, 30(14-15): 1382-1399

Liu Y Y. 2006. A dynamic two-stage energy systems planning model for saskatchewan. Canada: University of Regina

Y P Cai, G H Huang, Z F Yang etc. 2009. Identification of optimal strategies for energy management systems planning under multiple uncertainties. Applied Energy, 86(4): 480-495

# 第四篇　区域能源互联网

本篇是全书的应用篇。如今,人类面临着资源经济环境可持续发展的重大挑战。"两个替代"对可持续发展具有重要推动力,在能源消费、能源供给、能源技术和能源体制方面,都将带来巨大变革。能源互联网秉承可持续发展理念,以电力为核心柔性接入清洁能源,从而保障全球清洁能源高效利用,是实现"两个替代"的战略性计划。而区域能源互联网作为国家能源互联网综合试点示范的主要形式之一,也是可持续发展的重要组成部分。本篇首先对可持续发展和能源互联网的关系进行了深度解析,研究能源互联网定义和现状。其次结合实际,分析京津冀区域能源互联网的清洁能源和常规能源的分布利用情况。同时对能源互联网的重要组成部分——储能展开了详细研究,并以京津冀区域为例,通过场景分析建模,引入储能,为发展能源互联网提供了很好的借鉴意义。最后对能源互联网的基本组成元素——微电网,从概念、现状和政策等多方面展开分析,并以京津冀区域的光伏发电为例进行了计算和研究。

京津冀区域太阳能、风能等清洁能源在时间和空间上具有明显的互补性。综合考虑其特点,构建区域能源互联网,通过抽水蓄能等储能方式打破清洁能源的瓶颈制约,对改善京津冀区域资源紧缺和环境恶化问题,实现可持续发展提供了切实可行的道路。

# 第 12 章　可持续发展与能源互联网

可持续发展是一种注重长远发展的经济增长模式。当前，人类社会持续遭遇资源短缺、生态破坏、全球变暖等世界性的环境问题，人们逐渐认识到可持续发展的重要性。而能源问题是关系人类社会可持续发展的根本问题，构建能源互联网，将推动能源生产和消费革命，实现能源生产的清洁化、能源消费的电气化，从根本上解决资源紧缺、环境污染、气候变化等突出问题，是 3E 可持续发展的可行性道路。

## 12.1　能源互联网概述

2011 年 9 月，美国学者杰里米·里夫金的《第三次工业革命》一书出版，里夫金在著作中论述了由互联网与可再生能源融合导向的新型工业模式，预言了建立在互联网和新能源相结合基础上的新经济时代的到来。《第三次工业革命》中提出的融合互联网技术和可再生能源技术构建新型能源供需架构的思路开启了能源互联网相关技术研究的大门（杰里米·里夫金，2011）。

近年来，针对能源互联网的基础性研究正陆续进行，德国、日本等国家已经逐步开展相关原型研究和小范围试点应用。正式以能源互联网为对象的研究可以追溯到 2008 年德国联邦经济技术部与环境部在智能电网基础上选取 6 个试点地区进行为期 4 年的 E-Energy 技术创新促进计划（BDI Initiative, 2008），以及美国国家自然科学基金项目"未来可再生电力能源传输与管理系统"（the Future Renewable Electric Energy Delivery and Management System）。2011 年，日本将数字电网建立在互联网的基础之上，成功研制并展示了"马克一号"数字电网路由器，其可以统筹管理一定范围区域的电力，并可通过电力路由器调度地区电力（Boyd, 2013）。目前，能源互联网技术在国内同样引起了广泛关注。2016 年，国家能源局等三部门发布《关于推进"互联网+"智慧能源发展的指导意见》，从顶层设计入手探索能源互联网建设（国家发展和改革委员会等，2016）。中国电网企业此前也曾提出并倡导全球能源互联网战略，并进行了延庆能源互联网示范工程（黄仁乐等，2015）等有益探索。2015 年 2 月，国家电网公司刘振亚在《全球能源互联网》一书中，对基于特高压输电和"两个替代"的全球能源互联网理论体系、战略规划和实现路径进行了全面系统地阐述，这部著作对指导未来能源、电力的可持续发展具有巨大意义。国内外能源互联网相关领域的研究成果（按地区列举）如表 12.1 所示。

能源互联网是在第三次工业革命背景下，为解决化石燃料的过量需求及其造成的环境污染问题，以新能源技术和信息技术深入结合为特征的一种新的能源利用体系。广泛地说，能源互联网是从能源生产、输送、配给、转化和消耗等方面构建一套完整的未来能源体系：在发、输环节通过特高压、交直流输电技术对能源的跨洲域互联进行战略布局，构建全球能源互联网。而在配、用环节利用电、气、冷、热等能量的相互转化和替代来构建城市能源互联网。能源互联网以多能互补、高效转换为特征，以电力为核心实现不同承载方式的高效转化，大幅度提升能源转换效率，是保障全球清洁能源高效开发、让人人享有可靠能源供应的重要平台。能源互联网将带来能源发展战略、发展路线、结构布局、生产和消费方式，以及能源技术等全方位调整。图 12.1 为能源互联网示意图，其中，微网、分布式能源等能量自治单元可以作为能源互联网中的基本组成元素，通过清洁能源发电、微能源的采集、汇聚与分享，以及微网内的储能或用电消纳形成能源互联网中的"局域网"。

表 12.1　国内外能源互联网研究

| 国家/地区 | 名称 | 解决方案/目标 | 范围 | 成果 |
|---|---|---|---|---|
| 美国 | FREEDM | 利用数字通信技术、电力电子和分布式控制技术，实现大规模的分布式可再生能源的接入 | 电力 | 即插即用的接口<br>能源路由器原型<br>开放的操作系统 |
| | Smart Energy | 能源技术和信息技术紧密耦合<br>涉及所有等级的能源消费 | 电力 | 虚拟储能<br>TELOS |
| | LoCal | 根据互联网的灵感构建未来能源系统 | 电力 | LoCal |
| | Spotlight & FEIR<br>UCLA | 信息网络支持能源调度和响应需求 | 电力 | 通过传感器网络来收集信息 |
| 德国 | E-energy | 耦合信息和能源，建立通信频道来优化能源的传输和消耗，致力于能源的生产、传输、消费和储能各个环节之间的智能化 | 电力 | 基于 IOE 的服务<br>智能电表<br>预警系统 |
| 丹麦 | Bornholm Island Energy Networking | 连接智能电表和智能电器<br>根据各种各样的信息选择策略<br>例如环境和需求 | 电力<br>油气<br>水 | 一个示例 |
| 英国 | Smarter Grid | 支持双向的能源派遣机制<br>生产过程和消费过程之间智能的互动 | 电力 | 能量通过电动汽车来存储 |
| 欧盟 | Integrated European Energy Network | 构建欧洲的通用网络<br>包括各种能量的分享和优化 | 所有 | 集成架构<br>能源中心 |
| 中国 | Smart Energy | 一个基于网络的能源服务平台<br>来分配各种能源效率<br>综合的信息技术来提高共享信息的效率 | 所有 | 能源服务系统 |
| | Energy Internet | 大电网为骨干网，微网为局域网<br>集成的信息-能源开关设备连接了所有的组件 | 电力 | 技术报告<br>能源路由器原型 |

数据来源：中国知网。

图 12.1　能源互联网示意图

注：发电侧有传统能源和清洁能源，通过输配电将能源流输送至用电侧，同时配备储能设备，如抽水储能、压缩空气储能、电池储能等方式，负荷低谷期将电能转化为其他能量存储起来，负荷高峰期释放能量满足用电需求。微网等能量自治单元，可以形成能源互联网的"局域网"。同时，从能源的生产、输送、配给、转化和消耗等方面，能源流流动的同时伴随着数据流，通过数据中心整理和分析，挖掘清洁能源发电、储能充放电和用户用电等信息

## 12.2　能源互联网研究

　　"能源互联网"一词最早是由美国学者杰里米·里夫金在《第三次工业革命》一书中提出的。里夫金预言，以新能源技术和信息技术的深入结合为特征的一种新的能源利用体系，即"能源互联网"（energy internet）即将出现（杰里米·里夫金，2011）。随着"能源互联网"一词的提出，国内外学者纷纷对其展开了研究。国外以美国的 FREEDM，德国的E-energy 等为代表。国内对能源互联网的研究也在兴起，技术方案百花齐放，概念理解尚未达到统一，不同行业衍生出了体现自身行业特征的"能源互联网"概念和研究。如国家电网刘振亚提出了"全球能源互联网"概念，即全球能源互联网将由跨国跨洲骨干网架和涵盖各国各电压等级电网的国家泛在智能电网构成，连接"一极一道"和各洲大型能源基地，其适应各种分布式电源接入需要，能够将风能、太阳能、海洋能等清洁能源输送到各类用户，是服务范围广、配置能力强、安全可靠性高、绿色低碳的全球能源配置平台，具有网架坚强、广泛互联、高度智能、开放互动的特征（刘振亚，2015）。华北电力大学刘吉臻认为，全球能源互联网是"智能电网+特高压电网+清洁能源"，其中特高压实现了能源的远距离大规模配置，智能电网可以将电源、电网、负荷与储能融合成一个综合性的智慧能源系统，从而保障清洁能源的开发和利用。清华大学曹军威提出基于能源路由器的能源互联网，即能源互联网是以互联网理念构建的新型信息-能源融合"广域网"。国家电网王继业提出与大数据相结合的能源互联网的概念，他认为建设能源互联网，必须依靠信息通信工作的支撑，通过大数据、云计算、物联网和移动互联技术，建立电力云和电力物联网，从而支撑特高压电网、泛在智能电网支撑全球能源互联网的建设。在这个过程中，云计算是一种处理方式，物联网和移动互联是一种信息交换方式，真正的核心在于大数据。目前，国内外对"能源互联网"的研究大致可以分为三类。

　　（1）源于互联网发展而来的能源互联网，即借鉴互联网开放对等的理念及体系架构，对电网的关键设备、形态架构、运行方式及发展理念等进行深刻变革。

　　（2）源于大电网发展而来的能源互联网，即利用信息通信技术与能源电力技术的融合，全年提升电网性能，促进清洁能源大规模利用。

　　（3）源于多种能源综合优化发展而来的能源互联网，即强调多种能源网络的高度融合。表 12.2 和表 12.3 分别列出了国内外对"能源互联网"一词展开的研究和定义。

**表 12.2　国内对能源互联网概念的理解**

| 学者 | 来源 | 概念/内涵/定义 |
| --- | --- | --- |
| 国家电网公司刘振亚 | 《全球能源互联网》 | 全球能源互联网将是以特高压电网为骨干网架（通道），以输送清洁能源为主导，全球互联泛在的坚强智能电网 |
| 国家电网公司王继业 | 《从"互联网+"看全球能源互联网》《能源互联网信息通信关键技术综述》《基于 OSI 的能源互联网模型研究》 | 可再生能源将在一定程度上缓解能源供给的紧张局势，但实现与已有能源系统的有机融合存在诸多问题，使得当前的能源体系面临着新一轮变革。借鉴信息领域的互联网理念、方法与技术等成果，能够保证从能源生产、传输到消费全过程的开放对等、便捷接入、智慧用能的能源互联网成为了重要发展方向 |

续表

| 学者 | 来源 | 概念/内涵/定义 |
|---|---|---|
| 华北电力大学刘吉臻 | 2016 全球能源互联网大会 | 全球能源互联网是"智能电网+特高压电网+清洁能源",其中特高压实现了能源的远距离大规模配置,智能电网可以将电源、电网、负荷与储能融合成一个综合性的智慧能源系统,从而保障清洁能源的开发和利用 |
| 清华大学曾嵘 | 2015 中国"互联网+"峰会报告 | 能源互联网有三个层级:物理基础、实现手段和价值实现。物理基础:能源转换为核心的多能互补能源网络。实现手段:利用信息物理能源系统实现其价值链。价值实现:通过创新模式能源运营形成新兴的产业价值模式 |
| 清华大学慈松 | 2016 能源互联网启动元年–专访 | 一种新型能源系统,是"互联网+智慧能源"得以实现的物理支撑系统,同时也是一种以用户用能体验为中心的定制化能源服务产业生态环境能源互联网是信息通信技术与传统能源系统紧密耦合的系统 |
| 清华大学曹军威 | 《能源互联网与能源路由器》 | 能源互联网是以互联网理念构建的新型信息-能源融合"广域网"。它以大电网为"主干网",以微网、分布式能源等能量自治单元为"局域网",以开放式对等的信息-能源一体化架构实现能源的双向按需传输和动态平衡使用,可以最大限度地适应新能源的接入 |
| 南方电网科学院董朝阳 | 《从智能电网到能源互联网:基本概念与研究框架》 | 能源互联网是以电力系统为核心,以互联网及其他前沿信息技术为基础,以分布式可再生能源为主要一次能源,与天然气网络、交通网络等其他系统紧密耦合而形成的复杂多网流系统 |
| 国家电网能源研究院杨方 | 《能源互联网的价值与实现架构》 | 从价值创造的角度看,能源互联网是以智能电网为基础,连接各类发电设施、各类用电终端及分布式能源系统的智能化、互动化的能源网络,并融合互联网理念形成能源电力新型业态 |

数据来源:中国知网、新闻。

## 表 12.3 国内外对能源互联网的研究

| 分类 | 名称 | 地区 | 研究内容 |
|---|---|---|---|
| 源于互联网 | 电力路由器 | 美国北卡罗来纳州立大学 | 能源路由器(enegy router)装置 |
| | | 美国克莱门森大学 | 传输能量包(energy packet)的电路 |
| | | 日本早稻田大学 | 集群电网电力路由器 |
| | | 日本东京大学 | 数字电网电力路由器 |
| | | 中国清华大学 | 基于能源路由器的能源互联网架构 |
| | 能源互联网技术 | 中国国防科技大学 | 提出能源互联网六大关键技术 |
| 源于大电网 | 信息-能源一体化 | 美国国家科学基金会(NSF) | Cyber-Infrastrcture 架构 |
| | | 中国浙江大学 | 信息物理系统(cyber physical system,CPS) |
| | | 加利福尼亚大学伯克利分校 | 信息为中心的智慧能源网络架构 |
| | 电网-信息网融合 | 德国联邦经济技术部 | E-energy |
| | 全球能源互联网 | 中国国家电网公司 | 全球能源互联网理念 |
| | 能源应用-负荷侧互动 | 中国电力科学院 | 能源互联网技术框架 |
| 源于多种能源综合优化 | 气-电耦合 | 瑞典联邦理工学院 | 能量集线器(energy hub) |
| | 交通-气-电-信息耦合 | 中国浙江大学 | 电力系统-交通系统-天然气网络-信息网络 4 个紧密耦合而成的网络 |
| | 智慧能源网 | 中国"武建东"计划 | 包含水、电、气、热的智慧能源网 |
| | 泛能网 | 中国新奥集团 | 由基础能源网、传感控制网和智慧互联网组成泛能网 |

数据来源:中国知网。

# 12.3　可持续发展与能源互联网的联系

能源是人类赖以生存和发展的基础，是国民经济的命脉，能源问题始终是各国关注的焦点。然而，常规能源如化石能源的过度开发，严重导致了常规能源储量的急剧下降。2015 年，仅中国的能源消费总量达到了 43.0 亿 tce。根据推算，全球石油储量将在 2050 年左右宣告枯竭，天然气储量将在 57~65 年内枯竭，煤储量将在 169 年左右枯竭。同时，酸雨、臭氧层破坏和温室气体排放等全球性环境问题日益显著，严重影响了人类社会的生存和发展。近年来，中国京津冀区域连续出现雾霾等恶劣天气，除去地形、风力、风向等客观原因，在燃煤、机动车排放、沙尘和建筑扬尘等众多人为因素中，不合理的能源结构，特别是燃煤过度排放是加剧雾霾的重要原因。主要的大气污染物中，50%以上的总悬浮颗粒物、$SO_2$、$CO_2$、$NO_x$ 均来自煤炭燃烧，高度依赖煤炭的能源结构是导致中国环境污染不断加剧的直接原因（杜祥琬，2014）。因此，摆脱对常规能源的过度依赖，大力开发利用清洁能源（表 12.4），推动能源革命，减少污染物排放，走可持续发展道路，是今后各国的必然选择，也是京津冀区域可持续发展的必然选择。

表 12.4　新能源、清洁能源和可再生能源的比较

| | | 新能源 | 清洁能源 | 可再生能源 |
|---|---|---|---|---|
| 内涵 | | 非常规能源，指刚开始开发利用或正在积极研究、有待推广的能源 | 绿色能源，指在生产和使用过程、不产生有害物质排放的能源 | 自然界中可以不断再生、永续利用的能源，属于能源开发利用中的一次能源 |
| 内容 | 相同 | 太阳能、风能、生物质能、海洋能、地热能 | | |
| | 不同 | 氢能、酒精、甲醇、核能等 | 水能、天然气、洁净煤、洁净油等 | 水能 |

为了推动能源革命和走可持续发展道路，世界各国纷纷做出了努力。早在 1997 年于日本京都通过的《京都协议》中提到："将大气中的温室气体含量稳定在一个适当的水平，进而防止剧烈的气候改变对人类造成伤害"（联合国气候变化框架公约参加国三次会议，1997）。《巴黎协定》强化了 2020 年后全球应对气候变化行动，为推动全球更好实现可持续发展注入了活力。德国是能源变革的先行者之一，德国坚决弃核发展可再生能源，明确提出发展可再生能源的三大支柱：提高能效、退出化石能源、提高化石能源使用效果，并计划于 2030 年禁止汽油车以及燃油车上路（巴黎气候变化大会，2015）。

为了降低传统能源的使用，缓解环境污染，中国加大了清洁能源的开发和利用，提出了"两个替代"，其中，"清洁替代"指在能源开发上，以清洁能源替代化石能源，走低碳绿色发展道路，逐步实现从化石能源为主、清洁能源为辅向清洁能源为主、化石能源为辅转变。"电能替代"是指在能源消费上，以电能替代煤炭、石油、天然气等化石能源的直接消费，提高电能在终端能源消费中的比例。目前，中国清洁能源主要用于发电、供热、供气等，应用最广泛的是清洁能源发电。根据《2016 年全球可再生能源现状报告》，截至 2015 年年底，中国以 199GW 可再生能源发电容量排名第一，开发利用总量达到 5 亿 tce，占总开发利用总量的 12%（图 12.2），装机容量占比达到 34.9%（图 12.3）（21 世纪可再生能源政策网络，2016）。在总发电量方面，中国在水力发电、水力容量、

太阳能容量、风能容量、太阳能热水容量、地热能容量上均位居世界首列，占总发电量的 24.5%（图 12.4）。《中共中央关于制定国民经济和社会发展第十三个五年规划的建议》（2015）指出，预计到 2020 年，中国风电装机容量将达到 145GW，光伏装机容量将达到 67GW。

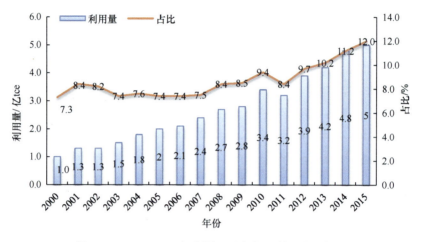

图 12.2　2000~2015 年中国可再生能源利用量及占比

数据来源：国家能源局

图 12.3　2005~2015 年中国可再生能源装机容量及占比

数据来源：国家能源局

随着中国可再生清洁能源发展步伐加快，光伏发电、风电、水电等能源发电面临的并网消纳问题也日益严重，成为了可再生清洁能源的瓶颈制约（周强等，2016）。仅 2016 年，中国弃风弃光弃水损失总电量超过 1100 亿 kW·h。其中，弃风率达到 21.0%，弃风电量约为 497 亿 kW·h，较 2010 年翻了 13 倍，导致的直接经济损失高达 268 亿元（图 12.5）。局部地区弃光和弃风比例超过了 30.0%，2016 年新疆、甘肃的弃光率分别达到了 32.2% 和 30.5%，新疆、甘肃、吉林的弃风率达到了 38.4%、43.1%、30.0%（表 12.5）。而在中国南方地区，存在着严重弃水现象。2012~2015 年，四川电网水电"弃水"电量连年增加，分别为 76 亿 kW·h、26 亿 kW·h、97 亿 kW·h 和 102 亿 kW·h，2016 年四川电网

图 12.4　2005~2015 年中国可再生能源发电量及占比

数据来源：国家能源局

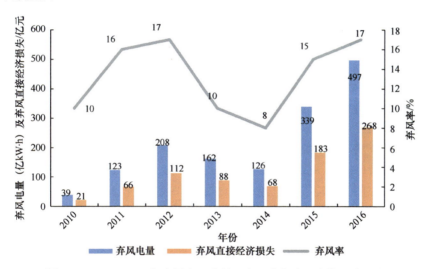

图 12.5　2010~2016 年中国弃风电量、弃风率与弃风直接经济损失

注：2010 年的弃风电量、2016 年的弃风直接经济损失数据缺失

表 12.5　中国西北地区平均弃风弃光率　　　　　　　　　　　（单位：%）

| 年份 | 弃光率 | | 弃风率 | | |
|---|---|---|---|---|---|
| | 新疆 | 甘肃 | 新疆 | 甘肃 | 吉林 |
| 2014 | 15.9 | 40.2 | 15.0 | 11.0 | 15.0 |
| 2015 | 26.0 | 31.0 | 32.0 | 39.0 | 32.0 |
| 2016 | 32.2 | 30.5 | 38.4 | 43.1 | 30.0 |

数据来源：北极星太阳能光伏网、国家能源局、新疆能源局。

的"弃水"电量较上年大增 155%，约为 260 亿 kW·h。2017 年四川或将面临 300 亿 kW·h
的"弃水"压力。目前，我国弃光弃风弃水的主要原因包括：电源结构不合理，系统调
峰能力严重不足；用电需求增长缓慢，消纳市场总量不足；跨省跨区输电通道不足，难
以实现更大范围消纳新能源；市场机制不完善影响新能源消纳等。因此，配备相应容量

的储能设备，如集中式的抽水蓄能电站和分布式电动汽车等，来调节可再生能源发电引起的波动变化，平滑发电输出和"削峰填谷"，帮助风电及光伏发电等方便可靠地并入常规电网。同时，如何协调可再生能源发电和储能设备的优化运行，解决可再生能源瓶颈制约，推动能源革命，成为了亟待解决的问题。

开展能源革命，走可持续发展道路，需要各方面的努力。如果说体制改革是推动能源革命，实现可持续发展的"软平台"，那么能源互联网就是"硬平台"。能源互联网支持分布式可再生能源与分布式储能的接入，利用互联网技术实现广域内电源、储能设备与负荷的协调，从而推动广域内电力资源的协调互补和优化配置。微网作为能源互联网的基本组成元素，通过新能源发电、微能源采集、汇聚与分享，以及微网内的储能或用电消纳形成"局域网"，能够协调控制分布式电源、储能与需求侧资源，从而保证分布式可再生能源的并网需求，为中小容量分布式能源接入提供了一种新的结构形式。面对中国能源生产与消费逆向分布的格局，未来能源互联网的电力网络结构应该是大电网与微电网相结合的布局形式。通过局域自治消纳和广域对等互联，可最大限度地适应可再生能源接入的动态性，通过分散协同的管理和调度实现动态平衡，从而解决可再生能源的消纳问题（马钊等，2015）。

如今，能源的可持续发展是摆在人类面前最重要的难题。"清洁替代"是能源转型的必然规律，是实现能源可持续发展的关键。"电能替代"是实现能源消费高效化、低碳化的必然要求，是解决能源环境问题的有效途径。"两个替代"是能源发展方式的重大转变，在能源消费、能源供给、能源技术和能源体制方面，都将带来巨大变革，成为推动能源可持续发展的重要驱动力，是实现可持续发展的最高目标。为实现"两个替代"的最高目标和符合中国能源生产和能源消费逆向的格局，能源互联网被提出来，各个区域各种形式可再生能源都能够通过能源互联网柔性接入，从而进一步推动广域内电力资源的协调互补和优化配置，是中国实现"两个替代"的战略性计划和长远目标。微网等能量自治单元可以作为能源互联网的基本组成元素，为中小容量的分布式能源接入提供了一种新的结构形式，是实现"两个替代"的战术性计划，也是未来实现能源互联网的基本目标和迫切任务，微网、能源互联网、"两个替代"以及可持续发展理念之间的关系见图 12.6。

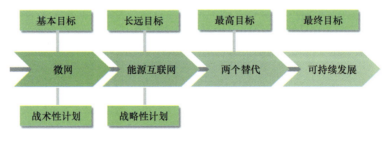

图 12.6　可持续发展、两个替代与能源互联网、微网关系示意图

# 12.4　本　章　小　结

近年来,能源互联网在国内外引起了广泛的关注,针对能源互联网的研究陆续展开,世界各国已经逐步开展相关原型研究和小范围试点应用,并取得了一定的成果。目前,国内外对"能源互联网"的研究大致可以分为三类,①源于互联网发展而来的能源互联网。②源于大电网发展而来的能源互联网。③源于多种能源综合优化发展而来的能源互联网。现如今化石能源大量开发和使用导致的资源紧张、环境污染、气候变化等问题是人类生存发展面临的共同挑战。应对这一严峻的挑战,需要凝聚全人类的智慧和力量。能源行业作为经济发展的重要保障,需顺应时代发展的趋势,寻求新的发展模式。利用互联网思维建设和发展新一代智能电网,而能源互联网的战略构想正是在这一背景下应运而生的。

## 参 考 文 献

21 世纪可再生能源政策网络. 2016. 2016 年全球可再生能源现状报告. http://www.chinapower.com.cn/informationzxbg/20160612/31369.html. 2017-03-18

巴黎气候变化大会. 2015. 巴黎协定. http://www.xinhuanet.com/world/bldh/. 2017-03-21

杜祥琬. 2014. 能源革命—为了可持续发展的未来. 北京理工大学学报(社会科学版), (05): 1-8

国家发展和改革委员会, 国家能源局, 工业和信息化部. 2016. 关于推进"互联网+"智慧能源发展的指导意见. http://www.ndrc.gov.cn/zcfb/zcfbtz/201602/t20160229_790900.html. 2017-03-23

国家发展和改革委员会. 2015. 中共中央关于制定国民经济和社会发展第十三个五年规划的建议. http://www.gov.cn/xinwen/2015-11/03/content_5004093.htm. 2016-04-20

黄仁乐, 蒲天骄, 刘克文. 2015. 城市能源互联网功能体系及应用方案设计. 北京: 电力系统自动化, 39(9): 26-33

杰里米·里夫金. 2011. 第三次工业革命. 北京: 中信出版社

联合国气候变化框架公约参加国三次会议. 1997. 京都协议. http://www.fmprc.gov.cn/web/ziliao-674904/tytj-674911/t1201175.shtml. 2017-05-12

刘振亚. 2015. 全球能源互联网. 北京: 中国电力出版社

马钊, 周孝信, 尚宇炜, 等. 2015. 能源互联网概念、关键技术及发展模式探索. 电网技术, (11): 3014-3022

王继业. 2015. 从"互联网+"看全球能源互联网. 国家电网报

周强, 汪宁渤, 冉亮, 等. 2016. 中国新能源弃风弃光原因分析及前景探究. 北京: 中国电力出版社, 49(9): 7-12

BDI Initiative. 2008. Internet of energy-ICT for energy markets of the future, BDI No.439. Berlin: Federation of German Industries

BOYD J. 2013. An Internet—Inspired Electricity Grid. IEEE Spectrum, 50(1): 12-14

Huang A. 2010. FREEDM system—A vision for the future grid. Power and Energy Society General Meeting. Piscataway: 1-4

# 第 13 章　区域能源互联网

能源互联网是能源与信息深度结合的产物。能源互联网的建设离不开小尺度、中尺度能源互联网的支持。"十三五"规划指出区域经济发展不平衡，要构建多种区域为支撑的网络化区域发展格局。区域能源互联网以智能电网为基础，具备特高压网架结构和多重能源高效消纳功能，将区域内部电、气、热能源有机互联，解决区域内部综合能源配置问题，对 3E 协调可持续发展起到积极的促进作用。

## 13.1　区域能源互联网概述

随着"能源互联网"的提出，国内出现了泛能网、智慧能源、微网、城市能源互联网等热词。能源互联网将互联网思维、互联网技术与传统产业相融合，归根结底是要解决传统能源的低效率问题。《关于推进互联网+智慧能源发展的指导意见》中指出中国能源体系目前主要存在的四方面的低效率问题（北京市发展和改革委员会等，2016）。一是清洁能源、尤其是可再生能源接入的低效率，引发环境污染、能源安全等一系列问题。二是能源利用的低效率，以传统低效供能方式为主，能源综合利用率不足 50%，资源浪费。三是能源设施的低利用率，区域以分散、独立供能为主，热、电、气网"竖井"发展，能源设施利用率平均不到 35%，大量投资浪费。四是能源交易的低效率，垄断体制障碍及信息孤岛导致供需脱节、价格失灵、交易及配套服务不便捷。发展能源互联网，为了并行解决上述"四个低效率"问题，必须强调分布式能源、微网等先进能源技术与互联网、物联网等信息技术并重，"主干网"强化与"局域网"升级并举，尤其应率先以"区域"作为能源互联网的切入点。积极推动区域能源互联网，倡导"区域为先、多能协同、互联互通、智能融合"的能源互联网发展理念，构建由分布式发电设备（燃料电池、微燃机或燃气发动机热电冷联供系统、可再生能源系统）、蓄能装置、负荷侧及控制系统组成的区域能源系统，形成"全国从集中到分布、区域从分散到网络"的大趋势（梁浩和龙惟定，2011）。

目前，国内新奥的泛能网，以及协鑫的分布式微能源网都是属于区域能源互联网的范畴。泛能网是利用能源和信息技术，将能源网、物联网和互联网进行高效集成形成的一种新型能源互联网，通过改变传统的能源利用方式，大幅度提高能源利用效率并有效降低 $PM_{2.5}$ 的排放，实现节能环保降耗（图 13.1）。其中，泛能站和泛能效平台通过对燃料化学能的梯级利用及对环境势能的借势增益，将整体能源利用效率由传统热电分产的 40%～60% 提高到 85% 以上（甘中学等，2015）。分布式协鑫新能源重点开发的分布式光伏电站，是一种新型的、具有广阔发展前景的发电和能源综合利用方式（图 13.2），它倡导就近发电，就近并网，就近转换和就近使用，降低了能源输送系统的投资和损失，实现了能源的最优分配，推动能源发展进入智能化、网络化时代。

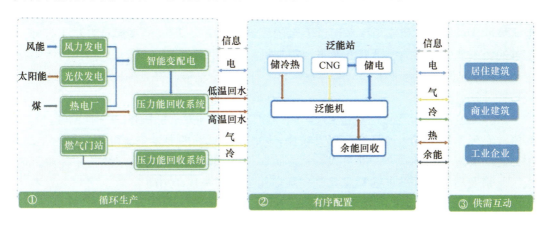

图 13.1 新奥泛能网示意图

注：泛能机能实现多种化石能源、可再生能源、环境势能等的多源输入，同时完成气、电、冷、热等多品位能源的输出。

CNG：压缩天然气（compressed natural gas）

图 13.2 协鑫能源互联网-分布式清洁能源示意图

注：综合应用光伏、天然气热电冷联产、风能、低位热能（地源热泵、光热）、LED、储能系统六种能源系统，进行通过互联网有机结合组成微能源网，满足用户的多种能源需求

发展区域能源互联网，应遵循"系统规划有序配置、挖掘资源高效利用、多能融合协同供应"理念，开展区域多能源统筹规划，将区域能源结构、生产、转换、利用各环节统筹安排，对打破传统能源分项规划模式，实现能源物理层的优化设计和能源互联网的落地具有重要意义（杨锦成等，2017）。

## 13.2 京津冀区域能源互联网

目前，中国形成的三大区域：珠三角区域、长三角区域和京津冀区域是中国经济发展的主力军。推进区域资源–经济–环境一体化建设是推进可持续发展的基础。其中，珠三角区域打破了行政体制的障碍，遵循政府推动、市场主导，资源共享、优势互补，协调发展、互利共赢的原则，以电力建设为中心，构建出开放、多元、清洁、安全、经济的能源保障体系，统筹区域内外的清洁能源基础设施建设，优化资源配置，推进了珠三角区域的协同发展。长三角区域通过上海的"借风生电"，浙江的高温秸秆集中处理，江苏的太阳能电池基地等，以能源革命为契机，继续领跑中国经济。除此以外，"一带一路"启示能源电力行业扩大电网互联是提高可再生清洁能源开发的有效途径，也是实现可持续发展的保障。

京津冀区域概念已经诞生近 30 年了，然而区域协同发展的脚步却一直蹒跚。人口等资源发展不均衡成为该区域的最大软肋，同时，区域间的要素资源配置关联度不高，相互之间不协调、不联合。北京人口密度大，资源短缺，加上过度依赖传统能源，造成了北京及周边地区严重的雾霾天气和环境污染。据统计，2016 年北京空气质量不达标的已经达到 168 天，其中重度污染达到 30 天，严重污染达到 9 天，北京市 2013~2016 年空气质量情况，如图 13.3 所示。因此，限制对传统能源的使用，降低污染物排放，大力开发利用以可再生能源为主的清洁能源，成为了京津冀区域协同可持续发展的首要前提。

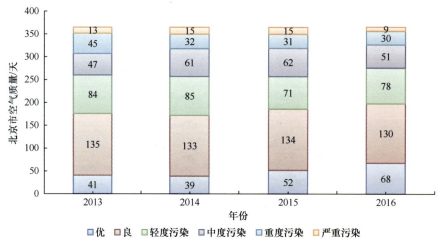

图 13.3　北京市 2013~2016 年空气质量情况

数据来源：北京环保局

由于京津冀区域的地理位置和自然条件，该区域可再生的清洁能源分布具有明显的互补性。北京市太阳能资源丰富，分布式光伏普及。天津市海洋能资源丰富，且风能资源良好，已建成四大风电场。河北省太阳能和风能资源丰富，张北等地区建设了大量的风电场。除此之外，北京市、天津市、河北省在生物质能、地热能等新能源的分布和储量方面也各具特色，发展侧重点优势互补。综合考虑和挖掘京津冀区域多种能源类型在时间、空间上的互补性，构建京津冀区域能源互联网，接入以可再生能源为主的清洁能源，依据传统抽水蓄能工程、新兴电动汽车等多种储能形式的支持，优化峰谷平抑，平衡可再生能源入网的间歇性和不稳定性，"因地制宜""按需优化"对改善京津冀区域资源紧缺、环境恶化，实现区域的 3E 可持续发展具有重要的意义。

## 13.2.1　清洁能源分布及利用

《京津冀及周边地区落实大气污染防治行动计划实施细则》中提出：到 2017 年年底，京津冀鲁压减煤炭消费总量 8300 万 t，其中北京净削减原煤 1300 万 t，天津 1000 万 t，河北 4000 万 t，山东 2000 万 t（环境保护部等，2013）。用可再生的清洁能源替代传统能源已经成为京津冀区域发展的当务之急，除了加快特高压建设，提升西部电力远距离传输能力之外，统筹规划和利用以清洁能源为主的分布式能源，不仅可以减缓能源和电力输送压力，降低传统能源带来的污染物排放，通过互联网和大数据技术，实现区域的能源互联，更对协调可持续发展起到积极作用。通过分析京津冀区域的清洁能源分布和利用情况，可以为区域能源互联网的发展提供数据基础。

**1. 太阳能**

北京市太阳能相对丰富，年日照时数达到 2600h 左右，太阳能利用在清洁能源比例中最高。其中，延庆、密云、怀柔等区县及亦庄地区资源最为优越（图 13.4）。截止 2015 年年底，太阳能利用总量达到 292 万 tce，约占清洁能源开发利用总量的 53%（图 13.5）。《北京市加快太阳能开发利用促进产业发展指导意见》中指出，对太阳能光伏并网发电项目按照 1 元/W·年的标准给予连续 3 年的补贴（北京市发展和改革委员会等，2009）。政策发布之后，北京市连续实施了"金太阳示范工程"、"阳光校园示范工程"，并启动建设海淀、顺义两个国家级光伏示范区，建成密云 20MW 光伏地面电站、全国首个 MW 级太阳能热电站等一批项目（表 13.1）。截至 2015 年，北京市太阳能光伏装机规模达到了 165MW。

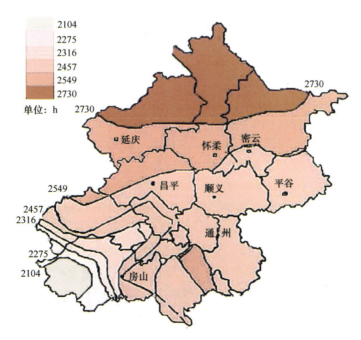

图 13.4　北京市太阳能资源区划图

数据来源：中国产业信息网

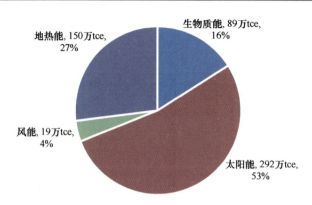

图 13.5　2015 年北京市清洁能源利用结构示意图

数据来源：前瞻网

**表 13.1　北京市 10MW 级别以上的光伏发电项目**

| 项目名称 | 地理位置 | 装机容量/MW |
| --- | --- | --- |
| 北京顺义区天竺空港经济开发区 C 区兆丰产业基地 10MWp 金太阳光伏发电集中应用示范区项目 | 顺义区 | 10 |
| 北京八达岭 10MW 屋顶光伏发电项目 | 延庆县 | 10 |
| 北京华电集团密云 20MW 光伏发电项目 | 密云县 | 20 |
| 北京光机电产业园 15MW 光伏发电项目工程 | 通州区 | 15 |
| 北京华电集团昌平 12.8WM 光伏发电项目 | 昌平区 | 12.8 |
| 北京市昌平 112MW 分布式光伏发电项目 | 昌平区 | 112 |
| 北京北车轨道交通屋顶分布式光伏项目 | 昌平区 | 10 |
| 北京平谷农光互补光伏电站项目 | 平谷区 | 30 |
| 北京延庆 100MW 农光互补光伏项目 | 延庆区 | 100 |
| 北京房山农光互补光伏电站项目 | 房山区 | 18 |
| 北京丰台工业园区屋顶光伏开发项目 | 丰台区 | 20 |
| 北京怀柔汤河口光伏电站项目 | 怀柔区 | 30 |
| 中民广核昌平 80MW 农光互补光伏发电项目 | 昌平区 | 80 |

　　天津市整体上太阳能资源比较丰富，年日照时数为 2471～2769h。在光伏发电领域，2013 年并网投运了天津市最大容量的光伏发电项目，2014 年并网运营首个地面光伏发电项目，其中包括新天津生态城北部高压带光伏发电及生态城中央大道光伏发电，同年首座 10kW 级家庭光伏发电项目并网。天津市 10MW 级别以上的光伏发电项目，见表 13.2。

　　河北省太阳能资源丰富，全省太阳能年总辐射在 1450～1700MJ/m$^2$，基本都属于太阳能资源较丰富区。其中，张家口的尚义县、康保县太阳能最为丰富。在光伏发电领域，截至 2015 年年底，河北省新增 18 个并网投产项目，已并网投产 24 个光伏发电项目。河北省 10MW 级别以上的光伏发电项目，见表 13.3。

#### 表 13.2　天津市 10MW 级别以上的光伏发电项目

| 项目名称 | 地理位置 | 装机容量/MW |
| --- | --- | --- |
| 100MW 渔光互补光伏发电项目 | 滨海新区 | 100 |
| 长城产业园 20MW 光伏屋顶并网发电项目 | 开发区西区 | 20 |
| 天津滨海新区力神电池生产厂房 12MW 用户侧光伏发电项目 | 市滨海新区 | 12 |
| 宏大中源太阳能光伏项目 | 滨海新区 | 400 |
| 天津滨海新区太平镇渔光互补光伏项目 | 滨海新区 | 20 |
| 天津滨海新区太平镇农光互补光伏项目 | 滨海新区 | 70 |
| 天津宁河潘庄 20MW 渔光互补项目 | 宁河县潘庄 | 20 |
| 天津蓟县农光互补光伏电站 | 蓟县 | 20 |
| 天津宁河阳光农业大棚 30MW 光伏并网发电项目 | 宁河县 | 30 |

#### 表 13.3　河北省 10MW 级别以上的光伏发电项目

| 名称 | 地理位置 | 总装机容量/MW |
| --- | --- | --- |
| 涞源县 20MW 光伏发电项目 | 保定市涞源县金家井乡周村 | 20 |
| 40MW 生态农业光伏发电项目 | 沧州市渤海新区南大港管理区 | 40 |
| 晶澳临城李家村 50MW 地面光伏电站工程 | 邢台市临城县 | 50 |
| 井陉县 25MW 光伏发电项目 | 石家庄市井陉县 | 25 |
| 沽源县大苟营 50MW 光伏并网发电项目 | 张家口市沽源县 | 50 |
| 邢台县 50MW 太阳能光伏地面电站并网发电项目 | 邢台市邢台县 | 50 |
| 广宗县 15MW 地面光伏电站 | 邢台市广宗县 | 15 |
| 阜平县 10MW 光伏并网发电项目 | 保定市阜平县平阳镇铁岭 | 10 |
| 阜平县 20MW 光伏并网发电项目一期工程 | 保定市阜平县平阳镇 | 20 |
| 阳原大黑沟一期 100MW 光伏并网电站项目 | 张家口市阳原县 | 100 |
| 尚义 12.5MW 光伏并网电站 | 张家口市尚义县 | 12.5 |
| 宣化龙洞山光一期 30MW 光伏电站项目 | 张家口市宣化区 | 30 |
| 永清高科技阳光农业产业示范区光伏发电项目 | 廊坊市永清县 | 40 |
| 安国现代中药工业园区 20MW 光伏屋顶项目 | 保定市安国市现代中药工业园区 | 20 |
| 康保县康保处长地 30MW 光伏发电项目 | 张家口市康保县 | 30 |
| 蔚县 20MW 光伏农业科技大棚电站项目 | 张家口市蔚县代王城镇 | 20 |
| 张家口市赤城县农业科技大棚光伏电站项目 | 张家口市赤城县 | 20 |
| 辛集市 20MW 农业科技大棚光伏电站 | 石家庄市辛集市 | 20 |
| 张家口市怀安县大雄国际商贸港建筑屋顶分布式光伏电站 | 张家口市怀安县 | 10 |
| 平泉县卧龙 20MW 光伏发电项目 | 承德市平泉县卧龙镇 | 20 |
| 国华尚义 10MW 光伏并网发电项目 | 张家口市尚义县 | 10 |
| 河北勤道光伏科技有限公司建设 20MW 太阳能光伏电站项目 | 邯郸市永年县开发区 | 20 |
| 涉县井店二期 50MW 并网光伏发电工程项目 | 邯郸市涉县 | 50 |
| 曲阳孝墓 50MW 光伏发电项目 | 保定市曲阳县孝墓乡 | 50 |

| 名称 | 地理位置 | 总装机容量/MW |
|---|---|---|
| 东葛泉 20MW 分布式光伏发电工程项目 | 邢台市沙河市 | 20 |
| 曲阳光伏电站一期 19.8MW 项目 | 保定市 | 19.8 |
| 曲阳光伏电站二期 29.7MW 项目 | 保定市曲阳县齐村乡 | 29.7 |
| 平泉杨树岭 30MW 并网光伏发电项目 | 河北省承德市平泉 | 30 |
| 承德县 20MW 光伏发电项目 | 承德市承德县 | 20 |
| 承德县 80MW 光伏发电项目 | 承德市承德县 | 80 |
| 邢台县皇寺一期 20MW 光伏发电项目 | 邢台市邢台县皇寺镇 | 20 |
| 邢台县皇寺二期 30MW 光伏发电项目 | 邢台市邢台县皇寺镇 | 30 |
| 保定国家高新技术产业开发区 100MW（二期 15MW）光伏屋顶发电项目 | 保定市国家高新技术产业开发区 | 15 |
| 玉田县 10MW 光伏电站 | 唐山市玉田县北部荒山 | 10 |
| 承德平泉北五十家子 20MW 光伏发电项目 | 承德市平原县 | 20 |
| 易县太和庄 20MW 光伏发电项目 | 保定市易县太和庄 | 20 |
| 新乐市 10MW 用户侧光伏发电金太阳示范项目 | 石家庄市新乐市 | 10 |
| 新河县农业大棚光伏发电项目 | 邢台市新河县 | 20 |
| 迁西 40MW 地面光伏发电项目 | 唐山市迁西县 | 40 |
| 海兴县 50MW 光伏发电 | 沧州市海兴县 | 50 |
| 张北曹家营一期 20MW 光伏发电项目 | 张家口市张北县公会镇 | 20 |
| 国电张家口市察北管理区 10MW 光伏发电项目 | 张家口市察北管理区 | 10 |
| 保定市高碑店市光为工业园区 10.2MW 光伏屋顶发电项目 | 保定市高碑店市 | 10.2 |
| 保定市开发区英利产业园光伏屋顶发电项目 | 保定市开发区 | 10.03 |
| 保定市定州市 10MW 光伏屋顶并网发电项目 | 保定市定州市 | 10 |
| 巨力新能源股份有限公司巨力园区光伏屋顶发电项目 | 保定市徐水县巨力园区 | 10 |

## 2. 风能

北京市风能贫乏，较为丰富的地区主要位于山区且分散，如北京的西北部、北部山区，可发开的风能主要集中在密云、延庆等郊县地区。在风能发电领域，2015 年，北京市已建成官厅风电场一二三期等一批工程，截至年底，风电装机规模为 20 万 kW。

天津市风能资源一般。其中，滨海新区处于中国沿海风带上，风能资源较丰富。在风能发电领域，截止到 2015 年全市累计建成投产风力发电项目 9 个，四座大型风电场（大神堂、沙井子、马棚口、蓟运河口风电场）总装机规模达到了 32.3 万 kW，全年发电量 62965 万 kW·h（表 13.4）。天津风电场的建设对实现清洁能源发电，满足滨海新区经济社会发展需求具有积极作用。

表 13.4　天津市大型风电场统计信息

| 项目名称 | 建设工程/期 | 装机总量/万 kW |
| --- | --- | --- |
| 天津市大神堂风电场 | 1 | 3.80 |
| 天津市沙井子风电场 | 1，2，3 | 14.85 |
| 天津市马棚口风电场 | 1，2，3 | 13.20 |
| 天津市蓟运河口风电场 | 无 | 0.45 |

数据来源：北极星风力发电网。

河北省风能丰富，主要分布在张家口和承德两地及秦皇岛、唐山、沧州沿海一线。称为"一线两地"，其风能资源储量在 7400 万 kW 以上。其中，张家口风能主要分布在坝上的康保县、沽源县、尚义县和张北县等（图 13.6）。在风能发电领域，从 1993 年长城风电第一批风电机组落户开始，河北省张家口风电已经成为了中国最早一批建设风电的地区之一。张家口规划到 2020 年形成风电、光伏发电等多种新能源协同发展的新格局，打造中国重要的新能源和低碳发展的示范基地。截止到 2015 年，河北省风电装机容量达到 917 万 kW，发电量达 168 亿 kW·h（表 13.5）。其中冀北电力有限公司风电装机容量达 838 万 kW，发电量为 153 亿 kW·h，河北南网风电装机容量 79 万 kW，发电量 15 亿 kW·h。河北风电的迅速发展为京津冀区域节能减排作出了重要贡献。

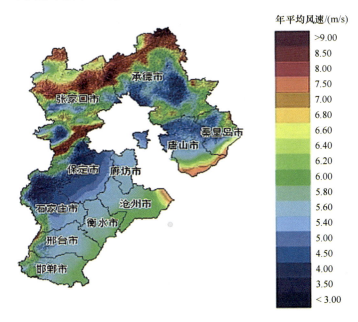

图 13.6　河北省风能分布图

### 3. 水能

在水能发电领域，主要有水力发电站和抽水蓄能电站两种形式。抽水蓄能电站不仅可以水力发电，还具有负荷低峰将电能转化为势能，负荷高峰将存储的势能转化为电能的作用，京津冀区域抽水蓄能电站信息，见表 13.6。北京市属于水资源贫乏区，也是水

表 13.5 河北省大型风电场统计信息

| 项目名称 | 建设工程/期 | 装机总量/万 kW |
|---|---|---|
| 河北承德红松洼风电场 | 1，2，3 | 10.62 |
| 河北沽源五花坪风电场 | 1，2 | 7.99 |
| 河北张家口赤城冰山梁风电场 | 无 | 6.25 |
| 河北张北坝头风电场 | 2 | 4.80 |
| 河北丰宁万胜永风电场 | 无 | 15.00 |
| 河北万全玉龙风电场 | 1 | 3.60 |
| 河北张北风电场 | 无 | 0.98 |
| 河北丰宁坝上风电场 | 无 | 15.00 |
| 河北丰宁骆驼沟风电场 | 无 | 4.80 |
| 河北尚义大满井风电场 | 1，2，3，4 | 8.40 |

数据来源：北极星风力发电网。

库存量全国下降最快的城市之一。其中，水力发电站主要集中在北部潮白河流域和西南部山区的永定河，拒马河主干流域以及京密引水渠等地区。包括黑龙潭水电站、五渡水电站、琉璃庙水电站、花盆水电站、宝山电站、密云县北庄水电站。北京市主要有密云抽水蓄能电站、昌平十三陵抽水蓄能电站。天津市属于缺水城市，人均水资源占有量仅160m$^3$，小水电主要有北辰区天穆镇水电站、北辰区宜兴埠镇水电站、北辰区小淀乡水电站，目前天津市无抽水蓄能电站。河北省属于水资源贫乏区，水电站主要有引岗渠首水电站、易县官座岭水电站，抽水蓄能电站有岗南抽水蓄能电站、潘家口抽水蓄能电站和张河湾抽水蓄能电站。

表 13.6 京津冀区域抽水蓄能电站信息

| 电站名称 | 所在省份 | 总装机容量/MW | 机组台数 | 单机容量/MW |
|---|---|---|---|---|
| 密云 | 北京 | 22 | 2 | 11 |
| 十三陵 | 北京 | 800 | 4 | 200 |
| 岗南 | 河北 | 11 | 1 | — |
| 潘家口 | 河北 | 270 | 3 | 90 |
| 张河湾 | 河北 | 1000 | 4 | 250 |
| 丰宁（在建） | 河北 | 3600 | 12 | 300 |
| 易县（在建） | 河北 | 1200 | 4 | 300 |
| 抚宁（在建） | 河北 | 1200 | 4 | 300 |

### 4. 生物质能

北京市生物质资源主要包括农作物秸秆、农产品加工剩余物、果树修枝、城市木质剩余物和畜禽粪便等。北京市示范、推广的生物质能项目主要有：生物质气化集中供气工程、大中型沼气工程、户用沼气池、户用生物质炊事（取暖）炉具和固体成型燃料等。"十二五"期间建成了鲁家山垃圾发电等，2015 年北京市生物质能发电达到了 10 万 kW。

天津市生物质能资源丰富,年可供利用量约为 250 万 tce,主要由农业废弃物构成,若将生活垃圾、各类粪便、污泥等包括在内,其生物质能资源总量可以达到 600 万 tce。河北省生物质资源丰富。其中,秸秆资源达到 4000 多万 t,除养殖、造纸利用外,还富余 1200 万 t。张家口下花园区具有内地最大的生物质能发电项目,其秸秆、生活垃圾和污泥消耗达到 100 万 t,除此之外,沧州市共建设了 30 余处大中型沼气工程,不仅规模位居全省前列,而且配套设施等具有较高水平。

**5. 地热能**

北京市地热资源主要分布在平原地区,属于盆地传导型中低温地热田,地热资源储藏量丰富。对于北京目前的地热资源,已经探明的有 10 个地热田,已经建成的地源热泵实现供暖和制冷的面积大概 3600 万 $m^2$,将近占北京目前建筑物的 5%。天津市地热资源十分丰富,在华北断陷盆地,地下蕴藏着丰富的地热资源。在宁河-宝坻断裂以南,中低温地热资源十分可观。2005 年年底,已进行勘查评价并经国家储量认定的有七大地热田:玉兰庄、山领子、滨海地区、武清杨村、芦台潘庄、芦台含钻和万家码头地热田。河北省地热资源十分丰富,其类型可划分为山区受断裂构造控制的深循环地下热水和平原区受基底构造控制的沉降盆地型地下热水两大类型,允许开采量为 7.57 亿 $m^3/a$,热流量为 $2.26 \times 10^{13}$ C/a,折合 322 万 tce/a,其中平原 7.33 亿 $m^3/a$,热流量 $2.22 \times 10^{13}$ C/a,折合 317 万 tce/a,山区 2366 万 $m^3/a$,热电量 $4 \times 10^{11}$ C/a,折合 5 万 tce/a。对有远景的地热资源已进行了较详细的勘查,如雄县、秦皇岛市等。其中:雄县牛驼地热田地下热水允许开采量 15 万 $m^3/d$。

**6. 其他能源**

海洋能利用主要集中在海上风力发电、波浪发电等。其中,天津沿海地区具有较为丰富的风能资源,已筹划建设了相应的海洋风电场,如国家电网龙源电力集团建设的近海风力发电场(总装机容量为 10 万 kW),此外,天津市也参与了波浪能的技术研发等。河北省秦皇岛海上风能丰富,特别是昌黎县、山海关一线沿海区域,地形平坦开阔,适于风电场的开发建设。除此之外,海洋中有丰富的滩涂资源、海洋生物资源、海水资源、海洋油气资源等。其中,天津市油气资源丰富,已发现 45 个含油构造,储量十分可观。潮汐使得海水平面周期性的升降,其中因海水涨落及潮水流动产生的能量称为潮汐能。潮水每日涨落,周而复始,中国潮汐能主要集中在福建、浙江、江苏、山东等沿海地区,是沿海地区生活、生产和国防需要的重要补充能源。

## 13.2.2　区域能源互联网构成

通过对京津冀区域的能源分布和使用情况分析,结合传统的京津冀区域火电厂,现拟绘出基于京津冀区域的多种能源利用图(图 13.7)。

图 13.7　京津冀能源利用图

其中，火电厂的具体信息如表 13.7 所示。

表 13.7　京津冀区域百万千瓦以上发电厂发电量表

| 发电厂 | 省份 | 期末装机容量/万 kW | 发电量/（万 kW·h） | 利用小时/h |
| --- | --- | --- | --- | --- |
| 北京京西燃气热电有限公司 | 北京市 | 131 | 170332 | 3458 |
| 天津华能杨柳青热电有限责任公司 | 天津市 | 120 | 657192 | 5477 |
| 天津大唐盘山发电有限责任公司 | 天津市 | 120 | 673663 | 5614 |
| 天津国华盘山发电有限责任公司 | 天津市 | 100 | 626251 | 6065 |
| 天津国投津能发电有限公司 | 天津市 | 200 | 1126482 | 5632 |
| 神华国能天津大港电厂 | 天津市 | 131 | 691273 | 5261 |
| 张家口发电厂（大唐） | 河北省 | 256 | 1401138 | 5473 |
| 国华定州发电有限公司 | 河北省 | 252 | 1348421 | 5351 |
| 国华沧东发电有限责任公司 | 河北省 | 252 | 1348421 | 5351 |
| 河北建投沙河发电有限责任公司 | 河北省 | 120 | 659720 | 5498 |
| 河北西柏坡发电有限责任公司 | 河北省 | 132 | 664111 | 5482 |
| 邯峰发电厂 | 河北省 | 132 | 677621 | 5133 |
| 河北大唐王滩发电有限公司 | 河北省 | 120 | 642138 | 5351 |
| 西柏坡第二发电有限责任公司 | 河北省 | 120 | 644237 | 5369 |
| 秦皇岛发电有限责任公司 | 河北省 | 107 | 603554 | 5641 |
| 国华三河发电有限责任公司 | 河北省 | 130 | 718271 | 5525 |
| 华能上安电厂 | 河北省 | 256 | 1283600 | 5033 |
| 大唐国际发电股份有限公司陡河发电厂 | 河北省 | 130 | 701052 | 5232 |
| 河北张河湾蓄能发电有限责任公司（水电） | 河北省 | 100 | 34778 | 348 |

数据来源：2015 年中国电力统计年鉴。

能源互联网的建设是一个循序渐进的过程，能源互联网的物理规模可以分为四个层次：能源个人（家庭）网络、能源局域网络、能源广域网络和全球能源互联网络。通过从局域到广域再到全球的递进策略，实现全球能源互联网。其中，风、光和电动汽车等可再生清洁能源的大规模接入导致了发电方式的间歇性和波动性，能源互联网通过局域自治消纳和广域对等互联，可最大限度地适应可再生清洁能源接入的动态性，通过分散协同的管理和调度实现动态平衡。由于地理环境、社会发展等多种因素的影响，京津冀区域资源的分布和开发利用存在差异，通过建立京津冀区域能源互联网，可以实现区域清洁能源的就地采集与消纳，减少传统能源使用产生的污染物排放，同时避免能源输送带来的损耗，提高区域能源资产和资源的利用效率（冯庆东，2015）。图 13.8 为以京津冀区域为例的区域能源互联网示意图，通过区域能源互联网平台，形成相应的数据库，采用大数据和互联网技术，将区域内的可再生清洁能源转换为电能加以利用，提升能源的利用效率，从而实现用户供电，更好地满足用户的能源需求和为政府提供决策支持，从广度和深度上实现京津冀区域发展的长效共赢。

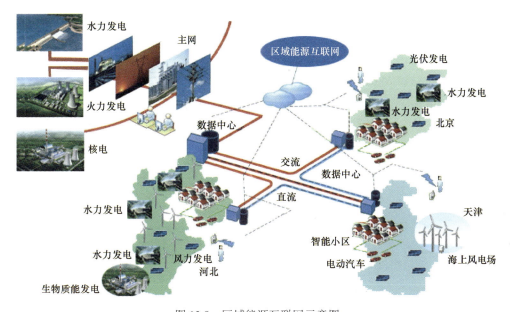

图 13.8　区域能源互联网示意图

注：区域能源互联网包括京津冀区域能源微网和大电网。其中，能源微网是一个地域范畴，也是能源互联网的基本单元，微网的供电由分布式清洁能源和大电网共同支撑，以分布式发电为主，大电网供电为辅。微网内部有风、光、储、电动汽车等基本分布式能源，此外区域能源互联网还包括数据中心和基础建设等。通过收集用电信息、发电信息、环境信息并参照历史数据，进行供电和调度决策

## 13.3　本　章　小　结

针对传统产业的低效率问题，尤其是能源产业，率先提出以"区域"作为能源互联网的切入点，倡导"区域为先、多能协同、互联互通、智能融合"的能源互联网发展理念，构建区域能源系统。并以国内新奥的泛能网及协鑫的分布式微能源网为例，研究了区域能源互联网的规划模式。

推进区域资源–经济–环境一体化建设是推进可持续发展的基础。由于京津冀区域资源配置关联度不高，相互之间不协调、不联合，抑制了京津冀区域整体的发展，并对环境带来了严重破坏。因此，限制传统能源使用，降低污染物排放，开发清洁能源，成为了京津冀区域协同可持续发展的首要前提。基于京津冀区域的地理位置和自然条件，该区域可再生的清洁能源分布具有明显的互补性。通过对京津冀区域内太阳能、风能、水能、生物质能、地热能，以及其他能源的分布情况和使用情况，结合传统的京津冀区域火电厂，对京津冀区域构建区域能源互联网进行了可行性分析。同时，描绘了以京津冀区域为例的区域能源互联网示意图。

# 参 考 文 献

北京市发展和改革委员会, 北京市财政局, 北京市住房和城乡建设委员会, 等. 2009. 北京市加快太阳能开发利用促进产业发展指导意见. http://www.china_heating.com/news/2010/12696.html. 2017-02-06

冯庆东. 2015. 能源互联网与智慧能源. 北京: 机械工业出版社

甘中学, 朱晓军, 王成, 等. 2015. 泛能网——信息与能量耦合的能源互联网. 中国工程科学, 17(09): 98-104

国家发展和改革委员会, 国家能源局, 工业和信息化部. 2016. 关于推进"互联网+"智慧能源发展的指导意见. http://www.ndrc.gov.cn/zcfb/zcfbtz/201602/t20160229_790900.html. 2017-01-12

梁浩, 龙惟定. 2011. 基于多能互补的区域能源互联网模型在低碳生态城建设中的应用. 全国暖通空调制冷, 2010 年学术年会论文集. http://topic.envarc.com/2010nianhui/. 2017-03-12

中国环境保护部, 国家发展和改革委员会, 工业和信息化部, 等. 2013. 京津冀及周边地区落实大气污染防治行动计划实施细则. http://www.sdfgw.gov.cn/art/201417121/art_1482_91960.html. 2017-05-09

# 第14章 储 能

储能是提升传统电力系统灵活性、经济性和安全性的重要手段，是推动主体能源由化石能源向可再生能源更替的关键技术，是构建能源互联网、推动电力体制改革和促进能源新业态发展的核心基础。2016年2月29日，国家发展和改革委员会等三部门发布《关于推进"互联网+"智慧能源发展的指导意见》，该意见提出要推动集中式与分布式储能协同发展，开发储电、储热、储冷、清洁燃料存储等多类型、大容量、低成本、高效率、长寿命储能产品及系统；推动在集中式新能源发电基地配置适当规模的储能电站，实现储能系统与新能源、电网的协调优化运行；推动建设小区、楼宇、家庭应用场景下的分布式储能设备，实现储能设备的混合配置、高效管理、友好并网。

## 14.1 储 能 概 述

储能是保障清洁能源大规模发展和电网安全经济运行的关键。近年来，随着可再生能源，尤其是风力发电和光伏发电的接入，电力系统的灵活度逐渐削弱，系统调峰能力严重不足，极大地制约了可再生能源的进一步发展。为解决上述问题，能源互联网配备了相应容量的储能设备，该设备将负荷低峰多余的电能转化为其他能量存储起来，在负荷高峰期将存储的能量转化为电能供用户利用，通过储能技术，使得电力实时平衡的"刚性"电力系统变得更加"柔性"，平抑清洁能源发电给电网带来的波动性，从而提高电网运行的经济性和安全性。类似于互联网中的"缓存"会提高互联网的性能，能源互联网中的"缓存"就靠储能。在某种程度上，储能缓解了电网对供需瞬时平衡的要求，也在能量传输过程中起到了"解耦"的作用。

### 14.1.1 储能基础理论

储能主要是指电能的储存。遵循储能的原理，电能沿着"电能—其他能量—电能"这一路径，可以转换为化学能、势能、动能、电磁能等多种形态存储。目前，储能技术主要分为物理储能（如抽水储能、压缩空气储能、飞轮储能等）、电化学储能（如铅酸电池、液流电池、钠硫电池、锂离子电池等）和电磁储能（如超导储能、超级电容器储能等）三大类。根据各种储能技术的特点，飞轮储能、超导储能和超级电容器储能适合于需要提供短时较大的脉冲功率场合，如应对电压暂降和瞬时停电、提高用户的用电质量、抑制电力系统低频振荡、提高系统稳定性等；而抽水储能、压缩空气储能和液流电池适合于系统调峰、大型应急电源、可再生能源消纳等大规模、大容量的电网级应用场合。

　　大规模电网级储能系统可用于可再生能源发电，平抑可再生能源波动，保障电网实时运行。现今最成熟的大规模电网级储能方式是抽水储能，能量转换效率在 75%~85% 左右，但由于受建站选址要求高、建设周期长和动态调节响应速度慢等因素的影响，抽水储能技术的大规模推广应用受到一定程度的限制。压缩空气储能是另一种能够实现大规模工业应用的储能方式，具有效率高、寿命长、响应速度快等特点，且能源转化效率较高，是最具有发展潜力的储能技术之一。电化学储能中使用最广泛的是铅酸电池，锂离子电池成长速度最快，液流电池具有大规模储能的潜力。储能技术适用规模如图 14.1 所示，由图可知，除了抽水储能之外，压缩空气储能是现阶段唯一能够提供 MW 乃至 GW 功率的储能系统，适用于大规模能源管理。而诸如电池储能、超导储能、飞轮储能等，适用于中小规模能源管理。

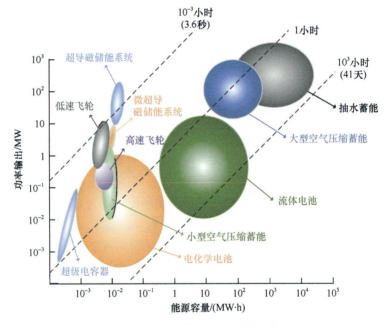

图 14.1　储能技术适用规模一览

数据来源：2013，Techno-Economic Analysis of Different Energy Storage Technologies

　　储能技术的发展受诸多因素的制约，主要瓶颈依然是成本问题。表 14.1 列出了目前各种储能技术的成本、效率及优缺点。比较目前各种储能技术的成本，就每千瓦时的成本而言，抽水储能、压缩空气的储能成本最低。近年来电池储能的成本下降的很快，但同压缩空气储能和抽水储能系统相比储能成本仍然较高。而超导储能虽然每千瓦的输出功率成本不高，但从储能的角度来看，价格仍然较贵，更适用于大功率、短时间应用场合。总体而言，在各种电力储能技术中，抽水储能和压缩空气储能的每千瓦时储能和释能的成本都是最低的，电池储能具有很大的发展潜力。

表 14.1　储能系统性能比较

| 储能技术及效率 | 功率子系统费用/（$/kW） | 储能子系统费用/[$/（W·h）] | 优点 | 缺点 |
|---|---|---|---|---|
| 抽水储能（85%） | 1200 | 75 | 规模大、寿命长、运行费用低 | 电站建设受地理条件限制、涉及一系列环保问题 |
| 压缩空气储能（60%） | 700 | 5 | 成本低、寿命长、适合大型储能系统 | 小型储能系统效率低、受储气装置的限制 |
| 飞轮储能（95%） | 600 | 1600 | 功率密度高、使用寿命长、对环境友好 | 储能密度低、自放电率高 |
| 铅酸电池（75%） | 400 | 330 | 倍率高、循环寿命长 | 碳材料的加入易产生负极易析氢、电池易失水 |
| 全钒液流电池（65%） | 400 | 600 | 寿命长、功率和容量可独立设计、安全性高 | 能量密度低、受温度限制 |
| 锌溴电池（70%） | 400 | 400 | 成本低、对环境友好，电解液的流动有利于电池系统的热管理 | 稳定性不够、能量密度不高 |
| 钠硫电池（75%） | 350 | 350 | 能量密度大、无自放电、原材料易得 | 倍率性能差、成本高，高温运行存在安全隐患 |
| 锂离子电池（95%） | 400 | 600 | 储能密度和功率密度高、效率高、应用范围广 | 成本高、存在安全隐患，电池寿命衰减严重 |
| 超级电容器（95%） | 500 | 10000 | 充电速度快、效率高，放电效率快、耐充 | 成本高、安全性差，较低的安全电压不适合运用到交流电路中 |
| 超导储能 | 300 | 10000 | 储能密度高、寿命长，响应速度快，维护简单 | 价格昂贵，设备复杂、寿命短 |

## 14.1.2　抽　水　储　能

目前，抽水储能是最成熟的大规模储能技术，一般的抽水蓄能电站（以下简称"抽蓄电站"）都有建在高处的上水库和建在电站下游的下水库，其原理是在负荷低峰时期用电能抽水至上水库，在负荷高峰时期再放水至下水库发电，又称为蓄能式水电站。它具有储能与水电的特性，容量大，投入/切出迅速，规模大，寿命长，运行费用低，效率已经达到了 75%，是较为理想的电力系统调峰调频电源（丛晶等，2014）。抽蓄电站在中国已有近 30 年的发展历史，京津冀区域及周边均有抽蓄电站投入运行，包括北京的密云和十三陵抽蓄电站，河北的岗南、张河湾和潘家口抽蓄电站，以及在建的丰宁、易县和抚宁抽蓄电站。区域周边包括山东泰安抽蓄电站、山西西龙池抽蓄电站、内蒙古呼和浩特抽蓄电站、辽宁蒲石抽蓄电站、河南回龙抽蓄电站等（表 14.2）。

表 14.2　京津冀区域及周边的抽水蓄能电站

| 电站名称 | 所在位置 | 总装机容量/MW | 机组台数 | 单机容量/MW |
|---|---|---|---|---|
| 泰安抽水蓄能电站 | 山东省泰安市泰山风景区西南麓 | 22 | 2 | 11 |
| 西龙池抽水蓄能电站 | 山西五台县 | 120 | 4 | 30 |
| 呼和浩特抽水蓄能电站 | 内蒙古呼和浩特市大青山区 | 120 | 4 | 30 |
| 回龙抽水蓄能电站 | 河南省南召县崔庄乡回龙沟村 | 12 | 2 | 6 |
| 宝泉抽水蓄能电站 | 河南省新乡市 | 130 | 4 | 30 |
| 蒲石河抽水蓄能电站 | 辽宁省丹东市宽甸满族自治县长甸镇 | 120 | 4 | 30 |

由于抽水蓄能机组具有启停速度快、负荷调整灵活的特点，在火力发电厂、核电厂比例较大的电网中，其削峰填谷的作用就显得尤为重要。图 14.2 与图 14.3 显示了河北潘家口和北京十三陵抽蓄电站的日负荷曲线。其中，潘家口的负荷曲线典型地反映了抽蓄电站的特征，即在夜间抽水蓄电，在白天高峰期放水发电，负荷高峰期一般为 10：30~14：30 和 16：00~21：30 时段。其中，十三陵的负荷在 19：30~20：00 为全天最高负荷，为 380MW。

图 14.2　潘家口抽水蓄能电站日负荷曲线

通过抽蓄电站来平抑风电、光电的随机性已成为当前的研究热点和发展趋势。研究方向包括风电-火电-抽水蓄能机组的联合优化，风电-抽水蓄能的容量规划，风电-抽水蓄能的综合效益评价等。多以成本最小或收益最大为目标函数，即单目标函数，约束条件考虑系统约束、电源参数约束、线路潮流约束等，边界条件包括日负荷曲线、电源参数和网络参数等。其中，华北电力大学在抽蓄电站优化、抽蓄电厂效益评估、抽蓄电机发电等方面开展了研究。针对抽蓄电站的优化，提出了与其他新能源进行互补，如太阳能、风能，研究包括光伏并网抽蓄电站、风电和抽蓄电站参与下的机组组合，火电-抽蓄联合运营系统的优化，以及风电、水电与抽蓄电站联合运行优化模型及应用等。对抽蓄电站的效益评估，开展抽蓄电站的调峰服务分析及效益评估和计及弃风成本的抽蓄电力系统随机优化调度问题的研究。关于抽蓄电机发电情况的研究，有暂态稳定性等。

**1. 场景分析**

目前，京津冀区域存在多种发电方式。虽然政策一再强调限制传统能源的使用，然而由于清洁能源瓶颈，储能设备与清洁能源不配套等因素，一段时间内京津冀区域还是以传统能源发电为主。因此，协调区域内多种能源发电，最大限度地利用清洁能源发电，提高能源利用率，降低环境污染是发展区域能源互联网和实现可持续发展的关键。多种能源的发电增加了区域能源互联网发展的不确定性，也为政府决策带来了不确定性，不确定性是不可避免的。通过场景分析提供多种可选择方案，有助于评估在未来发展中不可预测或不确定的复杂系统，京津冀区域的场景分析示意图如图 14.4 所示。

根据场景分析的原理，结合京津冀多种能源发电方式，拟绘出基于多种能源发电的场景分析流程图（图 14.5）。

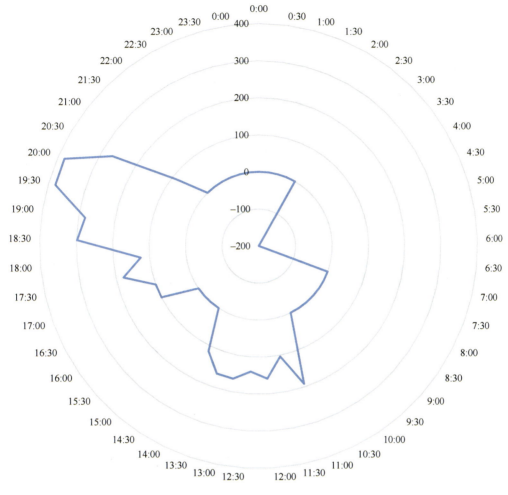

图 14.3　十三陵抽水蓄能电站日负荷曲线

　　当前京津冀区域还是以传统能源发电为主，则将燃煤发电设为基本流，清洁能源发电及储能发电设为备选流。根据基本流和备选流确定场景时，由于储能很少作为单一的发电形式发电，且储能一般用来平抑清洁能源发电，所以将传统的储能方式与清洁能源结合形成场景 5，由于抽水蓄能既有清洁能源发电的功能，也有储能的作用，为了区别于传统的储能方式从而形成了基本流 4 和场景 6。结合京津冀区域的实际情况，生成测试用例。其中，场景 1 表示只有燃煤机组发电，场景 2 表示燃煤机组和光伏组合发电，场景 3 表示燃煤机组和风力组合发电，场景 4 表示燃煤机组、光伏和风力组合发电，场景 5 表示燃煤机组、光伏、风力和传统储能组合发电，场景 6 表示燃煤机组、光伏、风力和抽水蓄能组合发电。

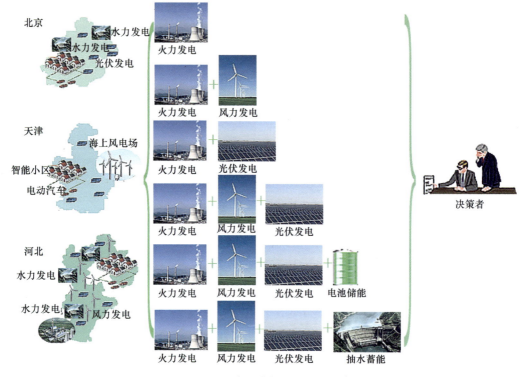

图 14.4 基于京津冀的场景分析示意图

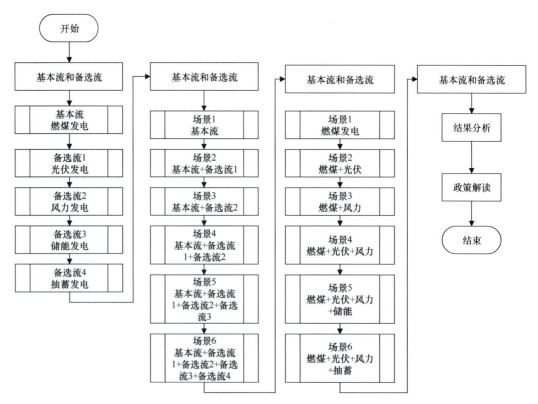

图 14.5 基于多种能源发电的场景分析流程图

**2. 场景建模**

1）燃煤机组+光伏发电+风力发电协调优化

（1）成本最小化模型如式（14.1）所示：

$$\min C = (C_1 + C_2)/Q \tag{14.1}$$

一般用机组出力的二次函数表示系统运行成本，式中，$C$ 为系统运行成本；$C_1$ 为燃煤机组的发电成本如式（14.2）；$C_2$ 为风电和太阳能机组的每天折旧成本如式（14.3）；$Q$ 为发电机组总的发电量如式（14.6）。选取调度期 T=24，在进行风电和太阳能机组折旧成本确定时按其天折旧成本核算。

$$C_1 = \sum_{t=1}^{T} \sum_{i=1}^{I} \left( \alpha_{1i} + \beta_{1i} g_{it} + \gamma_{1i} g_{it}^2 \right) \tag{14.2}$$

式中：$\alpha_{1i}$、$\beta_{1i}$、$\gamma_{1i}$ 为燃煤发电机组 $i$ 的成本系数；$\beta_{1i} g_{it} + \gamma_{1i} g_{it}^2$ 为可变成本，$\alpha_{1i}$ 为分摊到 $t$ 时段内的固定成本；$i = 1, 2, \cdots, I$，$I$ 为燃煤机组的数目。

$$C_2 = C_{dw} + C_{ds} \tag{14.3}$$

$$C_{dw} = \lambda_w \times C_{inv,w}/365 \tag{14.4}$$

$$C_{ds} = \lambda_s \times C_{inv,s}/365 \tag{14.5}$$

式中，$C_{inv,w}$、$C_{inv,s}$ 分别为风电、太阳能发电的初始投资；$\lambda_w$、$\lambda_s$ 分别为风电、太阳能发电的固定投资年均折旧系数。

$$Q = \sum_{t=1}^{T} D_t \tag{14.6}$$

式中，$D_t$ 为 $t$ 时刻用电需求。

（2）能耗最小化模型。在节能目标下，发电群机组的电量分配应使系统能耗量最小，重点考虑燃煤发电机组的煤耗，构建发电能耗最小化优化模型如式（14.7）所示：

$$\min F = \sum_{i=1}^{I} \sum_{t=1}^{T} k_i g_{it} \tag{14.7}$$

式中，$F$ 为系统能耗量；$k_i$ 为机组 $i$ 的煤耗率，$g_{it}$ 为燃煤机组的实际出力。

发电能耗最小化优化模型约束条件增加能耗约束如式（14.8）所示：

$$\sum_{i=1}^{I} \sum_{t=1}^{T} k_i g_{it} \leqslant F^{\max} \tag{14.8}$$

式中，$F^{\max}$ 为各机组在时段 $T$ 的最大煤耗量。

（3）排放最小化模型。在减排目标下，发电群机组的电量分配应使系统排放量最小，重点考虑燃煤发电机组的 $CO_2$ 排放量，构建发电排放最小化优化模型如式（14.9）所示：

$$\min E = \sum_{i=1}^{I} \sum_{t=1}^{T} (\alpha_{2i} + \beta_{2i} g_{it} + \gamma_{2i} g_{it}^2) \tag{14.9}$$

一般用二次函数描述机组 $i$ 时刻 $t$ 的 $CO_2$ 排放量，式中，$E$ 为系统排放量，$\alpha_{2i}$、$\beta_{2i}$、

$\gamma_{2i}$ 为燃煤发电机组 $i$ 的 $CO_2$ 排放系数。不同机组的 $CO_2$ 排放量与其燃煤的质量及是否采用脱碳技术等相关。

2）燃煤机组+光伏发电+风力发电+抽水蓄能协调优化

（1）成本最小化模型。引入抽水蓄能机组作为储能单元，构建调度周期内燃煤机组、风力发电机组、太阳能发电机组、抽水蓄能机组运行过程中单位发电成本最小为目标的发电成本最小化调度模型，目标函数如式（14.10）所示：

$$\min C = (C_1 + C_2)/Q \tag{14.10}$$

式中，$C$ 为系统运行成本；$C_1$ 为燃煤机组的发电成本如式（14.2）；$C_2$ 为在考虑风电和太阳能机组的基础上加入抽水蓄能工程的每天折旧成本如式（14.11）；$Q$ 为发电机组总的发电量如式（14.12）。选取调度期 $T=24$，在进行风电、太阳能、抽水蓄能机组折旧成本确定时按其天折旧成本核算：

$$C_2 = C_{dp} + C_{dw} + C_{ds} \tag{14.11}$$

$$C_{dp} = \lambda_p \times C_{inv,p}/365 \tag{14.12}$$

式中，$C_{inv,p}$ 为抽水蓄能发电的初始投资；$\lambda_p$ 为抽水蓄能发电的固定投资年均折旧系数。$C_{dw}$、$C_{ds}$ 如式（14.4）、（14.5）。

$$Q = \sum_{t=1}^{T} (D_t + L_{pt}) \tag{14.13}$$

式中，$D_t$ 为 $t$ 时刻用电需求；$L_{pt}$ 为 $t$ 时刻抽水蓄能电站蓄电量。

（2）能耗最小化模型。在节能目标下，抽水蓄能机组作为清洁能源机组，抽水和发电工况均不产生煤耗，计及抽水蓄能的清洁能源机组-燃煤机组发电能耗最小化优化模型的目标函数场景 4。

$$\min F = \sum_{i=1}^{I} \sum_{t=1}^{T} k_i g_{it} \tag{14.14}$$

（3）排放最小化模型。在减排目标下，抽水蓄能机组作为清洁能源机组，抽水和发电工况均不产生 $CO_2$ 排放量，计及抽水蓄能的清洁能源机组-燃煤机组发电排放最小化优化模型的目标函数如式（14.15）所示：

$$\min E = \sum_{i=1}^{I} \sum_{t=1}^{T} (\alpha_{2i} + \beta_{2i} g_{it} + \gamma_{2i} g_{it}^2) \tag{14.15}$$

### 3. 约束条件

（1）电量供给平衡约束如式（14.16）所示：

$$\sum_{i=1}^{I} g_{it} + g_{wt} + g_{st} = D_t \tag{14.16}$$

式中，$g_{it}$ 为燃煤机组的实际出力；$g_{wt}$ 为风电机组的实际出力；$g_{st}$ 为太阳能发电机组的实际出力；$D_t$ 为 $t$ 时刻用电需求。

（2）火电机组发电约束如式（14.17）所示：

$$g_{i,\min} \leqslant g_i \leqslant g_{i,\max} \tag{14.17}$$

式中，$g_{i,\min}$ 为火电机组 $i$ 最小可用出力；$g_{i,\max}$ 为火电机组 $i$ 最大可用出力。

（3）机组降坡约束如式（14.18）所示：

$$g_{i,t-1} - g_i \leqslant \Delta g_{i,\text{up}} \tag{14.18}$$

式中，$\Delta g_{i,\text{up}}$ 为机组 $i$ 最大爬坡电量。

（4）系统备用约束如式（14.19）、式（14.20）所示：

$$\sum_{i=1}^{I} \left( g_{i,\max} - g_{it} \right) \geqslant r_{\text{up}} \left( g_{\text{rw}t} + g_{\text{rs}t} \right) \tag{14.19}$$

$$\sum_{i=1}^{I} \left( g_{it} - g_{i,\min} \right) \geqslant r_{\text{down}} \left( g_{\text{rw}t} + g_{\text{rs}t} \right) \tag{14.20}$$

式中，$r_{\text{up}}$、$r_{\text{down}}$ 分别为火电机组上旋和下旋备用系数，一般取 0.1~0.2；$g_{\text{rw}t}$、$g_{\text{rs}t}$ 分别为风电机组和太阳能发电机组实际来风可用发电量。

（5）风电机组出力约束如式（14.21）所示：

$$0 \leqslant g_{\text{w}t} \leqslant \max\left\{ g_{\text{w}\max}, g_{\text{rw}t} \right\} \tag{14.21}$$

式中，$g_{\text{w}\max}$ 为风电机组最大出力。

（6）太阳能发电机组出力约束如式（14.22）所示：

$$0 \leqslant g_{\text{s}t} \leqslant \max\left\{ g_{\text{s}\max}, g_{\text{rs}t} \right\} \tag{14.22}$$

式中，$g_{\text{s}\max}$ 为太阳能发电机组最大出力。

（7）能耗约束如式（14.23）所示：

$$\sum_{i=1}^{I} \sum_{t=1}^{T} k_i g_{it} \leqslant F^{\max} \tag{14.23}$$

式中，$F^{\max}$ 为各机组在时段 $T$ 的最大煤耗量。

（8）二氧化碳排放约束如式（14.24）所示：

$$\sum_{i=1}^{I} \sum_{t=1}^{T} \left( \alpha_{2i} + \beta_{2i} g_{it} + \gamma_{2i} g_{it}^2 \right) \leqslant E^{\max} \tag{14.24}$$

式中，$E^{\max}$ 为各机组在时段 $T$ 的最大 $CO_2$ 排放量。

（9）电网负荷约束如式（14.25）所示：

$$P_{g,\min} \leqslant P_n \leqslant P_{g,\max} \tag{14.25}$$

式中，$P_{g,\max}$、$P_{g,\min}$ 分别为上网发电机组最大、最小输出功率。

（10）等效负荷约束计算公式为

接入风力发电、太阳能发电等新能源电力后，可调机组要同时承担系统负荷波动与新能源电力波动的调节任务。定义等效负荷公式为

$$P_{\text{eq}} = P_n - P_{\text{wind}} \tag{14.26}$$

式中，$P_{eq}$ 为等效负荷，$P_{wind}$ 为风力发电负荷。为了维持系统接入新能源后的能量平衡，等效负荷 $P_{eq}$ 也应处于 $P_{g,max}$、$P_{g,min}$ 之间，公式为

$$P_{g,min} \leqslant P_{eq} \leqslant P_{g,max} \tag{14.27}$$

①当 $P_{eq} \leqslant P_{g,min}$ 时，等效负荷低于上网功率下限，如电网负荷较低及风电出力较大的情况，此时多采取弃风措施。一般情况下，弃风量 $P_{abd}$ 公式为

$$P_{abd} = P_{g,min} - P_{eq} \tag{14.28}$$

在考虑储能的情况下，可设储能量 $P_{cin}$、弃风量 $P_{abd}$ 公式为

$$P_{cin} = \max\left(P_{g,min} - P_{eq}, P_{cin,max}\right) \tag{14.29}$$

$$P_{abd} = \begin{cases} P_{g,min} - P_{eq} - P_{cin}, P_{g,min} - P_{eq} > P_{cin} \\ 0, P_{g,min} - P_{eq} \leqslant P_{cin} \end{cases} \tag{14.30}$$

式中，$P_{cin,max}$ 为储能最大量，暂不考虑储能过程中能量的损耗。

②当 $P_{eq} \geqslant P_{g,max}$ 时，等效负荷高于上网功率下限，如电网负荷较高及风电出力较小的情况，此时多采取切负荷的措施。一般情况下，负荷切除量 $P_{ccut}$ 公式为

$$P_{ccut} = P_{eq} - P_{g,max} \tag{14.31}$$

在考虑储能的情况下，储能放电量 $P_{cout}$、负荷切除量 $P_{ccut}$ 公式为

$$P_{cout} = \min\left(P_{eq} - P_{g,max}, P_{cined}\right) \tag{14.32}$$

$$P_{ccut} = \begin{cases} P_{eq} - P_{g,max} - P_{cout}, P_{eq} - P_{g,max} > P_{cout} \\ 0, P_{eq} - P_{g,max} \leqslant P_{cout} \end{cases} \tag{14.33}$$

式中，$P_{cined}$ 为现有存储能量值，暂不考虑储能过程中能量的损耗。

（11）电量供给平衡约束如式（14.34）所示：

$$\sum_{i=1}^{I} g_{it} + g_{pt} + g_{wt} + g_{st} = D_t + L_{pt} \tag{14.34}$$

式中，$g_{it}$ 为燃煤机组的实际出力；$g_{pt}$ 为抽水蓄能发电机组的实际出力；$g_{wt}$ 为风电机组的实际出力；$g_{st}$ 为太阳能发电机组的实际出力；$D_t$ 为 $t$ 时刻用电需求；$L_{pt}$ 为 $t$ 时刻抽水蓄能电站蓄电量。

（12）抽水蓄能电站抽水库容约束如式（14.35）所示：

$$\sum_{t=1}^{T} L_{pt} \leqslant E_{PV} \tag{14.35}$$

式中，$E_{PV}$ 为抽水蓄能日最大抽水库容。

（13）抽水蓄能电站抽发平衡约束如式（14.36）所示：

$$\sum_{t=1}^{T} g_{pt} = \eta \sum_{t=1}^{T} L_{pt} \tag{14.36}$$

式中，$\eta$ 为抽水蓄能电站抽水-发电转换效率。

（14）抽水蓄能电站抽水时段和发电时段约束如式（14.37）所示：

$$g_{pt}、\ L_{pt}\ 互斥，\ \forall t \tag{14.37}$$

### 4. 场景结果分析

本节收集了中国某地区分布式清洁能源发电数据，该地区风力发电机组的总装机容量为 650MW，太阳能发电装机容量为 100MW，5 台燃煤发电机组，各机组容量、煤耗率及污染物排放等性能系数见表 14.3。由于风电机组和太阳能机组发电受到实际天气等因素的影响，故以该地区 10 年来同日风力发电效率的平均效率作为风电发电效率，以该地区夏季发电平均效率作为太阳能发电效率，具体风电及太阳能发电效率见表 14.4。

表 14.3　燃煤发电机组参数

| 机组编号 | 机组容量/MW | 煤耗率/[g/(kW·h)] | 机组出力 | | 机组运行成本参数 | | | 机组排放参数 | | |
|---|---|---|---|---|---|---|---|---|---|---|
| | | | 最小出力/MW | 最大出力/MW | $\alpha_1$/($/h) | $\beta_1$/[$/(MW·h)] | $\gamma_1$[$(MW/h)$^2$/h] | $\alpha_2$/(kg/h) | $\beta_2$/[kg/(MW·h)] | $\gamma_2$[kg(MW/h)$^2$/h] |
| 1 | 455 | 364 | 150 | 455 | 100 | 16.19 | 0.0005 | 130.0 | −2.86 | 0.022 |
| 2 | 130 | 365 | 20 | 130 | 700 | 16.60 | 0.0020 | 137.7 | −2.94 | 0.044 |
| 3 | 130 | 350 | 20 | 130 | 680 | 16.50 | 0.0021 | 130.0 | −2.35 | 0.058 |
| 4 | 80 | 382 | 20 | 80 | 370 | 22.26 | 0.0071 | 110.0 | −2.28 | 0.080 |
| 5 | 55 | 368 | 10 | 55 | 660 | 25.92 | 0.0041 | 157.0 | −1.29 | 0.082 |

表 14.4　风电及太阳能发电利用效率

| 时刻 | 风电出力 | 太阳能发电出力 | 时刻 | 风电出力 | 太阳能发电出力 | 时刻 | 风电出力 | 太阳能发电出力 |
|---|---|---|---|---|---|---|---|---|
| 1 | 0.44 | 0.00 | 9 | 0.28 | 0.34 | 17 | 0.37 | 0.3 |
| 2 | 0.79 | 0.00 | 10 | 0.29 | 0.48 | 18 | 0.29 | 0.2 |
| 3 | 0.82 | 0.00 | 11 | 0.26 | 0.64 | 19 | 0.21 | 0.0 |
| 4 | 0.86 | 0.00 | 12 | 0.30 | 0.73 | 20 | 0.20 | 0.0 |
| 5 | 0.80 | 0.10 | 13 | 0.26 | 0.85 | 21 | 0.33 | 0.0 |
| 6 | 0.67 | 0.13 | 14 | 0.22 | 0.78 | 22 | 0.45 | 0.0 |
| 7 | 0.59 | 0.18 | 15 | 0.33 | 0.61 | 23 | 0.65 | 0.0 |
| 8 | 0.47 | 0.21 | 16 | 0.40 | 0.43 | 24 | 0.57 | 0.0 |

1）燃煤机组+光伏发电+风力发电协调优化

以成本最小化模型为例进行分析，对比燃煤机组、清洁能源机组的发电量（图 14.6），晚间至凌晨，受实际环境影响，太阳能机组发电量几乎为零，风力发电机组出力较高，风力资源发电和太阳能资源发电在时间上具有互补性。尤其在 2：00~6：00、23：00~24：00 时段，此时实际来风量较大，风电机组出力较高，燃煤机组均保持最低出力状态，风电机组出力在这个过程中平滑了燃煤机组出力，起到了一定的资源优化调节的作用。

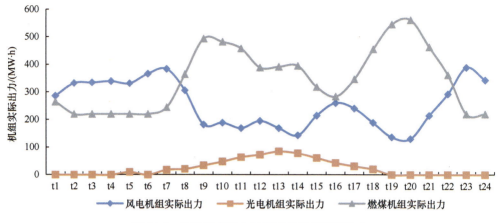

图 14.6　发电成本最小目标下各机组实际出力

2）燃煤机组+光伏发电+风力发电+抽水蓄能协调优化

在场景 4 的基础上，引入抽水蓄能工程作为储能单元，参与发电群调度，调节清洁能源机组、燃煤机组发电出力。抽水蓄能发电机组装机容量为 250MW，装机库容为 700MW·h，抽水–发电转换效率为 75%。通过计算，以发电成本最小化为例进行分析，引入抽水蓄能发电机组后，燃煤机组、风电机组、太阳能机组和抽水蓄能发电机组实际出力情况（图 14.7）。由图 14.7 可知，在 9：00~11：00 尖峰负荷时段，抽水蓄能发电机组处于发电状态，配合风电机组、太阳能发电机组，减少了燃煤机组的实际出力，在 18：00~21：00 时间段，受实际环境影响，风电机组出力较低，太阳能发电机组出力几乎为零，抽水蓄能发电机组对燃煤机组实际出力起到了重要的调节作用。

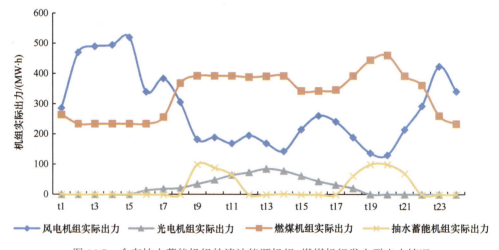

图 14.7　含有抽水蓄能机组的清洁能源机组–燃煤机组发电群出力情况

将含有抽水蓄能机组的清洁能源机组–燃煤机组发电成本优化模型与不含有抽水蓄能机组的清洁能源机组–燃煤机组发电成本优化模型的风电机组实际出力、燃煤机组实际出力进行对比（图 14.8）。

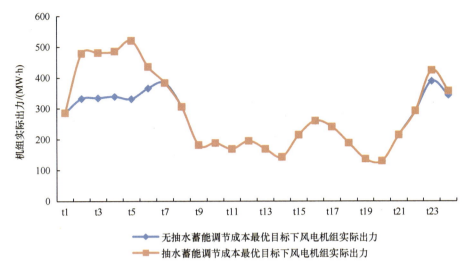

图 14.8　有无抽水蓄能机组调节下风电机组实际出力对比

从图 14.8 可以看出，引入抽水蓄能机组后，风电机组在夜间的实际出力明显提高，风力资源得到进一步利用，在相应的时段起到了平滑和调节燃煤机组出力的作用。含有抽水蓄能机组的清洁能源机组–燃煤机组发电成本优化模型下抽水蓄能机组在各时段的抽发情况见图 14.9。

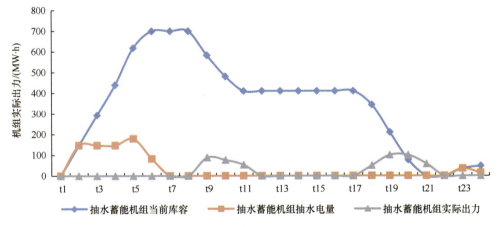

图 14.9　抽水蓄能机组各时段抽发情况

图 14.9 可知，在 2：00～6：00 时段，抽水蓄能机组处于抽水工况，6：00 当前库容达到抽水蓄能机组最大库容，抽水蓄能机组停止抽水。9：00～11：00、18：00～21：00 时负荷高峰时段抽水蓄能机组处于发电工况。夜间风力资源丰富，且处于负荷低谷时段，抽水蓄能机组处于抽水工况，将多余的风电资源进行存储，在白天负荷高峰时段，抽水蓄能机组放电，辅助燃煤机组共同缓解尖峰负荷需求，提高了清洁能源的利用率，实现了峰谷转移和资源优化。

## 14.1.3 压 缩 空 气

压缩空气储能（Compressed-Air-Energy-Storage，CAES）是利用空气压缩机将弃光电能、弃风电能、弃水电能或低谷电能转换为分子势能存入压力储气装置，通过释放高压空气驱动透平机带动发电机发电的大规模储能技术，具有规模大、寿命长、运行维护费用低等优点（张新敬等，2012）。国外已有两座大型压缩空气储能电站投入商业运行，分别为德国 Huntorf CAES 电站和美国 McIntosh CAES 电站（图 14.10、图 14.11）。两座电站均为补燃式电站，德国 Huntorf CAES 电站压缩机组功率为 60MW，发电机组功率为 290MW，压缩机连续充气 8 小时，可实现连续发电 2 小时。储能效率平均为 33.0%~46.9%，如果去除天然气的补燃效率，其电对电效率 20%。美国 McIntosh CAES 电站压缩机组功率为 50MW，发电机组功率为 110MW，连续压缩 41 小时可发电 26 小时，该电站利用燃气轮机排出的余热加热进口空气，系统储能效率为 54%，若去除天然气的补燃效果，其电换电效率为 25%（Inage S I，2009；Succar S and Williams R H，2008）。

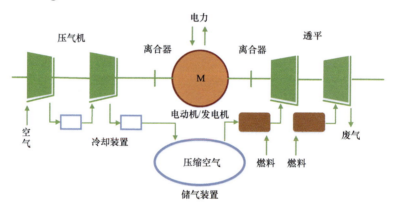

图 14.10　德国的 Huntorf 压缩空气储能电站系统

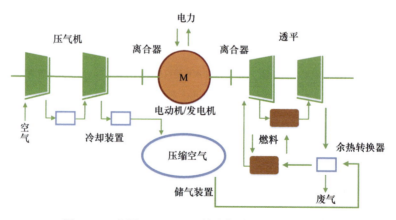

图 14.11　美国 McIntosh 压缩空气储能电站系统结构

中国于 2003 年开始压缩空气储能的研究，虽然起步较晚，但已得到相关科研院所、电力企业和政府部门的高度重视，是目前大规模储能技术的研发热点。2012 年，在国家电网公司的资助下，清华大学作为项目负责单位联合中科院理化所、中国电科院等单位开展了基于压缩热回馈的 500kW 非补燃 CAES 动态模拟系统研究，于 2014 年底建成，该系统电换电实验效率为 40%；2015 年，在国家能源局的支持下，陈海生及其团队在压缩机、膨胀机、蓄冷蓄热系统等方面取得进展，于 2016 年底，在贵州建成 10MW 级新型压缩空气储能系统，该系统压缩空气储能效率接近 60%；2017 年，国家能源局将江苏金坛"基于盐穴压缩空气智能电网储能系统项目"列为国家级示范项目，该项目一期规划建设为 50MW，二期规划建设 150MW。

目前，非补燃式 CAES 具有无任何污染排放等特点，提高清洁能源消纳的同时又有助于雾霾治理和低碳发展，实现能源和环境的协调发展，是 CAES 的主流研究方向。与传统的抽水储能相比，CAES 具有摆脱地理和资源条件限制等优点，它以储能密度大，存储周期长，投资成本少等优势受到人们的青睐，然而却存在效率不高等不足（抽水储能效率一般为 85%，CAES 效率不高于 60%）。2017 年，华北电力大学刘石教授提出了改进的压缩空气储能方案—水下压缩空气储能系统（UW-CASE）（图 14.12）。水下压缩空气储能系统是一种最新研发的储能技术，利用水下的柔性气囊储存压缩空气，系统的压力由气囊在水中安置的深度决定，可以布置在内陆水库或海上风电场中。该系统具有诸多优点，例如气囊放置在一定深度的水中气压稳定、灵活方便；系统内外压力平衡，安全系数高；系统容量由气囊的数量决定，扩容简单；而且，气囊材料简单，投资成本小。作为一个新生事物，现在的研究还主要处于试验阶段，还有很多问题亟待解决（田崇翼等，2015）。

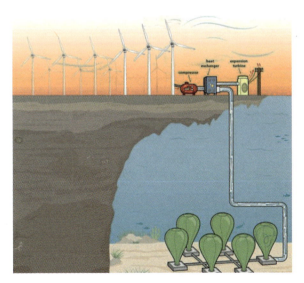

图 14.12　水下压缩空气储能示意图

注：该水下压缩空气储能方式是华北电力大学刘石教授改进的方法，未正式公布

## 14.1.4　电池储能

### 1. 电池储能概述

随着能源互联网的发展，大规模储能技术得到广泛的关注。电池储能应用广泛，主

要包括锂离子电池、钠硫电池、铅酸电池等。由于具有建设周期短、运营成本低等优点，电池储能已经成为电网应用储能技术解决新能源接入的首选方案（金一丁等，2010）。2015 年，电池在分布式发电机微网的装机容量占到 56%，在可再生能源并网中占到了35%。目前，根据电力系统位置的不同，电池应用方式主要有两种，一种是把电池储能系统接在发电侧，主要用来提高发电机的稳定运行能力；另一种是把电池储能系统接在负荷侧，当用户侧对电能质量和电压波形要求较高时，可以采用这种方式。根据电池容量的不同，分为集中式和分布式电池储能。集中式电池储能技术主要用于风光电站的储能系统中，例如张北风光储输示范工程，在风电并网中它能够平滑机组输出，转移峰值，改善电力系统的稳定性，提高供电质量。分布式电池储能技术主要用于微网中，可以提高微网的稳定性，实现孤网运行时的频率电压支撑，改善电能质量。

铅酸电池、锂离子电池、液流电池、钠硫电池四种常见的电池储能各有优劣势，详细性能指标对比见表 14.5。其中，铅酸电池对环境影响较大，锂离子电池安全性能是一个值得关注的问题，液流电池成本较低，钠硫电池存在安全隐患等。中国对电池储能技术的研究起步较晚，与国外发达国家还有较大差距，主要表现在：一是设备容量规模较小；二是设备的寿命短、利用效率低；三是设备的智能化水平薄弱。

表 14.5　四种常见储能电池比较

| 性能指标 | 铅酸电池 | 钠硫电池 | 液流电池 | 锂离子电池 |
|---|---|---|---|---|
| 单位工作电压/V | 2.0 | 2.2 | 1.4 | 1.6 |
| 工作温度/℃ | −5~40 | 300~360 | 0~45 | −30~60 |
| 效率/% | 72~78 | 约 90 | 约 85 | 接近 100 |
| 循环寿命/次 | 5~15 年 | 12~20 年 | 15~20 年 | 5~15 年 |
| 放电速率 C | 1~3 | 5 | 3 | 5~10 |
| 充电速率 C | 0.4 | 1 | 1 | 0.21~1 |
| 成本费用/$(S \times kW^{-1})$ | 300~600 | 1150~2250 | 600~1500 | 1200~4000 |
| 每个循环周期费用/$(S \times kW^{-1})$ | 20~100 | 8~20 | 5~80 | 15~100 |
| 安全性 | 技术相对成熟，工作安全 | 陶瓷隔膜较脆。容易引起火灾或爆炸等事故 | 较安全，及时交换隔膜损坏，电解液可以恢复 | 过充，内部短路升温严重易导致火灾或爆炸 |
| 环保指标 | 毒性物质 | 无 | 毒性物质 | 无 |
| 制造商 | 国内外主要电池制造商 | 日本 NGK | 加拿大 VRB 日本三友电工 | 国内外主要电池制造商 |
| 应用类型（功率，能量） | 功率应用 | 功率应用 能量应用 | 功率应用 能量应用 | 功率应用 |
| 缺点 | 对环境影响较大、循环寿命短、比能低、容易硫化 | 储能价格较高安全性能低 | 电池结构复杂需要对离子交换膜等关键技术进行攻关 | 其关键部件陶瓷管的制备技术仅被极少数公司所掌握 电池存在安全隐患 |
| 优点 | 电压稳定、价格便宜 | 比能高、效率高、制备工艺简单 | 寿命长、成本低 | 比容量高、使用寿命长、转化效率高等 |

## 2. 电池储能改进

（1）电池安全性。电池储能电站有很多优点，在可再生能源发展过程中至关重要。但是，电池也有缺点，其中最重要的是安全性问题。电池组是一种含高能物质的部件，具有危险性的本质，发生事故的可能性比较高。2011 年 2 月和 9 月日本接连烧掉两座钠硫电池储能电站，2011~2012 年美国夏威夷 Kahuku 风电场铅酸电池储能装置发生三次大火，引起人们的高度关注（表 14.6）。安全性的实质就是事故概率，影响电池安全事故的主要因素包括电池的品种、生产质量、安全措施的有效性、使用的合理性、其他（意外）因素等。随着可再生能源的发展，电池储能电站建设已经逐步展开，电池储能电站的安全性研究备受关注。电池电化学反应难以控制，而电池管理系统可以通过电源分级管理、状态检测、负荷预测等来监督调整限制电池组的行为，保障其使用安全。再者，新材料与电池技术的结合，例如石墨烯基锂离子电池，有助于改善电池储能的能效与安全特性，提高电池容量，延长电池循环使用寿命。随着国家的推动和电池技术的不断发展，其应用规模将逐步扩大。

表 14.6　国外电池储能电站的事故信息

| 时间 | 地点 | 事故原因 | 影响 | 电池类型 |
| --- | --- | --- | --- | --- |
| 2011.09 | 日本茨城县 | 钠硫电池中混入了一个"不合格"的电池单元 | NGK 公司宣布暂停钠硫电池的使用与生产。日本消防法修订了"与危险品限制相关的规定"，撼动了钠硫电池前景 | 钠硫电池 |
| 2011.04<br>2012.05<br>2012.08 | 美国夏威夷 Kahuku 岛 | 超级电容器起火<br><br>蓄电池箱内部起火 | Kahuku 风电场关停，为风能开发的未来带来了不确定因素，储能行业受到沉重打击 | 铅酸电池 |

（2）废旧电池处理。目前，国际上通行的废旧电池处理方式大致有三种：固化深埋、存放于废矿井、回收利用。固化深埋、存放于废矿井不仅花费高昂而且还造成浪费，回收利用通常有热处理、"湿"处理和真空热处理三种方式。其中，热处理与"湿"处理法成本较高。国外的废电池回收处理体系基本已经步入正轨。德国已经做到废电池全部收集、分类处理处置，对所有废电池优先考虑再生利用。美国建立了多家废电池处理厂，并坚持不懈地向公众宣传教育，让公众自觉地配合和支持废电池的回收工作。日本早已开展有关一次性电池对环境影响的研究以及废电池回收利用的工作，倡导"循环型"社会模式，提出了"减量、重复使用、再生利用"的"3R"计划。

中国是电池生产和消费大国，每年电池的生产与消费量可达 180 亿 t，占世界总量的 1/4。然而，废旧电池的回收与处置效果却处于落后水平，主要原因有两个，其一是电池的品种多、数量大，难于分类，收集困难；其二是国家尚未建立完善的回收管理体系，缺乏相应的政策法规和保障、激励措施。中国废电池回收率低的现状直接限制了废旧电池处理规模的扩大和处理技术的提高，进而严重阻碍了废旧干电池回收利用的产业化过程。因此，抓好废电池的回收工作，大力开发废电池处理技术是继续发展电池技术的重要保障。

### 3. 电池储能新技术发展

除了电池本身的特性之外，电池管理系统（Battery Management System，BMS）对于电池储能的发展也至关重要。BMS 的主要任务是监控电池单元，保障电池组工作在安全的环境区间，在出现异常时及时响应处理，并根据环境温度、电池状态等及时调整工作状态等。其主要功能包括：一是准确估测电池组负荷状态，防止过充电或过放电对电池的损伤；二是动态监测电池组工作状态，采集电池组温度、电压和电流等实时数据，及时分析并采取恰当措施，保证电池组运行的安全性和可靠性；三是均衡单体电池，使电池组中电池在充电或放电时，保持一致状态，实现电池储能的稳定性与高效性。近年来，以特斯拉为代表的电池管理技术不断发展，大大提高了电池储能的安全性。2017年12月，南澳大利亚宣布霍恩斯代尔风电场的储能系统（Hornsdale Power Reserve）正式启用（图14.13），该系统使用美国特斯拉公司推出的Powerpack电网能源储存系统，配备了100MW/129MW·h的锂离子蓄电池，其核心是采用大型蓄电池阵列作为备份和连续供电的模块化BMS架构。

图 14.13　霍恩斯代尔风电场的储能系统

注：图中为霍恩斯代尔风电场及其 Powerpack 储能系统

　　特斯拉公司通过先进的电池管理技术挖掘蓄电池的潜能。其电池系统采用分级管理模式，如图14.14所示，分为三个层级。分级管理模式对每个层级都进行监控与管理。

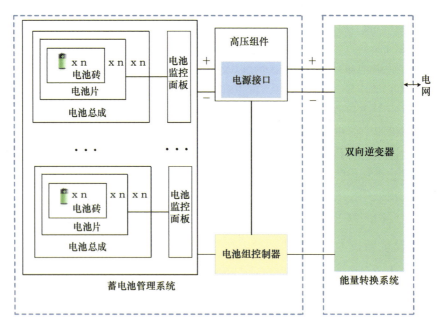

图 14.14　蓄电池管理系统示意图

注：单个蓄电池×N=电池砖，电池砖×N=电池片，电池片×N=电池总成

每个层级上均设置有保险丝，一旦过热或电流过大则立刻融断，断开输出。电池片单元上设置有电池监控面板，用以监控整个电池片的输出电压、电流以及温度等，同时监控内部每个电池砖的电压、电流以及温度等。电池监控面板由电池管理控制器统一管理，对整个电网储能装置进行控制。电池分级管理模式明显改善了电池储能的安全特性，提高了电池阵列的能源利用效率，有助于推动电池储能产业的发展。

## 14.1.5　石　墨　烯

能源互联网的发展离不开新材料的支持，石墨烯材料在新型储能材料中具有独特优势，极具潜力。石墨烯是从石墨中剥离出的单层碳原子二维结构，具有最强导电性（电导率 $10^8\Omega/m$）、最强导热率（导热系数 5000W/mk）、最高强度（钢的 200 倍）、超高透光率（97.7%）、高比表面积（2630$m^2$）等优异特性，是目前发现的最薄、最坚硬的纳米材料之一。2004 年，英国曼彻斯特大学物理学家安德烈·海姆和康斯坦丁·诺沃肖洛夫，因发现石墨烯获得 2010 年诺贝尔物理学奖，自此以后，石墨烯研究和产业化不断升温。目前，石墨烯产业正在从技术概念期向产品导入期过渡，产业上中游发展火热，下游因缺乏大规模应用成为短板，"如何将实验室的研究导入到下游的应用中"是解决该问题的关键（图 14.15）。世界各国都在积极进行石墨烯的研发和商业化应用，并将其提升至战略地位。我国是石墨烯研究和应用开发最为活跃的国家之一，石墨烯的论文发表量和专利申请量均居世界前列，下游产业也呈现出蓬勃发展的势头。

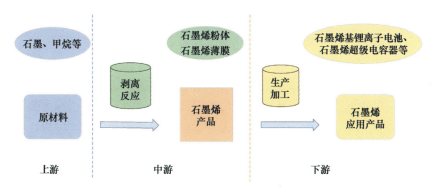

图 14.15　石墨烯产业链

注：石墨烯的制备方法主要有氧化还原法、机械剥离法、化学气相沉积法（CVD）等。氧化还原法和机械剥离法原材料以石墨为主，化学气相沉积法以甲烷为主

石墨烯作为新兴的纳米材料，在电子、信息、新能源和生物医学等领域发展潜力巨大，广泛应用在锂离子电池、航空汽车零部件、散热素材、集成电路等，尤其在新型储能材料上具有独特的优势和巨大的潜力。目前，石墨烯在储能领域的研究主要集中在超级电容器、锂离子电池、储能电极材料等，特别是在锂离子电池方面，石墨烯的加入大大改善了锂离子电池的循环性能、降低了电阻量，并且在很大程度上提高了电池的储电量，国内外各个高校分别对石墨烯储能展开了研究（表 14.7）。这些研究无不显示出来石墨烯作为新兴研究材料无限的潜力。

**表 14.7　国内外相关机构对石墨烯储能的研究**

| | 名称 | 研究领域 |
|---|---|---|
| 国外 | 莱斯大学（Rice） | CVD 石墨烯薄膜及储能、复合材料和生物医药领域应用 |
| | 德克萨斯大学奥斯汀分校（UT-Austin） | 制备、储能、复合材料、探测器应用 |
| | 罗格斯大学（RU） | CVD 石墨烯薄膜及储能、复合材料和生物医药领域应用 |
| | 日本半导体能源研究所 | 锂离子电池、触摸屏、OLED 领域应用 |
| | 美国东北大学（NEU） | 功能纳米材料和先进能量转换设备（电动汽车、风能、燃料电池和太阳能电池） |
| | 韩国乐金集团（LG） | 锂离子电池、触摸屏、显示器件、太阳能、LED 等领域 |
| 国内 | 华北电力大学 | 湿式氧化中的碳纳米管和石墨烯催化剂的开发及机理 |
| | 清华大学 | 石墨烯纳米结构的锂金属电极材料 |
| | 浙江大学 | 石墨烯纤维的规模化制备以及石墨烯纤维的高性能化等 |
| | 复旦大学 | 优化石墨烯基复合材料力学性质 |
| | 天津大学 | 基于石墨烯实现致密储能 |
| | 香港理工大学 | 提高单晶石墨烯生长速率 |

数据来源：赛迪智库原材料工业研究所。

目前，石墨烯在锂离子电池上的研究应用取得了较大进展。东旭光电的子公司上海碳源汇谷研制的石墨烯基锂离子电池，可在–30~80℃环境下工作，电池循环寿命达 3500 次左右，充电效率是普通充电产品的 24 倍。电池技术是电动汽车大力推广和发展的最大门槛，而目前的电池产业在铅酸电池和传统锂离子电池的发展中均遇瓶颈。新型石墨烯储能设备的研制，可能为电动车以及能源互联网储能领域带来新的发展。另外，石墨烯在超级电容器领域中的研究也取得了较大进展，具有实际应用潜力，也为石墨烯在电网级储能领域的发展带来机会。

近年来电池管理技术的不断发展，推动电池储能在安全性和能效利用上不断提高，给石墨烯在储能领域的发展带来巨大动力。2017 年 1 月，工信部、国家发改委等四个部门联合制定的《新材料产业发展指南》中提到，突破石墨烯材料关键技术，重点发展利用石墨烯改性的储能器件以及特种功能产品等。储能技术作为能源互联网中的重要组成部分，关系着能源互联网的发展。石墨烯电池储能产品的突破有利于可再生能源的开发利用，有利于能源互联网的发展，有利于实现 3E 可持续发展。

## 14.2　电池储能应用

电池储能应用广泛，可以快速的对接入点的有功功率和无功功率进行调节，提高系统的运行稳定性和供电的质量，当其容量足够大时，甚至可以发挥电力调峰的作用，是一种比较适合使用的储能电源。

## 14.2.1　电动汽车

随着电池技术的不断发展，国内外出现了以电池为储能的分布式储能设备。其中，电动汽车当属应用最广泛的分布式储能设备，它可以作为一种重要的灵活负荷和储能设施，向微电网、智能电网输电并参与局部的电网平衡。同时，发展电动汽车也是减少石油依赖、降低环境污染、控制温室气体排放的有效措施。电动汽车的发展推动了电池技术的进步（表14.8）。工信部数据显示，截至 2015 年年底，中国新能源汽车 3 年内累计产量已达 48.8 万辆，累计销量已达 44.7 万辆，然而，限制电动汽车发展的主要瓶颈在于充电桩建设的滞后与短缺，因此，加强充电桩的建设是发展电动汽车的重要保证。2015 年年底国家发改委、国家能源局、工信部和住建部联合发布《电动汽车充电基础设施发展指南（2015—2020 年）》，将全国分为加快发展区、示范推广区、积极促进地区三个区域，并提出各区目标，规划指出 2020 年国内充换电站数量达到 1.2 万个，充电桩达到 480 万个（国家发展和改革委员会等，2015）（图 14.16）。2016 年，国家发改委、能源局等四部门联合印发《加快居民区电动汽车充电基础设施建设》要求通过加强现有居民区设施改造等措施，将京津冀鲁、长三角、珠三角等重点城市列为试点示范区，到 2017 年年底，京津冀区域内所有高速路都要建充电设施（国家发展和改革委员会等，2016）。目前，国网建设的充电桩只能一个充电桩对应一辆电动汽车充电，青岛特锐德设计出一种全新的充电桩方案（图 14.17），该方案实现了多辆汽车同时充电，解决传统充电桩只能给一个电动汽车充电的难题。

表 14.8　新电池技术说明

| 电池技术 | 说明 |
| --- | --- |
| 特斯拉电池技术 | 特斯拉电动车选取松下的 NCA 系列 18650 锂离子电池串并能量包作为动力源。每台特斯拉 Model S 使用约 8000 节松下生产的 18650 电池。特斯拉坚持不使用大容量电池单元，而是使用了松下生产的小容量的 18650 电池 |
| 比亚迪铁电池技术 | 绿色环保–零污染。长寿命、高安全、高效率、可大功率充放电<br>可大功率充放电，适合高低温工作环境 |
| 丰田燃料电池技术 | 从燃料电池车"未来"的性能来看，其加满氢燃料一次性续航里程可达 650km，车内可乘坐 4 名人员，采用前驱布局设计，仅需 3 分钟就可以再次补足氢燃料 |

随着电动汽车的逐步推广，针对电动汽车的充放电策略也逐步成为了大家研究的热点，目前主要的充放电策略有以下几种：①基于线性优化的电动汽车换电站最优充放电策略，该策略可以帮助电动汽车换电站运营获得最大经济收益；②基于双层优化的电动汽车充放电策略，该策略大大提高了充放电的效率；③基于需求侧管理的电动汽车充放电策略，该策略采用遗传算法对分时段制定方案进行最优求解，通过需求侧管理的方法对电动汽车进行有效的引导，达到了电动汽车充放电行为有序的进行；④租赁模式下的电动汽车电池集中充放电策略，该策略所建立的优化模型对电力系统的运行带来了优越性和经济性；⑤区域电动汽车充放电策略，该策略是一种区域内电动汽车的充放电策略。除了对电动汽车的充放电策略研究之外，还有对电动汽车的效益评价等研究。华北电力大学也开展了电动汽车的相关研究，见表 14.9。

图 14.16　2010~2015 年新能源汽车和充电桩的数量及其比例

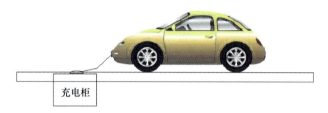

图 14.17　青岛特锐德充电柜示意图

**表 14.9　华北电力大学对电动汽车的研究**

| 研究方向 | 出处 | 题目 | 研究内容 |
| --- | --- | --- | --- |
| 电动汽车充电对电网的影响 | 华北电力大学（保定） | 《电动汽车充电对电网的有利影响》 | 有利影响：调峰、调频、作为分布式电源为电网做补充、为新能源接入电网平抑扰动等 |
| | 华北电力大学经济与管理学院 | 《电动汽车及其充电网络及其价值评估》 | 不利影响：增加对电网的负担，增加峰值 |
| 住宅小区接入电动汽车的供电方式研究 | 华北电力大学新能源电力系统国家重点实验室 | 《典型住宅小区接入电动汽车的供电方式研究》 | 规模化电动汽车车载充电负荷接入对住宅小区供电系统的冲击以及住宅小区充电供电方式的研究 |
| 可再生能源与电动汽车充放电设施的研究 | 华北电力大学新能源电力系统国家重点实验室 | 《可再生能源与电动汽车充放电设施在微电网中的集成模式与关键问题》 | 可再生能源发电与电动汽车充放电设施在微电网中的集成模式与适应性 |
| 电动汽车充电站的风光互补系统 | 华北电力大学新能源电力系统国家重点实验室 | 《含电动汽车充电站的风光互补系统容量优化配置》 | 分析风光系统、充放电机和动力电池的约束条件，构造了电动汽车充电站的风光互补系统容量优化配置 |
| | 华北电力大学 | 《风光储协同调度的多时间尺度决策方法》 | |
| 面向大规模电动汽车并网的需求侧管理 | 华北电力大学经济与管理学院 | 《面向大规模电动汽车并网的需求侧管理方案对比分析》 | 研究电动汽车接入电网的运行规律，针对大规模电动汽车并网充电提出需求侧管理方案 |

数据来源：中国知网。

## 14.2.2 风 光 储 输

近几年，新能源发电领域的创新力吸引了大众的目光，国家逐步致力于新能源发电和大规模并网技术的发展，同时开始探索风光储联合运营新模式，多种可再生能源发电优势互补及协调发展。张家口市张北县风能、太阳能资源丰富，依托其丰富的自然资源，国家电网所属的新源控股有限公司与张家口市张北县共同开发建设了全国第一个风光储能综合示范项目（图 14.18）。该项目是目前世界上规模最大的集风力发电、光伏发电、储能及输电工程"四位一体"的可再生能源项目，总规模为风电 500MW，光电 100MW，储能 70MW（表 14.10）。项目计划分为两期，目前一期和二期工程均已竣工。2010 年建设的一期工程中，风、光、储容量的配比约为 10∶4∶2，98.5MW 的风电和 40MW 的光电配置了 20MW 的储能。该容量比例通过张北地区气象数据、风场运行数据仿真得出，提高了风光储联合发电系统的整体安全性、稳定性和经济性。张北二期工程新增风力发电装机容量 400MW、光伏发电装机容量 60MW 和蓄电池储能装置 50MW，总装机容量扩大到原来的 4 倍多。其中，风电装机比一期增长了 4 倍多，储能系统容量比原来增长了 2.5 倍，光伏装机小幅度扩容，向电网提供约 12.5 亿 kW·h 优质、可靠、稳定的绿色电能。该项目不仅促进了风电、光电等可再生能源的发展，同时，对蓄电池在电网级储能上的应用也起到了积极地示范作用。目前，张北已初步形成集风光储输、运营维护、科研检测、观光旅游等为一体的新能源产业链。

图 14.18　张北国家风光储输示范工程

表 14.10　张北国家风光储输示范工程具体信息　　　　　　　　（单位：MW）

| 项目 | 风电装机容量 | 光伏装机容量 | 储能系统容量 |
| --- | --- | --- | --- |
| 建设期 | 500.0 | 100.0 | 70.0 |
| 一期 | 98.5 | 40.0 | 20.0 |
| 二期 | 400.0 | 60.0 | 50.0 |

数据来源：中国张北网站。

风光储系统架构示意图如图 14.19 所示，风电机组、光伏机组和储能机组分别经过升压变压器接到 35kV 母线上，再经过 220kV 智能变电站接入智能电网。在一定条件下，风光储系统可以在 6 种不同组态运行方式之间进行无缝切换（图 14.20）。

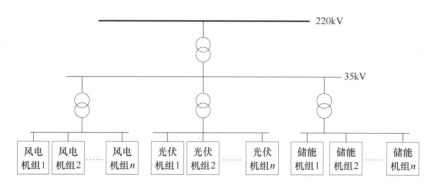

图 14.19　风光储系统架构示意图

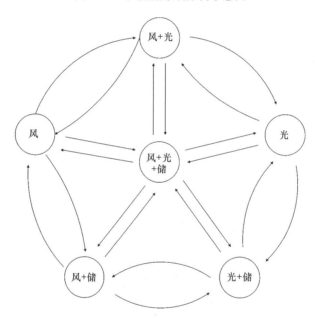

图 14.20　风光储系统状态转换图

风电的迅猛发展反映了中国的风机制造业的发展水平，中国的风机制造技术已经接近国际先进水平，张北项目一期所选风机均具有民族自主知识产权，风机主要采用双馈变桨变速恒频和直驱技术，在电能质量、低电压穿越性能、有功无功控制上可较好地满足并网要求。一期已投运的风机装机容量为 98.5MW，其中，24 台许继 2MW 双馈变速型风机，15 台金风 2.5MW 永磁直驱型风机、2 台 3MW 永磁直驱型风机，2 台国能 1MW 垂直轴风机。

中国大型光伏电站多采用集中式光伏逆变器，单机容量范围为 100kW 到 1MW。张北项目一期光伏逆变器采用国内自主研发的单机容量 500kW 或 630kW 的集中式大容量新型逆变器，夜间可参与电网无功调节。张北项目一期已投运总容量为 40MW 的光伏发电组件，其中，多晶硅光伏组件 37MW，单晶硅光伏组件 1MW，非晶薄膜光伏组件 1MW，背接触式光伏组件 1MW 和高倍聚光电池组件 0.05MW。在布置方式上，项目西区采用固定方式布置 28MW 多晶硅组件，项目东区安装 12MW 多晶硅、单晶硅、非晶薄膜、背接触式组件。跟踪方式涵盖固定式、平单轴、斜单轴和双轴跟踪，成为具有多种比较、展示功能的光伏电站。

在储能系统方面，储能电池担负的重大储电和输电工作，张北项目是世界上首次实现多种储能系统的统一集成监控、协同配合新能源发电的综合示范应用项目。一期装机 20MW 储能装置，在储能电站的电池系统中，设计了 14MW 磷酸铁锂电池、4MW 钠流电池、2MW 液流电池，其储能系统协调应用规模居世界首位。这三种电池各有优缺点：一是锂离子电池能量密度高，但单体电池之间在组成电池组时一致性较差；二是纳流电池比能量高，占地小，但必须在 300℃ 以上的高温中才能使用；三是液流电池扩容性好，寿命长，但能量密度低，体积大。目前，20MW 的储能项目中 14MW 磷酸铁锂储能装置已投入运行，从运行情况看，储能技术能满足风电和太阳能发电并网的功能性要求。

国家风光储输示范工程的技术路线就是让风电、光伏发电在接入电力系统时变得稳定可靠，其中储能电站的作用并不单纯是把风能、光伏发出的电储存起来以后再送出，而是通过实时充放电对风电、光伏所发出的电进行平抑，甚至接近常规的火电，使清洁能源发电对电力系统的影响越来越低。从目前运营情况看，单纯输出风电的出力波动为 30%，而风电与光伏发电以 1∶1 比例一起发电时的联合出力波动为 12%，大大降低了出力波动。如果再加上储能电站的作用，波动会更小。当储能容量配比达 30% 时，出力波动基本由储能系统吸收，出力偏差小于 3%。

# 14.3　本 章 小 结

储能是保障清洁能源大规模发展和电网安全经济运行的关键。储能技术是能源互联网发展的支撑技术之一，可以提高电力设备运行效率，提高电网运行稳定性与可靠性，促进可再生能源应用，降低供电成本。本章围绕各储能技术的性能特点，分析了集中式大规模储能系统与分布式储能设备应用研究情况。并以电动汽车和张北风光储联合运营模式为例，探索了储能系统对电网的平衡协调作用。

## 参 考 文 献

丛晶, 宋坤, 鲁海威, 等.2014 新能源电力系统中的储能技术研究综述. 电工电能新技术, 33(3): 54-56

国家发展和改革委员会, 国家能源局, 工业和信息化部, 等. 2015. 电动汽车充电基础设施发展指南 (2015-2020 年). http://www.nea.gov.cn/2015-11/18/c_134828653.htm. 2017-02-23

国家发展和改革委员会, 国家能源局, 工业和信息化部, 等. 2016. 加快居民区电动汽车充电基础设施 建设. http://www.ndrc.gov.cn/zcfb/zcfbtz/201609/t20160912_818178.html. 2017-03-21

国家发展和改革委员会, 国家能源局, 工业和信息化部. 2016. 关于推进"互联网+"智慧能源发展的指 导意见. http://www.ndrc.gov.cn/zcfb/zcfbtz/201602/t20160229_790900.html. 2017-01-12

金一丁, 宋强, 陈晋辉, 张宇, 等. 2010. 大容量电池储能电网接入系统. 中国电力, (02): 16-20

田崇翼, 张承慧, 李珂, 等. 2015. 含压缩空气储能的微网复合储能技术及其成本分析. 电力系统自动化, (10): 36-41

张新敬, 陈海生, 刘金超, 等. 2012. 压缩空气储能技术研究进展. 储能科学与技术, 01(1): 26

Inage S I. 2009. Prospects for large-scale energy storage in decarbonised power grids. International Energy Agency Iea.

Succar S, Williams R H. 2008. Compressed air energy storage: theory, resources, and applications for wind power, Princeton Environmental Institute.1-8

# 第15章 微 电 网

建立能源互联网，形成以清洁为主导、以电力为中心、以区域为统筹配置的能源发展新格局，是实现能源变革和可持续发展的必由之路。能源互联网实现了可再生能源的并网消纳，包括对风能、光能、生物质能和潮汐能等的利用，促进了我国电网与可再生能源的同步建设和发展。同时，能源互联网响应了我国"两个替代"的战略目标，减少了电网对化石能源的需求，为实现"山青、水秀、天更蓝"提供有效的解决途径。而微电网则凭借其灵活的运行方式，实现对电能的就地消纳。无数的小电网形成了星星之火燎原之势，实现了对可再生能源的大规模使用，也为能源互联网的实现提供辅助和支持（杨新法等，2014）。本书将从区域能源互联网和微电网"一大一小"两个方面研究能源互联网。

## 15.1 微电网概述

可持续发展是当前摆在人类面前最重要的难题。工业化社会需要大量的能源，当前使用的能源主要以化石能源为主，这种能源不具有可持续性，存储总量有限，且会对环境造成破坏，如温室效应等。同时，随着经济的发展和社会的进步，能源的需求还在进一步加大，此矛盾导致了化石能源价格的不断激增，对人类社会特别是发展中国家的进步带来了很大阻碍。为了摆脱社会发展对化石能源的过度依赖，可再生能源的发展为解决能源可持续问题提供了希望。"两个替代"为解决能源危机和实现可持续发展提供了一种切实可行的方案，利用可再生清洁能源发电，减少传统能源的使用。微电网技术的产生加大了对可再生能源的利用，削减了人类对化石能源的需求。

微电网的运行方式包括并网消纳和就地消纳两种。在并网消纳中，一般与中、低压配电网并网运行，互为支撑，实现能量的双向转换。在外部电网故障情况下，可转为独立运行模式，但该方式一直是微网技术中的难题。并网消纳在接入时不但需要对电能进行处理，同时，大量能源节点的无序接入将对电网的稳定运行产生影响，造成不必要的扰动，甚至导致整个电网的崩溃。因此，微电网并网消纳并不是短期内最佳的发展方式，这是一个需要长期研究的课题。当前，微电网的并网大多处于示范阶段，包括北京延庆新能源微电网示范项目、甘肃酒泉肃州区新能源微电网示范项目和全国首条实现并网发电的光伏路面项目等，这些示范项目的成功也将为未来微电网实现大规模并网提供可能。而就地消纳实现了微电网的有序发展，利用在机关单位、小型企业、千家万户等的屋顶安装光伏板发电，实现自发自用，并利用储能系统储存电能，当出现短时停电事故时，储能系统就能为负荷平稳地供电。储能系统是微电网的重要组成部分，它能够有效调节微电源性能，保证负荷供电质量，抑制系统振荡。物理储能、电化学储能和电磁储能等技术的发展也将推进微电网的发展。

　　微电网为中小容量分布式能源接入提供了一种新的结构形式,可有效地解决分布式能源的接入和使用(苏剑等,2013)。微电网的概念最早是由美国提出的,各国对微电网的定义也不尽相同。表15.1列出了美国、欧洲和日本对微电网的定义。

**表15.1　国外对微电网的定义**

| 国家/地区 | 定义 |
| --- | --- |
| 美国 | 微电网是一种由负荷和微电源共同组成的系统,可同时提供电能和热量。微电网内部的电源主要由电力电子器件负责能量的转换,并提供必要的控制。微电网相对于大电网表现为单一的受控单元,并可同时满足用户对电能质量和供电安全方面的需求 |
| 欧洲 | 微电网是面向小型负荷提供电能的小规模系统,它与传统的电力系统区别在于其电力的主要提供者是可控的微型电源 |
| 日本 | 微电网是指在一定区域内利用可控的分布式电源,根据用户需求提供电能的小型系统 |

　　本书将微电网定义为:微电网(Micro－Grid,也称为微网)是一组由分布式电源、能源变换系统、储能装置、控制装置和负荷构成的系统(图15.1),可以通过能量存储和优化配置实现本地能源生产与用能负荷的基本平衡,是能源互联网的基本组成元素,是实现"两个替代"的基础。微电网促进了清洁能源的大规模使用,同时,可以满足供电、供热、制冷等多种需求,根据负荷进行动态调整,实现供需平衡和优化运行,是发展可再生清洁能源的有效形式(郑宇等,2016)。目前,微电网建设在企事业单位、大学校园、购物中心和楼宇、居民社区以及偏远农村等地区,是一个能够实现自我控制和管理的自治系统(图15.1)。

图15.1　微电网组成

京津冀区域在协同发展的同时产生了严重的能源和环境问题,北京市和天津市已经成为雾霾重灾区,环境治理刻不容缓,同时,负荷逐年增加,能源短缺的现象也日益严重,电网不堪重负。在京津冀区域建设微电网,开展光伏、风力等清洁能源发电,不仅能够规避清洁能源的间歇性、布局分散、能量密度低的劣势,还可将劣势转化为能源互联网建设中的优势,为该区域节省大量输电线路的建设投资,有效弥补输电通道的不足,为现阶段雾霾严重地区的居民带来清洁能源,同时促进京津冀区域能源互联网的发展,逐步实现"两个替代"的目标。

微电网的整体示意图如图15.2所示,微电网依托于企事业单位、工厂、学校和千家万户,通过光伏发电、风力发电甚至生物质能发电来实现电能的自发自用,为公共电网解负,同时,减少了化石能源燃烧带来的大气污染。

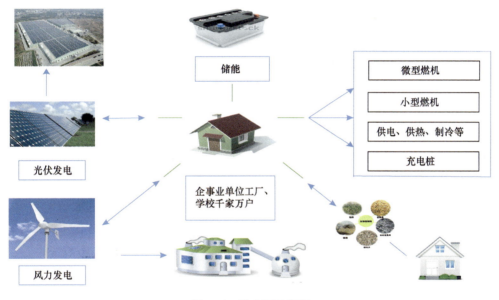

图 15.2 微电网示意图

## 15.2 微电网研究

随着国民经济的发展,电力需求迅速增长,电力部门大多把投资集中在火电、水电及核电等大型集中电源和超高压远距离输电网的建设上。同时,超大规模电力系统的弊端也日益凸现,成本高、运行难度大,难以适应用户越来越高的安全和可靠性要求,以及多样化的供电需求。尤其在近年来世界范围内接连发生几次大面积停电事故之后,电网的脆弱性充分暴露了出来。因此,亚洲及欧美等国家已开始广泛研究能源多样化的、高效和经济的微电网技术,并取得了突破性进展。无疑,微电网将成为未来大型电网的有力补充和有效支撑,是未来电力系统的发展趋势之一(孟明等,2017)。

美国微电网发展的主要驱动是军事设施,军事基地希望通过微电网与大电网隔离,以保证独立安全的电力供应。根据北美2015年微电网研究报告显示,2015~2020年,美国微电网投资累计将超过35亿美元。预计到2020年,美国微电网装机容量将达到

2.8GW，较之 2015 年增长 127%。欧盟所建立的实验平台及示范项目在微电网研究较早的国家中，数量是最多的。日本在国内能源日益紧缺、负荷日益增长的背景下，也展开了微电网研究，但其发展目标主要定位于能源供给多样化、减少污染，以及满足用户的个性化电力需求。近年来，韩国的一些岛屿纷纷实现了能源自立，带来这些变化的根本是韩国大力推广的微电网技术。2014 年 10 月，韩国全罗南道珍岛郡西部的加沙岛通过微电网技术实现了能源自立。该岛建有 4 座 100kW 的风力发电站和 314kW 的太阳能发电站，储能设备容量为 3MW·h。世界各国微电网示范工程，见表 15.2。

**表 15.2　世界各国微电网示范工程**

| 国家/<br>地区 | 项目名称 | 项目计划与规模 |
|---|---|---|
| 美国 | 可再生能源与分布式系统集成项目 | 5 年内投资 5500 万美元在 8 个州建设 9 个微电网示范工程项目 |
| | "蜘蛛"示范工程 | 总投入 3850 万美元在 3 个美国基地建设 3 个微电网示范工程 |
| | 微电网资助贷款试点计划 | 投资 1500 万元资助全美 27 个微电网示范工程设计、互联等工程费用 |
| 欧洲 | 希腊 Kythnos 微电网 | 10kW 光伏发电、5kW 柴油机发电、3×3.6kW 蓄电池向 12 户居民供电，2kW 光伏发电、32kW·h 蓄电池向控制及监控通讯设备供电 |
| | 荷兰 Continuon 微电网 | 351kW 光伏发电，向 200 个度假村小屋供电 |
| | 德国 Mantheim 微电网 | 40kW 光伏发电向位于市中心 480 户家庭供电 |
| | 西班牙 Labein 微电网 | 5.8kW 光伏发电、10kW 柴油发电、50kW 微型燃气轮 2.18MJ 超级电容和蓄电池组构成的储能系统 |
| 日本 | 青森县八户市微电网 | 3×170kW 生物质燃气发电，2×50kW 铅酸蓄电池组，80kW 光伏发电，20kW 风力发电，装机总容量共计 710kW。负荷包括市政厅 360kW，四所中小学共 205kW，供水管理局 38kW，共计 603kW |
| | 爱知县微电网 | 570kW 熔碳酸盐燃料电池、25kW 固体氧化物燃料电池、4×200kW 磷酸燃料电池，330kW 光伏发电，钠硫储能电池组 |
| | 京都微电网 | 4×100kW 内燃机发电，250kW 燃料电池，100kW 铅酸电池，2 组光伏电池，20kW 风机发电 |
| 中国 | 新疆吐鲁番新能源微电网 | 134MW 光伏发电，储能系统 |
| | 蒙东陈巴尔虎旗微电网 | 110kWp 光伏发电，50kW 风电，50kW 磷酸铁锂电池 |
| | 西藏阿里微电网 | 10MWp 光伏发电，105kW·h 储能 |
| | 浙江东福山岛微电网 | 100kWp 光伏发电，210kW 风电，200kW 柴油发电，1MW·h 铅酸蓄电池 |
| | 珠海万山海岛新能源微电网 | 总装机容量 19MW，含风力、光伏、柴油机发电及电池储能 |

根据美国调查公司（Navigant Research），2015 年 12 月 22 日发布的微电网相关技术的市场预测，预计 2023 年微电网产业覆盖到的市场规模将达到 1550 亿美元以上。SBI Energy 预测，到 2020 年，北美微电网的市场份额将会从 2015 年的 74%下降到 62%，而亚洲和欧洲的市场份额将分别从 2015 年的 10%和 9%上升到 17%和 11%。亚洲市场的增幅最大，达到 7%，而亚洲市场的增长主要来自中国市场。2015 年全球微电网市场份额图，如图 15.3 所示。

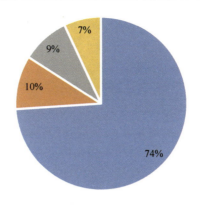

图 15.3　2015 年全球微电网市场份额

数据来源:《2015~2020 年中国微电网技术进展与前景预测分析报告》

　　中国微电网的发展重点是解决分布式发电的并网问题。微电网并网存在很大的技术难题,是一个需要长期研究的难题,目前中国在该方面还处于探索示范阶段,国家"十二五"可再生能源发展规划中明确提出到 2015 年年底建成 30 个"新能源微电网示范工程"的目标。从 2010~2015 年已建成投运的微电网示范工程来看,2015 年这一目标基本完成,而且这些微电网示范项目已经逐步解决了相关技术问题。在基本技术问题解决的基础上,"十三五"期间,微电网示范项目的建设必将加速开展。保守估计,在"十三五"期间有望完成微电网示范工程 200 个,以每个微电网装机容量 3MW,投资每兆瓦5 千万计算,则"十三五"期间装机容量可达 600MW,市场投资 300 亿元。

　　面对能源短缺和电力紧张的现状,京津冀区域也建设了很多微网项目来缓解目前的情况,这些微电网示范工程主要目的是集成可再生分布式能源,提供高质量多样性的供电可靠服务、冷热电综合利用,京津冀区域典型城市微电网示范项目,见表 15.3。

表 15.3　京津冀区域典型城市微电网示范项目

| 项目名称 | 项目规模 | 主要特点 |
| --- | --- | --- |
| 北京延庆新能源产业基地智能微电网建设工程项目 | 1.8MW 光伏发电,60kW 风力发电,3.7MW·h 储能系统 | 多级微电网架构,分级管理,平滑实现并网/离网切换 |
| 天津生态城二号能源站综合微电网 | 400kW 光伏发电,1489kW 燃气发电,300kW·h 储能系统,2340kW 地源热泵机组,1636kW 电制冷机组 | 灵活多变的运行模式、冷热电协调综合利用 |
| 天津生态城公屋展示中心微电网 | 300kW 光伏发电,648kW·h 锂离子电池储能系统,2×50kW×60s 超级电容储能系统 | "零能耗"建筑,全年发用电量总体平衡 |
| 国网河北省电科院光储热一体化微电网 | 190kW 光伏发电,250kW·h 磷酸铁锂电池储能系统,100kW·h 超级电容储能,电动汽车充电桩,地源热泵 | 接入地源热泵,解决其启动冲击性问题、交直流混合微电网 |
| 河北省承德市生态乡村微电网 | 50kW 光伏发电,60kW 风力发电,128kW 锂电池储能系统,3 台 300kW 燃气轮机 | 为该地区广大农户提供电源保障,实现双电源供电,提高用电电压质量 |
| 张北国家风光储输示范工程 | 一期工程为装机 98.5MW 的风电和 40MW 的光电,并配置了 20MW 储能装机;二期工程新增风力发电装机 400MW、光伏发电装机 60MW 和电池储能装置 50MW | 可以向电网提供约 12.5 亿 kW·h 优质、可靠、稳定的绿色电能 |

## 15.3 微电网政策

随着分布式能源的发展，微电网技术越来越引起业界的关注与重视。微电网的实现包括光伏发电、风力发电和生物质能发电，其中光伏发电技术最为成熟，成为微电网中最主要微电源。虽然微电网技术具有极大的前景，但是促进其发展还需要依靠政策支持，随着包括光伏在内的新能源发电的大规模发展，将不可避免地给电网系统带来冲击，包括电网输送能力、配网的投资，以及对调峰能力的要求。因此，微电网的发展需要相应的政策法规来推动。

光伏产业属于中国中央政府确定的战略性新兴产业，其发展、壮大离不开政策体系的支持和约束。一方面，中国光伏产业目前正处于上升发展初期，未来的发展目标、方向和前景还不太明确，需要国家相关产业发展政策来进行规划和引导。另一方面，中国光伏产业目前形成的产业链体系还较为脆弱，加之太阳能光伏发电与常规能源发电相比在成本控制等方面不具备竞争优势，因而需要政策体系来扶持。目前中国光伏行业还没有形成强有力的自我约束机制，为净化产业发展环境、优化产业结构，需要有调控政策体系来进行监督和约束（李鹏等，2015）。

近年来，在党中央和国务院的高度重视下，在业界的共同呼吁下，政府主管部门在参考欧美等光伏产业发展先进国家经验的基础上，先后出台了一系列产业政策，中国光伏产业政策体系初步形成。总的来看，目前国家产业政策体系主要包括规划政策、扶持政策、约束督导政策三个部分（表15.4）。

表15.4 政策分类表

| 政策类别 | 文件名 | 主导发文单位 |
|---|---|---|
| 规划政策 | 《关于加快培育和发展战略性新兴产业的决定》 | 国务院 |
| | 《可再生能源中长期发展规划》 | 国家发改委 |
| | 《可再生能源产业发展指导目录》 | 国家发改委 |
| | 《可再生能源发电价格和费用分摊管理试行办法》 | 国家发改委 |
| | 《关于促进战略性新兴产业国际化发展的指导意见》 | 国务部 |
| 扶持政策 | 《关于实施金太阳工程的通知》 | 财政部 |
| | 《关于完善太阳能光伏发电上网电价政策的通知》 | 国家发改委 |
| | 《关于加强太阳能光电建筑应用示范后续工作管理的通知》 | 财政部 |
| 约束督导政策 | 《外商投资产业指导目录》 | 国家发改委 |
| | 《多晶硅行业准入条件》 | 工信部 |

2012年以来，国家发改委等先后出台《可再生能源发展"十二五"规划》、《可再生能源中长期发展规划》等文件，对中国光伏产业的发展目标、方向进行明确和规划，并根据产业发展的实际情况，通过制定政策文件对先前制定的发展目标和方向进行适时调整（国家发展和改革委员会，2012）。

国家的政策法规对中国光伏产业的发展有以下助益：

（1）解决了光伏等新能源产业扶持资金的来源问题，国家发改委、财政部制定并完善了"可再生能源电价附加"征收制度。

（2）探索产业激励机制，提升国内业界信心，中国政府在 2009 年、2010 年先后组织了两次光伏特许权项目招标，启动了大型荒漠电站的建设历程。

（3）壮大国内光伏装机市场，吸引更多光伏企业从事国内光伏电站的开发，国家发改委、财政部、住房与城乡建设部等先后组织实施了"金太阳示范工程"、"太阳能光电建筑应用示范"等项目。

（4）建立国内并网光伏发电价格回报机制，提升业界信心。国家发改委和财政部等联合制定了中国并网光伏电站的上网电价政策。

## 15.4 微电网案例

我国建立的多个微电网示范项目，在节约能源的同时，有效推进了绿色清洁能源的应用，为用电负荷提供了高可靠性的供电，具有较高的实用性和推广价值。

### 15.4.1 光 伏 发 电

太阳能光伏发电是利用光生伏打效应，直接将太阳辐射能转换为电能。该技术具有清洁、高效、可持续的特点，也是中国目前大力发展的新型发电方式。

中国是全球光伏发电安装量增长最快的国家，2011 年的光伏发电安装量比 2010 年增长了约 5 倍，2011 年电池产量达到 20GW，约占全球的 65%。截至 2011 年年底，中国共有电池企业约 115 家，总产能为 36.5GW 左右。其中产能 1GW 以上的企业共 14 家，占总产能的 53%；在 100MW 和 1GW 之间的企业共 63 家，占总产能的 43%；剩余的 38 家产能皆在 100MW 以内，仅占全国总产能的 4%。规模、技术、成本的差异化竞争格局逐渐明晰。在今后的十几年中，中国光伏发电的市场将会由独立发电系统转向并网发电系统，包括沙漠电站和城市屋顶发电系统。太阳能光伏发电发展潜力巨大，到 2030 年光伏装机容量将达 1 亿 kW，年发电量可达 1300 亿 kW·h，相当于少建 30 多个大型煤电厂。国家未来三年将投资 200 亿补贴光伏业，太阳能光伏发电又迎来了新一轮的快速增长，并吸引了更多的战略投资者融入到这个行业中来。

太阳能光伏发电系统主要是由光伏组件、蓄电池、电能变换装置组成（图 15.4）。

由于太阳辐射会随时间、季节变化，而且光伏组件所接收到的辐射强度极易受到云层或其他遮挡物的影响，因此光伏阵列的输出功率会时刻变化，负载无法获得稳定而连续的电能。为获得相对稳定的电能，系统中需要配置储能系统，当光伏阵列输出的电能超过负载所需要的电能时，可将多余电能存储于储能装置，以便于夜间或阴天天气使用。

蓄电池储能系统的基本构成主要包括电池组、电池管理系统、功率控制系统和上层能量管理系统（图 15.5）。

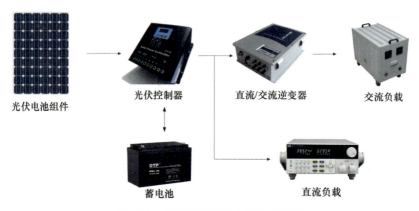

图 15.4　太阳能光伏发电系统示意图

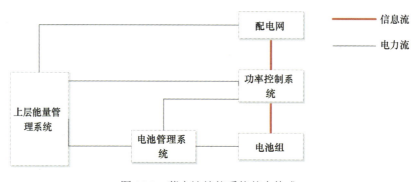

图 15.5　蓄电池储能系统基本构成

## 15.4.2　案例研究

### 1. 霸州光伏项目成本收益分析

河北省位于华北平原，兼跨内蒙古高原，太阳能资源丰富，具有较大的可开发利用价值。全省太阳能年总辐射在 1450~1700kW·h/m²，属于太阳能资源很丰富地区。霸州地区太阳能资源呈由南向北、由东向西递增趋势，地处高原，空气干燥，云量亦少，大气透明度好，光能资源丰富，年均太阳辐射总量 1634.8kW·h/m²。日照时间较长，年均日照时数为 2842.4h，日照率为 65%，是河北省太阳能采集的最佳区域之一。为此，本节将光伏发电站的案例选定在河北省廊坊市霸州市南孟镇西北岸村。

该光伏并网电站项目工程总发电装机容量 3kW，工程光伏组件按当地的最佳倾角布置，采用固定式安装。工程采用集中布置，整个工程光伏阵列由 12 个容量约为 0.25kW的光伏发电子阵列构成。本工程利用用户光伏阵列将太阳能转化为直流电能，通过线缆传送到与之相连的逆变器的直流输入端。逆变器使光伏阵列保持最佳输出状态，同时将直流电转化为与电网频率和相位均相同的 220V 交流电能，经低压电缆输出送至 220V线路中单相并网。

（1）分布式光伏发电的成本。分布式光伏发电成本构成主要包括初期投资、运营维护费用、贷款利息等。初期投资主要包括商业计划书（融资所需）费用，系统设计费用，光伏组件、逆变器、支架等设备的采购费，人员雇佣费，用户线路改造费用等。维护费用主要包括相关人员工资、光伏组件的清洗费用、维护人员培训费用等。各部分的成本费用计算公式为

$$I_g = C_1 + C_2 + C_3 + C_4 + C_5 \qquad (15.1)$$

式中，$I_g$ 为分布式光伏发电的初始投资；$C_1$ 为制定融资所需的商业计划书的费用；$C_2$ 为系统设计费用，包括现场勘测、与电网公司协调入网、咨询费等一系列相关费用；$C_3$ 为设备购置费用，包括采购安装光伏组件，逆变器、汇流箱、支架、电缆等费用；$C_4$ 为安装人员雇佣费；$C_5$ 为用户线路改造费用和改良客户用电设备费用之和。

$$M_g = I_g R_m \qquad (15.2)$$

式中，$M_g$ 为年运营维护费用；$I_g$ 为初始投资；$R_m$ 为运营维护费用率，分布式光伏电站一般不超过 2%，国外空气污染较轻，系统清洁主要依赖风雨，系统清洁费用几乎为零，运营维护费用比国内低。

$$T_g = I_g R_t i \qquad (15.3)$$

式中，$T_g$ 为年贷款利息；$I_g$ 为初始投资；$R_t$ 为贷款额占初始投资的比例；$i$ 为年利率。目前要求节能服务公司至少拥有总投资的 30%，其余可以向银行贷款，具体现金流需要根据企业选择的还款方式而定。此外随着分布式光伏发电市场的不断开展，应该会出现更有效的融资手段。分布式光伏与互联网结合发展，可能也会激发新的金融产品产生。

综上，分布式光伏发电的成本费用折算到投资初期如式（15.4）所示：

$$C = I_g + \sum_{t=1}^{n} (M_g + T_g + q)(l + i_c)^{-t} \qquad (15.4)$$

式中，$q$ 为停电损失费用等小项费用；$i_c$ 为贴现率，一般指企业要求的资本成本率或是投资者要求的投资回报率；$l$ 为维护费用率；$t$ 为资金产生的时间点；$n$ 为光伏系统的寿命期，合同能源管理模式为合同期。由于分布式光伏的建设期较短，可以忽略初始投资的时间价值。

（2）分布式光伏发电的收益。布式光伏发电的收益主要包括分享客户节能收益、卖电收入、上网电量收入、政府补贴等。其中分享客户的节能收益比例通过双方协商确定，由于目前鉴定节能量的权威机构尚未形成，双方需多次协商才可达成一致意见。卖电收入部分，节能服务公司制定的电价比市价低，既能促进节能效果的进一步提高，又能保证分布式光伏发电的就地消纳，减小对电网电能质量的影响。余电上网部分的公共配电网线路改装和计量装置费用，相关政策已经明确规定由电网公司负担，上网电量收入只与上网电量和当地燃煤机组标准上网电价相关。政府补贴部分需要考虑分不同等级政府给予分布式光伏发电的补贴，此外应该注意补贴年限的不同与有效时间段，各部分收益的计算公式为

$$B_1 = M_g P_g \qquad (15.5)$$

式中，$B_1$ 为年卖电收益；$M_g$ 为年总电量；$P_g$ 为电量单价。

$$B_2 = M_s P_s \tag{15.6}$$

式中，$B_2$ 为年上网电量收入；$M_s$ 为年上网总电量；$P_s$ 为上网电量单价。

$$B_3 = (M_g + M_s)P_b \tag{15.7}$$

式中，$B_3$ 为年全电量政府补贴收入，需要考虑年限问题；$P_b$ 为度电补贴，国家级补贴为 0.3 元/kW·h，年限为 20 年，省（市）级政府补贴可根据项目所在的政府规定而定。

综上所述，分布式光伏发电的年收益折算到投资初期如式（15.8）所示：

$$B = \sum_{t=1}^{n} (B_1 + B_2 + B_3 - P)(l + i_c)^{-i} \tag{15.8}$$

式中，$P$ 为平衡因子，表征因线路损耗等因素减少的收益。

（3）算例分析。霸州光伏发电项目目前处于起步阶段，其市场目前主要是在太阳能资源丰富的地区，在其闲置的屋顶上安装光伏组件，分布式光伏系统的安装费用细则见表 15.5。

由表 15.5 可知，霸州光伏发电项目装机成本为 7.351 万元，表 15.6 是霸州光伏发电项目的度电成本的计算结果。

**表 15.5　光伏安装费用细则**　　　　　　　（单位：万元）

| 费用类别 | 细则 | | | | 合计 |
|---|---|---|---|---|---|
| 设备采购 | 晶硅组件 | 逆变器 | 线缆桥梁 | 汇流箱 | 6.501 |
| | 4.300 | 0.897 | 0.100 | 0.076 | |
| | 水泥基础 | 支架 | 直流电缆 | 交流电缆 | |
| | 0.264 | 0.569 | 0.254 | 0.041 | |
| 安装费用 | 吊车租赁 | 安装铺材 | 雇佣费 | 工程保险费 | 0.433 |
| | 0.032 | 0.004 | 0.364 | 0.033 | |
| 并接入网 | 设备备案 | 项目接入 | 系统调试 | — | 0.150 |
| | 0.017 | 0.330 | 0.100 | | |
| 项目设计 | 0.167 | — | — | — | 0.167 |
| 其他 | 0.100 | — | — | — | 0.100 |
| 合计 | 4.880 | 1.500 | 0.818 | 0.150 | 7.351 |

**表 15.6　霸州分布式系统的度电成本**

| 年峰值小时数/h | 系统总效率/% | 安装面积/m² | 单位面积光伏组件的容量/kW | 装机成本/万元 | 折现率/% | 现值转换成年值系数/% |
|---|---|---|---|---|---|---|
| 1400 | 75 | 1500 | 70 | 7.351 | 6 | 8 |
| 年运营维护费/元 | 寿命/年 | 衰减率（首年） | 衰减率（非首年） | 组件容量年平均值 | 年均发电/（kW·h） | 平均度电成本/元 |
| 15437.100 | 25 | 4% | 0.070% | 90.190% | 99434.480 | 0.762 |

结果分析：

（1）由表 15.6 可以看出该项目平均度电为 0.762 元，而在国家补贴的政策下，度电市价为 1.18 元，那么，每度电霸州电网净利润为 0.418 元，其利润还是很高的。光伏发电项目在国家的扶持下有很好的发展前景，分布式光伏发展的瓶颈已经不再是技术与资金，更多的是如何能够建立有效的管理机制，使得光伏发电可以像传统的火力发电一样，有成熟的运营和收益模式。

（2）分布式光伏系统的收益回报问题，计及各级政府的度电补贴在内，结合国家的资源现状与环境现状，分布式光伏项目是一个风险较小前景较好的投资项目。应大力发展智能微电网，多利用房屋建筑的屋顶部分，提高微电网的电能产量，降低火力发电的力度，从而到达环保的目的，响应电能替代的倡议，尽量做到煤改电和煤改气的策略。

**2. 霸州光伏发电并网示范项目分析**

近年来，随着中国对新能源产业的支持，光伏发电发展迅猛。霸州于 2014 年年底开始进行的光伏示范项目，规模也快速开始扩张，最早设立的光伏电站有霸州曹卿田 50kW 光伏发电站，2016 年 3 月又投建了张某 3kW 光伏电站、张某 5kW 光伏电站、李某 5kW 光伏电站。同年 8 月又逐步投建了香河付某 10kW 光伏发电项目、香河闻某 5kW 光伏发电项目、霸州李某 3kW 光伏发电项目，等等。霸州在光伏发电项目上投入了很大的人力和财力，旨在将该光伏项目作为霸州电网的有效替代和补充。由于光伏发电的不稳定性，使得它的接入会对大电网的稳定运行产生影响，因此有必要研究光伏发电系统并网后给电网带来的影响。光伏储能系统示意图如图 15.6。

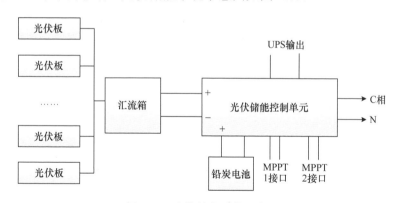

图 15.6 光伏储能系统示意图

1）光伏发电系统出力特征

选取霸州电网中所有光伏站的某晴天和阴天发电出力曲线为研究对象，叠加后发电出力曲线见图 15.7。

从图 15.7 可看出，晴朗天气下霸州电网光伏站的出力形状类似正弦半波，基本在 08：00~19：00 时区内，当云层遮挡阳光等非理想状况下，光伏站出力显著减小。光伏站因其清洁环保、不消耗常规能源的特性，在不超过电网稳定、设备容量等情况下，投入后尽量保证其按最大出力工况运行，以节省常规能源的消耗。然而，由于变电站的扩容速度跟不上电站的扩容速度，电网的输送能力有限，霸州电网所有光伏站按其装机容量的 20%～30%发电上网。

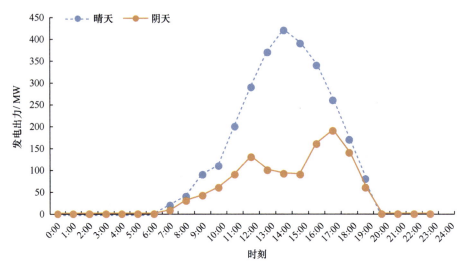

图 15.7　霸州电网某光伏站的出力特征曲线

2）光伏并网发电对电网的影响

由于光伏发电与传统的水力、火力发电在固有特性与接纳方式等方面存在较大差异，所以在并网时会对电网产生以下几个方面的影响。

（1）对配电网负荷特性的影响。由于霸州某光伏站 35kV 电压等级接入霸州电网，为方便对配电网负荷特性影响进行研究，故以该变电站所带负荷的特性曲线为研究对象。该变电站所带负荷为 65MW，其电气一次接线示意图见图 15.8，光伏站的装机容量为 20MW。变电站供电区域主要以农业灌溉负荷为主，农业灌溉高峰期，该电站供电区域能将该光伏站发出的光电全部消纳。在冬季，光伏站在满足该电站供电区域的负荷需求后，将多余的光电输送给公共电网。

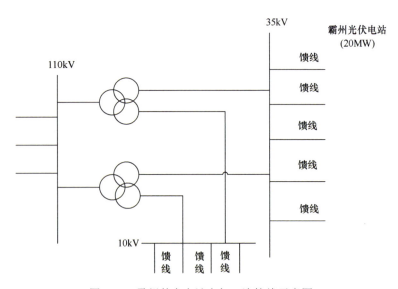

图 15.8　霸州某变电站电气一次接线示意图

霸州光伏站并网后某电站供电区域的某晴天日负荷、光伏出力和等效负荷曲线，等效负荷为实际负荷减去光伏发电所得的负荷（图 15.9）。

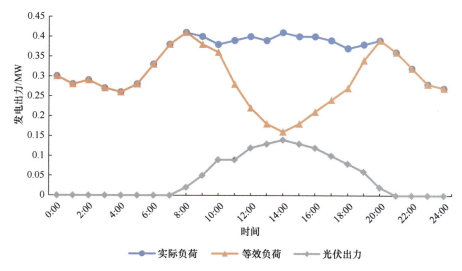

图 15.9　霸州某变电站的日负荷、光伏出力和等效负荷曲线

如图 15.9 所示，光伏发电的输出功率随日照强度变化，晴天时大致上呈单峰曲线形状，功率峰值一般出现在 12：00~15：00，光伏发电具有较好的削峰特性，最小负荷则从 5：00 转移到 14：00。光伏发电系统的接入改变了配电网的负荷曲线特征及最大负荷点，也加大了负荷曲线的波动性。

（2）对电压的影响。集中供电的配电网一般呈辐射状，稳态运行状态下，电压沿馈线潮流方向逐渐降低，接入光伏电源后，馈线上的传输功率减少，使得沿馈线各负荷节点处的电压被抬高，因而造成主网某些节点电压降低。以霸州光伏站并网前后某一变电站 110kV 母线电压为研究对象（图 15.10）。

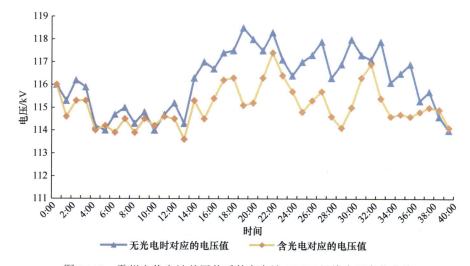

图 15.10　霸州光伏电站并网前后某变电站 110kV 母线电压变化曲线

　　由图 15.10 可知，霸州光伏站接入该变电站后，其 110kV 母线电压明显要比未接入光伏站时的电压低。霸州光伏站自该变电站并入霸州电网后，加大了电压调整的难度，导致一些负荷节点的电压偏移，电容器投切次数与以往相比明显增加。

　　（3）对电网负荷的影响

　　从图 15.11 的负荷曲线对比可以看出：7：00~19：00 时，叠加了光伏发电后，负荷明显低于该地区的平均负荷，这体现了光伏发电的能源补充的作用。在面临能源枯竭、环境逐步恶化的局面下，2016 年，中国政府提出了"煤改气""煤改电"的方案，此时，光伏发电项目就成了大家寄予厚望的新兴产业，它的清洁性和可持续性使得中国投入了大量的人力和财力。光伏发电量在总电量的占比逐年增加，补充了减煤之后电能的缺口。

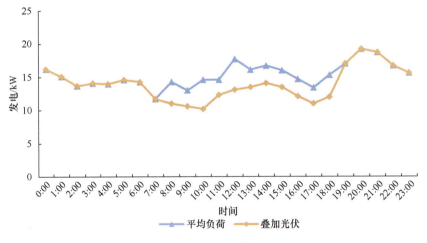

图 15.11　光伏对负荷影响图

# 15.5　本　章　小　结

　　进入 21 世纪，随着石油、煤等不可再生能源的枯竭，人类进入大规模开发利用新能源的关键期。可再生能源发电成为新能源利用的重要途径，然而随着越来越多的分布式发电接入配电网，传统配电网的结构将发生变化。分布式发电大量采用现代电子技术，同时也产生大量影响电能质量的谐波，会威胁配电网的安全运行，给新能源的利用造成了阻碍。微电网概念的提出为新能源的利用提供了新的思路。微电网能够充分发挥新能源的特点，是未来人类能源与环境的钥匙，可以预见，围绕新能源的利用，微电网的建设在 21 世纪会出现高速的发展期。本章以微电网为核心技术，围绕光伏发电，对微电网的运行、光伏收益问题和光伏并网后的影响进行了研究。

# 参　考　文　献

国家发展和改革委员会. 2007. 可再生能源中长期发展规划. http://www.ndrc.gov.cn/zcfb/zcfbghwb/200709/t20070904_579685.html. 2017-01-21

国家发展和改革委员会. 2012. 可再生能源发展"十二五"规划. http://news.bjx.com.cn/html/20120810/

379617.shtml. 2017-03-20

李鹏, 郭晓斌, 许爱东, 等. 2015. 用户侧微电网的特征及关键技术. 南方电网技术, 9(4): 1-5

孟明, 陈世超, 赵树军, 等. 2017. 新能源微电网研究综述. 现代电力, 34(1): 1-7

苏剑, 周莉梅, 李蕊. 2013. 分布式光伏发电并网的成本/效益分析. 中国电机工程学报, 33(34): 50-56

杨新法, 苏剑, 吕志鹏, 等. 2014. 微电网技术综述. 中国电机工程学报, 34(1): 57-58

郑宇, 田兵, 雷金勇, 等. 2016. 能源互联网环境下用户侧微电网的形态及优化运行. 南方电网技术, 10(8): 40-47

中国行业研究网. 2015~2020 年中国微电网技术进展与前景预测分析报告. http://www.gtdcbgw. com.2017-7-1

# 第五篇 "3E+"平台

本篇是全书的平台篇。"3E+"平台包括 3E-DSS 平台和 3E-DSS 专题研究两部分。3E-DSS 平台（Energy-Economy-Environment Decision Support System，3E-DSS）集成了高质量的 3E 基础指标数据，搭建了 3E 指标体系，提供了 MATLAB、SPSS 等数据分析工具，建立了分析、预测、优化模型群，并应用可视化方法多方位展示了 3E 问题的研究成果，为科研人员提供 3E 问题的集成研究平台，为各层级管理人员提供决策支持。

3E-DSS 专题研究是 3E-DSS 平台的专题应用，使用 3E-DSS 平台提供的数据、指标体系、建模工具、研究模型等对 3E 典型性问题进行研究，包括基于大数据的京津冀大气环境决策支持系统、能源行业全面风险决策支持系统、节能减排决策支持系统、京津冀资源经济环境可持续发展系统、北京市能源强度演变机理及规划模拟系统 5 个方面。3E-DSS 专题研究具有广泛性，研究人员可以从自身研究问题出发借助 3E-DSS 平台提供的数据、方法、模型等，进行新专题的研究，不断扩充 3E-DSS 专题研究的内容。

"3E+"平台的研究内容涵盖了 3E 可持续发展指标体系、3E 发展现状及趋势、3E 相关模型群和区域能源互联网等，提供了一个开放、高度集成的研究平台，支持跨领域、跨地域的科研合作和资源共享，辅助相关人员开展研究以及政府人员决策。

# 第16章　3E-DSS 平台

决策支持系统（Decision Support System，DSS）是利用大量数据，结合多种模型（数学模型与数据处理模型），通过人机交互，辅助决策者实现科学决策的系统。DSS 为决策者提供问题分析、模型构建、情景模拟和方案制订，通过调用数据仓库中的信息资源，帮助决策者提高决策准确度。3E-DSS 将 DSS 与 3E 可持续发展融合，提出 3E 可持续发展决策支持系统的概念，建立 3E-DSS 平台，为"十三五"规划期间京津冀区域政府相关部门及企业提供完整、实时的建议导向，促进该区域向 3E 可持续发展的方向前进。

## 16.1　3E-DSS 平台设计

3E-DSS 平台研究的主要内容是 3E 可持续发展，以 3E 系统指标体系为基础，提供 3E 数据、模型库、政策文件库、科研成果库等，并集成 SPSS、OLAP、MATLAB 等常用数据分析工具，多方位展示研究分析结果，支持跨领域、跨地域的科研合作和资源共享。3E-DSS 平台的构建思路如图 16.1 所示。

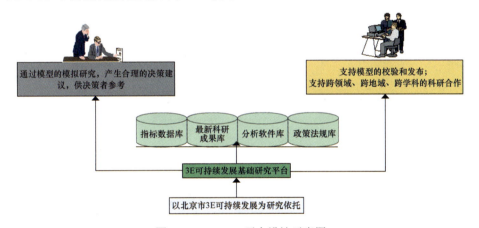

图 16.1　3E-DSS 平台设计示意图

通过构建 3E-DSS 平台，发挥其决策支持的作用。具体表现在：

（1）为科研院所和高等院校的研究人员提供一个开放式的研究平台。①资源共享：3E-DSS 平台包含多种类型的数据库。其中，指标库提供了资源–经济–环境可持续发展指标体系；数据库提供了结构化的指标数据；文档库、图片库提供了非结构化数据，文档库包括了新闻报刊、政府公报、Web 页面等，图片库包括国内外的能源、经济、环境和新能源图片数据；方法库提供了数据挖掘、机器学习等数据分析方法；模型库包含解决 3E 可持续发展中一元、二元以及三元问题的典型模型；政策法规库提供了与京津冀能源消费、经济发展、环境治理等相关的政策性文件和法律法规，以及各个权威机构发布的相关报告。研究人员可以从平台中获取课题相关资料，提高研究效率。②成果交流：科研成果库包括 3E 可持续发展研究的各项成果，3E 领域的论文、专著等文献、相关发明专利、软件著作、3E 体系分析、预测、优化模型群等。科研人员可以参考 3E-DSS 平台提供的模型、方法，也可以将自己的研究成果上传平台，相互交流。③工具集成：平台集成了科研人员进行研究分析的常用软件，如 MATLAB、S-Plus、SAS、SPSS、OLAP 分析等，用户可以在线调用相应的软件来完成具体的计算，极大地方便了用户的使用。同时，平台集成了 Tableau、ECharts 等数据可视化工具，提供多种数据展示方法，包括分层列表、散点图、折线图、柱状图、饼状图、曲线图、箱线图、树状图、热力图、雷达图、圆环图等。

（2）为政府相关部门以及企业提供决策支持。3E-DSS 平台为政府相关部门提供区域能源安全和区域能源、经济与环境状况的评价、预测和预警功能以及区域能源、经济、环境系统发展规划建议。为企业提供最新的政策法规信息以及节能减排预测预警功能，为企业各层级决策者提供实时的决策支持。

## 16.2  3E-DSS 平台架构

3E-DSS 平台建设为三层架构，如图 16.2 所示，通过各层之间的接口来实现交互。3E-DSS 平台以数据服务层为基础，它为系统提供高质量的数据，用户也可以直接访问数据服务层获取指标数据及资料。功能分析层是实现决策支持的关键，使用数据挖掘、机器学习等方法进行对比分析、关联分析，建立了 3E 分析、预测及优化模型群。决策支持层采用多种数据可视化方法直观明了地展示功能分析过程、分析结果，为决策者提供决策支持。

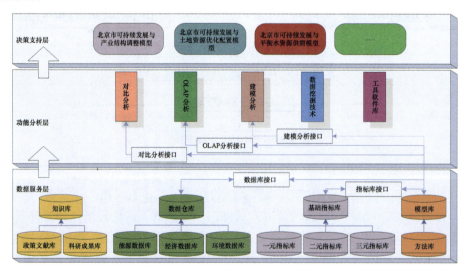

图 16.2  3E-DSS 平台架构示意图

注：数据服务层：提供结构化和非结构化数据，包括知识库、数据库、方法库和模型库，为研究人员提供基础数据、科研成果、分析工具、方法和模型等基本信息；功能分析层：主要包括对比分析、OLAP 分析、数据挖掘、建模分析及工具软件库等分析方法和技术；决策支持层：结合指标、数据和功能分析技术，构建 3E 可持续发展分析、预测、优化模型群，提供现状分析与评价、动态预警与监测、方案设计与模拟功能

## 16.3　3E-DSS 平台功能

在平台设计和平台架构的基础上，重点关注京津冀 3E 问题，继续完善平台功能，不断扩充国内外指标和数据。通过研究京津冀 3E 可持续发展问题，将具体实例注入到系统的模型和方法中，充分实现系统功能，发挥系统优势，从而更好地为决策者提供支持。本节将以"3E 大数据和指标体系""模型研究""GIS 应用"和"科研成果"功能为例对 3E-DSS 平台展开描述。

### 16.3.1　3E 大数据和指标体系

高质量数据是研究 3E 可持续发展问题的基础。收集能源、经济和环境数据，构建区域可持续发展指标体系，是开展 3E 研究的前提。对京津冀 3E 问题进行对比分析、趋势分析、关联分析，建立 3E 分析、预测、优化模型库都离不开 3E 数据的支持。

**1. 3E 大数据**

3E-DSS 平台集成了指标库、图片库、视频库和工具库，通过持续补充完善国内外数据，不断充实数据库。该模块包括 2000~2016 年能源指标数据、经济指标数据和环境指标数据，数据来源于《中国统计年鉴》《北京统计年鉴》《天津统计年鉴》《河北经济年鉴》以及国家统计局网站等。同时，能源、经济和环境数据均通过指标库和图片库进行了可视化展示。

（1）指标库。指标库界面如图 16.3 所示。该模块包含能源数据指标 48 项，经济数据指标 31 项，环境数据指标 32 项，新能源数据指标 35 项，并在此基础上扩展出京津冀的能源变化趋势。以国内能源指标库为例，其中展示了 2000~2016 年京津冀区域的能源指标及数据。

（2）图片库。图片库包括京津冀区域的能源、经济、环境和新能源图片。图 16.4 以新能源图片库为例，该模块用于展示京津冀新能源分布和开发利用情况，如光伏电站，风电场和抽水蓄能电站等。

**2. 指标体系**

简单的一元、二元指标体系已经无法全面反映京津冀 3E 系统，对能源–经济–环境三元指标体系展开研究已经成为必然。在国家政策支持下，对 3E 可持续发展领域的研究不断深入，3E-DSS 也对京津冀区域 3E 基础指标体系库进行了扩展。能源指标扩展为资源指标，经济指标扩展为社会经济指标，环境指标扩展为生态环境指标，新添加新能源指标，成为资源-社会经济-生态环境-新能源扩展指标体系。完整的指标体系在第 3 章中已经体现，在此不再赘述。

图 16.3　指标库界面

注：指标库中包含国内外的能源、经济、环境和新能源数据，以京津冀区域为重点探讨数据的变化趋势

图 16.4　新能源图片库界面

## 16.3.2　模　型　研　究

模型是决策支持系统的核心，3E-DSS 平台集成了 3E 可持续发展系列模型群。从认识论和方法论两个角度探讨了 3E 系统模型，并对模型群进行了划分。从认识论的角度，模型群包括能源系统模型群、环境系统模型群、产业结构模型群和 3E 系统模型群；从方法论的角度，包括分析模型群、预测模型群和优化模型群。指标和数据是模型研究的基础，通过研究 3E 系统，从计算机实现角度出发，可以构建出模型群开发的流程，如图 16.5 所示。

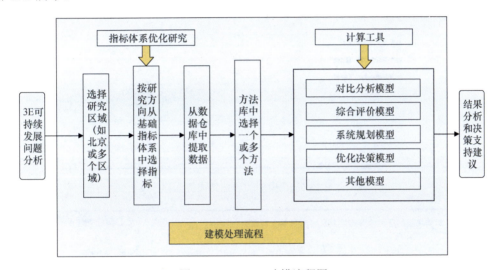

图 16.5　3E-DSS 建模流程图

模型的具体研究集中在第三篇，本节以 3E 分析模型群中的 $\theta$ 模型和对比分析模型为例，描述了其在 3E-DSS 平台的实现功能。

### 1. $\theta$ 模型

$\theta$ 模型在第三篇中有具体的描述，在此不再赘述。通过调用模型库中的 $\theta$ 模型，可以实现 3E 系统协调度的计算并进行可视化展示。其调用过程为：首先选取研究区域及相关指标，其次提取相应指标数据，最后调用模型库中的研究方法进行计算，可以得出评估计算结果。$\theta$ 模型的评估结果界面如图 16.6 所示。

### 2. 对比分析模型

对比分析模型通常是把两个或者多个相互联系的指标数据加以比较，展示和说明研究对象在规模的大小、水平的高低、速度的快慢等是否协调，从而认识事物的本质和规律，以做出正确的评价。图 16.7 为京津冀区域能源数据曲线对比分析界面。以京津冀区域为例，该区域内包括能源、经济、环境和新能源指标数据，可以根据不同需求，选择相应指标数据进行对比分析，其结果会以图表的形式可视化展示。

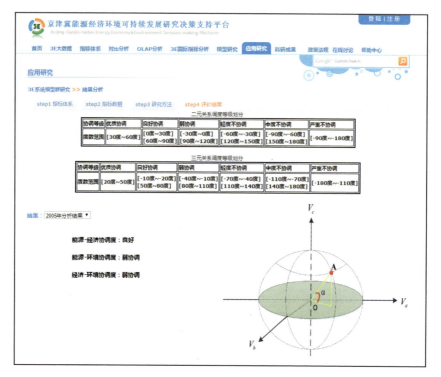

图 16.6 θ 模型的评估结果界面

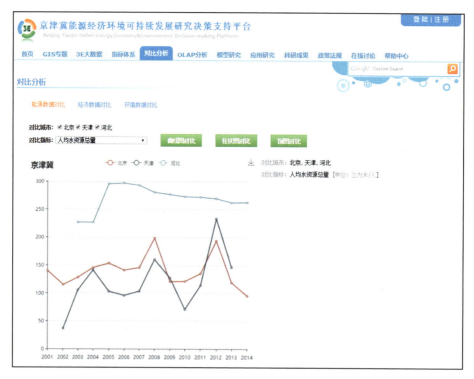

图 16.7 京津冀区域能源数据曲线对比分析界面

注：选取能源指标数据，将北京、天津、河北三地 2001~2014 年人均水资源总量进行对比分析

### 16.3.3  GIS 应 用

地理信息系统（Geographic Information System，GIS），是综合处理和分析地理空间数据的一种技术系统。其体系结构如图 16.8 所示。GIS 应用通过对空间中的地理分布数据进行采集、储存、管理、运算、分析、显示和描述，实现了京津冀、"一带一路"、长三角、珠三角的空间信息分析处理及展示，实现了空间数据的可视化操作。

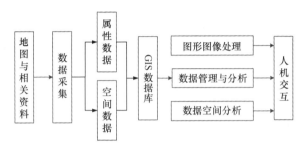

图 16.8  GIS 专题体系结构

GIS 研究包括空间信息展示和空间数据查询两个子模块，空间信息展示模块显示了全国的地理位置分布，空间数据查询模块实现了对数据信息的查询，可从指标、时间和空间三个维度查询京津冀数据信息。以京津冀区域为例，通过指标名称、时间和空间等查询条件，可以查看指标数据在区域中的分布情况，颜色越深则分布密度越大。

### 16.3.4  科 研 成 果

该模块包括文献成果、发明专利、软件著作、模型成果等。其中，文献成果包括论文、专著等，模型成果包括研究 3E 系统分析、预测、优化模型群等。文献成果通过文献题目、文献核心内容等信息进行展示，包括一元、二元、三元问题的研究论文；模型成果提供了解决 3E 问题的研究方法。模型成果展示界面如图 16.9。

## 16.4  本 章 小 结

3E-DSS 平台是开放式的科研平台，实现了决策支持的功能。该平台建立了 3E 指标体系，提供了数据库、指标库、文档库、图片库、方法库、模型库、研究成果库及政策法规库等，集成了各种数据分析软件，便于研究人员在 3E-DSS 平台上开展研究，同时为京津冀区域政府相关部门及企业提供完整、实时的建议导向。3E-DSS 平台重点实现了 3E 大数据、模型研究和 GIS 应用研究等模块，为京津冀中长期发展提供数据及技术支持，对能源子系统、经济子系统和环境子系统进行合理的划分，为"十三五"规划期间京津冀一体化发展提供有效的决策建议。本平台的研究成果也进行了专利申请，包括能源经济环境数据展示方法和数据展示发明专利以及椭球模型的能源、经济和环境协调度计算方法及装置发明专利。

图16.9　模型成果展示界面

# 参 考 文 献

北京市统计局. 2001~2010. 北京统计年鉴. http://www.bjstats.gov.cn/. 2017-7-20

河北省统计局. 2001~2015. 河北经济年鉴. 北京: 中国统计出版社

天津市统计局. 2001~2015. 天津统计年鉴. 北京: 中国统计出版社

中国国家统计局. 2013. 中国统计年鉴. 北京: 中国统计出版社

# 第 17 章　3E-DSS 平台的专题研究

3E-DSS 平台专题研究是 3E-DSS 平台的具体应用，包括大气环境、能源行业全面风险、节能减排、京津冀可持续发展以及北京市能源强度演变机理 5 个方面，更具体、清晰地凸显平台的决策支持功能。

## 17.1　基于大数据的京津冀大气环境决策支持系统

经济发展依靠化石能源的大量消耗，使得大气环境污染程度日益严重。京津冀区域雾霾天气的不断出现，更让人们将关注点放在区域可持续发展和大气环境的防治上。在大气污染防治方面，2015 年我国已经实现对 367 个城市的空气质量以及近 15000 家重点污染企业进行监控，这些大气质量与环境污染源等实时数据具备大数据特性。并且，大气环境可持续发展研究也是 3E 可持续发展研究中的重要一环，基于大数据的京津冀大气环境决策支持系统（Atmosphere Environment Decision Support System，AE-DSS），为分析京津冀大气环境、生态环境变化趋势等研究提供了支持。

### 17.1.1　AE-DSS 系统功能

AE-DSS 包含 3E-DSS 平台提供的大气环境结构化统计数据，同时搜集、积累了政府公报（政府法令、方针、政策、宣言等文件）、新闻报刊、Web 页面、访谈记录、历史记录图片等非结构化数据，建立了海量大气环境数据库。该平台使用由 3E-DSS 平台提供的回归、聚类、分类、关联规则等数据分析方法，建立了大气环境模型库，AE-DSS 技术路线如图 17.1 所示。

AE-DSS 系统主要从结构化数据和非结构化数据两方面分析京津冀区域大气环境以及生态变化趋势，如图 17.2 所示。结构化数据模块调用多种机器学习方法对统计年鉴中的数值数据进行统计分析和建模预测，包括回归分析、分类、聚类、关联规则等算法，最后结果由可视化模块进行图形展示。非结构化数据模块从政府公报、新闻报刊、Web 页面、访谈记录、历史记录图片出发，应用文本挖掘算法对京津冀天气变化进行热点分析以及关联分析。其中，对于文本挖掘，平台还提供了在线算法设计界面，能够在线编程并提交运行，并将结果以词云图等方式可视化展示。

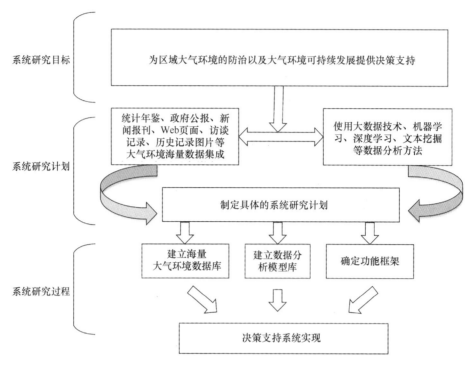

图 17.1　AE-DSS 技术路线

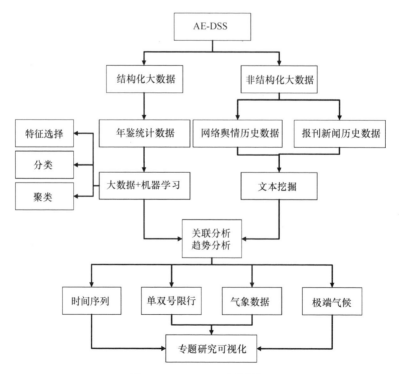

图 17.2　AE-DSS 功能框架

## 17.1.2　AE-DSS 系统实现

基于 AE-DSS 系统可以对京津冀区域多种大气环境问题进行研究，包括雾霾、沙尘暴等。本节研究了京津冀区域大气环境污染趋势，并以北京地区雾霾天气为例进行关联分析。

**1. 大气环境污染趋势分析**

大气环境污染趋势分析模块主要通过对北京、天津和河北北部电网的六个城市（唐山、张家口、秦皇岛、承德、保定、廊坊）结构化的指标数据进行分析，得出京津冀总体的环境污染情况。该模块的指标数据包括 AQI 指数以及二氧化硫、二氧化氮、一氧化碳、臭氧和悬浮颗粒物（包括 $PM_{2.5}$ 和 $PM_{10}$）等。用户可以根据研究问题的不同选择不同的指标进行分析，并且根据 AE-DSS 平台提供的预测模型，进行不同指标的预测。2014~2017 年京津冀区域 $PM_{2.5}$ 趋势分析如图 17.3 所示。

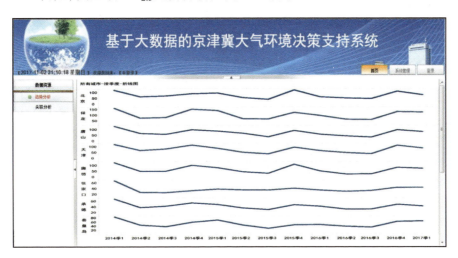

图 17.3　京津冀区域 $PM_{2.5}$ 趋势分析

非结构化数据增长迅猛，蕴藏的价值也越来越大。搜集、整理并分析大气环境非结构化数据，对京津冀区域大气环境可持续发展具有重要意义。本模块从《北京晚报》中检索出所有包含"雾霾"一词的新闻数据，采用机器学习中的双向最大匹配算法，探索"雾霾"和"月份"之间的关系，如图 17.4 所示。可以看出，雾霾一词主要集中出现在春冬季节，尤其在 11~12 月、1 月、3 月雾霾天气的报道频率最高。

**2. 大气环境污染关联分析**

大气环境污染关联分析模块主要是分析环境污染影响因素与环境污染负面影响的关联。使用文本挖掘的算法从大量的新闻报刊、政府公报、网页文本等非结构化数据中抽取出与主题词（雾霾）相关的知识词句，如：城市化发展、产业结构、局地气候、生态环境破坏、居民健康等，利用这些知识词句进行热点分析与挖掘，最后通过用词云图等方式进行可视化展示，以帮助用户更好地获取与雾霾形成、雾霾影响紧密相关的信息。

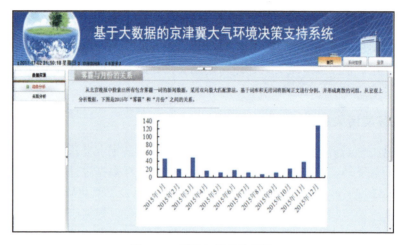

图 17.4　雾霾与月份关系图

　　图 17.5 是雾霾点环关联图，与雾霾相关的词分布在以雾霾为中心的圆环上，且距离雾霾这个中心点越近关联性越强。如：基于区域尺度的雾霾分析，北京 16 个区分布在以雾霾为中心的不同半径的圆环上，说明北京各个区的雾霾污染程度不尽相同。其中，通州、房山、大兴雾霾污染相对严重，距离雾霾中心点比较近；而延庆、密云雾霾出现频率相对较低，距离雾霾中心点比较远。

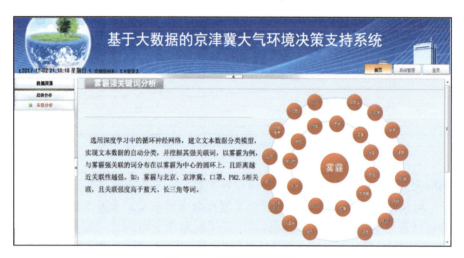

图 17.5　雾霾点环关联图

　　图 17.6 是雾霾的词云图，对文本数据中出现频率较高的"关键词"予以可视化上的突出，形成"关键词云层"或"关键词渲染"。可以过滤掉大量的文本信息，快速地展示文本的主旨。例如，图中北京、空气质量、预警、天气的这些文字字号明显偏大，说明在文本数据中它们出现的频率较高，新闻报道多，且多个词之间具有关联性。同时，也表明北京空气质量、天气预警等也是民众关心的问题。

图 17.6　雾霾词云图

雾霾的关联分析，可以进一步从时间、空间、地域维度分析雾霾污染程度；从局地气候城市化程度、工业排放、生态环境破坏等方面分析雾霾成因；从气候、环境、人体健康多个方面分析雾霾天气带来的负面影响。此外，依据本模块的研究理论知识及研究方法，还可以进行"桑拿天"、光化学污染等多种类型天气的分析。

## 17.2　能源行业全面风险决策支持系统

为保证京津冀区域能源的协同发展，能源行业风险研究逐渐成为重点研究对象。应用 3E-DSS 平台提供的数据及方法，细化能源行业全面风险框架并进行分析，建立了能源行业全面风险决策支持系统（Energy Risk Decision Support System，ER-DSS）。ER-DSS 系统集成了能源研究的关键技术和相关资料，通过建立国际、国内能源风险指标以及电力行业碳排放、能源经济指标量化影响关系研究模型，对指标数据进行分析及预测，并且依据研究结果给出决策建议，供政府人员参考。

### 17.2.1　ER-DSS 系统功能

ER-DSS 是 3E-DSS 平台在能源行业全面风险方面的具体应用，分为国际能源风险分析、国内能源风险分析、碳排放分析、系统模型分析、系统管理 5 大功能模块。图 17.7 为 ER-DSS 平台功能框架。

ER-DSS 平台的主要功能集中在国际能源风险分析、国内能源风险分析、碳排放分析、系统模型分析 4 个模块。国际能源风险分析模块和国内能源风险分析模块为整体平台提供基础支撑。碳排放分析模块用于对碳排放系数的统计分析，以及对人类在生产和生活中的碳排放足迹进行模拟。而系统模型分析模块实现了电力行业碳排放模型和能源经济指标量化影响关系模型的模拟，用户可以灵活地在平台上使用已经投入应用的相关模型，为科研活动提供技术支持。

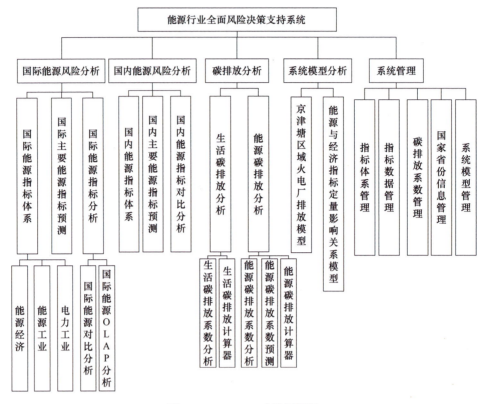

图 17.7　ER-DSS 功能框架图

## 17.2.2　ER-DSS 系统实现

能源行业全面风险决策支持系统依据功能框架图具体实现为国际指标体系及分析、国内指标体系及分析、碳排放分析、系统管理分析 4 大模块。ER-DSS 系统如图 17.8 所示。

图 17.8　ER-DSS 系统图

图 17.8 明确展示了 ER-DSS 系统中的国际指标体系模块,通过树形方式展示国际指标体系,同时为用户提供导出或打印所选中的历年指标数据功能。在此模块中,用户可以选取指标、国家、年份以及数据展示方式,查看系统从数据仓库中挖掘出的相应结果。其中,数据的展示方式包括表格、曲线、柱状和饼状图 4 种,为用户提供提供多样的可视化方式。同样,在 ER-DSS 平台中的国内指标体系模块也采用了这种方式。

碳排放分析模块模拟了用户的碳排放足迹,使用户了解到自身在日常生活或生产中所产生的碳排放,从而可以有效减少人均碳排放,也有利于企业在生产管理方面采取措施从而减少碳排放。碳排放强度一直作为我国减排目标的衡量标准,因此,碳排放分析对我国减排任务的完成具有十分重要的意义。

## 17.3　节能减排决策支持系统

2015 年巴黎气候大会通过了全球气候变化新协议:全球平均气温较工业化前升高控制在 2 ℃之内。中国政府承诺于 2030 年左右使 $CO_2$ 排放达到峰值并争取尽早实现。"十三五"期间我国要制定的详细的节能减排计划,大力推进生态文明建设,紧紧围绕着节能和环保两个方面。因此,开发节能减排决策支持系统(Energy-Saving and Emission Reduction Decision Support System,ESER-DSS),加强节能减排相关研究十分必要。节能减排决策支持系统对 3E-DSS 提供的数据库进行了扩充,建立了节能减排模型库,对决策信息进行定量分析。

### 17.3.1　ESER-DSS 系统功能

节能减排决策支持系统在碳排放量不断增长的背景下,进行更加具象的节能减排研究。使用 3E-DSS 模型库提供的时间序列、灰色聚类等预测方法,建立电力消费灰色模型和 Panel Data 模型,分析我国区域的电力消费量以及能源消费结构。ESER-DSS 系统主要包含数据资源、指标体系、对比分析、控制模拟和节能减排五大功能模块。图 17.9 为 ESER-DSS 功能框架。

### 17.3.2　ESER-DSS 系统实现

ESER-DSS 系统的主要功能模块是数据资源和控制模拟。数据资源模块包括指标数据和政策法规两个方面,指标数据新增了我国 30 个省市能源、经济、环境、人口和社会相关的指标数据。政策法规增加了我国各省市最新的政策法规和"十三五"规划相关文件,用于指导"十三五"期间各省份节能减排发展。

控制模拟包括模拟预测和系统模型分析。模拟预测基于我国能源消费,建立了模拟预测模型群,并结合"十三五"规划中相关节能减排政策分析的预测结果,实现决策支持。而系统模型分析主要应用 Panel Data 模型来研究我国节能减排的影响因素,并进行不同区域节能减排的能源消费结构分析,最终对节能减排进行辅助决策。ESER-DSS 系统如图 17.10 所示。

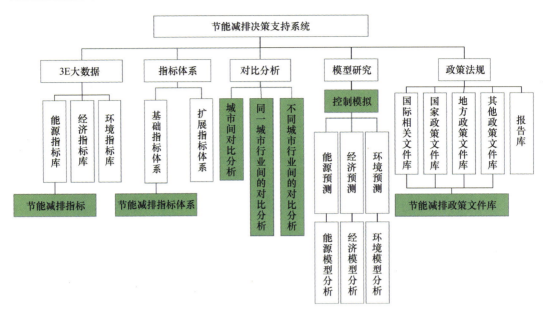

图 17.9　ESER-DSS 功能框架

注：绿色部分为本系统相较于 3E-DSS 平台新增的研究点，重点突出节能减排的工作

图 17.10　ESER-DSS 系统

## 17.4　京津冀资源–经济–环境可持续发展决策支持系统

随着社会经济的快速发展，工业化进程的不断推进，生态环境污染和资源短缺等问题越来越严重。为推进京津冀区域协同发展，研究京津冀资源–经济–环境可持续发展系统，解决发展过程中出现的资源短缺和环境污染等问题是十分必要的。该系统以 3E-DSS 平台资源–经济–环境数据为支撑，分析了京津冀区域资源–经济–环境系统的现状及发展

趋势，建立了资源–经济–环境系统模型群，并利用 GIS 的分析功能对京津冀区域资源–经济–环境相关的指标数据进行多维度、多尺度展示，可以辅助政府部门决策，便于学者、专家以及研究人员分析资源–经济–环境可持续发展问题。

## 17.4.1　系统功能

本系统包含区域概况模块、数据资源模块、对比分析模块、3E-DSS 平台模块、GIS 专题模块和系统管理模块六大功能模块，基本框图如图 17.11 所示。其中，数据资源模块包含 3E-DSS 平台中的资源–经济–环境相关指标数据。对比分析模块主要是将区域间、城市间的指标数据进行对比，分析京津冀区域 3E 系统的现状及发展趋势。3E-DSS 平台模块是在 3E 系统研究过程中逐步形成的，包含 3E 系统分析、预测和优化模型群，并深入分析了 3E 耦合度这一关键问题，提出了解决资源–经济–环境三元协调问题的"$\delta$ 模型""$\theta$ 模型""$\beta$ 模型"。GIS 专题模块针对京津冀的区域特征，实现了该区域的地理信息展示、相关指标的空间分析和数据可视化。

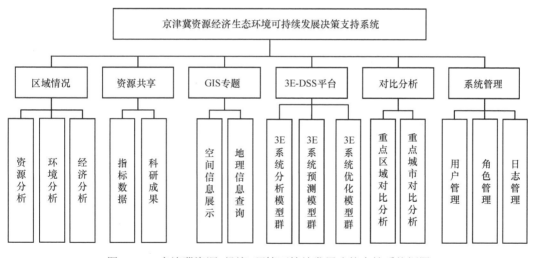

图 17.11　京津冀资源–经济–环境可持续发展决策支持系统框图

## 17.4.2　系统实现

京津冀资源–经济–环境可持续发展决策支持系统通过区域概况模块、对比分析模块、3E-DSS 模块以及 GIS 专题模块，结合资源共享模块提供的指标数据，分析京津冀区域资源–经济–环境系统的现状并将研究结果可视化。

**1. 区域概况模块**

区域概况模块分为资源分析、经济分析、环境分析，主要针对京津冀区域的资源–经济–环境指标。实现了对北京、天津、河北地区的资源、经济、生态环境指标的分析与展示。京津冀资源–经济–环境可持续发展系统区域概况如图 17.12 所示。

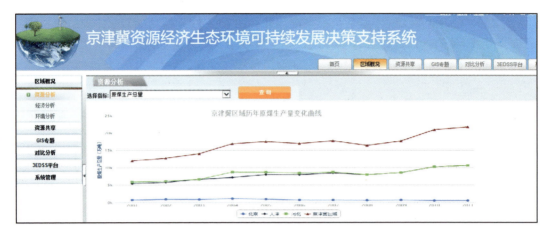

图 17.12　京津冀资源–经济–环境可持续发展系统区域概况

### 2. 3E-DSS 平台模块

3E-DSS 平台模块提供了解决 3E 可持续发展中的一元、二元及三元问题的模型群。京津冀资源–经济–环境可持续发展系统 3E-DSS 平台模块如图 17.13 所示，图中展示的是 3E 系统协调度的物理模型——"β 模型"。从各子系统到二元、三元系统，层层递进，自下而上地进行协调关系的研究，并利用三维立体图像更清晰地反映了 3E 的协调度。

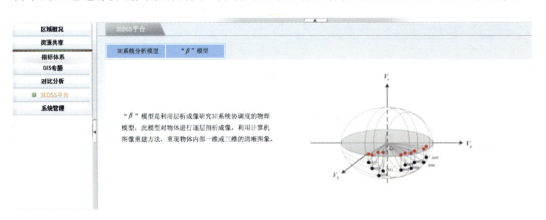

图 17.13　京津冀资源–经济–环境可持续发展系统 3E-DSS 平台

此外，资源共享模块可以实现资源的完全共享，包括指标数据及与京津冀区域、可持续发展模型研究等相关的科研成果。科研工作者可以查看不同城市不同年份的指标数据，并以 Excel 表格的形式导出或打印历年指标数据。GIS 专题模块从空间信息展示和空间数据分析两方面研究京津冀各个地区的指标情况。

## 17.5　北京市能源强度演变机理及规划模拟系统

北京市能源强度演变机理及规划模拟系统以北京市能源为研究对象，研究其能源强度演变机理，为北京市"十三五"规划期间能源发展规划提供决策性建议。该系统在 3E-DSS 平台提供的京津冀指标体系的基础上对北京市能源指标体系进行优化扩充，使用 3E-DSS 平台中的最小二乘拟合方法、灰色预测模型和系统动力学模型，结合北京市近年来的能源强度演变规律，建立了北京市低碳化能源体系决策支持模型。

## 17.5.1　系　统　功　能

本系统是 3E-DSS 平台在北京市能源强度方面的专题研究，包含指标管理、数据管理、仿真管理、传导机制管理、情景设计管理和系统管理 6 大功能模块组成。北京市能源强度演变机理及规划模拟系统的主要功能集中在仿真管理、传导机制管理以及情景设计管理三部分。整体功能结构框架如图 17.14 所示。

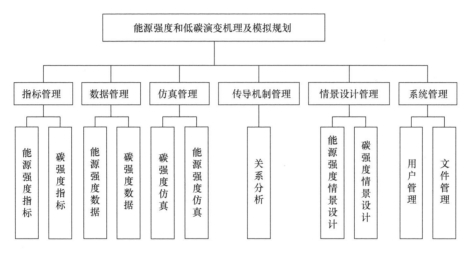

图 17.14　系统功能框架

## 17.5.2　系　统　实　现

本系统通过能源强度、碳强度仿真，结合能源强度和碳强度指标预测北京市能源强度和碳强度，结果以 3D 直方图形展示。研究人员可以形象直观地看出能源强度和碳强度变化规律。北京市能源强度演变机理及规划模拟系统如图 17.15 所示。

图 17.15 展示的是仿真管理模块，包括能源强度仿真和碳强度仿真，对"十三五"规划期间北京市的能源强度、碳强度进行预测。能源强度根据 $CO_2$ 排放量、能源需求量以及能源结构指标进行仿真预测，从技术进步因子、GDP 增长和能源强度三个角度对碳强度进行预测。

传导机制管理模块通过分析随时间变化的能源强度和碳强度曲线，得出两者之间的变化规律以及内在联系。该模块还提供相应的辅助阅读文档，可以进一步了解分析两者之间的关系。

图 17.15　北京市能源强度演变机理及规划模拟系统

情景设计模块结合系统动力学，应用 Vensim 平台，通过改变参数数值进行不同情景下的模拟仿真，得到相应的预测结果，并将能源强度和碳强度预测结果进行可视化展示。

# 17.6　本 章 小 结

本章是 3E-DSS 平台的具体应用，是实现京津冀区域可持续发展系统模型的实例验证。在专题研究过程中，不断扩充 3E 指标数据，多尺度、多维度分析京津冀区域资源-经济-环境系统的现状及发展趋势。对京津冀区域 3E 可持续发展研究的焦点问题——区域能源风险、节能减排、大气环境进行分析、预测及优化，不断丰富区域资源-经济-环境系统相关模型，逐步形成完整的可持续发展模型群。同时，研究人员进行与 3E 相关的课题研究时，可以借助 3E-DSS 平台提供的数据、模型开展自身课题的研究，缩短搜集相关资料的时间，提高效率，也可以不断对 3E-DSS 平台进行完善。

## 参 考 文 献

国务院办公厅. 2015. 促进大数据发展行动纲要. http://www.gov.cn/zhengce/content/2015-09/05/content_10137.htm. 2017-02-12

中共中央办公厅, 国务院办公厅. 2016. 关于建立健全国家"十三五"规划纲要实施机制的意见. http://www.gov.cn/zhengce/2016-10/23/content_5123382.htm. 2017-02-13

中国环境保护部. 2016. 生态环境大数据建设总体方案. http://www.zhb.gov.cn/gkml/hbb/bgt/201603/t20160311_332712.htm. 2017-02-16

中国环境保护部. 2012. 环境空气质量标准. http://kjs.mep.gov.cn/hjbhbz/bzwb/dqhjbh/dqhjzlbz/201203/t20120302_224165.htm. 2017-04-11

# 第18章 启示、思考与展望

2015 年联合国公布《2030 可持续发展议程》，使得可持续发展理念在全世界不同经济水平和不同文化背景的国家中得到共识，中国也将该议程纳入"十三五"规划。可持续发展在中国发展进程当中的战略性地位由来已久，本章在资源–经济–环境可持续发展研究的基础上展开了更深入的探讨。

## 18.1 可持续发展研究的启示

### 1. 可持续发展道路是漫长的

全球可持续发展道路可谓"路漫漫其修远兮"。全球对可持续发展的思考起源于 20 世纪 60 年代。从 20 世纪 60 年代至今，可持续发展道路大致经历了四个阶段。

（1）人类环境议程阶段。该阶段历经 20 世纪 60~70 年代，以环境觉醒为特点，以 1972 年联合国人类环境会议为标志，其发布的《人类环境宣言》成为人类历史上第一个保护环境的全球性国际文件。该文件将环境保护纳入全球治理的议事日程，并催生各国组建环境保护的专门机构。

（2）环境与发展议程阶段。大致为 20 世纪 80 年代初至 20 世纪末。此阶段的焦点是环境与发展的冲突和协调，标志为 1992 年的联合国环境与发展峰会。会上达成了《21 世纪议程》行动计划及《生物多样性公约》气候变化框架公约和不具强制约束力的森林保护原则，使得可持续发展成为全球共识。此阶段其他标志的事件包括：1982 年先后通过的《内罗毕宣言》、《里约环境与发展宣言》以及《21 世纪议程》，强调关注全世界环境现状，提出了"可持续发展战略"，在全球一级、区域一级和国家一级为保护和改善环境而努力。1992 年通过的《联合国气候变化框架公约》，成为世界上第一个为全面控制 $CO_2$ 等温室气体排放，以应对全球气候变暖给人类经济和社会带来不利影响的国际公约。1997 年通过的《京都议定书》，商讨了 2012 年至 2020 年的全球减排协议。

（3）可持续发展议程阶段。此阶段始于千年交替之际，止于 2015 年。可持续发展议程聚焦于发展中国家的可持续发展，尤其是欠发达国家引致的发展困境和环境挑战。标志事件主要包括：2005 年《京都议定书》生效，从法律上约束发达国家缔约方，实现减少温室气体排放的目标，并为发展中国家建立了清洁发展机制。2009 年通过《哥本哈根协议》，决定根据各国的 GDP 大小减少 $CO_2$ 的排放量。2015 年 12 月，全球 195 个国家一致通过了《巴黎协定》（只有尼加拉瓜和叙利亚 2 个国家没有签署协定），成为继《联合国气候变化框架公约》和《京都议定书》之后，人类历史上应对气候变化的第三个里程碑式的国际法律文件，形成了 2020 年后的全球气候治理格局。

（4）生态文明转型议程阶段。该阶段为联合国《2030 年可持续发展议程》和《巴黎协定》实施的 2016~2030 年。2016 年,《2030 年可持续发展议程》已在全球启动,《巴黎协定》也在 2016 年的世界地球日得到主要缔约方的签署,满足了其生效的基本条件,进入实施期。

可持续发展道路是漫长的,未来的 100 年甚至 1000 年,人类将继续走可持续发展道路。

**2. 可持续发展进程是艰难的**

可持续发展道路的漫长,决定了可持续发展进程的艰难。全球面临着多种问题和挑战。最新数据预计全球人口将由 2015 年的 73 亿增加到 2023 年 81 亿和 2050 的 96 亿,最终将增加到 105 亿或 110 亿左右。人口的快速增长使得资源供应紧张,供需矛盾突出,同时,还带来了严重的环境问题,包括全球气候变暖、臭氧层破坏、酸雨蔓延、生物多样性减少、森林锐减、土地荒漠化、大气污染和水污染等。

改革开放以来,中国经历了快速的工业化和城镇化进程。同时,资源的不合理利用导致了空气质量的严重恶化。京津冀区域作为中国三大城市群之一,雾霾等空气污染以及水资源的供需矛盾已经成为制约该区域经济和社会发展的重要因素。中国部分决策者受短期利益的驱使,一味追求经济增长而忽略资源-经济-环境的协调,使得部分地区遭受严重的资源和环境问题,中国可持续发展迫在眉睫。

过去,全球各国为可持续发展做出了种种努力。就目前来看,其改善的速度远远不及破坏的速度。2017 年,美国退出《巴黎协定》,成为全球第三个明确拒绝加入对抗气候变化阵营的国家,更为全球的可持续发展蒙上了一层阴霾。未来可持续发展的道路将更加艰难。

**3. 可持续发展信念是笃定的**

随着经济社会的不断进步,人类越来越意识到可持续发展的重大意义,只有控制人口、节约资源、保护环境,才能实现社会和经济的良性循环。可持续发展,是指满足当代需要而又不削弱子孙后代满足其需要之能力的发展,以人为本,尊重自然,从注重眼前利益、局部利益转向长期利益、整体利益。早在 1994 年,《中国 21 世纪议程——中国 21 世纪人口、环境与发展白皮书》就提出了实施可持续发展的总体战略、对策以及行动方案。从各个方面推进可持续发展进程,倡导电力行业污染减排,推行清洁生产和发展循环经济。目前,可持续发展问题仍是全球各国面临的共同挑战,可持续发展道路仍然是步履蹒跚,气候变暖、能源危机和环境污染还在继续。但历史总是向前的,资源-经济-环境的可持续发展轮子在向前滚动时虽不是一帆风顺,但终归是没有停下来的。未来世界各国更需持之以恒,共同努力,坚定不移地走可持续发展道路。

**4. 可持续发展理念离不开教育**

20 世纪 70 年代以来,全球环境恶化使得人类面临难以生存的境地,人们希望通过教育解决环境问题,消除环境危机,这促进了环境教育的迅速发展。但在实践中,环境教育并未能实现人们最初的想法,由于环境危机的加深,与之相关的社会、经济、文化的变化越来越复杂，这就导致有益于良性环境和生态的决策越来越困难，可持续发展教育正是在这种情况下提出并发展起来的，其目的是通过教育达到社会、经济、环境协调发展的目标。可持续发展教育是价值观念的教育，坚持以人为本，尊重环境，使所有人的基本生活需求得到充分满足。可持续发展的实现不是几代人就可以完成的，十年树木，百年树人，可持续发展理念需要代代相传，从国家，到政府再到个人，都要加强可持续发展观念，树立尊重自然、顺应自然、保护自然的生态文明理念，直到达成全球共识。教育可以提高人们解决环境和发展问题的能力，与可持续性紧密相连，是可持续发展的重要手段，更是实现可持续发展的关键。

## 18.2　可持续发展研究的思考

（1）从人类出现到 1960 年，人口才增加到 30 亿；到 2000 年世界人口就翻了一番，达到 60 亿；而 2010 年，世界人口就达到 70 亿。随着人口数量的急速增长，据联合国人口署预测，2050 年人口预计将突破 90 亿，此后人口增速会放缓，到本世纪末将超过 100 亿，地球能源–经济–环境承载力将面临严峻考验。人口增长伴随着经济增长，但人口增长和经济增长存在不平衡的状态。全球一些地方趋于缓慢的人口增长伴以较快的经济增长，另外一些地方趋于缓慢的经济增长伴以较快的人口增长。在这两种情形中，人口和物质资本都是不断增加的，显然，这种现实的物质增长不可能永远持续下去。我们所居住的地球看似资源无限充足，其实地球上很多都是一次性资源，人类开发使用后便不可再生。如果人类无度消费自然资源的生活方式不改变，那么，整个人类在 50 年或者 100 年之后，会面临着相当严重的危机。值得思考的是，随着人口的快速增长，全球的资源–经济–环境的可持续发展将面临着巨大的挑战，人类能应对这个挑战吗？

（2）2016 年 1 月 1 日正式启动了联合国通过的《2030 年可持续发展议程》，该议程呼吁各国采取行动，为实现 17 项可持续发展目标而努力，希望到 2030 年实现全球经济发展、社会包容与环境的可持续性。中国作为一个负责任的发展中国家，愿积极参与相关国际合作，中国政府批准并发布了《中国落实 2030 年可持续发展议程国别方案》，为中国落实可持续发展议程提供行动指南。可持续发展的核心在于能源–经济–环境的可持续，然而，能源的短缺、化石燃料的过度消耗、经济发展不平衡和大气环境的破坏都为可持续发展敲响了警钟，这也迫使人类加快了发掘和使用新能源的步伐，包括太阳能、风能、水能和生物质能等。清洁可再生能源的使用不仅缓解了全球对化石能源的需求，同时大大减少了有害物质、有害气体的排放，体现绿色环保可持续的发展理念。荷兰、德国、法国、印度和英国等多个国家相继公布禁售燃油车时间表、欧盟制定发展生物燃料的计划、石油输出国组织公布 2018 年的全球石油需求增量预计将减少约三分之一，这都体现出全球各国化石能源的使用量逐步减少。中国也通过"煤电节能减排升级改造行动计划""两个替代"等政策，削减对化石能源的使用，大力开发和使用清洁可再生能源。同时，中国地方各级人民政府出台了相关的大气环境治理法规，如《北京市"十三五"时期大气污染防治规划》《天津市大气污染防治条例》等。中国提出并践行"人类命运共同体"的理念，与世界各国携手共同促进全球的可持续发展。值得思考的是，人类如果能够充分发挥自身的调控能力，那么可持续发展道路的前景充满了希望。

（3）联合国在可持续发展峰会上提出了 17 个可持续发展目标，旨在转向可持续发展道路，解决社会、经济和环境三个维度的发展问题。其中一个关键的目标就是采取紧急行动应对气候变化及其影响，显然，如何应对气候变化已成为实现可持续发展的棘手问题。据中国气象局预测，到 2050 年，全球年均碳排放量将是目前的两倍，使得全球气温上升，比 18 世纪的工业革命前期平均温度高出 2℃。以这个增长速度，如果不加控制，全球气温增幅会超过 4℃，那么将会引起严重的全球生态问题。因此，为控制全球气温上升，巴黎气候变化大会通过了全球气候协议——将全球平均温度升幅与前工业化时期相比控制在 2℃以内，并继续努力、争取把温度升幅限定在 1.5℃之内，以大幅减少气候变化的风险和影响。显然，目前全球气温上升的幅度已经超出了巴黎气候协定所规定的警戒线。而这种大幅的气温上升也引发大规模灾害事件：世界三大冰川加速融化，海平面上升；冻土融化释放的甲烷气体使气温进一步升高，而气温升高反过来又加速了冻土融化；在最近的 50~100 年中，酷热热浪的发生频率比往常高出了 2~4 倍，横扫欧洲的致命热浪害死了约 3.5 万人；从 1979 年到 2015 年，中国骤发性干旱的发生次数增加了 109%，多地严重缺水。值得思考的是，如果人类不积极应对全球气温上升，会造成极端天气频发，引发全球可持续发展的失调，人类将会面临巨大的灾难。

（4）中国的快速发展离不开政府的宏观调控。自改革开放以来，通过经济增长，中国成功地使 7 亿余人口摆脱贫困。一些决策者只是将经济增长放在首位，而不关注经济与环境、能源与环境的协调，使得可持续发展难以真正实现。北京首次提出的"减量"发展的目标——人口减量、用地减量和源头减量（《北京城市总体规划（2016—2035）》），减缓经济发展的速度，实现绿色、循环和低碳发展。北京提出的减量发展推进了京津冀的"山青、水秀、天更蓝"的可持续发展目标，也彰显了中央和北京走可持续发展道路的坚定决心。值得思考的是，北京在减量发展的同时如何保证提高发展的质量和效益，同时，北京减量发展能否具有很好的示范作用，能否促使更多区域注重环境和经济的协同发展。

（5）资源–经济–环境可持续发展的实现是艰巨的，即使在一个稳定的国家和地区，未来发展也存在非常大的不确定性和复杂性。如果对未来进行预测，仅研究模型的理论条件是远远不够的。随着未知因素的不断增加，对可持续发展模型的研究是一个复杂又漫长的过程。虽然我们对可持续发展模型进行了长期的研究，但还存在一定的局限性。值得思考的是，可持续发展模型对未来可持续发展的研究有很好的理论指导意义，是有较高研究价值的，因此，对可持续发展模型应该不断地研究和持续的推进。

## 18.3　可持续发展研究的展望

可持续发展问题是全球各国面临的共同挑战，资源、经济和环境的可持续发展与人们的生活息息相关。

本书在对资源、经济和环境可持续发展进行现状分析、模型构建和决策支持研究时，以京津冀区域为例，进行实证计算和分析，结论在一定范围内具有参考意义。下面将结合可持续发展的历史性和本书研究实际，给出几条结论，供读者参考。

（1）可持续发展的思想是人类社会发展的产物，它体现着对人类自身进步与自然环境关系的反思。这种反思反映了人类对自身以前走过的发展道路的怀疑和扬弃，也反映了人类对今后选择的发展道路的发展目标的憧憬和向往。可持续发展理念从提出至今，全球社会对其基本形成共识，各国政府、学术界、社会精英人士都在为可持续发展贡献着力量。然而。可持续发展研究仍是世界级难题，全球达成共识并采取一致行动非常困难。落实《2030 年可持续发展议程》和《巴黎协定》明确的各项目标，任务艰巨，任重而道远。人类社会需要"走得快"，还要"走得远"。表象的"改革"难以实现人类社会可持续发展的目标，必须从根本上进行全面深入的转型，向人与自然、人与社会和谐的生态文明的发展转型。

（2）可持续发展的实现，必须要摒弃工业文明的发展理念，基于生态文明的伦理基石。从狭义上来说，生态文明是指人与自然关系的一种道德伦理与行为准则。从广义上来看，生态文明既包括尊重自然，与自然同存共荣的价值观，也包括在这种价值观指导下形成的生产方式、经济基础和上层建筑，是一种"人与自然和谐共进、生产力高度发达、人文全面发展、社会持续繁荣"的一切物质和精神成果的总和。在可持续发展生态伦理观和生态现代化理论指引下，全球各国需要逐步放弃传统人类中心主义思想，拒绝无限制消费的狭隘观点，发展健康的生活方式，不断反思并采取行动，强化整体性保护意识，引入资源–经济–环境协调可持续发展思想，强调代内和代际公平正义等价值理念，努力实现"人与自然之间的协调"和"人与人之间的和谐"。

（3）当前，中国经济正处于重要转型期。围绕落实可持续发展目标，客观评估中国已经取得的成绩和未来需要作出的努力，将可持续发展目标纳入国家和地方社会经济发展规划，是当前亟待研究的重大理论和实践问题。中国应以创新、协调、绿色、开放、共享五大发展理念为指导，牢固树立"绿水青山就是金山银山"和"改善生态环境就是发展生产力"的发展观念，统筹推进经济建设、政治建设、文化建设和生态文明建设，加快落实可持续发展议程。

（4）京津冀区域作为中国"新三极"中的重要一极，资源、经济和环境的可持续发展对整体区域的协调发展至关重要。该区域碳排放总量处于持续增长的趋势，至 2050 年将达到43.1 亿 t。按照当前的经济产业结构发展下去，这种过快的能源消耗增速，将对京津冀区域的可持续发展产生重大影响。尽管煤炭仍是能源消费中的主要燃料，但其产量和消费占比在加速下降，能源结构将持续改进。雄安新区的建立，对于集中疏散北京非首都功能，探索人口经济密集地区优化开发新模式具有重大现实意义，是中国近现代发展史上做出的一项重大的历史性战略选择，是继深圳经济特区和上海浦东新区之后又一具有全国意义的新区，是千年大计、国家大事，对可持续发展教育起到示范作用，必将成为福泽子孙后代重大历史性工程，对世界可持续发展带来历史性的借鉴意义。

随着全球社会化进程的推进和历史更迭，可持续发展的理念将不断地根植在人们心中，学术界关于区域资源–经济–环境可持续发展的研究将不断深入，产生的理论研究成果也将逐渐与实践相互论证，本书只是在该领域进行了粗浅的探索，不当之处，请各位读者批评指正。

# 附录一　单位对照表

| 单位符号 | 含义 |
| --- | --- |
| mm | 毫米 |
| m | 米 |
| m$^3$ | 立方米 |
| hm$^2$ | 公顷 |
| km$^2$ | 平方千米 |
| % | 百分比 |
| ‰ | 千分比 |
| mg | $10^{-3}$g（毫克） |
| μg | $10^{-6}$g（微克） |
| kg | 千克 |
| tce | 吨标准煤 |
| t | 吨 |
| kV | 千伏 |
| kW·h | 千瓦时 |
| L | 升 |
| W | 瓦 |
| kW | $10^3$W（千瓦） |
| MW | $10^6$W（兆瓦） |
| GW | $10^9$W（吉瓦） |
| MWp | 兆瓦，Wp（峰值功率） |
| J | 焦耳 |
| kJ | $10^3$J（千焦） |
| MJ | $10^6$J（兆焦） |
| ℃ | 摄氏度 |
| K | 开尔文（开） |
| Pa | 帕斯卡（帕） |
| h | 小时 |

# 附录二　英文缩略词对照表

| 中文名称 | 英文缩略词 | 英文全称 |
| --- | --- | --- |
| 能源经济环境决策支持系统 | 3E-DSS | Energy-Economy-Environment Decision Support System |
| 大气环境决策支持系统 | AE-DSS | Atmosphere Environment-Decision Support System |
| 人工神经网络 | ANN | artificial neural network |
| 亚太经济合作组织 | APEC | Asia-Pacific Economic Cooperation |
| 自回归滑动平均模型 | ARMA | auto-regressive and moving average model |
| 空气污染指数 | AQI | air quality index |
| 空气压缩储能 | CAES | compressed-air-energy-storage |
| 含氯氟烃 | CFC | chloro fluoro carbon |
| 碳踪迹强度 | CFI | carbon footprint intensity |
| 可计算的一般均衡模型 | CGE | computable general equilibrium |
| 压缩天然气 | CNG | compressed natural gas |
| 联合国可持续发展委员会 | CSD | Commission on Sustainable Development |
| 化学需氧量 | COD | chemical oxygen demand |
| 制冷系数 | COP | coefficient of performance |
| 德国工业标准 | DIN | deutsches institut für normung e.V. |
| 发射型计算机断层扫描仪 | ECT | emission computed tomography |
| 经验模态分解法 | EMD | empirical mode decomposition |
| 碳足迹生态压力 | EPICF | ecological pressure intensity of carbon footprint |
| 能源风险决策支持系统 | ER-DSS | Energy Risk-Decision Support System |
| 节能减排决策支持系统 | ESER-DSS | Energy-Saving and Emission-Reduction Decision Support System |
| 地理信息系统 | GIS | geographic information software |
| 国内生产总值 | GDP | gross domestic production |
| 真实发展指数 | GPI | genuine progress indicator |
| 国际电工委员会 | IEC | International Electrotechnical Commission |
| 低碳能源系统 | LCES | low carbon energy system |
| 净现值 | NPV | net present value |
| 联机分析处理 | OLAP | online analytical processing |
| 细颗粒物 | $PM_{2.5}$ | fine particulate matter |
| 可吸入颗粒物 | $PM_{10}$ | inhalable particles |
| 实物期权方法 | ROA | real options approach |
| 支持向量机 | SVM | support vector machine |
| 支持向量回归 | SVR | support vector regression |
| 总悬浮微粒 | TSP | total suspended particulate |
| 联合国 | UN | United Nation |
| 联合国教科文组织 | UNESCO | United Nations Educational，Scientific and Cultural Organization |
| 碳足迹产值 | VCF | value of carbon footprint |
| 世界卫生组织 | WHO | World Health Organization |
| 世界贸易组织 | WTO | World Trade Organization |
| 世界自然基金会 | WWF | World Wildlife Fund |